"나는 지리가 모든 것의 근간이라고 확신한다. 새로운 지역을 배경으로 작품을 시작할 때마다 나는 항상 내가 찾을 수 있는 가장 훌륭한 지리 서적을 읽는 것부터 시작하곤 한다. 이것이 다른 모든 것, 심지어 역사보다도 선행한다. 인간의 발전을 지배해왔고 어떤 의미에서는 제한해온 근본 요소에 입각해야 하기 때문이다. 만약 내가 사회에 꼭 필요한 존재가 되고자 한다면, 나는 세계의 주요 지역 중 어느 한 곳에 통달하기 위해 8~10년을 바칠 것이다. 그 지역의 언어, 종교, 관습, 가치관, 역사, 민족주의, 그리고 무엇보다도 지리를 익힐 것이다."

— 소설가 제임스 미치너, 『사회교육』, 1970년

"지리학 연구는 미국인들 사이에서 여러 해 동안 논쟁의 대상이 되어왔다. 하버드에서 지리학을 가르치는 일이 적절하든 그렇지 않든 간에, 이는 확실히 우리 시민과 학생들에게 필수불가결한 지식이다. 우리 교육이 안고 있는 온갖 결함들을 생각할 때, 그토록 많은 학생들의 지리 지식이 일천한 것은 놀랄 일이 아니다. 해외에서 일어나는 여러 사건들, 다른 나라 사람들, 나아가 세계 다른 지역의 자연 지리는 좋든 싫든 미국의 정책과 미국의 미래에 영향을 끼칠 것이다. 세계는 축소되고 있으며 미국에 충격을 미치는 사건들은 점점 더 많아지고 있다. 이 모든 것이 지리학에서 출발한다."

— 전 미국 국방장관 캐스퍼 와인버거, 「포브스 매거진」, 1989년

"국무장관으로 재직하는 동안 나는 미국인들이 지리와 주변 세계를 이해하는 일이 얼마나 중요한가를 직접 목격했다. 그 이후로 국가들 사이의 상호 연결은 더욱 긴밀해졌고, 그러한 필요성 역시 더욱 증대되었다."

— 전 미국 국무장관(1989~1992) 제임스 베이커 3세, 미국지리학회 「뉴스레터」, Vol. 46, No. 10, 2011년 11월호

"내가 국무장관 재직 시에 참여했던 거의 모든 정책 결정에서 지리학은 주도적 역할을 했다. 사람과 장소와 문화에 대한 이해를 갖춘 젊은 미국인들은 급변하는 오늘의 세계 경제에서 확실한 우위를 점하고 있다."

— 전 미국 국무장관(1997~2001) 매들린 K. 올브라이트, 미국지리학회 「뉴스레터」, Vol. 46, No. 10, 2011년 11월호

왜 지금 지리학인가

왜 지금 지리학인가

슈퍼바이러스의 확산, 거대 유럽의 위기, IS의 출현까지
혼돈의 세계정세를 꿰뚫는 공간적 사유의 힘

하름 데 블레이 지음 | 유나영 옮김

사회평론

왜 지금 지리학인가

2015년 7월 6일 초판 1쇄 발행
2023년 1월 26일 초판 19쇄 발행

지은이 하름 데 블레이
옮긴이 유나영
대표 권현준
편집 석현혜 장윤혁 이희원
제작 나연희 주광근
마케팅 정하연 김현주
표지 디자인 석운디자인
본문 디자인 디자인시
펴낸이 윤철호
펴낸곳 (주)사회평론

등록번호 제10-876호(1993년 10월 6일)
전화 02-326-1182
팩스 02-326-1626
주소 서울특별시 마포구 월드컵북로6길 56 사평빌딩
이메일 editor@sapyoung.com

ISBN 978-89-6435-777-4 03300

서문

이 책의 제목에서 제기한 질문("왜 지리학인가?")에 대해 답하자면, 지리적 문맹은 국가 안보에 크나큰 위협이 되기 때문이다. 그리고 제목에 '지금'을 덧붙인 이유는, 예산이 축소되고 도전이 커지고 있는 지금, 불황이 오기 전에 실행할 수 있었던 정책적 선택지들은 사라져 버렸기 때문이다. 지리 지식은 그 어느 때보다도 중요해졌다.

지리에 대한 이해 부족이 정책 결정에 큰 해를 끼칠 수 있다는 증거는 대단히 많다. 베트남 전쟁에 대한 로버트 맥나마라Robert McNamara의 번민에 찬 회고록[1]이 그 명백한 증거다. 이 회고록에는 막대한 돈이 투입된 이 전쟁의 계획 및 실행 과정에서 불거진 인도차이나의 자연·인문 지리에 대한 오해들이 나열되어 있다. 나아가 맥나마라는 군사·민간 지도자들이 베트남의 사회적 '현실'에 대해, 전쟁 자체가 펼쳐진 물리·정치적 무대에 대해 미국 국민들에게 알리는 데 서툴렀다고 주장한다. 이 점은 지금도 나아지지 않았다. 이라크의 이른바 대량 살상 무기를 둘러싼 헛소리는 제쳐 두고라도, 사분오열된 이 이슬람 국가에 미국이 개입하면 그들이 이 제복 입은 무장 이교도들의 군대를 두 팔 벌려 환영할 것이라는 생각은 현실과의 단절을 극명히 드러냈다. 이런 인식은 이 나라를 수렁으로 내몰았고 그 노력은 실패가 예정된 것이나 다름없었다.

또 국민에게 정보를 알리는 문제는 어떠한가. 개전 몇 년 뒤 한 전국 신문에서 행한 조사에 의하면, 유라시아의 백지도에서 이라크를 짚을 수 있는 미국인이 일곱 명 중 한 명뿐이었다. 2010년에는 카불에서 돌아온 한 상원 위원회 위원장이 텔레비전에 출연해, 아프가니스탄이 "이라크처럼" 민족적으로 분열되어 있지는 않다고 말하기도 했다(276쪽 참조). 파슈툰족이 지배하고 탈레반이 들끓는 수니파 국가 내의 시아파 하자라족이나 항상 의심의 대상이 되는 타지크족은 이 말을 어떻게 생각할까.

경제가 어려운 상황에서는 강대국이 약소국을 침략하는 현상(미국만 그러는 것은 아니다. 예를 들어 러시아도 조지아를 침공했다)이 좀 줄어들 것이라고 생각할 수 있지만, 사실 세계의 새로운 양극화라는 더 큰 위협이 다가오고 있다. 목표와 역량이 일치하지 않는 태평양의 두 열강이 경쟁 관계에 놓여 새로운 냉전을 촉발할 잠재력을 띠게 된 것이다. 중국의 지도자들은 자기들이 추구하는 새로운 정치 지리에 대해 뚜렷한 비전을 가지고 있으며, 이것이 실현되려면 서태평양의 바다와 섬에서 미국의 존재와 영향력이 후퇴해야 한다. 한편 이 지역의 정치 지리에 대한 미국의 인식은 그보다 희미하다. 즉 지리적으로 더 멀리까지 미치고 역사적으로도 안정되어 있지만 격한 감정을 일으킬 만큼 뚜렷하지는 않다. 이러한 지리 인식과 지식의 비대칭이야말로 가장 위험한 요소다.

게다가 이러한 상황은 그 자체로 변화하는 자연 환경 한가운데서 전개되고 있다. 이 책의 초판에서는 전 지구적 불안을 야기할 수 있는 중대 변수로 기후 변화를 꼽은 바 있지만, 여론이 그것을 긴급한 우선순위로 취급하지 않았음은 명백하다. 그럼에도 기후 변화는 경제·정치 전망을 결정적으로 바꾸어 놓을 수 있기 때문에 여전히 내 주장에서 핵심 변수를 차지하고 있다.

세계를 지리적으로—다시 말해 종합적으로—보는 것은, ABC 텔레비전 〈굿모닝 아메리카〉에서 나와 함께 일했던 동료들의 표현에 따르면 "탄성을 자아내는 요소wow factor"가 되는 경향이 있다. 이는 일견 까다롭게 보이는 문제에 대한 미처 생각지 못했던 설명이나 통찰을 가리킨다. 지리학이 복잡한 세계를 이해하는 훌륭한 방법이 되는 것이다. 지리학은 다른 분야에서는 서로 연결시켜 보지 않는 기후 변화와 역사적 사건, 자연 현상과 정치 상황의 전개, 환경과 행동 사이의 예상치 못한 관련성을 제시하는 열쇠를 쥐고 있다. 그리고 지리학은 현시점과 더불어 미래까지도 바라보는 경향이 있다. 역사를 필수 과목으로 수강하지 않고 초중고등학교나 대학을 마친다는 것은 상상할 수 없는 일인 반면, 우리 중에 현대 지리학을 조금이라도 접해보고 졸업하는 사람은 매우 적다. 너무나 적다.

독자 여러분에게 한 가지 권하고 싶은 것이 있다. 이 책을 읽을 때는 모쪼록 좋은 지도첩을 옆에 두고 보라는 것이다. 이 책에도 지도들이 수록되어 있지만, 지도는 아무리 많아도 지나치지 않다. 지구본도 유용하다. 집집마다 지구본 하나씩은 갖추어 놓는 것이 좋다. 독자 여러분이 지리학을 좀 더 깊이 있게 파고들고 싶다면 『개념과 지역 중심으로 풀어쓴 세계지리Geography: Realms, Regions, and Concepts』를 추천한다. 이 책에는 다년간 나의 글과 저서에 지도를 협찬해온 '매핑 스페셜리스트' 사에서 제작한 2백 점 이상의 컬러 주제도가 수록되어 있다.[2]

나는 운 좋게도 이른 나이에 지리학을 접하고 장래의 직업으로 삼았으며, 와인 산업에서부터 미국 해양대기청, 여행 업계, 교직, 출판계, 정부

기관에 이르는 놀랄 만큼 다양한 분야에 종사하는 지리학자들의 공동체에서 훌륭한 동료와 친구들을 만나는 행운까지 누렸다. 이 동료와 친구들 중 일부는 이 책과 관련된 분야를 연구하고 있으며, 그중 많은 이들이 새로 발견된 사실과 개념을 내게 알려주고, 내용에 이의를 제기하고, 초고를 읽어주고, 때로는 짧은 코멘트를 통해 예상치 못했던 통찰을 제공해주는 등, 이 책의 초판 또는 본 개정판에 여러 가지로 기여하였다. 이 분들이 주신 도움 중 일부는 참고 문헌에 반영하였으나, 이 자리에서 나는 딕 앨런, 바바라 베일리, 리처드 반즈, 밥 비검, 필 벤튼, 앨런 베스트, 딕 뵘, 데이브 캠프벨, 이라프네 차일스, 핑키 크리스텐슨, 스펜서 크리스찬, 로이 콜, 밥 크룩, 타냐 데 블레이, 조지 뎀코, 라이언 플래하이브, 에린 포버그, 게리 풀러, 찰리 깁슨, 에드 그로드, 딕 그룹, 길 그로스브너, 제이 하먼, 칼 허시, 칩 휠러, 존 헌터, 톰 제프스, 아트 존슨, 그레이디 켈리-포스트, 짐 킹, 피터 크로그, 존 라르센, 닐 라인백, 돈 러버스, 존 말리노프스키, 조프 마틴, 패트리샤 맥컬리, 데이브 맥펄랜드, 폴 맥펄랜드, 베티 메거스, 휴 몰턴, 피터 뮬러, 알렉 머피, 데이빗 머레이, 짐 뉴먼, 댄 니어마이어, 얀 네이만, 유진 팔카, 찰리 퍼틀, 맥 폰, 짐 포첸, 프랭크 포터, 빅터 프레스콧, 딕 리처드슨, 잭 라일리, 딕 롭, 크리스 로저스, 유니스 루틀리지, 스테이시스 사켈라리오스, 버스 사우어, 제프 셰퍼, 루스 시바드, 토머스 소웰, 피터 스피어스, 메리 스윙글, 데릭 톰, 모리스 토머스, 조지 발라노스, 노먼 밸리언트, 잭 웨더포드, 프랭크 휘트모어, 앤트와넷 빈클레르프린스, 듀크 윈터스, 헨리 라이트에게 감사를 표하고자 한다. 또 이 책을 비판적으로 리뷰해 준 텍사스 주립 대학의 리처드 얼에게 감사를 표하며, 내가 셔토쿼 여름 학교에서 강연한 뒤에 이곳 소식지에 실렸던 만평을 이 책의 218쪽에 수록할 수 있게 허락해준 풍자 만화가 에드 하먼에게 진심으로 감사한다. 물론 이 책의 내용에 대해서는 나 홀로 책임을 지며, 앞서 열거한 이들이 이 책에 담긴 내용을 반드시 승인한다고도 말할 수 없다.

또한 극히 제한된 여건에서도 훌륭한 결과물을 뽑아내준 위스콘신 메디슨의 돈 라르슨 이하 '매핑 스페셜리스트' 팀원들에게 다시금 감사를 보낸다.

이 책의 초판 편집자였던 옥스퍼드대학 출판부의 벤 킨은 내게 이 책의 집필을 제안하였고, 이 작업에 큰 관심을 쏟으며 창조적인 에너지를 불어넣어 주었다. 운 좋게도 나는 이번에 그의 편집 재능 덕을 다시 한 번 톡톡히 볼 수 있었다. 더불어 제작 담당자인 나탈리 존슨, 편집장 티모시 벤트와 그의 편집 보조 킬리 래첨의 수고에도 감사를 표한다.

하름 데 블레이

차례

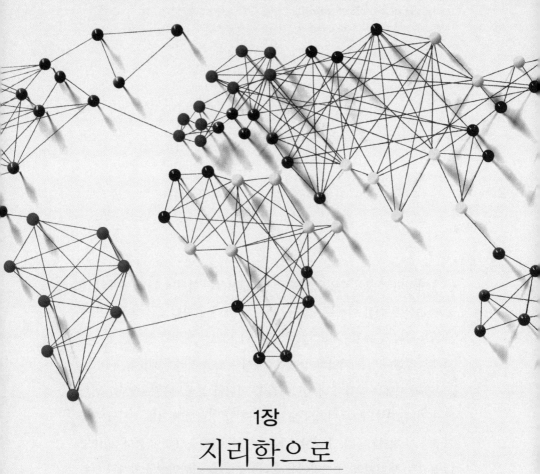

1장
지리학으로
세계를 본다는 것에
대하여

지리 교육의 가장 중요한 결과물은, 그것이 고립주의에 대한 해독제 역할을
한다는 점일 것이다. 세계화가 진행되고 상호 연결이 더더욱 긴밀해지며,
점점 더 경쟁이 치열해지는 이 세계에서는, 지식이야말로 곧 힘이다.

인간 사회의 운명이 수없이 입증한 대로, 지식은 힘이다. 자연 관개의 계
절적 순환에 대한 이해든, 깊숙이 매장된 에너지 자원을 찾아내고 이용
하는 능력이든, 농기구부터 세련된 무기에 이르는 발명과 연관된 것이든,
지식은 경쟁이 날로 치열해지는 세계에서 우위를 점하게 해준다.

　우리 세계는 경쟁이 더 치열해질 뿐 아니라 점점 더 빠른 속도로 변화
하고 있다. 전 지구적·지역적 도전이 아찔할 정도로 빠르게 제기되는 상
황에서 각 지역과 국가의 정치체들은 신속한 결정을 내려야 한다. 2010년
12월 중순 튀니지의 한 시장에서 일어난 사건은 아랍연맹의 안정된 일원
으로 보였던 이 나라를 혁명의 소용돌이로 몰아넣었고 불과 한 달 만에 정
부를 전복시켰으며, 다른 나라에도 곧 '아랍의 봄'이라는 이름으로 알려진
연쇄적 사건들이 일어나기 시작했다. 6개월 뒤, 인터넷에서 추진력을 얻은
이 운동은 서쪽으로 모로코, 동쪽으로 바레인까지 퍼져 나갔다. 리비아에
서는 내전이 일어났고 시리아에는 내전의 그림자가 다가왔다. 비아랍 국

가들은 별안간 어느 한 편을 들어야 하는 상황에 놓였음을 깨닫게 되었다. 리비아의 경우, 문제는 반정부 세력에 대한 지원 수준(무기 지원이냐, 자금 지원이냐)에서부터 군사 개입(지상군이냐, 폭격이냐)에까지 걸쳐 있었다. 이런 의사 결정은 리비아뿐만 아니라 '아랍의 봄'의 영향권에 있는 다른 국가들이 처한 상황에 대한 지식에 근거해야 한다. 또 이런 상황에는 대단히 많은 문화적, 정치적, 경제적, 환경적 조건들이 결합되어 있다. 물론 이러한 나라들에도 미국이나 유럽(이나 다른 나라)의 정부 인사들에게 현지 상황에 대해 조언할 수 있는 전문가들이 있지만, 최종 결정은 선출된 대표들의 손에서 이루어진다. 그리고 이런 궁금증이 생긴다. 그들은 얼마나 제대로 된 지식을 갖추고 있는가?

그 대답은 그리 고무적이지 않다. 일요일 아침 텔레비전 토크쇼에 출연하는 미 의회 의원들의 말을 듣다 보면 민망해서 움찔하게 되곤 한다. 물론 국회의원들이 수많은 문제들을 다루어야 하는 것은 사실이지만, 더 넓은 세계에 대한 그들의 지식은 명백히 단편적일 때가 많다.

우리 행성이 점점 더 붐비고 그 변화가 점점 빨라지고 있음을 생각할 때, 이는 심란하기는 해도 놀랄 일은 아니다. 21세기의 첫 십여 년간 일어난 중대한 사건들만 떠올려보자. 극한 기상 상황들을 동반한 강도 높은 기후 변화, 해저 지진으로 인해 발생한 치명적인 쓰나미, 미국과 유럽과 기타 지역에 대한 전례 없는 테러 공격, 큰 희생을 치른 이라크와 아프가니스탄 전쟁, 수백만 명─그렇다, 수백만 명─이 희생되었지만 거의 무시되어버린 적도 아프리카의 분쟁, 국제 체제의 안정성을 위협하며 미국마저 불황의 늪으로 던져버린 경제 위기, 그리고 여기에 국제 무대에서 급성장한 중국의 존재, 점점 커지고 있는 인도의 역할, 유럽연합EU에 닥친 근심스런 혼란, 북한과 이란의 핵 보유 야심에 대한 우려를 더하면, 세계가 의사 결정권자들에게 벅찬 도전을 제기하고 있는 것이 명백하다.

이 모두는 소련과 유고슬라비아가 붕괴하여 20여 개 국가로 해체되고, 남아프리카공화국이 민주주의로의 중대한 이행을 개시하며, 나프타(NAFTA, 북아메리카 자유무역 협정)가 출범하고, 걸프전이 벌어졌던 세계사적 격동의 시기가 끝난 직후 일어나고 있는 일들이다. 20세기 마지막 20년간의 세계지도는 지구본 제작 회사들이 거의 두 손 들어 버릴 정도로 몇 번이고 거듭해서 극적으로 바뀌었다. 그리고 이는 아직 끝나지 않았다. 국가의 해체라는 면에서 변화의 속도가 최소한 느려지기는 했지만 말이다. 2011년 남수단은 지도상에서 공식적으로 인정된 최연소 국가가 되었고, 유엔UN의 193번째 회원국이자 여러 면에서 가장 가난한 회원국이 되었다. 코소보(유럽에서 구 유고슬라비아의 영토 중 주권을 주장하고 있는 마지막 땅으로, 많은 국가의 승인을 얻었지만 모두의 승인을 얻지는 못했다)의 경우와 달리 국제 사회의 모든 성원이 남수단의 독립을 승인했다.

과연 이 모든 변화에 적용할 수 있는 개념 틀이 존재할까? 무엇이 이런 변화와 그 상호 연결성을 이해하는 데 보탬이 되며, 구체적이고 종합적인 시각을 통해 우리의 생각과 의사 결정을 보완해줄 수 있을까? 이 두 가지 질문에 대해 이 책은 하나의 긍정적 대답을 제시하고 있다. 그것은 바로 지리학이다.

물론 지리학 자체도 최근 들어 몇 가지 변화를 겪었다. 내가 고등학생이었을 때만 해도 나라와 도시, 산맥과 강 이름을 외우는 것이 지리의 전부였다. 지리학을 특별한 학문으로 만들어 주는, 서로 무관해 보이는 것들 사이를 연결하는 지리학의 특성은 아직 의제로 떠오르지 않았다. 하지만 내가 대학에 들어갈 때쯤에 지리학은 (적어도 유럽과 미국에서) 좀 더 과학적이고 나아가 수학적이기까지 한 모습을 갖추게 되었다. 내가 교직에 있는 동안에 지리학은 보다 전문적으로 변모하여, 이제는 흔한 용어가 된 지리정보시스템GIS이 요긴하게 활용되기에 이르렀다. 오늘날의 지리학은 다양한 측면이 있지만, 우리가 사는 이 복잡한 세계를 이해하는 중요한 길잡이가 되어 주고 있다.

지리학과의 만남

얼마 전 나는 미국에서 가장 큰 지리학 단체의 뉴스레터에 유명한 지리학자인 델라웨어 대학의 프레데릭 넬슨Frederic Nelson의 인터뷰가 실린 것을 읽었다. 우리 지리학자들이 자주 듣는, "어떻게 해서 지리학자가 되었느냐"는 편집자의 질문에 그도 많은 동료들과 비슷한 대답을 했다. 그는 학부 때(노던미시간 대학) 지역 지리학 과목을 수강하고 그 과목에 흥미를 느껴 전공으로 삼기로 했다고 한다. 그리고 미시간 주립대학 대학원에 다니던 도중에 연구 방향을 한 번 바꾸었지만, 애초에 자기가 무엇 때문에 지리학에 끌리게 되었는지를 잊지는 않았다. 그의 주빙하周氷河 현상에 대한 연구는 오늘날 세계적으로 유명하다.[1]

　　나와 지리학과의 만남은 네덜란드에 살던 어린 시절, 학교가 아니라 2차 대전 중 집에서 경험한 사건에서 비롯되었다. 1940년 5월 14일에 내가 살던 도시 로테르담이 나치의 폭격을 맞아 화염에 휩싸였다. 나는 겁에 질린 채 아버지와 함께 교외에 있던 우리 집의 지붕 창문을 통해 그 광경을 내다보고 있었다. (이때의 느낌은 오랫동안 깊숙이 묻혀 있다가 2001년 9월 11일 되살아났다.) 부모님은 곧 도시를 버리고 네덜란드 중부에 있는 한 작은 마을로 피난을 갔다. 그곳에서 부모님이 매일 생존을 위해 분투하는 동안 나는 그분들의 서재에 파묻혀 시간을 보냈다. 서재에는 세계

지도와 전국 지도가 실린 지도첩 몇 권, 커다란 지구본 한 개, 그리고 헨드릭 빌렘 반 룬Hendrik Willem van Loon이라는 지리학자가 쓴 책들이 몇 권 있었다. 겨울 추위가 심해지면서 우리 가족이 처한 상황도 점점 악화되어 갔지만, 그 책들은 내게 희망을 주었다. 책 속에서 판 론이 묘사한 머나먼 나라들은 따뜻하고 하늘은 파랗고 야자나무들이 산들바람에 흔들리고 나무에서 얼마든지 먹을 것을 딸 수 있는 세상이었다. 거기엔 활화산과 열대성 폭풍, 외딴 섬으로의 원양 항해, 분주한 대도시들, 강대한 왕국과 낯선 풍습들에 대한 흥미진진한 이야기가 가득 실려 있었다. 나는 지도첩을 펼쳐놓고 판 론의 여행길을 짚어 가면서, 언젠가 그 세상을 내 눈으로 직접 보게 될 날을 꿈꾸었다. 판 론의 지리학은 내게 말 그대로 새로운 삶을 선사했다.

전쟁이 끝나자 내가 처한 상황은 여러 모로 바뀌었다. 학교가 다시 문을 열었고, 우리 학급은 전쟁 시기에 기초 교육을 받지 못했던 어린 학생들로 가득 찼다. 지리 선생님은 엄격하면서도 동기를 불어넣어 주는 분이었는데, 그 선생님 덕분에 우리는 지리학을 통해 사고의 지평을 넓힐 수 있으며 그러려면 공부를 열심히 해야 한다는 걸 확실히 배웠다. 역시 선생님의 말씀대로 그 보상은 헤아릴 수 없었다.

그러므로 내가 이 책을 쓰면서 지리학이 이 복잡하고 변화하는 세계에서 삶을 보다 쉽고 의미 있게 만들어준다는 열정과 믿음을 버리지 않고 있다면, 그것은 발견과 매혹으로 가득 찼던 나의 삶 덕분일 것이다.

지리학이란?

지리학자로서 나는 역사학, 지질학, 생물학 등에 종사하는 동료들이 부러울 때가 많다. 그처럼 이름만으로도 명확히 정의되고 일반 대중에게 쉽게 인지되는 학문에 종사한다는 것은 멋진 일일 것이다. 그들 학문에 대한 대중의 인식이 실제로는 그렇게 정확하지 않지만, 어쨌든 사람들은 역사학자, 지질학자, 생물학자 들이 무슨 일을 하는지 안다고 **생각한다**. 우리 지리학자들은 그와 반대되는 상황에 익숙하다. 비행기나 어느 대기실 같은 곳에서 옆자리의 사람과 대화를 주고받게 되면, 상대방은 이렇게 물어오곤 한다. '지리학이요? 지리학자라고요? 그런데 지리학이 뭐죠?'

사실, 우리 지리학자들은 이 질문에 대해 뚜렷한 하나의 정답이 없다. 몇천 년 전의 지리학은 주로 새로운 발견과 관련된 것이었다. 고대 그리스의 철학자인 에라토스테네스는 지리 지식을 성큼 발전시켰다. 그는 태양의 각도를 측정하여, 지구가 둥글다는 결론만 내린 것이 아니라 놀랍게도 지구 둘레의 근사치를 계산해냈다. 몇 세기가 흐른 뒤, 특히 독일의 자연 지리학자인 알렉산더 폰 훔볼트Alexander von Humboldt의 탐험과 기념비적인 저작에 힘입어 탐험과 지도 제작의 시대가 도래하면서 지리학은 추진력을 얻게 된다. 몇십 년 전까지만 해도 지리학은 주로 정보를 집대성하고 기술하는 학문 분야로서 학생들은 곳이나 만 이름을 필요 이상으로 많이 외워야 했다. 신기술의 시대인 오늘날의 지리학은, 인공위성에서 컴퓨터로 정보를 송신하여 지도를 만들고 이를 분석 연구와 의사결정에 활용하게 되었다.

하지만 이러한 새로운 발전이 이루어졌어도 지리학은 여전히 전통적인 부분을 가지고 있다. 첫째로, 여러 면에서 가장 중요한 점은 지리학이 인간 세계와 자연 세계를 함께 다룬다는 점이다. 그러므로 지리학은 단순한 '사회' 과학이 아니다. 지리학자들은 빙하 작용, 해안선, 사막의 사구, 석회 동굴, 날씨와 기후, 심지어 동식물에 대해서도 연구한다. 또한 우리는 도시 계획에서부터 국가·지역 간의 경계 구획, 와인 재배, 교회 예배 참석 등 광범위한 인간 활동에 대해서도 연구한다. 이 넓고 멋진 세상의 모든 것이 지리학의 연구 대상이 된다는 점이야말로 내가 보는 지리학의 가장 큰 강점이다.

물론 이는 지리학자들이 인간 사회와 자연환경 사이의 복잡다단한 관계를 평가하는 데 최적의 위치에 있다는 뜻이기도 하다. 이것이 바로 지리학의 두 번째 전통이다. 이 분야에 대한 지식은 빠르게 증가하고 있는데, 여기에 지리학이 기여할 수 있는 통찰의 증거를 보고자 한다면, 진 그로브Jean Grove의 책만 한 것이 없다. 그녀는 이 책에 1300년대부터 1800년대 초반까지 유럽을 비롯한 세계의 상당 부분이 이른바 '소빙기Little Ice Age'로 들어간(중간에 몇 차례 휴지기가 있었지만) 시기를 매력적으로 분석했다. 물론 이 책은 전 지구적인 분석에 해당하며, 지리학자들은 더 작은 차원의 규모로도 연구를 하고 있다. 내 동료들 중에는 환경 재난에 대한 사람들의 반응을 예측하고 분석하는 이들도 있다. 왜 사람들은 활화산 자락이나 강이 쉽게 범람하는 평원 언저리에 고집스레 붙박혀 살고 있을까? 캘리포니아에 집을 구입하는 사람들은 자신이 사는 장소에 지진이 일어날 위험성에 대해 얼마나 알며, 집을 사기 전에 부동산 업자들에게 무슨 얘기를 들을까? 건강과 질병도 환경과 관련된 이슈이다. 여러 질병의 기원과 전파는 문화적 전통이나 관습은 물론 기후, 식생, 동물상과도 관련이 있다. 소규모지만 매우 생산적인 일군의 의료 지리학자들이 콜레라에서부터 에이즈, 조류 독감에 이르는 여러 질병들의 발생과 전파를 조사하고 예측하는 작업을 하고 있다. 에이즈에 대한 피터 굴드Peter Gould의 책 『느린 전염병Slow Plague』을 보면, 이런 분석에 임할 때 지리학자들이 어떤 도구들을 활용하는지 잘 나와 있다.[2]

지리학의 세 번째 전통은 단순하다. 우리는 낯선 문화권이나 멀리 떨어진 지역에 가서 연구하고 또 이들을 이해하고자 한다. 몇십 년 전까지만 해도 크든 작든 해외의 특정 지역에 대해 상당한 전문성을 갖추지 않은 지리학자가 드물었다. 대부분 한 가지 이상의 외국어(이는 박사 과정 졸업의 필수 요건이었다)를 구사하고, 그 지역에 대해 대중서나 학술 논문을 꾸준히 써내고, 그 지역을 여러 번 방문하며 연구를 수행했다. 이러한 전통은 인터넷, 인공위성 데이터, 컴퓨터 지도 제작의 시대가 도래하면서 다소 희미해졌지만, 많은 학생들은 여전히 지리학이 불러일으키는 낯선 곳에 대한 호기심 때문에 지리학에 이끌린다. 물론 국제 문제에 대한 관심의 쇠퇴는 지리학에만 국한된 현상이 아니다. 뉴스 기사의 내용에서부터 미 정보기관의 해외 지역 연구에 이르기까지, 우리의 고립주의와 편협성은 여러 분야에서 분명히 드러난다. 하지만 이러한 흐름은 머지 않아 어쩔 수 없이 역전될 것이다. 지리적 편협성은 국가 안보에 심각한 위기를 초래하기 때문이다.

지리학자들이 들기 좋아하는 네 번째 전통은 이른바 입지location를 연구하는 전통인데, 이는 (자연 지리학보다는) 주로 인문 지리학의 관습이다. 왜 영화 산업이나 쇼핑센터, 또는 플로리다의 사라소타나 일본의 도쿄 같은 도시들은 하필 바로 그 자리에 입지하였을까? 입지에 따라 장래성이 어떻게 달라지는가? 왜 어떤 도시는 성장하고 번성하는데 인접한 다른 거주지는 쇠퇴하고 시들해지는가? 한편 지리적 해석이 역사적 사건을 이해하기 쉽게 만들기도 한다. 또 도시 및 지역 계획은 이제 여러 대학 지리학과 커리큘럼의 핵심 요소이며, 대학원 졸업생들은 도시 계획 분야에서 일자리를 많이 구하고 있다.

물론 이런 전통적 지리학은 지리학과 지리학자들을 통일시킬 뿐 아니라 분리시키는 데도 기여해왔다. 전통적 지리학이라는 우산은 지리적 요소를 통합시키기도 하지만 분리도 허용할 만큼 드넓다. 빙하 지형에서 도시 구조까지, 그리고 토양 분포에서 경제 모델까지는 서로 멀리 떨어져 있고, 특정 분야가 전문화되면서 지리학이라는 공통 분모를 잠식하기도 한다.

하지만 낙담할 필요는 없다. 인터넷이 몰고 온 기술 혁명은 지리 연구와 분석의 새로운 시대를 열었다. 2장에서 우리는 지리 교육, 조사, 해석, 표현에 있어서 지도와 지도 제작의 역할이 변화하는 모습을 보게 될 것이다. 특히 GIS지리정보시스템 기술은 지리적 탐구에 혁명을 일으켰을 뿐 아니라 이 학문 분야를 전에 없었던 수준으로 통합시켰다. GIS 이전에는 외견상 이질적인 현상들에서 상관성을 도출해내려면 몇 달이 걸렸는데, 이제는 그것이 몇 분 만에도 가능해졌다. 도심 거리 밑에 있는 빙하 지형에 대해 생각도 안 해봤을 도시 전문가들도 이제는 남의 도움 없이 마우스 클릭 한 번으로 최신 정보를 얻고 들여다본다. 그 과정에서 우리는 다른 분야의 동료들이 하는 일을 배우고 지리학의 온갖 새로운 방향에 대한 지식을 얻고 있다.

세상을 공간적으로 바라보기

지리학의 전통, 방법론, 그리고 기술의 기반에 깔려 있는 생각을 한 단어로 말할 수 있다면, 그 단어는 바로 공간에서 유래할 것이다. 지리학자들은 세상을 **공간적으로** 바라본다. 때때로 이 '공간적'이라는 개념에 대해 물어오는 사람에게 나는 '역사학자들은 세상을 시간적 혹은 연대기적으로 바라보고, 경제학자와 정치학자들은 구조적으로 바라보지만, 우리 지리학자들은 공간적으로 바라본다'라고 부연 설명을 해준다. 약간 운이 따르는 날이라면, 상대방은 잠깐 이맛살을 찌푸렸다가 이내 이해하겠다는 듯이 고개를 끄덕이고는, 「USA 투데이」를 집어 들고 최근에 이루어진 지리 지식 테스트 결과에 대한 기사를 읽기 시작할 것이다.

물론 세계가 어떻게 작동하는지 설명하기 위해 지리학자들만 공간적 분석을 활용하는 것은 아니다. 논문을 보면 알 수 있듯이 타 학문 분야에서 공간을 중시하는 관점은 뒷전으로 밀릴 때가 더 많지만, 경제학자, 인류학자, 기타 사회과학자들도 때로 공간적 시각을 취하곤 한다. 폴 크루그먼Paul Krugman 같은 저명한 경제학자가 「뉴욕타임스」에 칼럼을 쓰기 시작하면서 지리학에서는 이미 오래전에 다른 이론으로 대체된 공간 모델을 새삼스레 제시했을 때 지리학자들은 재미있어 했다(몇몇은 화를 내기도 했다).[3] 「뉴욕타임스」의 기자인 존 윌포드John N. Wilford는 생리학자이자 문화인류학자인 재러드 다이아몬드Jared Diamond의 기념비적 저서 『총, 균, 쇠 Guns, Germs, and Steel』를 '최근에 지리학에서 나온 가장 훌륭한 책'이라고 소개했지만 지리학자들은 이 책의 몇몇 개념적 약점들을 지적했다.[4] 다이아몬드는 이러한 지적을 받아들였을 뿐만 아니라 인상적인 방식으로 반응했다. 그는 UCLA 지리학과 교수가 되었고, 후속작에서는 과거 번성했던 사회들의 붕괴에 작용한 지리적 변수들에 대한 인식을 보여주었다.[5]

다이아몬드는 이 두 권의 저작에서, 한때 지리학 연구의 핵심에 있던 민감한 쟁점을 제기했다. 이는 바로 자연환경이 인간 사회의 운명에 얼마나 어떻게 관여하느냐의 문제이다. 20세기 초반에 이러한 연구는 중위도에 위치한 사회의 '활력'과 열대 지방 사람들의 '무기력'을 기후 탓으로 돌리는 일반화 논리로 귀결되기도 했다. 이런 단순화된 분석은 결함이 있게 마련일 뿐만 아니라, 세계의 상황을 인종주의적으로 해석하는 데 이용되어 학문 전체의 평판을 해칠 수도 있다. 그러나 다이아몬드가 주장했듯이 근본적인 질문은 사라지지 않았다. 오늘날 우리는 환경의 변동과 그와 관련된 생태적 변이는 물론 인류의 이동 과정과 행동에 대해 훨씬 더 많은 지식을 지니게 되었으며, 따라서 이 쟁점은 새롭게 주목받고 있다.

그럼에도 불구하고 지도에 나타난 것을 토대로 복잡한 환경에 단순한 인과관계를 적용해 설명하려는 경향은 여전히 존재한다. 역시 저명한 경제학자인 제프리 색스Jeffrey Sachs가 미 해군대학에서 행한 강연문의 일부를 보자. "사실상 세계의 모든 부국들은 열대 지방 바깥에 위치하고 있으며, 사실상 모든 빈국들은 열대 지방 안에 있습니다. (……) 따라서 기후는 소득의 국가 간, 지역 간 불균형을 상당 부분 설명해줄 수 있습니다."[6] 이는 얼핏 합리적인 결론처럼 보이지만, 세계의 여러 빈국들이 처한 상황은 종속, 식민주의, 착취, 억압 등 훨씬 더 복잡한 변수들이 결합되어 오랫동안 불리한 조건에 몰린 결과이므로, 색스가 언급한 기후는 핵심적인 인과 변수가 아닐 수 있다. 그리고 세계의 많은 빈국들이 열대 환경에 놓인 것이 사실이기는 하지만, 열대 지방에 있지 않은 빈국들도 알바니아에서부터 투르크메니스탄, 몰도바, 북한에 이르기까지 많이 있다. 지리 정보를 환경적 일반화에 이용할 수는 없다.

물론 우리는 지리학자가 아닌 사람들이 이렇게 지리학에 편승하는 현상에 대해 기뻐해야겠지만, 그렇다고 해서 보편적으로 인정받을 수 있는 지리학의 정의를 도출하려는 노력이 좀 더 쉬워지는 것은 아니다. 어떤 측면에서 나는 명확히 정의하기 어렵다는 사실 자체가 바로 지리학이 지닌 힘 중의 하나라고 생각한다. 지리학은 '공간'이라는 커다란 우산 아래 공간적으로 표현되는 과정, 체계, 행동, 기타 수많은 현상을 연구하고 분석하는 다양성의 학문이다. 지리학자들을 하나로 묶는 것은 바로 이러한 패턴, 분포, 확산, 순환, 상호 작용, 병치—자연과 인간 세계가 배열되고 서로 연결되며 상호 작용하는 방식—에 대한 관심이다. 물론 일부 열대 환경이 농민들에게 걸림돌이 되고 질병을 일으키는 것은 사실이다. 그러나 열대 국가의 농민들이 생산한 농산물에 대한 부국들의 관세 장벽이나 대규모 기업농에게 지급하는 보조금은 더더욱 큰 걸림돌이다. 만약 이러한 관행이 중지된다면 기후는 전 지구적 빈곤 분포의 '중요' 변수가 더 이상 아니게 될 것이다.

지리학의 우산은 매우 크고 넓어서 지리학자들은 대단히 다양한 연구를 할 수 있다. 최근에는 지리학보다는 사회학에 가까워 보이는 사회 운동 같은 일도 하지만, 대부분의 지리학 연구는 공간적이고 실질적인 성격을 띤다. 내 동료들이 집중하고 있는 연구 중에는 아마존의 삼림 파괴, 서아프리카의 사막화, 아시아의 경제적 통합, 인도네시아의 이주 현상 등이 있다. 또 어떤 동료들은 프로 미식축구에서 선수들의 공급과 진로, 교회 신자들의 변화 패턴과 복음주의, 지구 온난화 시기의 와인 산업의 부흥, 중서부 제조업 고용에 나프타가 끼친 영향 같은 미국적 현상들을 좀 더 구체적으로 연구하기도 한다. 학술 저널에서 동료 학자들이 새로 발견한 내용을 읽는 것은 언제나 매우 흥미로운 일이다. 그리고 나는 학생들에게, 지리상 발견의 시대는 끝났어도 지리학적 발견의 시대는 결코 끝나지 않을 것이라고 말해주곤 한다.

공간과 지리학

지리학이 처음 출현하여 그리스와 로마 시대에 팽창하고, 유럽 대륙에서 다양하게 분화하고 전 세계로 퍼져 나간 이야기는 선구적 관찰, 영웅적 탐험, 지도 제작술의 발명, 끊임없이 발전하는 해석 방법으로 가득 찬 흥미진진한 무용담이기도 하다. 이 과정은 한 탁월한 지리학사가가 쓴 『가능한 모든 세계들: 지리적 개념들의 역사*All Possible Worlds: A History of Geographical Ideas*』에 매력적으로 상세히 서술되어 있다.[7] 유럽의 식민주의가 이른바 세계화의 첫 번째 물결을 몰고 오기 이전부터, 토착 지리학자들은 한반도에서부터 안데스, 인도에서 모로코에 이르는 지역의 지도를 그리고 경관을 해석해왔다. 이후 지리 철학은 유럽의 민족주의에 흡수되어, 독일, 프랑스, 영국 등의 다양한 지리 '학파'들이 팽창주의, 식민주의, 심지어 나치주의 등의 민족·정치·전략적 이데올로기를 반영하고 심지어 정당화하기에 이른다. 미국에서도 지리학이 전문적 학파를 이루었지만, 미국의 지리학파는 정치적이기보다 학술적으로 정의되고 구분되었다. 미국에서도 가장 두드러진 학파는 오랫동안 캘리포니아 버클리 대학을 중심으로 문화 지리학자 칼 사우어Carl Sauer의 강력한 주도 아래 있었다. 이 학파의 핵심 개념은 한 사회의 생활양식이 '문화 경관cultural landscape'이라는 형태로 땅 위에 새겨져 있으며, 이 문화 경관은 어디에 있든지 간에 공간적 분석의 대상이 된다는 것이었다.

지리학자들은 넓은 안목뿐만 아니라 멀리 보는 안목 또한 갖추어야 한다. 우리는 나무만 보고 숲을 보지 못하는 일이 없도록 노력하며, 발견하는 모든 것을 공간적 관점은 물론 시간적 관점에 놓고 보려고 한다. '지리학은 종합'이라는 말은 지리학이 어떤 학문인가 묻는 질문에 대한 매우 효과적인 대답이다. 즉 지리학자들은 문제의 해답을 찾기 위해 서로 이질적인 정보를 한데 연결하려고 노력한다. 앞으로도 보겠지만, 어떤 때는 사뭇 과감한 일반화가 연구를 생산적인 방향으로 이끌기도 한다.

하지만 요즘에는 섣불리 일반화를 하고 가설을 세우려면 용기가 필요하다. 알다시피 지금은 전문화의 시대다. 그러나 전문화된 연구라도 현재 우리가 직면한 중대한 질문들과 어느 정도 맞닿는 부분이 있어야 하며, 그렇지 않다면 그 연구의 가치를 의심하기에 충분하다. 50년 전 노스웨스턴 대학에 다닐 때 교수님 중 한 분은 우리에게 소위 '디너 테이블에서 오가는 지적인 대화(특정 도시 지역에서는 아직까지 간간이 볼 수 있는 색다른 문화적 전통의 유물)'를 연습해두라고 권하셨다. "내가 지금 하는 일이 무엇이고 그게 왜 중요한지에 대해, 테이블 건너 상대편에게 언제든지 일상적인 언어로 설명할 준비를 갖추고 있으라"는 것이다. 대부분은 그런 일이 불필요할 뿐만 아니라 전혀 '공적인' 일이 아니라고 생각했지만, 그분이 옳았다. 만약 그 교수님이 현재 지리학계에서 진행되고 있는 논쟁들을 보았다면 즐거워하셨을 것이다. 그 논쟁 중 상당 부분은 일반 대중에게 지리학자들이 하는 일에 대해 평이한 말로 설명하는 방법에 대한 것이기 때문이다.

물론 연구와 교육의 전문화는 여러 가지 측면에서 일어난다. 앞에서 나는 (과거보다는 줄어들었지만) 지역 전문 학자가 되거나, 그와는 좀 다른 맥락에서 지역학 전문가가 되는 지리학자들이 있다고 말한 바 있다. 또 도시화에 대해 공간적 관점으로 연구하는 학자들의 연구는 지가地價와 지대地代에 대한 고도로 분석적인 연구에서부터 도시 간 경쟁에 대한 추론적 고찰에 이르기까지 다양하다. 한 가지 특히 흥미로운 질문은 도시 간 상호 작용의 양을 측정하는 방법에 대한 것이다. 두 대도시가 이를테면 볼티모어와 필라델피아처럼 서로 매우 가까이 인접해 있을 때는, 덴버와 미네아폴리스처럼 두 도시가 멀리 떨어져 있을 때보다 (전화 통화에서부터 교통량에 이르기까지 다양한 부문에서) 상호 작용이 훨씬 많이 일어난다. 하지만 이 상호 작용의 수준과 도시 규모 및 도시 간 거리의 관계를 정확히 어떻게 정량화할 수 있는가? 그 해답은 소위 중력 모델로 구현할 수 있는데, 이 모델에 따르면 도시 간 상호 작용의 수준을 다음과 같은 단순한 공식으로 나타낼 수 있다. 즉 두 도시의 인구를 곱한 값을 그 거리의 제곱으로 나누는 것이다. 단위는 킬로미터를 쓰건 마일을 쓰건 상관없고, 비교 목적에 맞게 일관성만 유지하면 이 모델은 현재 상황을 가늠하는 데 잘 들어맞는다. 거리는 상호 작용을 방해하는 강한 힘으로 작용하며—지리학자들은 이를 '거리 조락distance decay'이라고 부른다—만약 이 변수를 측정할 수 있으면 경영 및 영업상의 의사결정에 대단히 유용하다.

한편 경제학과 지리학을 결합하여 경제 활동의 공간적 측면에 주목하는 지리학자들도 있다. 환태평양 지역에 세계의 새로운 경제 거인들이 등장하면서 그들은 더욱 분주해졌다.

또 여전히 정치적 행동의 공간적 측면에 주목하는 지리학자들도 있다. 일반적으로 정치학자들은 제도에, 정치 지리학자들은 정치적 모자이크에 주목하곤 한다. 일찍부터 정치 지리학의 한 분야였던 지정학geopolitics은 나치 이데올로기에 이용되어 위신이 크게 떨어진 바 있다. 하지만 최근 들어 지정학은 심도 있고 객관적인 연구 영역으로 복귀하였다. 권력 관계부터 국경선 연구에 이르기까지, 정치 지리학은 매력적인 분야이다.

지리학에는 말 그대로 수십 개의 전문 분야가 있어서, 지리학으로 경력을 쌓으려고 하는 학생들은 마치 사탕 가게에 들어온 듯 행복한 고민을 하게 된다. 인류학에 흥미가 있다면 문화 지리학을, 생물학에 흥미가 있다면 생물 지리학을 선택하면 된다. 지질학에 흥미가 있다면? 경관의 진화를 연구하는 지형학이 있다. 역사 지리학은 관련 분야와 생산적인 결연 관계를 맺고 있다. 이렇게 선택지의 목록은 매우 긴데다 지금도 계속해서 늘어나고 있다. 지도 제작 기법의 발전은 기술 친화적인 지리학자들에게 새로운 지평을 열어주었다.

평생을 지리학 연구에 바치는 지리학자들 중에는 도중에 전공을 바꾸는 사람들도 많고, 나도 그중 한 명이다. 나는 원래 자연 지리학자로서, 경관 연구 및 관련 분야의 전문가로서 훈련 받았다. 그리고 남아프리카의 스와질란드에서 1년간 체류하며 그곳에 위치한 크고 넓은 계곡이 인류가 기원한 아프리카 대지구대의 일부인지 여부를 밝혀내려는 현장 조사를 하였다. 그런데 이 조사를 준비하던 중에 나는 아서 무디Arthur Moodie라는 정치 지리학자를 만나게 되었다. 그는 노스웨스턴 대학에 방문 교수로 와 있던 영국인 학자였는데 그의 수업을 듣고 깊은 감명을 받은 것이다. 나는 훗날 미시간 주립대학에 자연 지리학자로 채용되었는데, 정치 지리학에 대한 독서와 연구를 병행하여 결국 이 분야를 가르쳐보지 않겠느냐는 제안을 받았고, 이 분야에 대한 몇 편의 논문과 책 한 권을 썼으며, 2차 전문 분야로 발전시켜나갔다.

처음에는 자연 지리학이라는 전문 배경이 정치 지리학자로서 연구에 큰 도움이 된다는 사실을 깨닫지 못했다. 지정학과 더불어 환경결정론 또한 양차 대전 사이에 오명을 얻었기 때문에 환경 조건을 가지고 정치·사회 발전을 설명하려는 시도는 경력상 위험할 수도 있었다. 그러나 지정학처럼 환경 연구도 조만간 일선으로 복귀하리라는 것을 알고 있었고, 마침내 때가 왔을 때 나는 논쟁에 참여할 든든한 배경을 지니고 있었다. 여러 해가 지난 뒤 조지타운 대학 외교대학원에 환경 이슈를 가르치는 교수로 채용되었다.

나는 완전히 새로운 분야로도 딱 한 번 외도해 보았는데, 이는 지금껏 해본 가장 즐거운 지리학적 경험이기도 했다. 그것은 한 병의 맛 좋은 와인에서부터 시작되었다. 어느 날 1955년산 샤토 베이슈벨 한 병을 곁들인 운명적인 만찬이 내 호기심을 자극한 것이다. 나는 그로부터 5년 뒤 『와인의 지리학적 이해 *Wine, A Geographic Appreciation*』라는 책을 써 내고 마이애미 대학에서 '와인의 지리학'이라는 제목의 강의를 하기도 했다. 그때 가르쳤던 학생들 중 일부는 와인 업계로 진출했는데, 지리학이라는 배경이 커다란 이점으로 작용할 때가 많았다고 한다. 지리학에는 한계가 없으며, 전문 분야마다 나름의 강점을 가지고 있다.

지리학은 중요한가?

몇 년 전에 "이 글을 읽을 수 있으면 선생님께 감사드리세요."라는 범퍼 스티커가 유행한 적이 있다. 하루는 플로리다의 포트로더데일과 마이애미를 잇는 95번 주간州間 고속도로를 달리고 있는데 차 한 대가 내 옆으로 지나갔다. 그런데 그 차의 주인은 그 스티커를 "지도를 읽을 수 있으면 선생님께 감사드리세요."라고 고치고는 슬로건 옆에 도로 지도 조각을 붙여놓았다. 차주의 직업이 무엇인지는 물어볼 필요도 없었다. 분명히 지리 교사였을 것이다.

사실 우리 중에는 지도를 읽을 줄 모르는 사람이 상당히 많다. 조사 결과를 보면 고등교육을 받은 사람들 중에도 대단히 많은 수가 지도를 효과적으로 활용할 줄 모르는 것으로 나타난다. 간단한 도로 지도도 제대로 볼 줄 모르는 사람이 상상 이상으로 많다. 스스로 항상 지도를 다루기 때문에 지도를 잘 활용할 줄 안다고 자부하는 사람들—여행 전문가—조차 지도를 읽는 데 문제가 있을 때가 많다. 나는 일 년의 절반가량을 케이프코드에서 보내는 까닭에 집에서 두 시간 정도 걸리는 보스턴 로건 공항을 자주 드나드는 기쁨 아닌 기쁨을 누리고 있다. 요즘에는 비행 스케

줄이 예전 같지 않아서, 누가 내 출장 일정을 짜줄 때면 언제나 미드케이프에서 두 시간 거리인 프로비던스의 다른 공항도 고려해주길 바란다. 하지만 곧 나는 여기에 큰 기대를 걸지 않게 되었다.

기묘한 일이지만, 이제 GPS위성항법장치 장비가 휴대용 기기와 자동차에 보편적으로 설치되어 있는 것이 방향 인식에 오히려 예기치 않은 부정적 효과를 일으키고 있는 듯하다. 뉴욕에 막 도착하여 지하철 계단을 올라오는 방문객들의 양태를 묘사한 한 언론 기사가 얼마 전에 실린 적이 있다. GPS가 없는 사람들은 맨해튼의 지형지물들을 찾아서 알아보고 표지판을 확인하면서 길을 찾아가는 경향이 있었다. 한편 GPS를 보는 사람들은 주변의 도시 환경과 그 특징을 전혀 인식하지 못한 채 고개를 숙이고 화면의 지시만을 따라갔다. 자동차에 GPS 시스템을 갖춘 사람들은 눈에 띄는 지형지물에 대해 차 안에서 별다른 대화를 나누지 않고도 한 지점에서 다른 지점으로 이동할 수 있다. 만약 여러분이 케이프코드를 방문한다면 부디 차량 내비게이션을 끄고 그 대신 이 지역의 다채로운 지도를 이용해주길 바라는 바이다. 내가 사는 케이프 지역에 제일 경치가 볼품없고 교통 체증이 심한 경로를 삽입해놓은 이는 지리 인식이 전무한 사람임에 틀림없다.

지리학의 유용성은 2004년 12월 26일에 발생한 가공할 지진해일(쓰나미) 이후, 틸리 스미스라는 한 어린 여학생이 전 세계 신문의 머리기사를 장식하면서 확실히 뉴스에 오르내리게 되었다. 틸리는 푸껫에서 부모와 함께 휴가를 보내고 있었다. 하루는 그녀가 마이카오 해변에 서 있는데 해변의 물이 갑자기 뒤로 빠져나가는 것이었다. 틸리는 자기가 다니던 런던 남부 데인스힐 사립 초등학교의 지리 교사인 앤드류 키어니 선생님에게 배웠던 내용을 떠올렸다. 지진해일이 일으킨 깊은 파도가 해변에서 물을 빨아들이는 것은 거대한 물 장벽이 해변 전체로 범람하여 덮치기 직전에 일어나는 현상이라는 것이다. 틸리가 부모에게 이 사실을 알리자 그녀의 부모는 이리 뛰고 저리 뛰며 해변에 있는 사람들에게 위험을 경고하고 가까운 호텔의 높은 층으로 피신하라고 재촉했다. 약 1백 명의 사람들이 그녀의 경고를 따랐고, 그들 모두 목숨을 구할 수 있었다. 그러지 않고 뒤에 남은 사람들은 살아남지 못했다. 영국의 타블로이드 신문은 틸리를 "푸껫의 천사"라고 떠들어댔고, 수업 시간에 학생들의 주의를 확실히 집중시켰던 지리 교사에 대해서도 보도했다.

여기서 독자 여러분은 이렇게 생각할 수 있다. '지리학은 우리의 삶을 좀 더 예측 가능하고 효율적으로 만들어주고, 가끔씩은 일상에서 환경 재앙을 경고해주는 도구로 유용한 구실을 한다. 하지만 보편적인 의미에서도 과연 지리학이 중요할까?'

이 점을 생각해보자. 지리학의 기초를 접하지 못한 일반 대중들은 과학 연구가 진행되는 도중에 발표되는 서로 모순된 결과들을 접하면서 온갖 종류의 잘못된 정보에 쉽게 속아 넘어갈 수 있다. 심지어 오늘날에도, 비록 내셔널지오그래픽 협회를 비롯한 관련 단체들이 여러모로 애쓰고 있기는 하지만, 미국의 학생들은 제대로 된 프로그램은 고사하고 유치원에서부터 대학원까지 지리 과목을 단 한 차례도 수강하지 않고도 졸업할 수 있다. (여타 선진국은 물론 대다수의 개발도상국에서도 그렇지 않다. 영국, 독일, 프랑스, 또는 브라질, 나이지리아, 인도 등에서 지리학의 위상은 미국과 확연히 다르다.) 우리 중 일부는 1960년대에 한랭화의 임박을 예측하는 연구들이 발표되었던 것을 (그리고 이를 다룬 신문 칼럼들을) 기억할 것이다. 길고 혹독한 겨울 때문에, 여유 있는 사람들은 중서부나 북쪽 지방에서 이른바 '선벨트[Sunbelt, 미국 버지니아 주에서 캘리포니아 주 남부에 이르는 온난한 지대―옮긴이]' 지역으로 이주했다. 신문들은 임박한 미래에 여름이 더욱 짧아지고 겨울이 더욱 혹독해질 것이라는 과학자들의 암울한 경고를 실었다. 그러나 세기가 끝나기도 전에 반전이 닥쳤고, 지금은 뜨거운 기온과 길어진 여름, 해수면 상승과 극심한 환경 재난을 동반한 온난화의 시기가 진행 중이다.

이런 명백한 모순을 이해하는 데는 어려서부터의 지속적인 지리 교육만 한 것이 없다. 20세기 중반에 닥친 한랭화는 일부분 자연적 원인에―기후 변화는 우리 행성의 영구적 속성이다―다른 일부분은 태양 복사를 우주로 다시 반사하는 공장 배출 물질에 기인한 것이었다. 현재의 온난화는 여러 요인이 복합된 결과지만, 지금의 인간 활동은 한랭화가 아닌 온난화 쪽으로 영향을 미치고 있다. 기술의 변화 때문에 산업이 기후 변화에 이바지하는 양상도 완전히 다를 뿐 아니라, 대기 중에 뿜어져 나오는 오염 물질의 양도 훨씬 더 많다. 50년 전에는 지난 세기의 인구 폭발과 산업 팽창이 막 진행 중이었다. 이 명백한 모순 뒤의 논리를 파악하려면, 인간이 우리 행성에 가하는 증대되는 영향과 더불어 자연의 작용을 이해할 필요가 있다. 여기에는 지리학의 기초를 규정하는 주제들, 학생들에게 훗날의 전공 분야를 준비시키기 위한 주제들이 결합되어 있다.

내가 대중 순회 강연에서 이 문제를 거론하면, 청중 중 누군가 일어나 대중의 지리 지식이 심각하게 부족하다는 나의 견해에 반론을 제기하곤 한다. 대중의 지리 지식이 일천할 수는 있어도 지도자들은 필요한 만큼 잘 알고 있으니 걱정할 필요가 없다는 주장이다. 그들은 매일같이 세계 전체를 주무르고 있으므로 충분한 정보를 가지고 있으며 준비를 갖추고 있음이 틀림없다는 것이다.

글쎄, 그럴지도 모르지만, 나는 지리 과목이 개설되어 있지 않은 엘리트 대학을 나온 그 지도자들이 과연 그러할지에 대해 회의적이다. 과거 국방장관을 역임한 로버트 맥나마라Robert McNamara가 하버드 대학 재학 시절 기초적인 지역 지리학 혹은 인문 지리학 과목을 한 개만 수강했더라도, 동남아시아 전반과 베트남이라는 특정 지역에 대한 그의 시각이 달라지지 않았을까? 나는 그렇게 생각하고 싶지만, 하버드 대학은 약 반세기 동안이나 지리학 과목을 개설하지 않고 있다. 이에 대해 국가 전체가 치러야 할 대가는 우리의 상상 이상일 것이다.

자신들이 누비고 다녀야 하는 세계의 지도에 대해 우리 지도자들이 과연 얼마나 알고 있는지에 대해서는, 닉슨Richard Nixon 대통령의 집무실에서 일어났던 한 사건이 시사점을 준다. 이 일화는 전임 국무장관이자 역시 하버드 대학 출신 인사인 헨리 키신저Henry Kissinger의 회고록 『재생의 시기Years of Renewal』에 나와 있다.

유엔의 어떤 기념일을 맞아 모리셔스의 총리를 워싱턴으로 초청했다. 모리셔스는 인도양에 위치한 아열대의 섬나라이다. (중략) 이 나라는 강수량이 풍부하여 농업이 번성했으며, 미국과의 관계는 매우 좋은 편이다. 그런데 우리 사무관 중 한 명이 그만 모리셔스를 모리타니와 혼동했다. 모리타니는 서아프리카에 있는 건조한 사막 국가로서, 중동 전쟁 이후 무슬림 형제단과 결연하여 1967년 미국과 외교 관계가 단절된 나라다.

이 오해 때문에 터무니없는 대화가 빚어졌다. 닉슨은 바로 본론으로 들어가서, 미국과 모리셔스 사이의 외교 관계를 다시 회복할 때가 되었다고 제안했다. 그러면 미국의 원조를 재개할 수 있을 것이고, 미국이 특별한 기술을 보유하고 있는 건지乾地 농법 또한 전수해줄 수 있을 것이라고 말했다. 강수량이 과다한 나라로부터 선의의 사명을 띠고 건너 온 사절은 어안이

벙벙해서 좀 더 장래성 있는 주제로 화제를 돌리려고 했다. 그는 닉슨이 미국이 자기네 섬에 유지하고 있는 우주 추적 기지의 운영 상황에 만족하느냐고 물어보았다.

이제는 닉슨이 당황할 차례였다. 그는 급히 메모지에 뭔가를 휘갈겨 써서 북 찢어 나에게 건넸다. "우리와 외교 관계도 없는 나라에 도대체 왜 미국의 우주 추적 기지가 있는 거요?"[8]

그러니 워싱턴 D.C. 관료들의 지리 지식에 대해 그리 확신하지 말 일이다. 미국이 베트남 전쟁에서 (맥나마라의 표현대로) 덤벙댔을 때 우리가 인도차이나의 자연·문화 지리에 대해 별로 익숙지 않았다는 사실은 명명백백하다. 그리고 지난 2003년 겨울에도 우리 대다수는 이라크에 대한 미국 지도자들의 지역·인문 지리 지식에 대해 회의적이었다고 나는 확신한다. 당시 길가에 늘어서서 환호하며 감사를 표했던 군중들의 영상을 기억하는가? 전시에 행해지는 이런 식의 조작 보도는 해묵은 것이며 나는 지리학 수업 시간에 이 사례를 자주 인용하곤 한다. 우리의 경우에는 '뒤늦게'라는 수식어를 덧붙여야 한다.

아마도 지리 교육의 가장 중요한 결과물은, 그것이 이르게든 뒤늦게든 고립주의에 대한 해독제 역할을 한다는 점일 것이다. 이보다 더 중대한 목적이 있을까? 세계화가 진행되고 상호 연결이 더더욱 긴밀해지며, 여전히 인구 과잉에다가 점점 더 경쟁이 치열해지는 이 위험한 세계에서는, 지식이야말로 곧 힘이다. 우리의 행성과 그 부서지기 쉬운 자연환경, 타 문화와 사람들, 그들의 정치 체제와 경제, 국경선과 경계선, 태도와 열망에 대해 더 많이 알면 알수록 우리 앞에 놓인 도전의 시기를 더 잘 준비할 수 있을 것이다.

이러한 관점에서 볼 때, 지리학의 중요성은 그 무엇에도 뒤지지 않는다.

협소해진 지리학의 위상

지리학이 그토록 중요하다고는 하지만, 미국에서 학교 과목 또는 대학 학과로서의 지리학은 과소평가되고 있다는 점을 부인할 수 없다. 상황이 언제나 이렇지는 않았다. 하버드와 예일 대학에 지리학이 학과로서 견고히 확립되어 있고, 지리학자들이 미국 전역의 학교에서 널리 가르치던 시절도 있었다. 1차 대전이 터진 이후, 양차 대전 사이, 그리고 2차 대전 이후까지도 지리학은 미국 교육에서 중요한 요소였다. 전쟁 이전의 논쟁, 전시 전략, 전후의 재건에서 지리학자들은 요긴하고 때로 중대한 역할을 맡았다. 그들은 외국의 문화와 경제에 대해 잘 알았으며, 정치적 경계선을 다루어 본 경험이 있었고, 미국의 정책을 이끄는 데 도움이 된 지도들을 생산해냈다.

1950년대와 1960년대 초반까지도 미국인들은 지리학에 정통했다. 2차 대전에서 미국이 승리를 거두면서 우리의 눈길은 전례가 없을 정도로 바깥 세계를 향하게 되었다. 지도, 지도첩, 지구본이 수백만 점씩 팔려 나갔다. 지리를 표제에 내세운 잡지 「내셔널지오그래픽」의 구독자 수는 전례 없는 수준으로 증가했다. 대학의 지리학과에는 감당하기 힘들 정도로 많은 학생이 등록했다. 존 F. 케네디John F. Kennedy 대통령이 평화봉사단을 창건했을 때, 지리학자와 지리학과 학생들이 곧바로 봉사단의 훈련 교관 및 간부로 임명되었다.

하지만 잘 돌아가는 시스템이 사회 공학자들의 손에 들어갔을 때 흔히 그렇듯이, 잘 달리던 차바퀴는 빠져버렸다. 교육 전문가들은 지리학을 더 잘 가르치기 위해서는 역사, 사회, 지리 같은 과목들을 따로따로 가르치기보다 하나로 합치는 편이 낫다고 생각했다. 이렇게 혼합된 교과에는 '사회social studies'라는 이름이 붙었다. 이렇게 일종의 대중을 위한 사회 통합 교과를 만들어 학생들에게 균형 잡힌 교육을 제공하는 것이 이 계획의 골자였다. 이는 학교 교사들이 개별 학과에서 교육받지 않아도 된다는 뜻이기도 했다. 즉 교사들도 '사회' 과목을 공부하게 되었다.

교육 대학을 나온 유망한 교사들은 내가 1970년대 초 마이애미 대학에서 가르칠 때 가장 훌륭하고 호기심 많은 학생들이었다. 그들은 두 개의 강의에 대규모로 등록했다. 해외 지리를 개관하는 '세계 지역 지리학'과, 시대를 몇 년 앞서 간 '환경 보존'이라는 과목이었다. '환경 보존' 수업은 생물학과의 학생들도 수강했다. 하지만 '사회' 교과가 일선에 적용되자 학생들의 발걸음은 뚝 끊겼다. 이제 그들은 졸업을 위해 지리학과에 등록하는 대신 다른 요건을 충족해야 했다.

우리 지리학자들은 이것이 무엇을 뜻하는지, 그로 인해 결국 나라가 어떤 대가를 치러야 할지를 깨달았다. 지도에 대한 지식과 그 활용은 줄어들고, 환경에 대한 인식도 낮아졌다. 우리의 국제적 안목은 침체되었다. 미국의 사업가, 정치가 등등은 빠르게 좁아지고 서로 더욱 긴밀히 연결되며 경쟁이 치열해지는 세계에서 불리한 위치에 서게 되었다. 여러 지리학자들이 정부 기관과 국회의원, 지역 지도자와 학교 교장들에게 격앙된 서신을 써 보냈다. 다행히도 여러 사립 및 종교계 학교에서는 지리 교과를 계속해서 가르쳤지만, 공교육에서 주사위는 이미 던져진 다음이었다.

운명의 반전

이러한 교육 환경이 10년이 넘도록 계속되자, 정확히 지리학자들이 예견했던 일이 벌어졌다. 나라 전체의 지리적 교양이 현저히 낙후된 것이다. 그 당시 교단에 섰던 우리 모두는 학생들이 우왕좌왕하던 모습을 기억하고 있다. 이를 재미있어 하는 이들도 있었지만 대부분은 걱정스러워 했다. 교과명에 충실하게, 포괄적인 '사회' 교과에서는 (기후학의 기초를 비롯해서) 자연 지리학의 기초적이고 중요한 토픽들이 제외되었다. 이것들은 예전에는 고등학교 지리 교과 과정의 일부분이었다. 지리는 학생들에게 기후와 날씨의 작용뿐만 아니라 인간과 환경의 상호 작용을 이해하게 해주는 과목이었으므로 이는 중대한 손실이었다. 이 학생들은 이런 기초 지식을 배우지 못했기 때문에 대학에 들어가서 지리학 입문 수업에 등록했을 때 매우 불리한 조건에 처하게 되었다.

일부 대학의 교수진들은 이 상황을 깨닫고 어떤 조치를 취하기로 했다. 조지타운 대학도 그중 하나였는데, 나는 1990년부터 1995년까지 조지타운 대학 외교대학원에 교수로 재직했으므로 그 직접적인 결과를 확인할 수 있었다. 입학생들은 전부 '현대 세계의 지도'라는 과목을 의무적으로 들어야 했다. 이 과목은 저명한 정치 지리학자인 찰스 퍼틀Charles Pirtle이 가르치는 1학점짜리 강의였다. 학생들은 한 학기 동안에 정치 세계의 형세는 물론, 지정학적 변화, 전반적인 환경 및 기후 조건, 자원 분배의 보편적 패턴에 익숙해져야 했다. 물론 이것은 어려운 과제였지만, 내가 가장 인상 깊었던 부분은 그것이 아니다. 조지타운 대학에서는 4년의 학위 과정을 다 마친 학생들을 대상으로 지금까지 자신의 지식을 가장 넓혀준 강의의 목록을 설문 조사했다. 그런데 학생들이 1학년 때 수강해서 대부분 잊은 줄만 알았던 '현대 세계의 지도' 강의가 그 목록에서 매년 수위를 차지한 것이다. 이는 분명히 찰스 퍼틀에 대한 존경의 표시이기도 했지만, 이 유능한 학생들의 견해를 통해 본 지리학의 타당성에 대해서도 시사하는 바가 있다.

불행히도 조지타운 대학 같은 개선 모델은 흔치 않으며 여전히 드문 경우다. 대학 신입생의 지리적 문맹 때문에 입문 수업에서 소개하는 학술 담론의 수준이 낮아지게 되었고, 교수진은 이를 해결하기 위해 다양한 방도를 짜내었다. 일부 교수들은 학생들의 이런 문제에 다른 교수들보다 더 예민하게 반응했고, 때때로 강의실에서 벌어진 무안한 사건이 밖으로 새어 나가기도 했다. 그중 한 가지 일화는 마이애미 대학의 내 동료와 관련된 것인데, 그는 강의 첫 시간에 학생들에게 세계 백지도를 나누어 준 뒤 지리 지명을 아는 대로 적어보라고 시키기를 좋아했다. 결과는 언제나 형편없었고 해가 갈수록 더 나빠지기만 했다. 그 교수는 수강생 전체를 채점한 뒤, 태평양, 사하라 사막, 멕시코, 중국을 적지 못한 다수 학생들의 명단을 신랄히 비꼬며 발표하곤 했다.

1980년 가을 학기 초에 학생 신문인 「마이애미 허리케인」은 이 테스트 결과를, 교수의 기지 섞인 코멘트를 곁들여서 1면에 게재했다. 그런데 신입생들의 '지리적 문맹'을 다룬 이 기사가 주류 뉴스 매체의 눈에 띄었다. NBC의 〈투데이〉 제작팀이 캠퍼스로 찾아오고 ABC의 〈굿모닝 아메리카〉에서 학장들을 뉴욕으로 초청한 것이다. 사실 방송 분량이 너무 짧아서 문제를 제대로 조명하기에는 턱없이 부족했다.

하지만 이 뉴스는 전국으로 퍼져 나갔다. 마이애미 대학의 간부들이 이 기사가 대학의 위신을 깎아내릴지도 모른다고 초조해하는 동안, 다른 지역의 교수도 학생들을 대상으로 비슷한 테스트를 실시해보았다. 그 결과는 우리 눈에는 이미 너무나 익숙했다. 미드웨스턴 대학에서는 세계

지도에서 베트남의 위치를 표시할 수 있는 학생이 전체의 5퍼센트뿐이었다. 또 다른 대학에서는, 미국의 남쪽에 이웃한 국가의 이름을 멕시코라고 올바로 적은 학생이 전체의 42퍼센트에 불과했다. (학교 지리 교육의 사망에 일조한 바로 그 교육자들을 포함한) 전문가들은 이러한 결과에 '경악'했다. 지리학자들은 경악하지 않았다. 그렇다면 이 수치스러운 무지의 흐름을 어떻게 돌려놓을 것인가?

내셔널지오그래픽 협회의 활약

대학 캠퍼스의 지리적 문맹에 대한 기사는 곧 대중 전체의 무지를 고발한 신문 기사로 이어졌다. 기자들은 미국 및 세계 백지도를 들고 거리로 나가서 사람들을 무작위로 붙들고 뉴욕 주나 태평양 같은 지명을 짚어보라고 시킨 뒤, 잔뜩 신이 나서(그렇게 보였다) 창피스런 통계치를 보도했다. 하지만 그런 기사들은 대부분 소리 소문 없이 묻혀버렸다.

　　그런데 상황을 확 바꾸어버리는 사건이 일어났다. 레이건Ronald Reagan 대통령이 브라질의 수도인 브라질리아에 도착하여 중요한 국제회의의 개회사를 하면서, 그만 자기가 '볼리비아'에 오게 되어 기쁘다고 말해버린 것이다. 이 일은 브라질에 상당한 동요를 일으켰고, 그의 실언은 「USA 투데이」의 1면을 장식했으며, 이 신문은 다른 정치인들이 저지른 비슷한 실수를 발굴해내느라 분주해졌다. 이제 지리적 문맹이 갑자기 머리기사로 떠올랐고, 전국 방송에서도 열을 올려 이 문제를 다루었다. 그중 한 곳인 ABC-TV에서 마이애미 대학에 전화를 걸었는데, 이 전화가 몇 다리를 거쳐 회의 참석차 볼티모어의 한 호텔에 묵고 있던 나에게까지 연결되었다. 그 전화가 인연이 되어 〈굿모닝 아메리카〉에 처음 출연하게 되었는데, (네덜란드에서) 내가 출연한 꼭지에 대한 반응이 좋아 몇 달 뒤에 일주일 분량의 지리학 시리즈를 제작하게 되었고, 이후 6년간 지리학 전문 에디터 자격으로 〈굿모닝 아메리카〉의 제작진에 합류하여 활동하게 된다.

〈굿모닝 아메리카〉의 제작자인 잭 라일리의 통찰과 지원이 큰 역할을 했지만, 그것만으로는 미국의 지리적 문맹을 환기시키기에 부족했다. 한편 나는 1984년부터 이미 내셔널지오그래픽 협회의 에디터를 맡고 있었기 때문에 기회가 한 군데 더 있었다. 1980년에 이 협회의 '연구와 탐험 위원회'에 위촉되는 행운을 잡은 덕분에 협회를 이 캠페인에 끌어들이는 법을 논의하는 데 바로 착수할 수 있었던 것이다. 협회 회장이었던 길버트 M. 그로스브너Gilbert M. Grosvenor도 이 생각에 동조했다. 협회에서 의뢰한 여론 조사 결과, 미국의 학생들이 유럽 및 기타 해외 국가들에 비해 지리 지식이 한참 뒤처져 있다는 사실이 드러난 것이다. 내가 1984년부터 6년 임기의 에디터로 내셔널지오그래픽 협회의 상근 스태프에 합류한 뒤로는 중요한 협력 세력을 동원하는 데 힘을 보탤 수 있었다.

대부분 사람들의 눈에는 내셔널지오그래픽 협회라는 조직이 지리학이라는 학문 분야를 돕는 것이 자연스러워 보일 것이다. 하지만 그렇게 간단한 문제는 아니었다. 여러 해 동안 협회와 지리학계는 좋은 관계를 유지하지 못했다. 협회와 그 지도부의 입장에서는 전문 지리학자들이 너무 콧대가 높고 바깥 세계와 단절되어 있으며 상상력이 결여된 것 같아 보였다. 또 전문 지리학자들은 협회가 이 잡지를 대중적으로 보급하면서 여기에 지리학을 표제로 내거는 것이 부적절하고 일반인들을 호도한다고 생각했다. 1956년 내가 노스웨스턴 대학원에 입학했을 때 한 은사는 내게, 「내셔널지오그래픽」에는 지리학이 없네. 자네가 정 그 잡지를 구독하겠다면 집에서 받아보게나. 학과 우편함에 그게 꽂혀 있는 건 그리 보기 좋지 않은 것 같네."라고 말하기도 했다.

나는 그 말을 듣고 적이 놀랐다. 사실 1950년대 초에 내가 아프리카에 갔을 때만 해도 「내셔널지오그래픽」은 내가 세상을 바라보는 창이었고, 거기에 실린 지도는 영감의 원천이었다. 나는 1950년대에 당시 협회 회장이었던 길버트 H. 그로스브너에게 그런 내용의 편지를 보낸 적도 있다. 그는 답신으로 감사의 편지를 보내어, 내게 지리학에 대한 흥미를 잃지 말라고 독려하면서 "혹시 미국에 올 일이 있으면" 협회 본부를 방문하라고 초청하기까지 했다. 하지만 대학원생이 된 나는 곧 내셔널지오그래픽 협회와 거기서 펴내는 간행물들이 '전문' 지리학자들 사이에서는 그리 높은 평가를 받지 못한다는 사실을 알게 되었다.

하지만 그로스브너의 손자인 길버트 M. 그로스브너는 그런 지난날에 연연하는 사람이 아니었다. 그는 학교와 교사들이 지리학의 미래임을 우리 지리학자들보다도 먼저 깨닫고, 학교 차원에서 지리학을 가르치도록 대규모 재정 지원과 교육 캠페인을 실행했다. 그는 고교생들 대부분이 졸업할 때까지 지리를 선택 과목으로 접하지 못하기 때문에 대학에 가서도 지리학을 전공으로 택하지 않는다는 사실을 알고 있었다. '사회' 교과가 도입되면서 지리 교사의 수와 지위가 급락했고, 따라서 되도록 많은 교사들이 지리 과정을 가르칠 수 있도록 준비를 시키는 것이 급선무였다. 지리 교과 과정 자체가 위축되어 있었으므로, 그로스브너는 지리 교육의 탁월한 전문가인 크리스토퍼 '키트' 샬터Christopher "Kit" Salter를 지명하여 이를 부활시키는 작업을 맡겼다. 샬터는 협회의 스태프로 있는 대여섯 명의 지리학자들과 논의하여, 공간 및 환경의 관점에서 지리학의 이른바 '5대 테마'를 중심으로 한 교육 과정의 기본 틀을 개발했다. 1986년에 협회는 해설이 딸린 총천연색 지도 수백만 부를 제작하여, '지도, 경관, 지리학의 기본 테마들'이라는 제목을 붙여서 전국의 모든 학교에 필요한 수만큼 배포했다.

한편 내셔널지오그래픽 협회의 샬터는 '지리학연맹Geographic Alliances'이라는, 각 주를 대표하는 전국적 활동망을 조직했다. 이 연맹은 물심양면으로 협회의 지원을 받는 지리 교사들이 주축이 되었다. 각 연맹의 대표자들은 워싱턴 D.C.에 있는 협회 본부에 초청되어 지리 교육 연수를 받았고, 그들은 다시 자기가 속한 주에 있는 교사들을 불러 모아 자신이 배운 내용을 전수했다. 그래서 지리를 가르칠 역량을 갖춘 교사들의 수가 급격히 늘어났고, 전국의 학교에 지리 교과를 부활시키기 위한 풀뿌리 지원도 그만큼 늘어났다.

그로스브너는 이 프로젝트에 상당한 자금 지원을 했고, 미 의회에서 지리가 국가 기본 교육의 핵심 요소라고 주장했으며, 정치가들을 붙들고 이야기하고, 전국을 종횡으로 돌며 지리학의 중요성을 옹호했다. 물론 워싱턴의 협회 임원들 모두가 이런 노력에 열심이거나 협조적인 것은 아니었으며, 대학에 편히 안주해 있는 전문 지리학자들 모두가 그가 한 일에 감사한 것도 아니었다. 하지만 미국지리학회의 지도부는 그가 벌인 캠페인에 대해 공식적으로 인정할 만큼 양식을 갖추고 있었기에, 협회와 지리학계 사이의 괴롭고 해묵은 불화도 종지부를 찍을 수 있었다.

지리는 잘 몰라요

그러면 현재 우리의 위치는 어떤가? 나도 앞서 언급한 노력 덕분에 초·중등학교 학생들이 지리학에 노출되는 수준이 극적으로 개선되었다고 보고하고 싶은 마음이 굴뚝같다. 협회가 캠페인을 시작했을 때 미국 학생 중에서 지리학을 조금이라도 접해본 학생은 약 7퍼센트에 불과했다. 하지만 그로부터 거의 20년이 흘러 거의 1억 달러를 투자한 2000년대 중반에 가장 후하게 평가한 수치는 여전히 30퍼센트를 밑도는 수준이었다. 그로부터 5년이 흐른 지금도 상황은 그리 밝지 않은 것 같다. '국가 성적표'라고도 부르는 전미 학업성취도평가에서 미국 학생들의 지리 성적을 테스트한 결과를 보도한 2011년 7월 20일자 「월스트리트저널」의 머리기사 제목은 "지리는 잘 몰라요Don't Know Much About Geography"였다. [이 신문 기사 제목은 샘 쿡Sam Cooke의 노래, '역사는 잘 몰라요Don't Know Much About History' 중 한 구절을 그대로 인용한 것이다.—옮긴이]⁹ 미국의 4학년생 중에서 지도의 축척을 이용해 거리를 계산할 수 있는 학생은 세 명 중 한 명뿐이었다. 또 8학년생 중에서 이슬람의 발상지가 오늘날의 사우디아라비아 지역임을 아는 학생은 절반 미만이었다. 같은 날 「뉴욕타임스」의 머리기사는 "국가 성적표에서 학생들 지리 실력 뒤떨어져Geography Report Card Finds Students Lagging"라는 제목으로, 지리 실력에서 '우수' 이상의 평가를 받은 학생의 비율이 8학년은 27퍼센트, 4학년은 21퍼센트이며 고등학교 상급생은 20퍼센트로 최하 수준을 기록했다고 보도했다.¹⁰

상황이 왜 이렇게 암울할까? 역사나 사회 시험 결과도 그보다 나을 게 없다는 기사는 그리 희망적이지 않다. "낙오 학생 방지No Child Left" 프로그램의 규정 요건을 맞추기 위해 수학과 영어에 치중한 나머지 사회과학, 특히 지리학이 학교 교육 과정에서 밀려나고 있다는 몇몇 분석가들의 말이 인용되기도 했다. 하지만 또 다른 사람들은 사회과학에 배정된 평균 수업 시간이 실제로 증가했으나 지리가 상대적으로 불이익을 받고 있음을 지적했다. 「월스트리트저널」은 중고등학교에서 지리를 가르쳐야 할 책임의 소재가 "불분명"하여 지리가 "주인 없는 과목"이 될 때가 많다고 지적한 평가관리위원회 위원 섀넌 개리슨의 말을 인용했다. 지난 수십 년간 지리학의 위상과 전망을 개선하기 위한 캠페인의 최전선에 서온 내 동료, 펜실베이니아 주립대학 지리학 교수 로저 다운스Roger M. Downs는 "교과 과정에서 지리학의 역할이 제한적이며 좋게 말해도 정체되어 있다."라고 우려를 표했다.

이런 상황을 1988년 7월 27일 내셔널프레스클럽에서 당시 내셔널지오그래픽 협회 회장이던 길버트 그로스브너가 행한 낙관적인 연설에 비추어 생각해보면 더 힘이 빠진다. 여기서 그는 협회가 창설한 '전미지리교사연맹' 프로그램에 대해 소개했다. 이 프로그램의 목표는 워싱턴의 협회 본부에서 매년 1개월간의 집중 하계 연수를 통해 1만 5천 명의 지리 교사를 양성하는 것이었다. 여기에 참여한 모든 교사들은 자기가 속한 교육구에서 "이를 통해 올 여름에 7백 명의 지리 교사를 학급에 충원한다"라는 목표 아래[11] 최소한 세 차례의 직무 연수 프로그램을 진행해야 했다. 그로부터 사반세기가 흐른 지금, 우리는 그로스브너가 이 나라의 지리적 교양을 위해 그토록 집중적인 투자를 하게 만들었던 총체적 부실을 여전히 지켜보고 있다. 이런 상황을 초래한 조건들은 서로 복잡하게 얽혀 있으며, 지리학이 처한 곤경은 미국 학생들의 국제적 학력 평가 순위 하락으로 드러난 초중고 교육의 더 광범위한 위기를 반영하고 있다. 그러나 지리학이 처한 난관은 더욱 크다. 부분적으로 이는 모든 교육 기관에 걸쳐 수많은 교육자들(내 경험으로 볼 때 여기에는 몇몇 대학의 학장들도 포함된다. 이는 초중고교만의 문제가 아니다)이 지리적 문맹에 감염되어 있기 때문이다. 물론 이것이 그들의 잘못은 아니다. 이 주제에 대한 공식 교육을 받지 못한 채로 교사가 된 탓에 지리학의 역할과 중요성에 대한 인식이 희미한 것이다. 사실 내셔널지오그래픽 협회의 '연맹' 프로그램은 아주 커다란 양동이 안에 떨어뜨린 물 한 방울에 불과했다. 훌륭한 의도를 띤 반가운 시도였지만, 애초 설정한 목표를 달성하기보다는 이 일이 얼마나 어려운지를 입증했을 뿐이다.

그렇다고 내셔널지오그래픽의 캠페인이 아무 결실도 거두지 못했다는 말은 아니다. 협회의 계획과 프로그램이 뒷받침되지 않았다면 상황은 의심의 여지없이 훨씬 더 나빴을 것이다. '연맹'에 참여한 교사들은 지리학을 학생들의 시야로 끌어들였고, 그 학생들 중 일부는 대학에서 지리학을 전공하여 지리학과의 학생 수가 각 대학 교무처에서 인지할 정도로 소폭 증가했다. 협회의 미디어 노출은 지리학을 신문 1면과 전국 방송으로 끌어올렸다. 또 협회가 발행하는 세계적 명성의 「매거진」에서는 지리학의 존재감이 예전보다 훨씬 강해졌고, 여기 실린 기사와 지도는 대중의 눈에 이 학문 분야의 간판 구실을 했다. 다운스 교수의 말을 인용하면, "세계화의 경제 문화적 힘과 전 지구적 환경 변화의 충격을 누구나 어디서나 느끼고 있는 지금, 지리학을 옹호해야 할 이유는 명백하고도 필연적"이다. 과연 그렇다. 하지만 이를 입증하려면 아직 갈 길이 멀다.

지리학은 역사학으로 흡수될 것인가?

내 몇몇 동료들은 학문 분야로서 지리학의 미래에 대해 암담하게 전망하고 있다. 물론 미 의회가 매년 11월에 '전미 지리학 주간'을 지정하기로 승인하고, 유명한 '철자법 경연 대회Spelling Bee'를 본떠 만든 '전미 지리학 경연 대회'의 우승자가 매년 봄이면 방송 전파를 타는 것도 사실이다. 전국 신문과 방송에서 지리학에 쏟는 관심도 전보다 커졌다.

하지만 공적 영역에서 이렇게 인식이 개선된 한편으로 우려되는 부정적 측면도 있는데, 구체적으로 두 가지를 들 수 있다. 미국 문화는 역사에 집착하는 문화다. 고고학에서부터 지질학, 고생물학, 언어학에 이르기까지, 주로 통시적인 측면을 중시하는 경향이 있다. 초중고교 수준에서 지리학이 아직도 소홀히 다루어지는 것처럼, 고등 교육에서 공간적 학문의 위상도 그와 비슷한 수준이다. 미국인들이 보기에, 명문 대학이든 작은 대학이든 역사학과가 없다는 것은 상상하기 힘든 일이다. 하버드 대학이건 중서부의 전문대건, 기본 교과 과정에서 역사가 빠지는 일은 없다. 그러나 지리학은 사정이 다르다.

그리고 앞에서 지적했듯이 전문 지리학자들도 자기 분야를 바라보는 시각이 제각기 다르다. 물론 이는 건전한 논쟁으로 이어질 수도 있으며, 이번이 처음도 아니고 다른 학문 분야도 상황은 비슷하다. 그러나 지리학 학술 저널을 보아도 우리의 합의된 입장이 무엇인지 정확히 파악할 수가 없으므로 대학 행정가들에게는 혼란을 줄 수 있다. 역사학, 인류학, 생물학의 경우는 그것이 좀 더 분명하다.

나는 이 문제에 대해 매우 구식의 견해를 가지고 있다. 지리학의 기본적인 공통 기반은 지역 지리학, 인문-문화 지리학, 자연(환경) 지리학에 있다고 생각한다. 물론 통계분석이나 지리정보시스템처럼 학부에서 전공을 세분화할 때 요구되는 분석틀도 여기에 포함된다. 그리고 이를 초월하여 우리를 하나로 묶는 끈은 바로 공간적 관점과 공간적 분석이다(그렇다고 다른 방향으로 나아가는 이들까지 이 제약에 얽매이는 것은 아니다). 지리학이라는 학문의 미래에 대해 회의적인 사람들에게, 나는 바로 환경과 인간의 접점에 지리학의 커다란 기회가 놓여 있다고 말해주고 싶다. 우리는 남들보다 훨씬 더 오랫동안 이 부분에 주목해왔고, 이 부분에 있어 항상 동시대인들보다 앞서 있었다. 우리는 이러한 입장을 재천명해야 한다.

지리학이 역사학으로 흡수될 것인지 여부에 대해 말하자면, 나는 역사학이 학계는 물론 일반 대중에게까지 호소력을 미치게 된 것에 대해 역사학자들을 부러워하고 존경하는 바이다. 텔레비전을 켜면 어떤 '대통령급 역사학자'가 출연해서 과거 대통령의 치적과 잘못에 대해 비평하는 모습을 볼 수 있다. 그리고 나도 동의한다. 닉슨 대통령이 워터게이트와 관련해 언제 무엇을 했는지에 대해 우리가 가끔씩 상기할 필요가 있는 것은 사실이다. 결국 역사학의 핵심 질문은 바로 언제이니까. 하지만 최근 우리에게는 다른 종류의 질문을 불러일으키는 대통령이 있었다. '대통령이 어디서 무엇을 했는가?'를 묻는 것.[조지 W. 부시와 이라크-아프가니스탄 전쟁을 암시한다.—옮긴이] 바로 이것이 지리학이다. 우리에게는 대통령급 지리학자가 필요한 것이다! 하지만 나의 이런 제안은 무슨 이유에선지 방송에서 받아들여지지 않았다.

사실 우리 전문 지리학자들은 우리가 무슨 일을 하며 왜 지리학이 중요한지를 일반 대중에게 제대로 알리지 못했다. 우리만 그런 것은 아니다. 다른 분야의 학자들 역시 학문 연구가 고고한 '상아탑'의 벽 뒤에서만 행해진다는 대중의 인식에 한몫했다. 확실한 증거는 없지만, 학자들 중 대중적인 장소에서 편안함을 느끼며 지금 연구하는 것이 왜 중요하고, 납세자나 기부자들과 어떤 관련이 있는지 일반인에게 자신 있게 설명할 수 있는 사람의 비율은 극소수인 듯하다. 그러나 그 극소수 중에는 대중—과 자신의 학문 분야—에 끼친 영향에서 모범이 될 만한 학자들이 존재한다. 행성 표면과 대기의 물리·화학적 연구가 전문 분야였던 천문학자 칼 세이건Carl Sagan은, 우주 탐사선들이 과학의 새로운 지평을 열고 있던 시대에 우주론에 대한 대중의 관심을 높이는 데 크게 기여했다. 지구 생명의 기원과 외계 지성체 탐색에 대한 그의 관심은 대중의 상상력에 불을 지폈다. 또 그는 잇따른 저서와 큰 성공을 거둔 텔레비전 프로그램을 통해, 우주론뿐만 아니라 진화 이론과 신경생리학에서 동시에 진척된 연구들을 대중에게 소개했다. 그의 감화를 받아 이 분야나 그 연관 분야로 들어온 젊은 학생의 수는 헤아릴 수도 없으며, 그들 중 다수는 지금 미국의 다양한 공공·민간 분야에 종사하고 있다.

일부 독자들은 지리학보다는 우주론과 우주 탐사가 대중의 흥미를 끌기 더 쉽다고 생각할지도 모르겠다. 실제로 「뉴욕타임스」의 재능 있는 과학 기자 존 윌포드는 2001년 미국지리학회 학술 대회 전체 발표의 초청 연설에서, 지리학자들이 "대중적 언어로 자기 연구의 중요성을 단순하고 직접적인 용어로 전달하는 데 서툴다"라는 의견을 제시했다.[12] 하지만 지리학자들은 기회만 주어진다면, 지리에 지대한 관심을 보이며 열심히 듣는 청중을 쉽게 찾을 수 있다. 기후 변화부터 중국의 부상, 세계화부터 테러에 이르기까지 우리 모두에게 영향을 끼치는 눈앞의 일상적인 문제들을 쉽게 지리학과 연결시킬 수 있기 때문이다. 그 과정에서 얼핏 까다롭고 해묵은 문제를 바라보는 지리학적 관점이 새롭고 흥미롭다고 말하는 청자를 만나는 것은 언제나 흐뭇한 일이다. 이런 노력은 기울일 가치가 있다.

지리적 교양과 국가 안보

지리적 교양은 우리의 국가 안보에서 중요한 구성 요소다. 우리는 대규모 환경 변화, 대대적인 인구 이동, 끊임없는 문명의 충돌, 지정학적·경제적 초강대국으로서 중국의 출현, 그리고 통일 유럽이 국제 무대에서 주요 세력으로 변화하는 모습 등을 보게 될 한 세기의 문턱을 넘어서고 있다. 그리고 아직 예측하지 못한 변화들이 우리 앞에 놓여 있다. 내 동료 지리학자들은 에너지 위기가 닥칠 가능성과 그 대책에 대해, 대량 살상 무기 WMD 확산의 위험성과 이를 완화하는 방법에 대해, 전 지구적 기후 변화가 특히 취약한 지역에 미치는 영향과 그에 대처하는 법 등에 대해 연구하고 있다. 이들 모두는 심각한 이슈이며, 지리 지식 자체만으로 이를 해결할 수는 없을지 몰라도 지리 지식이 없이는 이에 효과적으로 접근할 수 없을 것이다. 예를 들어 대량 살상 무기는 기술뿐만 아니라 이데올로기에 힘

지리학과 외교 정책

1990년대에 워싱턴에 거주한 전문 지리학자로서, 나는 국제 조사에서 미국 고등학생의 지리 교양 수준이 거의 바닥이라는 기사가 간간이 보도될 때마다 두려움에 떨었다. 그럴 때면 만찬 모임의 대화에는 비꼬는 말들("태평양이 어디 있는지도 모른다고요?")이 오갔고, 해외에서 자기와 자기 나라를 난처하게 만든 어른들 — 일부 정치인과 외교관들 — 의 웃기는 실수담으로 짓궂은 활기를 띠곤 했기 때문이다. 그중에서도 입방아에 자주 오르내린 인물은, 브라질리아에서 열린 국제 회의의 개회사 도중에 자기가 볼리비아에 오게 되어 기쁘다고 말한 레이건 대통령이었다.

더 나빴던 것은 이런 보도와 일화들이, 지리 지식을 지명을 외우는 능력과 동일시하는 대중의 인식을 더 강화해주는 경향이 있었다는 것이다. 물론 이는 유용한 능력이지만, 이것과 지리 지식의 관계는 단어 암기와 문학의 관계에 빗댈 수 있다. 지리학자들이 미국의 지리적 교양의 퇴보를 걱정한 이유는, 그것이 미국의 외교 정책에 미치는 함의를 인식했기 때문이다.

지리 교육의 총체적 퇴보로 인해 우리는 무엇을 잃었는가?

지리 교육이 — 교육의 전 과정에 걸쳐 — 시들해지면서 우리가 잃은 것은 무엇일까? 대학 학부생을 위한 '사회' 과학 종합 커리큘럼을 보면, 여기에는 세 가지 관점이 반복해서 등장함을 확인할 수 있다. 시간적(역사학), 공간적(지리학), 구조적(정치학, 경제학) 관점이다. 이 각각은 서로를 보완해주는데, 여기서 공간적 관점이 필수불가결한 까닭은 환경부터 정치에 이르는 광범위한 이슈의 분석에서 장소와 입지의 중요성을 우리에게 환기시키기 때문이다. 지리학자들이 — 이라크 군사 개입 같은 — 중요한 사건 소식을 처음 들었을 때 우선 지도를 펼쳐보거나 GIS를 구동하는 것이 바로 이 때문이다. 그러나 이런 두려운 조사 결과들이 보여주듯이, 심지어 고학력 미국인들도 평균적으로 지도를 온전히 활용할 줄 모른다.

입어 확산된다. 기술은 다른 학문 분야의 소관이지만, 이데올로기에는 지리적 요소가 중요한 영향을 끼친다. 탈레반이 파키스탄의 산간 벽촌에서부터 시작하여 아프가니스탄의 권좌에까지 올라서도록 만든 것은 극단주의다. 이러한 극단주의는 고립된 공간에서 곪는 경향이 있으며, 이는 이슬람만의 독특한 현상은 아니다. 실패한 국가failed state는 전 세계적 상호 작용과 교류로부터 스스로를 단절하는 경향이 있으며, 그 어마어마한 대가는 주민들의 몫으로 돌아간다. 소말리아, 아프가니스탄, 캄보디아, 라이베

또한 우리는 환경에 대한 인식과 책임을 잃었다. 지리학은 '사회' 과학 중에서 유일하게, 강한 물리적—다시 말해서 자연적—차원을 포함하고 있다. 미국 고등학교에서 지리학이 쇠퇴하기 이전의 어린 학생들은 지리 수업 시간에 기상 관측과 기후 변화에 대해서 처음 들었고, 자원의 분배가 그 보존 및 책임 있는 이용과 어떤 관계가 있는지를 배웠다.

1948년, 우리 학교의 지리 교사였던 에릭 데 빌더 선생님은 그 이후로 내가 영원히 곱씹게 된 질문을 던지셨다. 빙하 시대를 거치며 기온이 오르락내리락 하는 동안 기후는 인간 역사에 어떤 영향을 끼쳐왔는가? 나는 우리가 빙하기에 살고 있으며, 운 좋게도 빙기 사이의 반짝 따뜻한 시기를 경험하고 있다는 사실을 그분에게서 배웠다. 오늘날 평균적인 시민들에게 빙하기와 빙기의 차이를 물어본다면 만족스런 대답을 듣지 못할 가능성이 높다. 정치인들이 대중의 혼동을 이용하는 것도 무리가 아니다.

정치인들이 미국의 개입을 통해 변화시키고자 하는 지역의 환경·문화적 지리에 대해 적절히 알지 못하고, 지리적 관점을 충분히 갖추지 못한 채로 환경과 관련한 결정을 내리는 상황에서, 우리는 지리 공교육을 개선할 필요가 있다. 세계가 좋든 싫든 미국은 20세기에 가장 강한 국가로 떠올랐고, 세계 곳곳의 나라와 사람들, 그들의 삶과 생계에 영향력을 미칠 수 있다. 이러한 힘이 있기에, 미국인들은 그 나라들과 그 삶에 대해 최대한 배워야 할 책임이 있으며, 이를 위해 지리학보다 더 나은 수단은 없다.

앞으로 미국과 세계는 수많은 도전에 직면할 것이며, 그중 두드러지는 것은 세 가지다. 환경이 급속히 변화하고, 대량 살상 무기에 힘입어 테러가 고조되며, 중국이 국제 무대에서 초강대국으로 부상하는 움직임이다. 이런 도전에 맞서기 위해 미국 대중들은, 그 기저를 이루고 이들을 서로 연결하는 변수와 힘들에 대해 세계에서 가장 잘 아는 국민이 되어야 한다. 지리학은 이런 상호 연결을 이해하는 핵심이다.

—「워싱턴 이그재미너*Washington Examiner*」, 2005년 7월 22일

리아, 미얀마, 북한 등의 주민들은 그 끔찍한 대가를 치르고 있다.

　지리학은 고립주의와 지역주의의 훌륭한 해독제다. 일부 지리 교육 전문가들은 미국인들이 지리에 대해 잘 모르는 것이 우리가 두 대양과 두 국가 사이에 '찬란하게' 고립되어 있기 때문이라고 주장하지만, 사실 빠르게 세계화되어 가는 세계에서는 이러한 공간적 단절이 별 의미가 없다. 베트남 전쟁 기간에 "북베트남을 폭격하여 석기 시대로 되돌리자."라고 주장한 정치가들이 있었고, 실제로 미국은 그럴 힘이 있었다. 그러나 미국은 수천만 명의 베트남인을 설득하여 이데올로기를 바꾸게 할 힘은 없었다. 최근 이라크에 대한 군사 개입은 빠르고 효율적으로 진행되었고 이는 우리가 전쟁에서 이겼다는 섣부른 주장으로 이어졌다. 그러나 이라크인들의 머리와 가슴에서 진짜 전쟁은 아직 끝나지 않았으니, 그것은 아직까지 이 나라의 심장부를 초토화하며 큰 희생을 낳고 있는 폭동과 반란들로 나타났다. 여기에 대응한 세력은 침공군과 예전에 적이었던 부족들 사이의 불안한 동맹이었고, 이는 점령이 끝난 이후 횡행하게 된 폭력의 씨앗을 뿌렸다. 미국과 그 동맹군은 장비와 포고령을 갖추었지만 2011년 12월 미군이 이라크에서 철수한 뒤 곧바로 이어진 분파 간의 충돌을 방지하지 못했다. 이 지역에 대해 잘 알고 그 언어를 말하며, 그들의 관습과 삶의 리듬을 이해하고 그들의 감정의 깊이를 파악하는 미국인은 극소수에 불과하다.

　그리고 이라크 개입의 지리적 함의를 이해하는 미국인 역시 극소수에 불과하다. 이라크 미군정 최고 행정관을 지낸 L. 폴 브레머L. Paul Bremer는 "미국 이후 이라크의 허약한 미래"에 대해 논평하면서, "지리는 변치 않는 것이며 이라크는 거친 이웃들과 더불어 살고 있다."라고 주장했다.[13] 지리가 변치않는다고? 이 말을 자국의 태평양 연안 지역을 불과 한 세대만에 후미진 벽지에서 세계의 막강한 힘으로 바꾸어놓은 중국인들에게 해보라. 혹은 현대화가 이슬람과 조우한 두바이의 호화로운 고층 아파트와 빌라 주민들, 종잡을 수 없는 침체의 늪에 빠졌던 시기를 기억하는 싱가포르인들, 자신들의 정치-지리적 체제가 해체되는 것을 목격한 옛 소련의 시민들에게 해보라. 지리는 변치않는 것이 절대 아니다. 그런 전제에서 출발한다면 단단히 오해한 것이다. 브레머는 "오바마 대통령은 [이라크에서] 미군을 전부 철수시키는 중대한 실수를 저질렀다."라고 주장하면서 자신의 논평을 끝맺고 있다. 하지만 미군이 있는 동안의 상황이 어떠했는지는 모두 잘 알고 있다.

이 책에서 앞으로 제시하겠지만, 도전은 여러 방향에서 다가오고 있다. 힘을 점점 키우며 부상하고 있는 중국, 옛 소련의 일부를 포괄하는 '대★러시아'를 향한 모스크바의 야심, 불안정하고 허약해지는 유럽, 지역·세계 무대에서 상승 중인 인도, 경쟁하는 세계에서 경제적 역할을 급속히 확장하고 있는 브라질이 그렇다. 하지만 미국의 일반 대중들은 현재의 중국(이나 인도나 브라질)에 대해, 그들(이나 그 지도자들)이 40년 전 동남아시아, 혹은 9.11 사태 이후 서남아시아 지역에 대해 알았던 것보다 얼마나 더 많이 알고 있는가?

내게 그럴 힘이 있다면, 나는 미국의 '엘리트' 대학에 지리학과를 복권시킬 뿐만 아니라 모든 지리학과에 지역 연구를 부활시킬 것이다. 그래서 다시 한 번 현장 경험과 외국어 능력을 갖추고 지역에 인맥을 지닌 학자들의 집단이 정부, 정보기관, 기타 국가 기관에 충원되도록 할 것이다. 그들의 노력은 고고도高高度 무기 조달, 인공위성 이미지, GIS 정밀 조사 못지않게 중요하다. 대중적 이미지와는 달리 지리학은 계몽적이고 재미있는 분야지만, 또 대단히, 진짜로, 심각한 것이기도 하다.

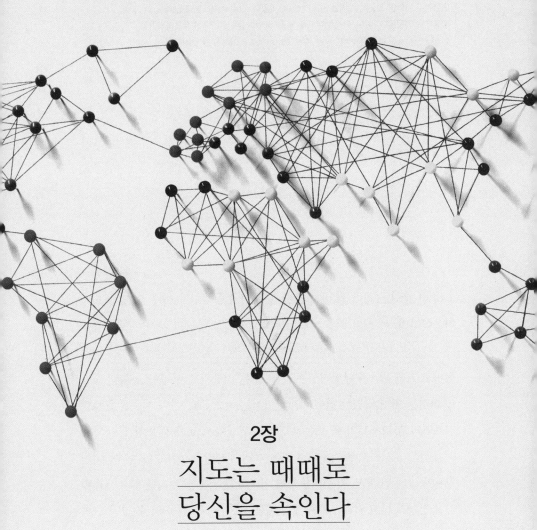

2장

지도는 때때로
당신을 속인다

위험이나 위협을 전달하는 데는 지도만 한 것이 없다. 그러나 지도는 기만과
현혹에도 이용된다. 이제, 복잡한 문제를 명료히 이해하는 데 대단히 유용하지만
언제나 조심스럽게 뜯어봐야만 하는 주제도의 세계로 들어가게 될 것이다.

흔히 한 장의 그림이 천 마디 말만 한 가치가 있다고들 한다. 그 말이 만약
진실이라면, 한 장의 지도는 백만 마디, 아니 그 이상의 가치가 있을 것이
다. 지도는 지리의 언어이며, 큰 개념과 복잡한 이론을 전달하는 가장 직접
적이고 효율적인 수단이다. 지구본은 모든 지도의 어머니이고, 특히 학교
에 다니는 자녀가 있는 집이라면 없어서는 안 될 물건이다. 지구본을 보면
지표면의 70퍼센트가 물 또는 얼음으로 뒤덮여 있고 육지 또한 상당한 면
적이 산지나 사막으로 이루어져 있어, 우리의 생활공간이 얼마나 제한되어
있는지 알게 된다. 또 지구본을 보면 미국과 중국을 잇는 최단 경로가 태평
양을 거치지 않고 알래스카와 베링 해를 거친다는 사실을 알 수 있다. 그리
고 북반구의 나라들이 왜 세계의 주요 문제를 지배하는지를 깨닫게 된다.
사람이 살 수 있는 영토의 대부분이 적도 이북에 놓여 있기 때문이다.

　설문 조사나 여론 조사에 의하면 대다수 미국인은 일상에서 지도를
별로 참조하지 않지만, 지도로 무엇을 나타낼 수 있는지 약간만 보여주

면 이에 금방 매료되는 경향이 있다(나는 개인적인 경험을 통해 이를 확증할 수 있다). 일반적으로 우리는 지도를 일반도representative map와 주제도thematic map라는 두 가지 범주로 나눌 수 있다. 일반도는 지표면에 존재하는 구체적 지물 혹은 그 지물들의 조합을 축척이 허락하는 한 실제에 가깝게 묘사한다. 예를 들어 미국 주간州間 고속도로 지도는 전국에 존재하는 모든 4차선 고속도로를 표현하고, 인구 50만이 넘는 유럽 도시들의 지도는 그 도시 인구에 대해 알려진 데이터들을 표현한다. 세계지도첩은 국제적으로 승인된 국경선에 기초한 세계 여러 나라들의 지도를 담고 있다.

한편 주제도는 (고속도로처럼) 인공위성 이미지에 나타나지 않는 일부 물리적, 문화적, 혹은 기타 기준에 초점을 맞춘다. 지구의 기후를 열대 우림부터 극지의 툰드라에 이르기까지 몇 개의 범주로 나눈 세계지도의 주제는 자연환경이다. 이라크의 시아파, 수니파, 쿠르드족이 각각 역사적으로 점유해온 영역을 가리키는 지도의 주제는 문화다. 이때, 일반화를 하지 않고서 이 지도를 그릴 길은 없다. 이라크(아니 그 어느 나라건) 주민들의 종족·문화적 분파 간 경계를 뚜렷하게 정하는 것은 불가능하다. 그래서 주제도는 논쟁을 불러일으키는 경우가 많다. 우리가 지도 제작자의 생각을 알아내기 위해 언제나 지도의 범례와 기호를 눈여겨보아야 하는 이유도 그 때문이다. 앞으로도 보겠지만, 지도 제작자들의 동기가 항상 순수한 것만은 아니다.

따라서 우리의 첫 번째 목표는 지도 제작과 지도 읽기에 대해 되짚어보고 지도의 비밀을 푸는 법을 탐구하는 것이다. 내가 학생들에게 항상 당부하듯이, 독자 여러분도 한 페이지를 차지한 지도는 최소한 한 페이지짜리 글을 읽는 시간을 들여 살펴봐주길 바란다. 글을 통해 얻지 못하는 정보를 지도로부터 뽑아보길 바란다. 또한 우리 세계의 윤곽—그 지리적 범위, 지역, 국가, 주요 주州와 지방들—에 최대한 익숙해지라고 하는 것이 괜한 요구가 아님을 밝혀야겠다. 이라크에서 미군과 동맹군이 거의 10년 가까이 싸우고 죽은 마당에, 윤곽만 그려진 세계지도에서 이라크의 위치를 제대로 짚을 수 있는 미국인이 아직까지 일곱 명 중 한 명뿐이다? 네 명 중 세 명은 페르시아 만이 어디 있는지도 모른다? 이런 통계들은 세계가 축소되고 있는 이때에 지리 지식의 공백이 오히려 커지고 있음을 시사한다.

이 장의 두 번째 목표는 지도의 활용과 오용에 대한 것이다. 위험이나 위협을 전달하는 데는 지도만 한 것이 없다. 그러나 지도는 기만과 현혹에도 이용된다. 여기서 우리는, 복잡한 문제를 명료히 이해하는 데 대단히 유용할 수 있지만 언제나 조심스럽게 뜯어봐야만 하는 주제도의 세계로 들어가게 될 것이다. 하지만 먼저 과거를 돌아보도록 하자.

점토판에서 컴퓨터까지, 지도의 진화

지도를 그리는 법을 연구하는 지도학Cartography은 5천 년 전 고대 메소포타미아에서부터 먼 길을 걸어왔다. 고대 메소포타미아인들은 진흙에 홈을 긁어 강과 들판을 표시한 다음 그것을 햇볕에 말려 점토판으로 만들었다. 지도 제작 기술이 진화해온 이야기는 존 윌포드의 『지도 제작자들 Mapmakers』에서 흥미진진하게 다루고 있으며,[1] 이야기는 지금도 계속되고 있다. 아직도 끝나지 않은 지리상 발견 시대의 초창기에, 유럽의 탐험가, 용병, 투기꾼, 모험가들은 미지의 땅을 향해 항해에 나섰다. 그리고 거기서 살아남은 사람들은 거대한 지구의 퍼즐을 한 조각씩 들고 돌아왔고,

지도 제작자들을 이것을 지도에 끼워 맞추었다.

처음으로 세계를 일주한(1519~1522) 사람들은 마젤란Magellan과 그의 선원들이었다. 그들은 카브랄이 발견한 브라질의 해안선을 발판 삼아 망망대해로 항해하여 태평양의 광대함을 입증했다. 이탈리아인인 바티스타 아그네세Battista Agnese의 1544년 세계지도는 곧 그 진기함과 아름다움으로 명성을 얻었다. 그리고 플랑드르의 수학자이자 지도 제작자인 헤르하르뒤스 메르카토르Gerardus Mercator는 세계지도에 격자 눈금을 도입하여, 1569년 항해하는 사람들이 나침반의 일정한 방위를 직선으로 그릴 수 있게 만든 메르카토르 투영법을 발명했다. 이는 지도 제작에서 중대한 혁신이었고, 그래서 메르카토르의 이름은 오늘날까지도 유명하다. 여러 장의 지도를 한데 묶은 지도첩을 아틀라스Atlas(고대 그리스 신화의 거인 이름)라고 지칭하는 개념도 그가 고안한 것이다.

그러나 과거에 유럽인들만 지도를 제작한 것은 아니었음을 기억해야 한다. 중국인들은 3천 년 전에 지도를 만들었다고 추정되며, 일찍이 유럽에서 띄운 그 어떤 선단보다 큰 규모의 함대를 파견하여 마젤란의 원정 이전에 이미 아시아와 아프리카 해안을 휘젓고 다닌 바 있다. 18세기에 쿡 선장이 태평양을 횡단했을 때, 현지의 섬 주민들은 그에게 나뭇가지, 섬유, 조개껍질로 만든 지도를 가지고 길을 가르쳐주기도 했다. 고대 마야와 잉카인들도 지도를 제작했다. 지도 제작은 유럽인들만의 전유물이 아니었다.

그러나 유럽인들은 자기들이 사는 영역을 뛰어넘어 최초로 세계 전체를 재현한 지도를 만들기 위해 필요한 정보를 수집하고 조합했으며, 시간이 갈수록 훨씬 훌륭한 지도를 제작해냈다. 바다의 바스쿠 다 가마Vasco da Gama에서부터 육지의 버턴과 스피크[Sir Richard Burton(1821~1890)

John Hanning Speke(1827~1864), 탕가니카 호와 빅토리아 호를 발견한 영국의 탐험가—옮긴이]에 이르기까지, 수륙 양쪽에서 지리상의 '발견'(그 발견의 대상이 된 사람들의 후손들은 최근 들어 이 말에 반발하고 있지만)이 이루어졌다. 탐험가들은 나침반에서부터 육분의[六分儀, 두 점 사이의 각도를 정밀하게 재는 광학기계—편집자], 고전적 천문 관측의에서부터 항해용 정밀 시계에 이르는 발달된 장비를 갖추고 마침내 놀라운 수준의 정확도와 세부 묘사에 도달했다. 19세기의 지도는—명료한 표현을 위해 손으로 채색한 지도가 많기는 하지만—예술보다는 과학에 가까워졌다. 하지만 20세기에 들어서자 지도 제작술을 완전히 바꾸어놓은, 지금도 진행 중인 혁명이 일어났다. 항공 촬영술이 도입되고, 이미지를 송신하는 궤도 위성이 발사되었으며, 컴퓨터 시대가 도래한 것이다.

그 과정에서 '지도'라는 용어의 정의 자체가 바뀌었다. 아서 로빈슨Arthur H. Robinson과 바바라 페체닉Barbara B. Petchenik의 『지도의 본질The Nature of Maps』(1976)이나, 필립Phillip Muehncke과 줄리아나 무에흐레케Juliana Muehrcke의 『지도의 활용The Map Use』(1997) 같은 전통적인 지도학 저서에서는 지도를 "환경을 그림으로 재현한 것" 또는 "환경에 대한 지리적 이미지"라고 정의하고 있다. 하지만 오늘날 우리는 두뇌의 지도, 인간 DNA의 지도, 대기 중 오존 홀의 지도, 화성과 은하계의 지도 또한 볼 수 있다. 스티븐 홀Stephen S. Hall은 첨단 기술이 "지도 제작술을 순수한 지상의 영역에서 완전히 앗아가 버렸다."라고 말했다.[2]

하지만 다 앗아간 것은 아니다. 과학자들이 염색체, 음악을 들을 때 활성화되는 두뇌 영역, 우주적 활동이 일어나는 은하계를 관찰할 때 '지도'를 활용하기는 하지만, 우리는 여행 계획을 짤 때, 날씨를 확인할 때, 국내나 세계 어느 곳에 중요한 일이 일어났는지 알고 싶을 때 여전히 지

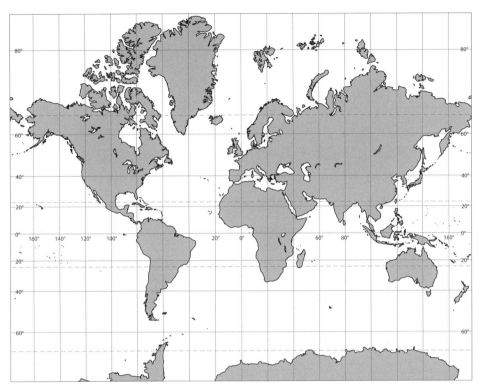

그림 2-1 메르카토르 투영법은 고위도로 갈수록 크기가 심하게 왜곡된다. 이 지도에서 그린란드는 남아 메리카보다 크고 아프리카와 넓이가 비슷해 보이지만, 사실은 남아메리카가 그린란드보다 8배 더 크다.

도를 사용한다. 그러나 유감스럽게도, 조사에 따르면 많은 사람들이 그런 전통적인 지도를 제대로 볼 줄 모르며 상업용 도로 교통 지도 같은 단순한 지도조차 온전히 활용하지 못한다. 사람들은 축척이나 방위, 기호 등 일반적인 지도에 들어가는 표준적 요소를 해석하는 데 애를 먹으며, 지도의 범례를 지도의 내용과 연관시키는 것도 힘들어한다. 그리고 특정 지도 투영법이 지닌 특징을 잘 알지 못해 혼동을 일으키기도 한다. 이를테면 메르카토르 도법에서는 대륙과 대양의 형태와 크기가 거의 코믹할 정도로 왜곡된다. (예를 들어) 메르카토르 투영법으로 세계를 보면 그린란드가 남아메리카 대륙보다 더 크게 보이지만, 실제로는 남아메리카 대륙이 그린란드보다 8배나 크다(그림 2-1).

기술 혁신의 결과로 지도 제작의 세계가 급속히 변화하고 있어도, 인쇄된 지도의 정보를 해석할 줄 알면 여전히 유용하다. 요즘도 부동산을 매매하는 사람은 누구나 '현 시점의' 부동산에 대한 실사를 거쳐야만 한다. 감정가들이 해당 부동산으로 출장 와서 하루 이상의 시간을 들여 표시물과 실측 지점을 찾고, 길이를 재고, 최종적으로 치수와 눈에 띄는 특징과 손상 현황이 담긴 실사 지도를 제작하는 과정은 큰 비용이 든다. 이렇게 매매된 부동산이 몇 달 뒤 다시 팔리면 '구舊' 실사 결과는 효력을 잃고 모든 일을 처음부터 다시 해야 한다. 이 과정은 면밀히 지켜볼 필요가 있다. 실사 결과를 인지하는 것은 매수자의 책임이기 때문이다.

부동산 실측도든 여행용 지도든, 지하철 노선도든 지도첩이든, 현실 세계의 지도 재현물은 그것을 이용하는 사람에게는 도전이다. 여러분이 쇼핑몰 입구에서 집어든 안내도에 축척이 표시되어 있다면 쇼핑몰 안에 있는 백화점까지 가는 데 어느 정도 걸어야 할지(또 얼마나 오래 걸릴지) 판단할 수 있는가? 여러분이 길을 찾는 시내 지도에 방위표가 그려져 있다면 지금 가는 방향을 가늠할 수 있는가? 캘리포니아 주 전도의 초록색 부분들은 무엇인가? 지도를 활용하는 열쇠들은 때로 숨겨져 있다. 이 열쇠들을 잠깐 들여다보도록 하자.

축척: 얼마나 먼가?

이 딜레마를 피해 갈 길은 없다. 지표면의 어느 한 부분(혹은 전체)을 지도에 나타내려면, 둥근 표면을 평평한 종이 위에 재현해야 한다. 따라서 재현되는 지표면의 면적이 클수록 문제는 더욱 커진다. 작은 마을 지도일 때는 지구의 굴곡이 별로 영향을 끼치지 않으므로 거의 문제가 안 된다. 하지만 미국 전도일 경우에는 상당한 정도의 '평탄화' 작업이 필요하며, 세계지도일 경우에는 심한 왜곡을 피하기 위해 복잡한 조작이 요구된다.

평평한 종이 위에 재현되는 면적이 넓어질수록, 지도의 축척은 작아지고 지도에 표시할 수 있는 세부 사항도 줄어든다. 이는 지리 용어의 모순 중 하나다. 즉 한 대륙 전체의 지도는 넓은 지역을 포괄하기 때문에 흔히 대축척 지도라고 생각하기 쉽지만, 실제로 이는 소축척 지도다. 도시의 한 블록이나 교외의 한 거리를 표시한 한 페이지 크기의 지도는 우리가 사는 좁은 지역을 나타내고 있지만 대축척 지도라고 한다. 이런 대축척에서는 집, 거리, 인도 하나하나를 구별할 수 있다. 하지만 한 페이지에 도시 전체의 지도를 담는다면, 축척이 작아져서 이런 자잘한 세부는 대부분 사라지고, 도시의 주요 지역과 간선 도로만 볼 수 있을 것이다. 나아가 한 주州 전체를 한 페이지에 담는다면, 도시 하나하나는 불규칙한 형태를 띤 작은 조각들로 축소될 것이다. 그리고 한 페이지에 미국 전체를 담는다면, 세부는 거의 볼 수 없고 주 하나하나는 외곽선 정도로만 나타날 것이다.

앞에 든 예에서, 한 페이지에 점점 더 넓은 지역을 나타내기 위해 지도의 축척은 점점 더 작아져갔다. 그러므로 우리는 우리가 읽는 지도의 범례 및 기호와 더불어 축척을 확인해야 한다. 우리가 지도에서 얻을 수 있는 정보는 지도가 그려진 축척에 따라 어느 정도 좌우되기 때문이다.

왜 재현되는 면적이 커질수록 축척은 거꾸로 작아질까? 그것은 축척이 비율을, 즉 지도 상의 거리·면적 대對 실제 세계의 거리·면적의 비율을 가리키기 때문이다. 간단히 말해서 지도 상의 거리를 1이라고 하자. 도시의 한 블록이나 교외의 한 거리를 나타낸 지도에서 1인치는 약 200피트, 즉 2,400인치에 해당한다.* 그러므로 여기서 축척은 1:2,400이다. 이 비율은 분수로 나타내어 1/2,400로 표시할 수도 있다. 한 장에 도시 전체를 담으려면 지도 상의 1인치는 2마일, 즉 12만 6,720인치에 해당한다. 이 비율(1:126,720)을 분수인 1/126,720로 나타내면 숫자는 더더욱 작아진다. 하지만 전체적으로 놓고 보면 1:126,720도 상당한 대축척 지도에 속한다. 한 페이지에 중간 크기의 주써 전체를 담으려면 축척은 1인치당 64마일, 즉 1:4,000,000까지 내려가야 한다. 그리고 미국 전체를 담기 위해서는 축척이 1:40,000,000은 되어야 한다.

따라서 지도의 축척은 그 지도의 용도에 따라 달라진다. 예를 들어 택지 개발업자가 새로운 필지를 조성하거나 도시 계획가가 새로운 쇼핑몰의 위치를 정할 때는 대축척 지도가 필요하다. 미국자동차협회나 주립 관광 안내소에서 배포하는 도로 교통 지도는 중축척이다. 그리고 나라별 인구 증가율 등을 표시하는 세계 분포 지도는 소축척으로 나타낼 수 있다. 지도의 기능은 축척을 결정하는 핵심 요소다.

지도의 축척을 표시하는 법은 두 가지가 있다. 하나는 방금 설명한 대로 분수로 표시하는 방법이고, 다른 하나는 막대그래프로 표시하는 방법이다. 단위는 킬로미터를 쓰기도 하고 마일을 쓰기도 한다. 하지만 지도를 읽는 사람들 중에는 이 표시를 활용하기 어려워하는 이들이 많아서, 도로 지도에서는 고속도로를 따라 한 지점에서 다음 지점까지(예를 들어 고속도로의 한 출구에서 다음 출구까지)의 거리를 별도로 표시해주기도 한

---

* 1인치=약 2.5센티미터/1피트=약 30.5센티미터/1마일=약 1.69킬로미터

다. 축척이 커질수록 막대그래프로 추정할 수 있는 거리는 더욱 정확해진다. 소축척 세계지도에서는 대략의 이미지만 알 수 있을 뿐, 왜곡 때문에 거리 측정이 별로 유효하지 않다.

100퍼센트 정확한 거리를 측정할 수 있는 지도가 딱 하나 있다. 바로 지구본이다. 끈이나 테이프 한 줄만 있으면 주어진 축척을 이용해서 지구 상 두 지점 사이의 최단 거리를 잴 수 있다. 이 실험은 재미있기도 하지만 한편으로는 우리를 불안하게 만들기도 한다. 재미있는 까닭은, 지리학자들이 말하는 '대권great circle' 경로를 따라서 끈으로 뉴욕과 베이징, 로스앤젤레스와 싱가포르를 이었을 때 그 경로가 우리가 애초에 예상했던 것과 다르게 나오기 때문이다. 불안해지는 까닭은, 이 최단 거리 경로를 알면 미국의 잠재 적국이 얼마나 가까운 거리에 있는지 실감이 나기 때문이다. 예컨대 일전에 북한이 로켓을 시험 발사하고 그 로켓에 핵무기를 탑재할 수 있다는 우려가 고개를 들었을 때, 양측의 전략가들은 지구본을 보고는 알래스카의 앵커리지와 하와이의 호놀룰루가 북한 영토로부터 각각 불과 5,600킬로미터와 7,200킬로미터 떨어진 거리에 있다고 측정했다. 전쟁 기술이 발달하면서 거리라는 완충물이 대폭 축소된 것이다.

방위: 어느 쪽인가?

지도에 표시되는 두 번째 요소는 방향과 관련한 것이다. 미국에 오는 여행객들은 미국인들의 이례적인 방위 감각에 대해 자주 언급하곤 한다. 대부분 오래된 미로 같은 도시에서 살다 온 유럽인들은 "23번가에서 동쪽으로 네 블록 갔다가 5번가에서 북쪽으로 세 블록 가세요." 하는 식으로 길을 가르쳐주는 데 익숙하지 않다. 유럽인들은 직사각형 패턴으로 된 미국 도시의 시가지를 걸어 다니면서도 동서남북을 인식해 길을 찾아가는 것이 습관의 일부로 체화되지 못했다. 대부분의 유럽 도시에서는 나침반 방위가 길을 찾는 데 유용하지 않은 반면, 미국인들은 자랄 때부터 이것이 생활화되어 있다. 교외에 위치한 누구의 집에 대해 물어보면 그 대답의 첫 마디가 방위에 대한 언급으로 시작할 때가 많다. "로즈우드는 도시에서 서쪽으로 6마일 떨어진 곳에 있어요."

하지만 그렇다고 미국인들이 지도를 읽으면서 방위를 헷갈려하지 않는다는 말은 아니다. 일반적으로 지도의 위쪽은 북쪽이고, 아래쪽은 남쪽, 오른쪽은 동쪽, 왼쪽은 서쪽이 된다. 그러나 이런 식을 따르지 않는 지도도 일부 있는데, 지도를 보는 데 경험이 많은 사람들도 '북쪽을 가리키는 화살표'가 위쪽이 아니라 다른 방향을 향하고 있으면 혼동을 일으킬 수 있다. 그래서 지도를 볼 때는 범례의 기호와 더불어 지도의 방위를 확인할 필요가 있다.

나침도에는 기본 네 방위 외에도 여러 방위가 표시되어 있다. 북쪽과 동쪽의 중간은 북동쪽, 북동쪽과 동쪽의 중간은 동북동쪽이다. 이렇게 세밀한 방위는 주로 항해할 때 이용된다. 그래서 시계의 자판을 나침도에 응용한 편리한 방법이 고안되었다. 내가 어느 일정한 방향, 이를테면 서북서나 남남동쪽으로 항해하고 있는 배 갑판 위에 서 있다고 상상해보자. 그때 배가 나아가는 방향의 오른편 이물 앞쪽에 한 떼의 돌고래가 헤엄치는 모습이 눈에 들어온다. 그때는 나침도의 방향을 말하기보다, "한 시 방향에 돌고래 떼 출현!"이라고 외치는 편이 훨씬 쉽고 빠르다. 내가 향하는 방향을 언제나 12시라고 가정하고 시계 방향을 활용하는 것은 고속도로를 달리면서 정보를 바로바로 전달하는 데 훌륭한 방법이다. "풀밭 3

시 방향에 엘크가 있다!"라고 하면 "오른편에 엘크가 있다!"라고 하는 것보다 더 구체적이고 정확하다. 나는 학생들을 데리고 아프리카로 사파리 여행을 떠날 때 언제나 이 방법을 연습시킨다. 특히 짧은 시간에 순간적으로 목격한 내용을 전달할 때 더욱 효과적이다.

방위와 관련하여 마지막으로 지적할 점. 세계지도는 왜 항상 유럽과 아시아와 북아메리카가 위쪽에 있고, 호주와 남극이 아래쪽에 있는 모습으로 재현될까? 이 역시 관습의 문제다. 지구의 두 극점을 지도의 위 아래에 배치하는 것은 논리적이지만, 반드시 북극이 위로 가고 남극이 아래로 가야 할 자연적인 이유는 없다. 이는 주로 북반구에 거주하고 종이의 위쪽에서부터 지도를 그려 나갔던 초기 지도 제작자들의 작업에서 유래한 관습이 보편적으로 굳어진 것이다. 아직 발견되지 않은 땅이 대부분 그들이 거주하는 지역의 동쪽, 서쪽, 남쪽에 있었던 탓이다. 그래서 아프리카, 남아메리카, 호주는 점점 확대되어가는 세계지도에서 아랫부분을 차지하게 되었다. 오늘날 호주와 뉴질랜드에서는 의도적으로 '세계의 아래쪽'을 지도 윗부분에 놓은 거꾸로 된 세계지도를 그리기도 한다.

범례와 기호: 무엇을 나타내는가?

지도를 최대한 활용하려면 지도에 나타난 기호를 해석할 수 있어야 한다. 일부 지도들이 움찔할 정도로 복잡해 보이는 까닭은 거기에 표시된 수많은 기호들 때문이다. 이 기호들은 소축척 지도에서 마을이나 도시를 표시하는 단순한 점이나 조그만 원 모양에서부터, 대축척 지도에서 지형을 나타내는 등고선에 이르기까지 다양하다. 미국 지질조사국USGS에서는 오래전부터 미국 전체를 7분 30초 단위로 분할한 지형도를 출간해왔다. 아

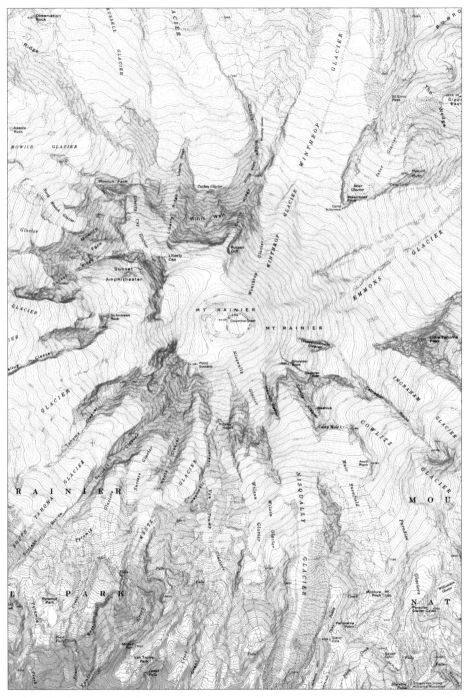

그림 2-2 미국 지질조사국에서 편찬한 레이니어 산의 지형도. 이 지형도는 손으로 그린 최상급 지도의 실례로서, 자세히 들여다볼 가치가 있다.

직까지 여러분이 사는 지역의 지형도를 본 적이 없다면 한번 찾아보기를 권한다. 도시에 살건 시골에 살건, 평지에 살건 산지에 살건 즐겁고 놀라운 경험을 할 수 있을 것이다. 이 지질조사국 지도는 사실 지질도가 아닌 지표면 지도로서, 비탈과 시내, 길과 도로, 숲과 호수, 마을과 농장 등 사실상 자연·문화 경관의 모든 요소를 담고 있다. 일부 지도에는 개별 가옥까지도 나와 있다. 좋은 책과 마찬가지로, 좋은 지도 또한 일단 들고 '읽기' 시작하면 내려놓기 힘들다.

지질조사국 등에서 나온 대축척 지도를 읽으려면 범례와 기호에 대해 어느 정도 사전 지식이 필요하다. 삼림 지대, 시가지, 주요 전선과 기름·가스 파이프라인이 통과하는 자리, 발전소와 기차역, 다리와 해변 등을 표시하는 기호들이 있다. 어떤 기호는 척 보기만 해도 쉽게 알아볼 수 있지만, 익숙지 않은 기호들도 있다. 많은 정보를 표시해서 복잡하게 얽힌 지도라면 대개가 그렇다.

언덕과 계곡, 비탈과 평지 등의 지세를 묘사하는 일은 지도 제작자들에게 주어진 중요한 과제다. 이는 여러 가지 방법으로 표현할 수 있다. 그중 한 가지는 위에서 햇볕이 비추는 것처럼 지세의 주름에 빛과 그림자가 지는 모습으로 나타내어 실제 지표면을 보는 듯한 시각적 느낌을 살리는 것이다. 또 하나는 기술적으로 좀 더 정확한 방법으로, 지질조사국에서 편찬한 지형도처럼 등고선을 그리는 것이다(그림 2-2). 등고선은 같은 높이에 위치한 모든 점을 연결한 선이다. 그래서 평지에 솟아오른 언덕은 지도에서 동심원으로 나타난다. 동심원 중 가장 바깥쪽의 큰 원은 산자락이고, 가장 안쪽의 작은 원은 꼭대기다. 등고선이 서로 빽빽하게 모여 있으면 경사가 급한 것이고, 서로 멀찍이 떨어져 있으면 경사가 완만한 것이다. 등고선으로 가파른 비탈, 움푹 파인 분지, 계곡, 능선 등의 지세를 다 표현할 수 있다. 그래서 척 보기만 해도 지도에 나타난 지역의 기복(높은 지점과 낮은 지점 사이의 수직 거리)이 심한지 완만한지를 알 수 있다. 지도에 등고선이 '분주하면' 기복이 심하다는 뜻이다.

미터법이 널리 보급된 대부분의 나라에서는 미터 단위를 쓰고 있지만, 미국에서는 아직도 등고선을 피트 단위로 측정한다. 미국이 전 세계적인 변환 과정에서 늦은 이유는 오랜 지도 제작 관습 때문이기도 하지만, 그 기원은 1785년에 제정된 법령으로 거슬러 올라갈 수 있다. 이 법령에 따르면 오하이오 강 이북과 펜실베이니아 서쪽에 위치한 광대한 땅은 타운십-레인지 체제에 따라 구획된다. '타운십township'이란 땅을 농부들에게 나누어 팔기 좋게 한 변이 6마일인 사각형 필지로 토지를 구획한 것이며, '레인지range'는 그 타운십의 남북 경계선을 말한다. 결국에는 애팔래치아 산맥과 로키 산맥 사이의 땅 대부분이 이 체제에 따라 배치되었으며, 직사각형으로 구획된 문화 경관을 창출하였다. 중서부 상공을 비행하거나 자동차로 가로질러본 사람은 이런 경관에 친숙할 것이다. 2세기가 넘도록 미국의 이 광대한 지역에 대한 부동산 및 기타 법률 문서는 전부 영국식 도량형을 사용해왔다. 따라서 이 모든 문서의 마일과 에이커를 모조리 킬로미터와 헥타르로 변경하는 일은 거의 불가능할 뿐만 아니라 비실용적일 것이다. 그래서 미국에서는 미터법을 쓰지 않는 관습이 지울 수 없을 정도로 깊게 새겨져 지속되고 있다.

주제도의 기호는 지도 해석과 활용의 열쇠다. 내셔널지오그래픽 협회에서 제작한 지도들은 일반도와 주제도의 성격을 모두 갖춘 경우가 많은데, 자연 지물(빙하, 늪, 사구 등)부터 인공 지물(운하, 공항, 철로 등)에 이르기까지 범례에 십여 가지 이상의 기호를 수록하고 있다. 거의 1세기 동안 「내셔널지오그래픽」은 이런 지도들을 판형에 맞게 접어서 매호 수록

해왔다. 이는 독자들에게는 큰 보너스이고 교사와 여행자들에게는 요긴한 물건이다. 하지만 현재 '내셔널지오그래픽 맵스'라는 이름을 달게 된 곳에서 만드는 지도들이 전부 「내셔널지오그래픽」에 수록되는 것은 아니다. 예를 들어 아프가니스탄 동맹군이 한창 작전을 벌이고 있던 2009년, '내셔널지오그래픽 맵스'는 이 요새화된 나라의 대단히 훌륭한 지도를 출간했다. 이는 「내셔널지오그래픽」의 부록이 아니라 본사에서 따로 판매하는 지도로, 아프가니스탄뿐만 아니라 그와 이웃한 파키스탄의 골치 아픈 지리를 이해하는 데 진정 꼭 필요한 안내서다(물론 2011년 오사마 빈 라덴Osama bin Laden이 발견되고 사살된 장소인 아보타바드도 이 지도에 나와 있다). 훗날 우리에게 그 이름이 알려진 지방들(쿤두즈, 칸다하르, 헬만드)이 명확히 표시되어 있고, 카이바르 고개, 와칸 회랑, 힌두쿠시, 파키스탄 측 카슈미르, 빈 라덴의 은신처로 오랫동안 의심되어온 '연방 직할 부족 지역' 등의 중요한 지명들도 찾아볼 수 있다.

이 아프가니스탄 지도에는 이 나라가 민족적·문화적으로 어떻게 분리되어 있는지에 대한 정보가 표시되어 있지 않다. 다른 정보들이 상세하게 수록되어 있음을 생각하면 이는 별로 실용적이지 않다. 하지만 지도 제작자들도 이 점에 대해 생각했음을 확인할 수 있다. 아프가니스탄의 중앙에는 지명도 행정 구역도 아닌 어떤 것('하자라트')이 볼드체로 표시되어 있는데, 지도 전체에서 이 정도 굵기의 서체로 인쇄된 글자는 이것이 유일하다. 지도 제작자들은 왜 이 명칭을 이렇게 표시했을까? 하자라족은 아프가니스탄을 이루는 민족-문화적 모자이크에서도 독특한 요소로서, 수니파가 지배하는 이 나라에서 유일한 시아파 민족인 동시에 주로 파슈토어를 쓰는 이 나라에서 유일하게 다리어(혹은 페르시아어)를 쓰는 민족이기도 하다. 지도 제작자들은 다수파인 푸슈툰족(파슈툰족), 타지크족, 기타 종족들은 지도에 표시하지 **않더라도** '하자라족의 영역(하자라트)' 만은 지도에 표시해줄 이유가 충분하다고 생각했음이 틀림없다.

지도 투영법

이렇게 해서 우리는 마침내 지도 투영법이라는 흥미로운 주제에 도달했다. 앞에서 나는 메르카토르와 그가 항해에 편리하도록 고안해낸 기념비적인 투영법에 대해 소개했지만 (메르카토르 투영법에서 그린란드가 거대한 크기로 나타난다고 지적하면서) 지도 투영 과정에서 불가피하게 지표면의 실제가 왜곡된다고만 하였을 뿐, '투영법projection'이 정확히 뭔지에 대해서는 말하지 않았다. 실제로 투영법을 조작하면 지표면의 어느 부분이든지 과장하거나 크기를 줄이거나 왜곡하거나 변경할 수 있다. 어떤 나라를 다른 나라에 비해 실제보다 크게 나타낼 수도 있고, 어떤 지역을 실제보다 더 가깝게 나타낼 수도 있다. 지도는 선전 또는 그보다 더 나쁜 용도로도 이용할 수 있다. 사람들의 공포, 위협, 공격성, 분노를 자극하거나, 적어도 오해를 불러일으킬 수 있다. 그러니 여러분은 문자만큼이나 지도를 조심해야 한다.

수백 년 동안 지도 제작자들은 우리의 둥근 지구를 평평한 표면에 재현하는 문제로 골머리를 앓아왔다. 이 문제를 해결하기 위해 그들은 자전축과 적도를 출발점으로 삼아 지구를 둘러싼 가상의 격자를 그려넣었다. 그리고 남극과 북극을 잇는 자오선을 그어 지구를 360도로 잘게 나누었다(그림 2-3). 이때 출발점이 되는, 즉 0도에 해당하는 본초本初 자오선이 필요했다. 이 결정이 내려질 당시에는 대영 제국이 전성기에 있었으므로, 런던 근처의 그리니치 천문대를 지나는 경선이 본초 자오선으로 확

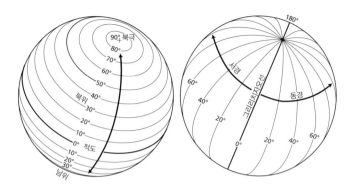

그림 2-3 지구 표면의 격자선. 위도 0도(적도)부터 90도(남극과 북극)까지(왼쪽), 경도 0도(영국 그리니치)부터 180도(태평양)까지.

정된 것은 놀라운 일이 아니다. 그러면 지구를 동반구와 서반구로 나누는 180도 경선이 런던의 지구 반대편에 그어지게 되는데, 그것이 우연찮게도 태평양 한가운데를 지나가게 된 것은 다행스러운 일이라 할 수 있다.

자오선은 지구를 둘러싼 격자의 '수직선'에 해당하며, 양 극점에서 갈라져 나와 적도에서 서로 가장 멀리 떨어지게 된다. 한편 '수평선'은 서로 만나지 않는 평행선으로서, 적도에서 시작하여 서로 등거리를 두고 지구를 둘러싼 고리를 이룬다. 이 평행선들도 각도로 표시할 수 있다. 남반구에도 북반구에도 속하지 않는 적도는 0도 위선이고, 그 아래 위로 수치가 점점 올라간다. 멕시코시티는 북위 20도 바로 아래에 있으며, 스페인의 마드리드는 북위 40도 바로 위에, 러시아의 상트페테르부르크는 북위 약 60도에 있다. 여기서 더 북쪽으로 올라가면 별로 볼 것이 없다. 심지어 아이슬란드와 그린란드의 수도도 북극권(북위 66°30′) 밑에 놓여 있다. 북극은 물론 90도로서 지구상에서 가장 위도가 높은 지점이다.

그러면 지구본이나 지도의 격자를 왜 투영한다고 할까? 그것은 말 그대로 투영投影, 즉 그림자를 비추는 법이기 때문이다. 중심에 전구를 놓고 그 주위에 철사로 구형의 격자를 짠 뒤, 다시 그 주위를 종이 원통으로 둘러싼 모습을 상상하면 된다. 그러면 평행선과 자오선이 종이에 그림자를 드리우면서 일종의 투영된 이미지를 만든다. 이것을 바로 활용할 수는 없지만, 광원과 종이를 이리저리 조작해서 여러 가지 투영법이 가능하다. 예컨대 격자 내부의 북극과 남극 사이에 네온 튜브를 세우면 메르카토르 투영법과 비슷한 것을 얻을 수 있다. 그리고 종이로 지구 전체를 둘러싼 원통이 아니라 원뿔 모양의 '모자'를 만들어 그것을 북반구에 씌우면, 비교적 왜곡이 적은—북반구의—지도를 얻을 수 있다. 실제로 투영법 중에는 '원통' 도법과 '원뿔' 도법이 있다. 비교적 왜곡이 적은 미국 전도를 얻고자 한다면 원뿔 도법을 이용하면 된다. 형태의 왜곡을 최소화하기 위해 고안된 투영법들은 세계전도보다는 미국 지도처럼 위도가 제한된 지역을 나타내기에 용이하다. 또한 주목할 만한 창의적인 투영법들이 만들어지기도 했다. 예컨대 묘사되지 않아도 문제가 비교적 덜 되는 대양 부분에서 투영법을 아예 '차단'해버려, 대륙의 형태를 놀라울 정도로 잘 표현해낼 수 있다(128~129쪽의 그림 3-2 참조). 대륙과 국가들의 형태와 크기를 최대한 실제와 가깝게 나타내도록 고안된 투영법을 등적 투영법equal-area projection이라고 한다.

지리학자들이 말하는 어떤 장소의 '절대 위치(상대 위치와 반대되는 말. 상대 위치에 대해서는 뒤에서 설명할 것이다)'를 확인하려면, 북·남 위도와 동·서 경선의 도, 분, 초를 알아야 한다. 처음에는 복잡해 보이지만, 일단 익숙해지면 지구상에서 가장 먼 지점을 바로 짚어낼 수 있다(지리부도의 색인을 보면 수십만 개 지점의 좌표 정보가 나와 있다). 두 장소가 정확히 같은 지점을 공유하는 것은 불가능하다. 최근에 GPS가 발명되면서, 이제 연구자들(예컨대 고고학자들)이 발견한 지점의 위치를 기록한 뒤 그 자리를 떴다가, 심지어 모래 폭풍이 불어 지표면이 알아볼 수 없을 정도로 바뀐 다음에도 그 장소에 다시 찾아갈 수 있게 되었다. 바다 밑에 가라앉은 난파선에서부터 지표면의 동굴 입구, 고립된 마을의 집 한 채, 수풀이 우거진 골짜기에 파묻힌 묘지에 이르기까지, GPS 장비만 있으면 그 지점의 좌표를 기록할 수 있다. 한마디로, 지난 수십 년간 급격히 발전한 과학 연구의 결실 중 "이것이 없었으면 도대체 어떻게 했을까" 싶은 발명품 중 하나이다.

평행선과 자오선으로 이루어진 지구 격자로 되돌아가서, 다시 그림 2-3을 보면 우리는 중요한 사실을 깨닫게 된다. 그것은 바로 위선과 경선이 서로 직각으로 교차한다는 점이다. 메르카토르는 현대적인 경위선이 그어지기 오래전, 세계의 상당 부분이 아직 '발견'되기도 전에 이미 그 의미를 깨닫고 자신의 항해도를 고안해냈다. 하지만 메르카토르는 지구상의 모든 땅이 확인되고 지도에 표시된 훗날에 자신의 투영법이 다른 목적으로도 이용되리라는 사실까지 예측하지는 못했다. 러시아, 유럽, 캐나다 등 중위도 지역 국가의 지도자와 교사들은 자기 모국의 크기를 부풀려 놓은 지도를 마음에 들어 했다.

내셔널지오그래픽 협회는 세계의 정치적 변화를 표시하는 지도에 거의 1세기 가까이 메르카토르 투영법을 사용했다. 그러다가 1980년대에 들어서 협회의 지도자들은 표준 세계지도에 다른 투영법을 적용하기로 결정했다. 미국의 지리학자인 아서 로빈슨이 고안한 투영법(그림 2-4, 당시에 쓰이던 투영법 중에서 왜곡이 적은 여러 도법 중 하나)이었다. 당시 협회에서 발간하는 학술 잡지인 「내셔널지오그래픽 리서치」의 편집자였던 나는, 메르카토르에서 로빈슨 투영법으로의 교체를 발표하는 기자 회견

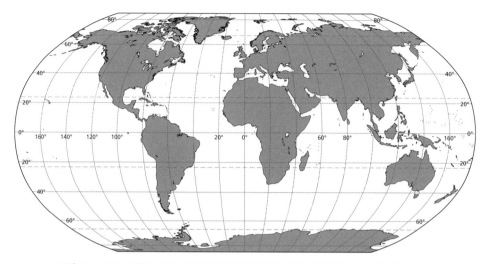

그림 2-4 로빈슨 투영법. 이전의 많은 도법들과 달리 위선은 등거리를 유지하고 자오선은 구부러진다. 메르카토르 투영법의 크기와 형태 왜곡을 크게 줄여 준다.

에 초청되었다. 질의 시간이 되자 한 지역 언론사에서 나온 기자가 일어나서 이런 질문을 했다. "이렇게 교체하기까지 왜 그토록 오랜 시간이 걸렸습니까? 예전의 지도는 아프리카를 비롯한 열대 지역의 크기를 축소해 놓았던 것 같은데, 이건 일종의 지도학적 제국주의입니다!" 그녀가 요점을 잘 지적했듯이, 메르카토르 투영법은 미국과 과거 식민지를 거느렸던 국가들의 크기를 부풀려 놓았다. 하지만 협회의 대변인은 이에 지지 않고, 메르카토르에서 로빈슨 투영법으로 교체하면서 가장 '손해'를 본 나라는 바로 소련이라고 대답했다. 소련의 크기는 47퍼센트나 줄어들었다!

지도 조작하기

따라서 우리는 지구의 격자선을 특정한 식으로 구부려서 대륙이나 국가를 실제보다 크거나 작게, 혹은 형태가 달라지게 할 수 있다. 의도적이건 우연이건 간에, 지도가 사람들을 기만한 사례는 우리가 생각하는 것보다 훨씬 흔하다. 지도를 악용해온 역사는 유구하다. 나치는 이 분야의 달인이었으며, 공산주의자들도 그에 못지않았다. 광고업자, 여러 부류의 정치가, 자신의 대의를 홍보하려는 활동가들, 기타 많은 이들이 자기 목적에 유리한 방향으로 지도를 이용했다.

때로는 단순히 우리의 보편적인 지리적 무지의 결과로, 무의식적으로 지도를 오용하는 경우도 있다. 몇 년 전 『바보를 위한 중동 가이드*The Middle East for Dummies*』라는 책의 표지에 30년 이상 뒤떨어진 낡은 지도가 실린 일은 수긍하기 힘든 일이었다. 그 지도에는 과거에 사우디아라비아와 이라크 사이, 그러니까 쿠웨이트 바로 서쪽에 위치한 지역에 마름모꼴 모양의 '중립 지대'가 표시되어 있었다. 사우디아라비아와 이라크는 이미 1973년에 이 역사적 유물로 남은 지역의 한가운데에 경계선을 확정하기로 합의하였고, 이로써 이 지역은 정치 경관에서 영구히 제거되었다. 그런데 이것이 2004년에 나온 책 표지에 버젓이 박혀 있었다니, 과연 바보들dummies이다.[3]

시라큐스 대학 지리학과에 있는 내 동료인 마크 먼모니어Mark Monmonier는, 지도의 고의적인 기만을 비롯한 여러 가지 얼굴을 다룬 출중한 책들을 잇달아 써냈다. 그중 첫 번째 책인 『지도와 거짓말*How to Lie with Maps*』에서 그는, 정말로 사람들을 속이거나 기만하기 위해 지도를 왜곡한 예도 분명히 존재하지만, 그 나머지는 지도 제작자들이 엉성하거나 서투르거나 미숙해서 잘못된 내용을 싣게 된 경우라고 지적했다.[4] 다른 면에서는 정확하기 그지없는 「뉴욕타임스」에 실린 지도들을 추적해보면 이 점을 확인할 수 있다. 화요일자 신문에 지도가 실리면 수요일자에 그에 대한 정정 기사가 심심치 않게 올라오곤 한다. 문제는, 내가 ABC와 NBC 방송국에서도 확인한 사실이지만, 뉴스 매체에 실리는 지도를 그리는 사람들이 지도학이 아니라 미술 전공자일 때가 많다는 것이다. 그들은 지리학과의 지도학 수업에서 공식적인 훈련을 받지 않았기 때문에, 이들이 그린 지도는 지도의 규칙과 관습을 송두리째 위반하고 있다. 모든 미술 및 디자인 학교는 지도학 입문 수업을 의무 과목으로 개설해야 할 것이다. 그리고 주요 신문의 직원 중에도 지도 제작에 대해 전문적 지식을 어느 정도 갖춘 사람이 있어야 한다.

이런 움직임이 일어나기 시작했다는 긍정적인 신호가 있다. 「뉴욕타임스」는 중요한 국제적 변화를 다룬 기사를 보충하기 위해, 독립적이고 광범위한 조사에 근거한 좀 더 정교하고 주제가 뚜렷한 지도를 싣기 시작했다. 「USA 투데이」는 미국의 사회 변화를 연대순으로 소개하는 데 컬러 지도를 동원하기도 했다. 지도 제작 기술을 습득한 지리학과 대학원생을 초빙하여 인턴으로 뽑는 신문들도 가끔씩 있다. 이 모든 변화는 독자들의 지리적 교양을 향상시키는 데 도움이 될 것이다.

먼모니어가 지적했듯이, 지도는 힘을 품고 있다. 우리가 발전소나 쓰레기 처리장, 교도소 같은 시설이 우리 동네에 들어서는 것을 반대한다고 상상해보자. 우리는 우선 이 이슈가 논의되는 공청회 등에서 지도를 배포할 계획을 세울 것이다. 어떻게 하면 그 지도의 영향력을 극대화할 것인가? 핵심 변수는 이 새로운 시설과 그로 인해 가장 직접적인 영향을 받는 가구와의 거리일 것이다. 시설이 들어서는 지점을 중심으로 하여 예상되는 충격을 표현한 동심원을 그려서 이 점을 더욱 잘 드러낼 수 있다. 그리고 그 동심원이 '님비'의 희생자들에게 가까이 다가갈수록 선을 점점 더 굵게 표현하면 지도는 좀 더 호소력을 띠게 된다. 이로써 지도를 이용해 위협을 한결 효과적으로 전달할 수 있다.

먼모니어는 (그보다는 심각성이 덜하기는 하지만) 또 다른 형태의 기만 사례도 날카롭게 포착했다. 이는 지도 제작자가 자기의 권력을 함부로 휘둘러 장난을 친 경우다. 그는 미시간과 오하이오 북부의 1979년판 도로 지도를 살펴보던 중, 고블루Goblu와 비토수Beatosu라는 유별난 이름을 가진 마을이 있는 것을 발견했다. 실제로 그 장소를 통과하는 길을 지나가 보면 그런 마을이 존재하지 않는다는 사실을 알 수 있다. 필시 미시간 주 미식축구팀의 골수팬이었던 지도 제작자가 다가오는 미시간대와 오하이오 주립대의 미식축구 게임에 정신이 팔린 때문이었을 것이다[고블루는 "블루팀 이겨라Go Blue!" 비토수는 OSU를 물리쳐라Beat osu!라는 응원 구호를 나타낸 것이다. '블루팀'은 미시간 대학팀을 가리키고 'OSU'는 오하이오 주립대Ohio State University의 약자다.—옮긴이]. 그러니 도중에 고블루나 비토수에 들러서 주유할 계획을 짜면 안 될 일이다.

여러분이 허리케인, 토네이도, 지진, 화산 폭발, 홍수, 기타 자연재해에 대해 읽은 적이 있거나 혹은 이런 무서운 사건을 직접 경험해보았다면, 미 대륙에서 어디가 가장 안전한 장소일지 한번쯤 자문해보았을 것이다. 『위험의 지도학Cartographies of Danger』이라는 책에서 먼모니어는, 우리가 걱정해야 할 게 비단 자연재해만이 아니라고 경고한다.[5] 그는 문화 경관 가운데서 핵발전소, 대형 소각장, 천연가스 파이프라인, 기타 위험 시설의 주변 지역을 지도에 표시했는데, 이 지도를 보면 우리 자신 또한 (특히 우리가 스스로를 보호하기 위해 만든 규칙과 규제를 지키지 않을 때 더더욱) 스스로를 위협하고 있음을 상기하게 된다.

끊임없이 변화하는 세계의 지도

컴퓨터와 GIS의 시대가 지도 제작자들의 삶을 좀 더 편하게 만들어준 것은 다행한 일이다. 지난 수십 년간 나는 지도 제작자라는 직업과 그들의 애로에 대해 자주 생각했다. 국경선은 이동하고 지명은 바뀌며, 지도에서 나라 이름이 사라지고 새로운 나라 이름이 출현한다. 꼬박 1년을 매달려 지도첩을 찍어내지만, 그 책은 출간되기도 전에 이미 시대에 뒤처져 있다. 나는 내셔널지오그래픽 협회가 『세계 아틀라스*Atlas of the World*』 제6판 (1992)을 제작하기 위해 밤낮으로 일했던 것을 잘 기억하고 있다. 어떤 사람이 이 책 신판의 수정 사항을 일일이 세어봤는데 다 합쳐서 1만 건이 넘었다고 한다. 그럼에도 이 책이 시장에 나왔을 때는 벌써 구판이 되어버렸다.

그러나 우리가 끊임없이 변화하는 지도의 최신판을 컴퓨터 화면에 띄울 수 있게 된 지금도, 지도는 계속해서 인쇄되고 있으며 앞으로도 오랫동안 인쇄될 것임은 자명하다. 이는 지리상 발견의 시대—멀리 떨어진 지역에 대한 새로운 정보가 유럽 지도 제작자들의 작업대 위에 속속 도착하여 쉴 틈 없이 지도를 수정해야 했던 시기—부터 시작되어 이어져 온 사건들 가운데 가장 최근의 에피소드일 뿐이다. 그러나 유럽의 식민화 물결이 밀어닥친 이후부터 소련이 붕괴하기 이전까지는 비교적 안정된 시기로, 지도에 변화가—상대적으로—거의 없었다.

탈식민화 시대에 유럽의 식민지들이 독립하면서 새로운 국경선들이 출현했으며 새로운 지명들이 나타나고 때로는 (자이르의 경우처럼) 도로 사라졌다. 그러나 소련의 해체와 유고슬라비아의 붕괴 여파를 겪으며 세계지도가 급속히 변화한 1990년대에 비할 만한 시기는 현대사에 없을 것이다. 1990년부터 1999년까지 유엔은 총 32개국을 회원국 명단에 새로 추가했다. 이때는 유례가 없는 전 세계적 변화의 시기였고, 변화는 나라 이름과 국경선에만 국한되지 않았다. 나라들은 내부적으로도 변화를 겪었다. 예를 들어 남아프리카공화국은 행정구역을 아홉 개 주로 재편했고, 인도는 세 개의 주를 새로 지정했다. 중국은 구 표기법을 한어 병음 체계로 바꾸어 지도에서 '페킹Peking'이 사라지고 '베이징Beijing'이 그 자리를 대신하게 되었다. 또 '칸톤'은 '광저우'가, '티베트'는 '시짱'이 되었다. 지방 이름부터 도시 이름, 강 이름, 산 이름에 이르기까지, 모든 지도에 있는 중국의 수백 개 지명을 바꾸어야 했다.

지난 20년간 이루어진 몇몇 변화들은 GIS 기술이 무색하게 지도 제작자들을 밤에도 자지 못하게 붙들어 놓았다. '북키프로스 터키 공화국Turkish Republic of Northern Cyprus'의 경우를 보자. 이 나라는—수도와 국경선을 갖춘—실질적 국가이지만 오직 한 나라(어느 나라인지 맞추어보라)의 승인밖에 받지 못했다. 이를 지도에 어떻게 표시해야 할까? 쐐기 모양을 한 소말리아의 최북단에서 떨어져 나와 독립을 선포했고 큰 문제없이 운영되고 있으며 남부의 혼돈과 거리를 두고 싶어 하는 이른바 '소말릴란드 공화국Republic of Somaliland'은 어떤가?

그리고 변화의 속도가 다소 느려지긴 했지만, 우리는 아직 안정과는 거리가 멀다. 2000년부터 2011년까지 일곱 개 나라가 새로 유엔에 합류했다. 2000년에는 태평양의 키리바시와 투발루, 동남아시아의 티모르레스테(동티모르), 그리고 세르비아-몬테네그로(몬테네그로는 연방에서 독립하여 2006년 유엔에 가입)가, 2002년에는 아프리카의 남수단과 더불어 마침내 스위스가 오랜 고집을 꺾고 유엔 회원국이 되었다. 다른 희망국들도 가입을 대기하고 있는 상황에서 유엔 회원국 수는 200개국에 근접하고 있다.

미디어 속 지도

미국인들은 (아직까지) 지리학자들이 바라는 만큼 '공간적으로 사고'하지는 않지만, 신문, 잡지, 텔레비전 뉴스와 미디어 전반에서 지도가 점점 더 자주 등장하고 있다는 점만은 의심의 여지가 없다. 「뉴욕타임스」, 「월스트리트저널」, 「USA 투데이」에서 지도를 활용하는 횟수가 이전보다 훨씬 늘었고, 그중 상당수는 지도를 컬러로 싣고 있다. 최근 「뉴욕타임스」는 이라크와 아프가니스탄에 대한 주요 기사와 화요일자 '사이언스타임스' 섹션의 과학 기사에 인상적인 지도들을 함께 실은 바 있다.

독자들도 이런 지도를 아주 주의 깊게 살펴본다는 증거가 있다. 눈 밝은 독자가 오류를 발견하여 「뉴욕타임스」에 실린 지도가 2면의 유명한 '바로잡습니다Corrections' 칼럼 란 주제가 되는 일이 매우 잦다. 대개의 지도는 눈에 매우 잘 띄기 때문에 어떻게 지도 제작자가 이렇게 명백한 오류를 알아채지 못했는지 의아할 때도 많다. 예를 들어 2011년 11월 17일자에, 2012년 선거에서 뽑게 될 상원 33석에 대해 분석한 '상원 입성을 위한 전투'라는 제목의 지도는, 캐나다와 국경을 맞대고 있는 미국 북서부 끝의 주 이름을 '오리건'이라고 표시했다![미국 북서부 끝에 있는 주는 워싱턴이고 오리건 주는 그 바로 밑에 있다—옮긴이]

이 희망국 중 하나는 붕괴된 유고슬라비아의 파편 중 하나인 코소보다. 원래 세르비아의 한 지방으로 알바니아계 무슬림이 주류인 코소보는 해체 과정에서 혹독한 탄압을 겪었고, 2008년 일방적으로 독립을 선언했다. 미국과 유럽 대다수 국가들은 코소보의 독립을 지지했지만, 세르비아와 러시아는 이 신생 국가의 승인을 거부하고 있으며 특히 러시아는 코소보의 유엔 가입을 저지하는 위치에 있다. 그러면 코소보를 지도에 어떻게 표시해야 할까?

지도 제작자들은 지명을 변경하거나 추가하기만 하는 것이 아니라, 무엇을 지도에 넣고 무엇을 뺄지를 결정할 근거를 갖추고 있어야 한다. 그리고 그들이 내린 결정은 큰 논쟁을 불러일으키기도 한다. 유고슬라비아가 붕괴하고 그 '공화국들'이 주권 국가로 독립했을 때, 그리스에서는 그중 한 국가인 마케도니아의 국명에 대해 맹렬히 반대했다. 그리스는 그것이 자기네 역사 속에 존재했던 한 지방 이름이므로 이웃 나라의 이름으로 적합하지 않다고 주장했다. 한편 마케도니아는 그들이 정치체로서 이미 여러 세대 동안 그 이름을 지녀왔다고 응수했다. 그리스는 마케도니아를 '구 유고슬라브 마케도니아 공화국Former Yugoslav Republic of Macedonia, FYROM'이라고 칭할 것을 제안했지만, 마케도니아는 우스운 이름이라고 치부해버렸다. 이럴 때 지도 제작자들은 어떻게 해야 할까? 지도에 어떤 지명을 표기해도 누군가는 화를 낼 것이다. 지도 제작자들은 모두를 만족시킬 수 없다.

서울대학교 이기석 교수는 내게 이 점을 상기시켜 주었다. 한반도와 일본 열도 사이에 놓인 바다의 이름을 일본해라고 부르는 것이 한국인들에게는 용납하기 어려운 일이라고 알려준 것이다. 그는 내게 편지를 보내 한국인들이 일본이라는 나라가 존재하기 이전부터 이미 수백 년 동안 이 바다를 동해로 칭해왔다고 쓰고, 그 직후에 열린 학술회의에서 이를 뒷받침하는 인상적인 연구 논문을 발표했다. 이런 일이 항상 가능한 것은 아니지만, 나는 적어도 이 경우에 한해서는 타협안을 낼 수 있었다. (이 책을 포함해서) 내가 쓴 책에는 동해를 먼저 쓰고 그 밑에 일본해를 괄호 안에 넣어 표기하는 식으로 두 지명을 모두 싣고 있다. 여담이지만 내 책은 일본보다는 한국에서 더 잘 팔린다.

이 같은 상황에서 공정함을 유지하려면 수없는 분쟁과 맞닥뜨려야 한다. 『세계 아틀라스』의 제8판(2005)을 편찬한 '내셔널지오그래픽 맵스'의 직원들에게 물어보라. 이전 판까지는 이란과 아라비아 반도 사이의 해역을 내내 페르시아 만이라고 표기했었다. 그런데 제7판이 나오고 나서 아랍에미리트의 한 대학교수가 협회에 편지를 보내어, 자기 나라에서는 이 해역을 아라비아 만이라고 칭한다고 주장하며, 『세계 아틀라스』의 다음 판에서는 아라비아 만으로 고쳐달라고 요구하였다. 그래서 수많은 논의 끝에, 페르시아 만을 위에 쓰고 아라비아 만을 괄호에 넣어 아래에 표기하는 식으로 두 지명을 모두 수록하기로 결정했다. 그런데 『세계 아틀라스』가 출간되자 이란과 전 세계의 이란인들이 분개했다. 이란 정부는 내셔널지오그래픽의 연구원과 사진가들을 입국 금지시켰고, 미국에 거주하는 이란인에게서도 항의가 빗발쳤다. 이란 본국의 지도자들과 해외에 망명한 이란인들이 무슨 일에 대해 이처럼 의견이 일치한 것은 아마도 지난 수십 년간 처음 있는 일이었을 것이다. 이 운동은 심각한 영향력을 끼쳤다. 아마존 닷컴 웹사이트에서 이 『세계 아틀라스』의 독자 별점은 5점에서 2점으로 하락했고, 그렇게 된 배경에 대해 잘 모르는 사람들은 『세계 아틀라스』가 제값을 못한다고 생각할 수도 있었으므로 이 훌륭한 책을 펴낸 출판사는 심각한 재정적 손해를 입을 수밖에 없었다.

『세계 아틀라스』의 제9판(2012)에서는 '페르시아 만'이 수역을 표시하는 데 쓰이는 친숙한 파란 대문자로 표기되어 있다. 그리고 작은 상자 안에 '일부는 (이를) 아라비아 만이라고 지칭함'이라고 덧붙여놓았다. 이란에서 벌인 캠페인이 협회를 설복하여 2005년 이전의 표기로 되돌아가게 한 것이다. 미국 정부에서 출간되는 공식 지도의 최종 결정권자인 미국 지명위원회United States Board of Geographic Names(90쪽 참조)는 '이중' 명칭을 수용하지 않기로 결정한 바 있고, 여러 주장과 증거들을 검토한 뒤에 최종 승인된 지명을 발표한다. 이 경우에는 '아라비아 만'을 제치고 '페르시아 만'이 승인되었다.

지도 제작자들이 가까운 시일 내에 일을 접게 될 것 같지는 않다. 일부 국가에서 지도 제작이 새로운 첨단 기술 시대로 접어들기는 했어도,

세계의 많은 지역에서는 여전히 예전 방식으로 지도를 그리고 있다는 사실을 기억해야 한다. 미국보다 근대화가 느리게 진행되는 나라들에서는 전통적인 방식과 첨단 기술이 절충되는 경향이 있으며, 세계 어느 곳에서든 주제도를 제작하려면 디자인, 컬러 그라데이션, 약호화 등의 전통적 방식에 능숙해야 한다. 그러나 데이터의 수집부터 전송 방식에 이르기까지 전체적인 제작 과정은 변화하고 있으며, 궁극적으로 지도는 불과 수십 년 전까지만 해도 상상할 수 없었던 기능을 수행하게 될 것이다.

원격 탐사 기술의 발전

우주 시대의 서막을 알린 1957년 10월 4일 전 세계가 충격에 빠지지 않았더라면, 이 모든 일들은 일어나지 않았을 것이다. 이날 소련의 과학자들은 '스푸트니크 1호'라는 이름의 184파운드짜리 위성을 지구 궤도로 쏘아 올렸고, 이 위성은 1958년 초에 대기권으로 떨어져 불타 사라지기까지 96분마다 한 바퀴씩 지구 둘레를 돌았다. 소련과 미국은 그 후 이어진 우주 경쟁에서 우열을 다투었고, 1959년에 역시 소련의 우주 탐사선이 최초로 달에 접근했다. 하지만 1969년 7월 20일 달 표면을 걷게 된 최초의 인간은 미국의 우주 비행사들이었다.

이때만 해도 우주 경쟁에서, 지리학자들이 '원격 탐사remote sensing'라고 부르는 기술이 태동할 것이라고 예견한 사람은 거의 없었다. 1960년대까지 원격 탐사는 항공 영상에 한정되어 있었고, 고공비행하는 항공기에서 찍은 적외선 사진이 최첨단 기술이었다. 더 넓은 범위의 전자기 스펙트럼(지표면의 모든 물질에서 다양한 파장으로 방사되는 전기 및 자기 에너지)을 기록할 수 있는 새로운 기기들이 발명되었지만 이 기기들은 아직 그 잠재력을 다 발휘하지 못했다.

그런데 상황이 바뀌었다. 위성 기술이 급속히 진화하여 위성들은 항공기가 전혀 미치지 못했던 고도까지 도달할 수 있었다. 곧 점점 더 정교한 원격 탐사 장치를 장착한 인공위성들이 지구 주위를 돌며, 점점 더 성능이 좋아지는 컴퓨터들과 직접 교신하여 이전에는 얻지 못했던 지표면의 시각 이미지들을 생산해내게 되었다.

이런 지구 궤도 위성 중에서도 가장 생산적인 것은 미국 국립해양대기청NOAA 소속의 정지기상위성GOES이다. 위성을 정지(고정된) 궤도에 올려놓아 지표면 상공의 같은 지점에 멈추어 있게 하는 일이 가능해진 것이다. 정지기상위성은 정지된 상공에서 미국의 대양과 해안을 관측·감시하고 있다가 태풍이 발생했을 때 바로 추적할 수 있다. 오늘날 텔레비전의 기상 캐스터(이들 중 일부는 지리학 전공자다)들은 이런 자료에 크게 의존하고 있다. 텔레비전을 통해 우리는 일기계가 미 대륙을 가로질러 이동하는 장면을 움직이는 지도의 형태로 지켜볼 수 있다. 불과 몇십 년 전까지만 해도 들어보지 못했던 일이다.

1972년부터 1982년까지 쏘아올린 네 대의 육상관측위성LANDSAT도 지구의 자원에 대한 정보를 끊임없이 제공하는 중요한 역할을 한다. 최신 다중 스펙트럼 스캐너와 특수 텔레비전 카메라를 장착한 육상관측위성의 감지기를 통해 우리는 사막의 확대, 열대 우림의 감소, 심지어 녹조 등 해양 먹이 사슬에 중요한 유기체의 성장과 수축에 이르기까지, 지질 구조를 새롭게 통찰하는 눈을 얻게 되었다. 이들 위성 덕분에 세계의 농업, 삼림, 해양 오염, 기타 환경과 관련한 수많은 인간 활동을 감시할 수 있게 되었다.

위성 기기의 성능이 지표면의 차량과 탱크까지 식별할 수 있을 정도로 향상됨에 따라, 과거에는 지상 정찰로만 가능했던 일을 수행할 수 있는 일부 위성은 부득이 '스파이' 위성이라고 불리게 되었다. 그러나 어느 정도의 힘과 영향력을 가진 나라들은 외국의 정지 위성이 자기 영토 위에 떠 있는 것을 달가워하지 않았으므로 구식 첩보 활동은 여전히 계속되었다. 지난 2001년 중국이 미국의 프로펠러 추진 정찰기를 영해 바깥에 강제 착륙시키고 그 승무원들을 하이난 섬에 억류하여 국제적 분쟁을 일으켰을 때, 미국인들은 이 사실을 다시금 실감했다. "일단 염탐하되, 검증하라." 로널드 레이건이 했을 법한 말이다.[레이건 전 미국 대통령은 소련과 무기 감축 협상을 할 때 "일단 신뢰하되, 검증하라Trust, but verify."라는 유명한 격언을 남겼다.―옮긴이]

지도 제작의 체계화

위성에 탑재된 장치가 과거에는 상상도 못했던 이미지를 만들어내는 한편, 컴퓨터 또한 그래픽 능력을 비롯해 다방면으로 미증유의 진화를 이루었다. 오늘날 여러분이 잡지 등에서 보는 지도는 컴퓨터로 그린 것이다. 우리는 이 컴퓨터에 명령을 내려 국경선, 자원, 민족 분포, 기타 공간적 요소를 비롯한 여러 정보를 조작할 수 있으며, 이들 정보는 지리정보시스템 GIS을 통해 얻는다. 최근에 지리공간geospatial 기술은 지리학에 중요한 한 가지 차원을 더하였다.

기본적으로 GIS 시스템은 공간 정보를 수집하고, 기록하고, 저장하고, 검색하고, 분석하고, 조작하고, 한 화면에 표시하기 위한 여러 컴퓨터와 프로그램의 조합이다. 물론 화면에 표시한 내용을 종이로 출력해 지도첩이나 저널에 실을 수도 있다. 오늘날에는 컴퓨터의 용량이 대단히 커져서 담을 수 있는 정보의 양이 거의 무한하다. 그래서 우리는 세계 어느 지역이든 선택하여 원하는 축척대로 화면에 불러올 수 있다. 폴란드의 잔존 삼림 면적 지도? 앙골라의 석유 매장량 지도? 인도에 신설된 주의 명칭과 위치? 이 모든 질문에 대한 답이 GIS에 들어 있다. 이는 실로 혁명적인 변화이지만, 그뿐만이 아니다. GIS 덕분에 지도와 이용자 사이의 대화가 가능해졌다. 과거의 지도는 변화하지 않는 정지된 물체였고, 재판이 나오기까지 고된 수정 작업을 거쳐야 했지만 이제는 그렇지 않다. 지도 이용자가 정보를 요구하면 컴퓨터는 이용자에게 답을 말해준다. '인터랙티브 매핑interactive mapping'이라고 하는 이 기술은 지도 제작에서 가장 최근에 이루어진 혁명의 주춧돌이다. 자동차에는 그래픽 또는 음성을 통해 운전자를 원하는 주소로 안내하는 내비게이션 시스템이 이미 장착되어 있다. GIS의 응용은 무궁무진하다.

이 과정에서, 「네이처」 지의 최근 기사에 나왔듯이 "지리공간기술은 지리학의 얼굴을 바꾸어놓았다. (……) 첨단 기술로 무장한 지리학자들은 원격 탐사 항공 또는 위성 이미지에 공간 데이터를 층층이 결합하여, 컴퓨터 지도 제작을 강력한 의사 결정 도구로 변신시켰다."[6] 미국 정부도 이 점을 감지했다. 2004년 노동부는 나노 기술, 바이오 기술과 더불어 지리정보기술Geotechnology을 가장 중요하게 부상하고 진화 중인 3대 분야로 선정했다. 그 결과 지리학자들의 취업 시장 또한 변화하고 있다. 지리공간기술에 대한 수요는 세계적으로 늘고 있지만, 지리학의 직업적 전망은 해당 국가의 지리, 지도 제작의 역사, 나아가 정치적 의제에 따라 다른 양상을 띤다. 미국에서 국토 안보를 중시하게 된 것은 취업 시장을 움직인 여러 변수 중 하나지만, 게윈Gewin이 지적했듯 아직 영국처럼 비교적 국토가 작고 지도가 철저히 제작된 나라에서 원격 탐사 전문가에 대한 수요는 거의 없다.

　미국지리학회의 상임이사인 더글러스 리처드슨Douglas Richardson의 말은 「네이처」 지를 비롯해 여러 곳에서 폭넓게 인용되었다. 그는 "기술적 숙련도 중요하지만 (……) 전문 인력은 지리에 대해 심도 깊은 이해를 갖추어야 한다. 이러한 기술이 오로지 테크니션 지향적 기능만을 필요로 한다고 생각하면 그것은 오해다."라고 주의를 주었다. 이는 GIS 교육이 출현하고 발전하면서 현지의 연구·문화·언어 경험을 갖춘 지리 연구자의 수효가 더욱 고갈되는 듯 보이는 이 시기에 꼭 필요한 중요한 지적이다. 미국 정부가 국토 안보에 관심을 쏟으면서 이미 국내에 들어와 있는 테러리스트 용의자를 확인하고 뒤쫓고 체포하는 GIS 기술에 주목하고 있지만, 우리는 이슬람 테러리즘의 뿌리가 해외에—모로코에서 말레이시아에 이르는 나라들의 거리, 시장, 저자, 모스크에—있으며, 한때는 그곳에서 현지의 급진주의자들과 미국의 연구자들이 서로에게 유익한 접촉을 했음을 기억해야 한다. 컴퓨터 화면 밖에 있는 현실 세계를 외면함으로써 GIS에서 지리학자의 리더십이 축소되어서는 안 될 것이다.

땅 이름 짓기

위성 이미지와 GIS 기술의 시대에, 지구 경관은 컴퓨터 화면과 지도첩과 교과서 안에서 전례가 없을 만큼 정교하고 선명하게 재현되고 있다. 나일 삼각주 전체를 우주 공간에서 내려다보고 이 지역 곳곳의 마을과 농장들을 확대해본다든지, 아마존 강을 그 지류의 수원에서부터 해안까지 더듬어간다든지, 마치 우주선에 타고 있는 것처럼 도쿄를 바라본다든지 하는 일은 반세기 전의 연구자들이 전혀 할 수 없었던 경험이다. 여러분은 무엇을 보고 있는가? 유럽에서 흑해로 흘러들어가는 저 강의 이름은 무엇인가? 인근의 체르노빌을 찾으면서 방금 보았던 우크라이나의 수도 이름을 말할 수 있는가? (비교적) 새로 독립한 동티모르의 주민들은 자기 나라를 어떤 이름으로 부르길 원하는가? 아까도 지적했듯이 이는 사소한 문제가 아니다. 티모르레스테(이것이 정답이다)나 코트디부아르(제발, 아이보리코스트가 아니다) 같은 나라들은 자기 나라가 표시된 지도나 지도첩을 제작하지 않았다.

이 분야에서 미국은 지명과 그 표기법을 승인하는 일종의 국제 심판으로서 중요한 역할을 계속하고 있다. 미국은 그 공식 출판물을 통해 특정한 용례를 승인하고 나머지를 불가피하게 기각한다(앞에서 언급한 강은 유역에 따라 총 여섯 개의 명칭을 갖고 있지만 수원에서 하구까지 몽땅 다뉴브 강이라 불리고 있기 때문에 유역에 사는 많은 이들이 속상해하고 있다). 미국이 도시나 산맥 이름의 특정한 표기법을 인정한 데 대해 그 지역 주민들이 큰 불만을 품을 수도 있다. 심지어 나라 이름이 문제가 될 수도 있다. 지명은 매우 민감한 쟁점이다.

다행히도, 지명을 채택하는 과정은 폭넓은 전문성과 경험을 갖춘 전문가들로 구성된 공식 위원회에서 극도의 주의와 검토를 거쳐 이루어진다. 미국 지명위원회는 아홉 명의 위원으로 구성된 중재 위원회로서, 위원들은 미 정부의 각 관련 부서를 대표한다. 이 9인 위원회는 다시 해외지명위원회(4인)와 국내지명위원회(5인)의 두 상임위원회로 나뉜다.

해외지명위원회는 국방부, 국무부, 중앙정보부, 국회도서관의 대표로 구성된다. 이 위원회는 주로 국명, (러시아 내부의 '자치 공화국' 같은) 국가 내부의 중요 하부 단위, 그리고 여러 나라에 걸쳐 있어 각 나라마다 다른 명칭으로 부르는 국제 지명(예컨대 산맥이나 강 이름)의 변화 또는 표기를 다룬다. 소수의 조사 요원들이 각 나라의 고유 권한으로 바뀐 지명(예컨대 레닌그라드가 상트페테르부르크로)이나 새로운 표기법(예컨대 키예프가 키이우[Kyyiv]로)을 추적하여 그때그때 위원회에 보고하는 역할을 한다.

미국에서는 어떤 과정을 거쳐 지명이나 표기법의 변경을 공식적으로 인정하고 있을까? 여기에는 다양한 경로가 있다. 먼저 특정 국가의 정부가 미국 국무부나 현지 미국 대사관에 변경 사항의 수용을 요청하는 공식 서한을 보낸다. 이 변경 사항을 검토하는 일이 해외지명위원회의 관할에 속하는 경우, 이곳에서 파일을 검토하고 이를 수용할지 아니면 추가 정보가 올 때까지 보류할지를 결정한다. 그렇게 해서 승인된 지명은 매 분기마다 열리는 본 위원회에서 최종적으로 문서화된다.

그러나 실제로는 수천 개의 지명이 이런 승인 요청 없이 변경되고 있다. 그래도 미국은 공식적으로 지명을 일관성 있게 표기해야 하기에, 필요한 정보를 확보하기 위해 각 나라의 정부 법령과 간행물, 지도 기타 문서를 철저히 확인하는 것이 바로 조사 요원들의 일이다. 이렇게 모은 정보는 국방지도청Defense Mapping Agency에서 취합하여 본위원회에 제출한다.

승인된 지명을 대중에 알리기 위해, 위원회에서는 『해외지명정보편람Foreign Names Information Bulletin』을 발행하고 있다. 이 편람은 공식 표기법에 대한 정보를 얻기 위해 정부나 기타 기관(지도 제작 회사 등)에서 널리 이용하고 있다. 대부분의 지명은 『편람』에 수록되는 즉시 적용된다. 지도 제작자들에게 이 편람은 결정적인 전거이다.

내 머릿속 지도

사람들 중에는 방향 감각을 타고난 것처럼 보이는 이들이 있다. 그들은 길이나 상점을 너무나 쉽게 찾아낸다. 고속도로 출구를 깜빡 잊고 지나치는 일이 없으며 어디에 일방통행로가 있는지 잘 알고 있다.

그런가 하면 어떤 사람들은 그렇게 운이 좋은 편이 못 된다. 그들은 차로에 잘못 들어서고, 주차장의 어느 구역에 차를 세웠는지 잊어버리며, 저녁 초대 받은 집에 찾아가다가 길을 잃고 헤매곤 한다.

지리학자들은 연구를 통해, 우리 모두가 똑같은 인지 지도mental map를 가지고 태어나지 않았음을 증명했다. 어떤 사람들이 색맹인데 비해 어떤 사람들은 완벽한 색채 감각을 지닌 것처럼, 우리의 활동을 공간적으로 상상할 수 있는 두뇌 능력 또한 사람에 따라 차이가 있다.

나는 이에 대해 몇 가지 증거 자료를 가지고 있다. 거의 50년간 교단에 서면서 나는(미국뿐 아니라 전 세계에서 온) 학생들에게, 빈 종이에 자기의 고향 도시, 태어난 주, 나라(그리고 때로는 세계)의 지도를 그려보라고 주문했다. 그 결과를 말하면 여러분은 놀랄 것이다. 어떤 학생들은 순전히 기억력만으로, 자기가 태어난 도시나 주뿐만 아니라 세계 어느 지역이든 가리지 않고 놀랄 만큼 정확한 지도를 그려냈다. 그런가 하면 어떤 학생들은 단순한 윤곽선마저 그리지 못했다. 이것은 단순히 교육을 얼마나 받았는가, 지리학을 얼마나 접해보았는가의 문제만은 아니다. 이는 '공간 인지' 능력이 사람에 따라 대단히 큰 편차를 보인다는 것을 의미한다.

여러분은 텍사스에서 팔고 있는 재미있는 엽서를 본 적이 있을지 모른다. 이 엽서에는 미국 지도가 그려져 있는데, 론스타 주[Lone Star State, 텍사스 주의 별명—옮긴이]가 미국 전역을 거의 완전히 차지해버리고 다른 주들은 해안가와 캐나다 국경 근처로 밀려나 길게 찌부러져 있는 모습이다. 그런데 나는 이와 비슷한 것을 농담이 아니라 실제 세계에서 본 적이 있다. 1960년대 내가 미시간 주립대학에서 가르칠 때, 아프리카에서 수백 명의 학생들이 와서 공부하고 있었는데 그중 상당수가 내 지리학 강의를 들었다. 나는 학생들에게 자기 머릿속에 있는 한 대륙의 지도를 그려보라고 항상 주문하곤 했다.

거의 어김없이 미국 학생들은 북아메리카 대륙을, 아프리카 학생들은 아프리카 대륙을 그렸다. 그리고 나는 아프리카 학생들이 거의 어김없이 아프리카 지도를 세세한 부분까지 그려내는 것을 보고 깊은 인상을 받았다. 하지만 해가 바뀌고 수업이 계속되면서 또한 흥미로운 점을 발견했다. 나이지리아 학생들은 꼭 텍사스 주 엽서에서 미국을 재현한 식으로 아프리카를 그렸다. 나이지리아가 서아프리카 거의 전체와 중앙아프리카의 상당 부분을 차지하고, 다른 나라들은 나이지리아 주변에 비좁게 찌부러져 있는 모습이었다. 나이지리아는 확실히 큰 나라이고 실제로 아프리카에서 가장 인구가 많은 나라이기도 하다. 하지만 상당수 나이지리아 출신 학생들의 머릿속에서 나이지리아는 곧 아프리카의 텍사스이기도 했다. 이바단에서 온 한 학생에게 이 점에 대해 물어보자 그는 "나이지리아 사람들이 좀 통이 크죠."라고 대답했다. 그리고 그는 앞서 자신이 그린 지도가 과장되었음을 염두에 둔 채 지도를 다시 그려보겠노라고 했다. 하지만 다시 그린 지도에서도 나이지리아는 실제보다 거의 두 배나 컸다.

물론 지리 공부를 통해 인지 지도를 개선하거나 바꿀 수 있다. 내 동료인 애리조나 대학의 토머스 사리넨Thomas Saarinen은 전 세계에서 온 학생들의 인지 지도를 테스트해보았는데 그 결과는 대단히 흥미로웠다. 예컨대 세계지도를 그리라고 했을 때, 유럽에 살지도 않고 유럽인이 아닌데도 유럽을 중앙에 놓고 그리는 학생들이 많았다. 이것은 식민지 시기에 전 세계로 퍼진 교육 체계의 잔재 중 하나다.

일반적으로, 미국인들은 다른 나라 사람들에 비해 인지 지도가 희미하고 주관적이다. (별로 놀랄 일은 아니다) 이것이 문제가 될까? 지리학자들은 문제라고 생각한다. 나는 아직도 1962년의 어느 날을 또렷이 기억한다. 그때 나는 미시간 주립대학의 젊은 조교수였는데, 아프리카 문제에 대해 메넌 윌리엄스Mennen Williams 국무부 장관을 보좌하는 자격으로 아프리카의 몇몇 긴급 현안을 논의하는 국무부의 토론 모임에 초청받았다. 그런데 바로 그 전날 밤에 케네디 대통령이 인도차이나 지도를 들고 텔레비전에 출연했다. 우리는 당시 묵고 있던 워싱턴의 호텔방에서, 그가 새로이 밝혀진 호치민 루트[Ho Chi Minh Trail, 베트남 전쟁 기간에 북베트남군이 이용한 산악 및 정글 지대의 보급 통로—옮긴이]를 지도에 표시해가면서 연설하는 화면을 지켜보았다. 다음날 국무부에서는 아무도 아프리카에 대해 이야기하려 들지 않았다. 그날의 핫이슈는 인도차이나와 호치민 루트, 그리고 그 경로가 걸쳐 있는 라오스였다. 모두가 열심히 팔을 휘저으며 수많은 제안과 의견을 내놓았지만, 벽에 걸려 있는 것은 인도차이나가 아닌 아프리카 지도였다.

논쟁이 소용돌이치는 가운데 내가 입을 열었다. "한 가지 묻고 싶은 것이 있는데, 혹시 여기서 라오스와 국경을 맞대고 있는 6개국의 이름을 댈 수 있는 분이 계십니까? 지금까지 나온 아이디어들을 논의하려면 이 지역의 지리적 윤곽을 아는 일이 중요한 것 같은데요."

그럴 수 있는 사람은 아무도 없었을 뿐더러, 설상가상으로 그런 일에는 아무도 신경쓰지 않았다. 한 사람이 말했다. "그건 시간 낭비요. 그걸 알 필요가 있으면 지도를 구해다 보면 되지 않소."

나는 그 지역에 대한 인지 지도에 오류가 있으면 우리가 지금 어디로

가고 있는지 알 수 없으며, 흐릿한 인지 지도에 토대를 두고 의사 결정을 내리면 대통령이 시사한 것보다 더 큰 문제에 부딪칠 수 있다고 말했다.

그 작은 사건이 있은 이후로 몇 년이 흐르도록 나는 그 일을 자주 떠올렸고, 미국이 인도차이나에서 그토록 값비싼 대가를 치르고 피를 흘리며 전쟁을 하면서도 인도차이나에 대해 평균적으로 얼마나 아는 것이 없었는지에 대해 생각했다. 인지 지도는 단순히 개략적인 윤곽 그 이상이다. 최대한 활용하면 이것은 그 지역의 윤곽은 물론 그 구성 요소, 다시 말해 주거지와 학교, 길과 도로, 모스크와 시장 등에 대한 정보의 보고가 될 수 있다. 평생에 걸쳐 축적되는 이 지도는 바로 우리의 시간적·연대기적 지식—주요 사건을 역사적 관점에 놓고 보는 능력—에 대응하는 공간적 지식이다. 우리의 인지 지도는 과거형이 아니라 현재형이며, 단순히 기분전환을 위해 여행할 때건 이역만리에서 군사 작전을 벌일 때건 우리의 행동과 결정을 올바로 인도하고 생명력을 불어넣는다. 미국이 이라크 침공을 계획했을 때 인지 지도는 얼마만큼이나 분명한 모습을 띠고 있었는가? 환경이 변화하고, 중국이 부상하고 세계화의 영향력이 커지고 있는 금세기에 그것은 얼마나 분명한 모습을 띠고 있는가?

문제 해결에 지도 이용하기

현실 세계의 문제를 푸는 데 지도가 실제로 유용하게 쓰인 예를 제시해 달라는 부탁을 받았을 때, 지리학자들은 런던의 내과의사 겸 지리학자였던 존 스노John Snow 박사의 이야기를 들려주곤 한다. 그가 살았던 19세기에는 무서운 콜레라가 전 세계에 몇 차례나 유행하여 맹위를 떨쳤다. 콜레라가 어떻게 퍼지는지 아무도 확실히 알지 못했기 때문에 이 병은 특히 더 무서웠고, 희생자들 중 많은 수는 감염된 지 일주일 안에 숨을 거두었다. 스노 박사는 오염된 물이 원인이라고 믿었지만, 증거가 없었다. 1842년 다른 지역에서 발발한 전염병이 영국에 상륙했을 때, 런던에서 인구가 조밀한 피커딜리 서커스가 자리한 소호 지구가 큰 피해를 입었다. 스노 박사와 그의 학생들은 그 지역의 대축척 지도를 만들고, 사망자가 발생하거나 새로 질병이 발발한 장소를 점으로 표시했다. 소호 지구에서만 500명이 넘게 사망한 1854년 시점에 그려진 지도를 보면, 브로드 가 사거리 주변에 희생자가 집중되어 있음을 알 수 있다(그림 2-5). 그는 이 지도를 토대로 몇 가지 추론을 했다. 이 사거리에는 상점이 몇 개 있었지만, 사람들은 여기서 몇백 미터 거리에 더 가격이 싼 상점이 있으면 그쪽으로 갔다. 그래도 공짜가 있으면 곧바로 이리로 모여들었는데, 이 사거리에서 공짜로 가져갈 수 있는 것은 바로 브로드 가의 펌프에서 솟아나오는 물이었다. 이렇게 해서 펌프 주변에 점이 몰려 있는 현상을 설명할 수 있었다. 오염된 물과 콜레라의 연관성이 지도를 통해 확인된 셈이다.

하지만 이것이 이야기의 끝은 아니다. 스노 박사는 도시의 공무원들에게 펌프의 손잡이를 제거해 달라고 부탁했다. 공무원들은 그렇게 하면 안 그래도 콜레라로 사망자가 많이 나와 민심이 격앙된 소호 지구에 폭동이 일어날 수도 있다며 반대했다. 그래서 스노 박사와 그 학생들은 손수 팔을 걷어부치고 물구멍 안에 잿물을 넉넉히 들이부었다. 그러자 곧 효과가 나타났다. 그 사거리 주변의 사망자 수가 급격히 줄어들었고, 새로 발병하는 환자의 수는 더욱 크게 떨어졌다. 지도에 나타난 사실이 여지없이 증명된 것이다. 그 뒤로 정부 당국은 시민들에게, 과거에 생각했던 것처럼 서로 접촉하거나 '나쁜 공기'를 들이마실까 걱정하지 말고 대신에 물을 끓여 마실 것을 권하게 되었다.

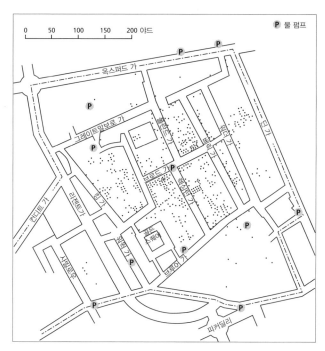

그림 2-5 콜레라가 발병한 런던 소호 지구의 일부를 나타낸 스노 박사의 지도. 콜레라가 새로 발병했거나 기존의 감염으로 사망자가 발생한 지점을 점으로 기록했다. 브로드 가와 렉싱턴 가 교차로의 물 펌프 주변에 점들이 집중되어 있다.

오늘날에는 일이 그렇게까지 단순하지는 않지만, 현대의 전염병학자들도 유행병을 추적하고 앞으로의 확산 경로를 예측하고 접종 캠페인을 벌이는 데 지도를 요긴하게 활용한다. 이런 맥락에서 GIS 기술은 '의료정보 지도'의 효용을 바꾸어놓았다. 중요한 정보가 있을 때 이를 불과 몇 분 안에 손에 넣을 수 있으며, 이를 토대로 더 큰 확신을 갖고 결정을 내릴 수 있다. 하지만 한편으로 신기술은 새로운 도전 역시 창출하고 있다. 제트 항공기로 세계 여행이 빨라진 까닭에 위험한 바이러스에 감염된 집단이 단 몇 시간 만에 확산될 수 있으며, 일단 그들이 목적지의 공항에 도착하여 흩어진 뒤에 그들의 위치를 추적하고 그 지역 주민들에게 위험을 알리기란 아주 정교한 감시 체계로도 거의 불가능한 일이다.

스노 박사의 지도는 의료 지리학 분야에서 제작되는 수많은 지도들의 선구가 되었지만, 의료 지리학은 인문 지리학이라는 넓은 우산 밑의 한 분과에 불과하다. 이 지도는 기존의 문제에 대한 해결책을 가리켜 보여주었지만, 오늘날 지도는 미래의 문제를 예측하는 데도 이용된다. 그중에서도 특히 흥미로운 한 가지는 범죄 및 치안과 관련이 있다. 범죄 행동은 공간적 차원을 지니고 있다. 물론 무작위적인 범죄도 존재하지만, 많은 범죄는 사전에 계획되고 실행된다. 아마추어의 짓이든 프로의 소행이든, 가택 침입이나 절도에는 한 가지 공통점이 있다. 범죄자가 어느 한 장소에서 출발하여 다른 장소에서 범죄를 저지른다는 것이다. 검거된 범죄자들의 기록을 살펴보면 그들이 이 '범죄 여행'을 개시한 장소와 최종적으로 범행을 저지른 장소가 각각 드러난다. 이 여정을 일련의 지도로 제작하고 적절한 GIS 방법론을 적용하면, 범죄의 패턴이 출현하고 변화하는 양상뿐만 아니라—예컨대 도시 내의 인구 밀도가 높은 특정 지역에서 범죄의 목표물이 확대되고 있을 때—그 패턴이 어디로 향할지까지도 확인이 가능하다. 이를 토대로 사법 기관에서는—범죄가 폭발적으로 급증한 뒤가 아니라 그런 일이 벌어지기 이전에—어느 지역에 치안을 강화해야 할지를 예측할 수 있다. 그러면 경찰력을 효율적으로 배치해서 예산을 절약할 수 있으며, 범죄자의 검거율을 높이고 범죄 증가가 예상되는 지역의 치안을 개선할 수 있다.

모두가 상상할 수 있다시피 이러한 기술은 인문 지리학을—의료 지리학부터 범죄 지리학, 문화 지리학, 경제 지리학에 이르기까지—크게 변화시켰다. 하지만 역사상 중요한 지도들은 인문 지리학 분야에만 한정되어 있지 않다. 지금껏 그려진 지도 중 어떤 면에서 가장 중대한 영향을 끼친 지도는 바로 자연 지리학자, 자기 분야를 뛰어넘는 재능을 가진 전문 기후학자의 작품이었다. 오늘날에도 자연 지리학 책과 지질학 문서, 심지어 일부 경제 분석글 속에서 마주칠 수 있는 이 지도는 지금으로부터 거의 1세기 전 한 독일어 논문에 발표되었다(그림 2-6). 이 지도에 대해서는 5장에서 좀 더 상세히 다룰 것이며, 여러분은 모두 고등학교나 대학교 수업 시간에 이것을 한 번쯤 본 적이 있을 것이다. 하지만 이 지도가 처음 발표되었을 당시에는 과학자와 일반 대중 모두의 비웃음을 샀다. 베게너가 제시한 가설이 실제 발견으로 뒷받침되기 시작한 것은 그가 죽은 뒤였다.

베게너의 지도는 지금으로부터 1억 년도 더 전에 지구의 땅덩어리—대륙—들이 아프리카를 중심으로 한 하나의 초대륙으로 결합되어 있었음을 암시하고 있다. 베게너가 '대륙 이동continental drift'이라고 명명한 과정에서 이 초대륙이 쪼개져 남·북아메리카가 서쪽으로 '떠내려가dirfting' 대서양이 열렸고, 호주는 오늘날의 인도양을 가로질러 동쪽으로 이동했으며, 남극 대륙은 남쪽으로 내려가서 극지에 다다랐다. 동아프리카와 맞닿아 있었던 인도는 북동쪽으로 떠내려가다가 유라시아 대륙과 충돌하여 히말라야 산맥을 융기시켰다. 이 거대한 충돌은 아직까지도 진행 중이다.

베게너의 지도는 특히 대서양을 사이에 둔 두 땅덩어리가 '들어맞는다'라는 사실에 일부분 근거하고 있었다. 물론 그는 다른 증거들도 풍부하게 축적했지만, 남아메리카와 아프리카의 해안선이 직소 퍼즐처럼 딱 들어맞는 것은 우연일 리가 없다고 주장했다. 그가 죽은 뒤 지질학자들의 연구로 증거들이 줄줄이 나오기 시작했다. 대서양 양안에서 비슷한 암석

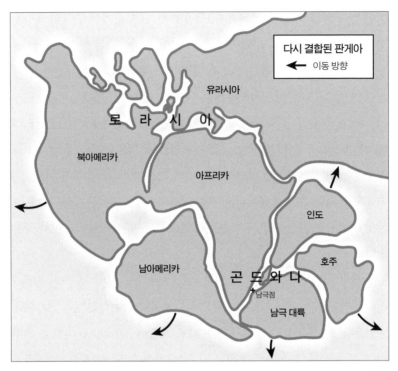

그림 2-6 판게아가 쪼개져서 이동이 시작되기 이전 각 대륙들의 상대적인 위치. 이 지도는 약 1억 년 전의 육반구를 나타내고 있다.

이 발견되었고, 아프리카에서 시작하여 남아메리카로 이어지는 지질 구조들이 확인되었다. 하지만 베게너의 생전에 그를 괴롭혔던 문제는 여전히 남아 있었다. 어떻게 해서 이런 일이 일어났을까? 이 모든 대륙들을 움직일 수 있었던 메커니즘은 무엇일까? 수십 년 뒤, 베게너의 책으로 촉발된 연구가 그 답을 도출해냈다. 바로 판 구조론이다. 하지만 그 지질학적, 나아가 경제적 함의 때문에 그때쯤 베게너 모델은 이미 과학적 쟁점 이상의 것이 되어 있었다. 그의 지도는 지하 지질학뿐 아니라 경제 지리학의 안내도 역할을 했다.

이를 입증하기 위해, 광물과 에너지 자원에 대해 우리가 이미 가지고 있는 지식의 맥락에서 베게너 모델을 보도록 하자. 예를 들어 공업용·보석용 다이아몬드의 주요 생산국 중에서 남아프리카공화국은 같은 다이아몬드가 채굴되는 아르헨티나와 이웃해 있다. 남아메리카가 아프리카에서 떨어져 나오기 전에는 존재하지 않았던 간격을 가로질러 흐르는 물길이 이 두 지역의 다이아몬드 광맥을 쌓고 지나간다. 유전들은 긴 지질 시대의 서로 다른 시기에 생성된 경우가 많지만, 그중에도 초대륙이 분열할 때 대륙과 함께 분리된 것들이 있다. 태평양 측 서아프리카·적도 아프리카의 유전들과 그 반대편 남아메리카 북부·동부의 유전들을 보라. 무엇이 눈에 띄는가? 장래의 유전을 발견하려면 어디를 찾아봐야 할까? 최근 브라질 연안에서 발견된 유전이 앙골라 바로 건너편에 놓여 있다는 사실이 놀랍지 않은가? 이 지도는 최근 가나 앞바다에서 석유가 발견된 이유를 설명해준다. 두 대륙을 다시 조립해놓고 보면, 아프리카 해안을 따라 서쪽 방면, 남아메리카 해안을 따라 동쪽 방면에서 추가 유전이 발견될 것으로 예측된다. 요컨대 베게너의 지도는 모든 원자재 중개인들의 사무실 벽에 걸려야 한다. 이는 무엇이 발견되었고 또 앞으로 무엇이 발견될지를 알려주는 안내도다.

지도가 발견의 일람표, 다시 말해 머나먼 미지의 세계로부터 유럽과 (나중에는) 미국에 도달한 최신 정보의 보고였던 시대가 있었다. 오늘날 지도는 설득에서부터 예측에 이르는 굉장히 다양한 기능을 하고 있다. 예컨대, 미국 북서부 지역의 포도 농장이 브루고뉴의 보르도와 같은 위도 상에 있음을 와인 병 후면 라벨에 그려넣어 구매자들을 유혹하는 경우 지도는 설득의 기능을 한다. 또 불확실성의 시대에, 멀리 떨어져 있지만 우리 일상에 큰 영향을 미치는 지역의 트렌드와 발전 방향을 예측하는 기능도 한다. 하지만 지도는 앞으로 보게 될 사례처럼 그보다 훨씬 덜 건설적인 목적에 쓰이기도 한다. 수많은 정치적 지도의 이면에는 사악한 의도가 숨어 있다.

악의적인 지도

지도가 나를 불안하게 만들었던 가장 오래된 기억은 2차 대전 때의 것이다. 당시 부모님의 서재에서 나는 크고 화려한 잡지 한 권을 보게 되었다. 철침이 박힌 잡지의 정중앙에는 유럽의 지도가 실려 있었다. 그 가운데에는 커다란 스와스티카가 찍혀 있고 굵고 검은 화살표들이 영국, 프랑스, 스칸디나비아, 이탈리아, 동유럽으로 뻗어나가고 있었다. 위쪽에는 '새로운 독일제국Das Neue Deutsche Reich'이라는 제목이 쓰여 있고, 오른쪽 위에는 한 팔을 뻗어 나치 경례를 하는 아돌프 히틀러의 사진이 나를 쏘아보고 있었다. 독일어를 몰라도 그 제목이 무슨 뜻인지는 충분히 알 수 있었다. 전쟁이 더 진행되면서 나치 독일의 제국적 야심을 투영한 비슷한 지도가 담긴 포스터들이 공공건물을 비롯한 도처에 나붙기 시작했다.

　그 지도를 처음 보았을 때는 그 의미를 이해할 만한 지식이 없었지만, 나는 그것을 절대 잊을 수 없었다. 보는 사람에게 겁을 주는 것이 그 지도의 의도였다면 그것은 확실히 성공했다. 확신하건대 내 가족들은 더욱 겁에 질렸을 것이다. 전쟁이 끝난 뒤 학교 지리 수업 시간에 선생님은 우리에게 일본에서 발행된 지도를 하나 가져다 주셨다. 역시 전시에 제작된 것으로, 아시아 태평양의 상당 지역을 일본의 일부로 표시한 지도였다. 정부와 정권들은 자신들의 의도를 선언하는 지도를 발행할 때가 있으며, 양차 대전 사이에 일부 국가들은 이웃 나라와의 경계를 변조한 우표를 발행하기도 했는데 이는 분쟁이 임박했다는 잠재적 징후라고 그분은 설명해주었다.

그로부터 여러 해가 흐른 뒤 나는 이를 실제로 경험하게 되었다. 1990년 중반 바그다드 대학의 한 동료가 덴마크에 사는 그의 형제 편으로 당시 이라크 정권이 발행한 지도들을 내게 보내왔다. 그중 한 장이 비상한 관심을 끌었다. 이라크의 공식 지도에 쿠웨이트가 이라크의 열아홉 번째 주로 표시되어 있었기 때문이다. 그해 7월 말에 이라크와 쿠웨이트의 관계는 급속히 악화되었고, 이라크는 쿠웨이트가 국경 지대를 따라 불법 유정을 설치한다고 불만을 터뜨리며 이 지역에 군대를 집결시켰다. 때마침 당시 미 하원의 외교분과위원회 위원장이었던 단테 파셀Dante Fascell이 내셔널지오그래픽 협회의 초청을 받아, 회의 참석을 위해 워싱턴에 모인 '지리학연맹' 소속 교사들을 대상으로 연설을 하게 되었다. 연설이 끝난 후 나는 파셀 하원의원에게 그 이라크 지도의 함의와 병력의 이동 및 석유 문제에 대해 물어보았다. 그는 내게 걱정 말라고 했다. 우리 대사관에서 상황을 완전히 파악하고 있으며, 이는 단순히 이웃 나라 사이의 사소한 분쟁일 뿐이고, 미국은 그중 어느 한쪽 편을 들 수 없다는 것이었다.

며칠 후, 나는 〈굿모닝 아메리카〉에 출연하여 푸에르토리코인들의 이민 문제를 해설하기 위해 뉴욕의 한 호텔에 묵고 있었다. 그런데 새벽 2시에 PD한테서 전화가 왔다. "푸에르토리코는 잊으십시오. 지금 교수님을 모시러 차를 보냈습니다. 이라크가 쿠웨이트를 침공했어요. 혹시 부바얀 섬이라고 아십니까? 루메일라 유전은요? 지도가 필요해요. 방송국 오시는 길에 차에서 대본을 좀 써 주시죠." 나는 메모지에 국경 지대의 지도를 대충 그려서 회의실에 들고 들어갔지만, 쿠웨이트를 이라크의 열아홉 번째 주로 표시해놓은 그 지도가 몹시 아쉬웠다. 정부가 이웃 나라의 영토를 자기 나라에 편입시킨 지도를 발행하기 시작할 때는 이미 모든 준비가 완료된 것이다. 이는 지도를 통해 공격을 감행하는 동시에, 어느 세력이 이 행위에 민감하게 반응하는지를 한번 떠보는 것이기도 하다. 확실히 미국 정부는 그 지도에 대해 별다른 반응을 보이지 않았으며, 이라크는 이를 청신호로 오해한 것일 수 있다. 그 여파는 그로부터 20년이 넘게 흐른 지금까지 계속되고 있다.

지도를 통한 공격은 여러 가지 형태를 취할 수 있다. 이라크의 사례처럼 노골적인 경우도 있지만 그보다 미묘한 형태를 취할 수도 있다. 1993년에 나는 자오 손챠오Zhao Sonqiao가 쓰고 1986년에 베이징에서 발행된 『중국의 자연 지리학Physical Geography of China』이라는 책을 받아 본 적이 있다. 그 책의 권두에는 중국 지도가 그려져 있었다. 그런데 전문가의 눈으로 보았을 때 그 지도는 약간 이상했다. 왜일까? 인도의 아루나찰프라데시 주 전체와 아삼 주의 일부가 사실상 중국의 남쪽 지방으로 편입되어 있었다. 이 책은 중국의 정치 지리를 다룬 책도 아니었고, 본문에서 인도의 영토에 대해 이와 관련된 논의를 하고 있지도 않았다. 하지만 그 책에서는 중국의 국경선이 인도의 영토 깊숙이까지 내려와 있는 것으로 전제하고, 그 지역의 산맥과 계곡이 원래부터 중국의 일부인 것처럼 설명하고 있었다. 이것이 실수였다고 오해해서는 안 된다. 이런 지도는 최소한 1980년대에는 중국 정부의 공식 허가 없이 편찬될 수 없었다. 이 지도는 인도뿐 아니라 국제적으로 잠재적 분쟁 지점을 예고하고 있었다.

그리고 이 예고는 사실로 드러났다. 중국은 아루나찰프라데시 주 전체를 인도 영토로 편입시킨 조약의 구속을 받지 않는다고 계속 주장했을 뿐 아니라, 좀 더 구체적으로 이 주의 북서부 모퉁이에 위치하며 인도에서 고산 도로를 통해 시짱(티베트) 남부로 연결되는 타왕 지역에 대해 영유권을 주장했다. 이 주장의 근거는 아루나찰프라데시 주의 이 지역 주민들이 불교 신자이며, 불교를 믿는 티베트는 중국의 지배하에 있기 때문에 중국의 관할권에 속한다는 것이었다.

지도로 공격의 징후 예측하기

아무 세계지도첩이나 뒤져서 중국과 인도 사이의 경계를 보면 국경선 이쪽 끝에서 저쪽 끝까지 문제로 점철되어 있음을 보게 될 것이다. 동쪽으로는 아루나찰프라데시 문제에 대한 중국 측 의견이 "중국이 영유권을 주장하고 있음"이라는 주석으로 인쇄되어 있다. 하지만 중국이 주장하는 국경선이 부탄의 동쪽 국경에서 끝나는 것을 보면 중국이 서진西進할 의향이 있는 것이 아닌가 하는 의문이 생긴다. 또 서쪽의 카슈미르 경계에서 중국이 점유한 세 지역은 인도가 영유권을 주장하고 있다.

공식 지도가 적대적 의도를 전달하는 경우는 세계에서 이 지역이 유일하지만, 이 분쟁에 연루된 국가들의 세계적 영향력 때문에 그 함의는 더 확대된다. 전 세계의 국가 간행물들을 일일이 확인하는 일은 큰 비용이 들지만, 조기 경보는 중재 노력을 동원하는 데 도움이 되며 장기적으로는 비용을 절약해줄 수 있다. 1996년 10월 「뉴욕타임스」 칼럼니스트인 토머스 프리드먼Thomas Friedman은 "당신이 받아들여야 할 임무Your Mission, Should You Accept it"라는 제목의 칼럼을 썼다. 이 글은 외교 예산이 계속해서 삭감되는 현상이 미국의 글로벌 리더십과 이익에 어떤 영향을 미칠지를 검토하고, 클린턴 대통령에게 105대 의회와의 협상을 통해 이런 흐름을 뒤바꿀 것을 재촉하는 내용이었다. 프리드먼은 군사비 지출을 외교비로 조금만 전환해도 커다란 이익을 볼 것이라고 제시했다.

나는 프리드먼의 칼럼을 읽고 과거 예산 삭감으로 인해 지리학자는 물론 국가 안보에 직접적인 영향을 끼쳤던 사례를 떠올렸다. 1960년대 내가 미시간 주에서 교편을 잡고 있을 당시, 지리학과 졸업생들이 지원할 수 있던 외무 직종 중에 지리 담당관이라는 것이 있었다. 지리 담당관은 대사관이나 영사관에서 일하면서, 그 나라에서 공식·비공식적으로 출간된 모든 지도를 모니터하고 입수했다. 또 입수한 지도를 분석하고 그 중요성을 평가하는 일도 직무에 포함되었다. 나는 이 칼럼과 관련해 1996년 10월 28일 「뉴욕타임스」에 장문의 보충글을 기고했고, 이는 마치에츠크 알브레히트Macieck Albrecht의 삽화와 함께 실렸다. 나는 이렇게 썼다. "지도는 해당 국가의 내적 문제와 대외적 의도에 대한 통찰을 제공해준다. 그중에서도 대외적 의도를 파악하면 공격을 조기에 경고할 수 있다." 그러나 지리 담당관 직무는 예산 삭감 과정에서 일찌감치 없어지고 말았다. 프리드먼이 불만을 터뜨린 것은 가장 최근에 대사관과 영사관과 미 해외공보처의 도서관을 폐쇄한 일에 한정된다. 여기서 질문이 떠오른다. 세계 각국이 지도를 끊임없이 발행하고 있으며 그것이 우리의 평화와 안정에 미칠 위험을 외교·정보 기관에 경고해준다고 하지만, 지금은 과연 누가 그것들을 검토하고 있을까? 1990년 8월의 교훈은 명백히 무시되고 있다.

각국의 중앙 정부 혹은 지방 정부(나는 지방 정부에서 발행한 관광 지도에도 뚜렷한 정치적 관점이 개입되어 있는 경우를 본 적이 있다)에서 발행한 지도의 발자취를 추적하는 일은 전체 임무 중 한 가지에 불과하다. 보통 사람들은 '정보 업무'를 스파이 행위와 동일시하는 경향이 있지만, 실제로 정보 기관에서 수집하는 중요 정보 중 상당량은 지역 신문, 잡지, 팸플릿, 의사록, 기타 기밀과 거리가 먼 간행물 등 평범한 출처에서 나온다. 문제는 이러한 간행물들이 번역과 해석을 요하는 언어와 글로 되어 있으며, 활용 가능한 외국어 전문 인력의 수가 매우 급격히 줄고 있다는 사실이다. 1950년대에 내가 대학원생일 때는 한 가지 외국어를 유창하게 구사하고 다른 한 가지 외국어를 독해한다는 기본적인 요건을 갖추기 위해 엄격한 시험을 통과해야 했다. 1960년대에는 이 요건이 외국어 한 가지를 구사하고 정량적 자료 분석법에 숙달하는 것으로 줄어들었고, 1970년대에 들어 외국어 능력은 대다수 대학원의 졸업 요건에서 완전히 사라지게 됐다.

현지 연구를 수행하러 해외로 향하는 대학원생의 수도 아울러 줄어들었다. 대신 인도나 일본에 직접 발을 들여놓거나 그 나라 말로 의사소통할 수 없어도 통계 자료나 정부 보고서 등 일반적으로 입수 가능한 정보를 근거로, 이를테면 인도 내의 인구 이동이나 일본의 농업 정책에 대해 박사 논문을 쓰는 일이 가능해지게 되었다. 지리학도 이런 흐름에서 예외가 아니었고, 이런 흐름이 누적된 결과, 젊은 미국인 학자들과 비서구 동료 및 문화 사이에 상호 작용과 친밀도가 떨어지게 되었다. 예전에는 지리학자들이 뭄바사나 첸나이, 키토, 튀니스 등지에 상당 기간을 체류하며 시장과 저잣거리를 휘젓고 서점을 왕래하고 지역 신문을 읽고 지역 주민들과 교류했으며, 그러면서 자료만 수집하는 것이 아니라 소위 '현지 경험'을 쌓곤 했지만, 이제 더 이상 그런 일은 없다. 정부가 외국어에 능통한 대사관 직원들과 문화-정보 프로그램을 삭감하여 우선순위를 바꾸어놓은 결과는, 단순히 지도를 수집할 수 없게 된 것 그 이상이다.

미국이 직면한 도전
지리공간 기술은 미국 특유의 지리적 문맹에 마침내 해독제 역할을 할 수 있을까? 아마 아닐 것이다. 지리공간기술의 실용적인 측면은 대부분 국내용으로 한정되어 있기 때문이다. 차량 내비게이션의 도움을 받아 음식점을 찾아가거나 기상 예보에서 위성을 통해 태풍의 경로를 추적한다고 해서 우리의 지리적 지평이 많이 넓어지거나 고립주의가 완화되지는 않는다. 2003년 미군이 이라크에서 사담 후세인Sadam Hussein을 신속히 축출했을 때, 작전 수행 과정에서 GIS의 역할은 지역 및 도시 지도에서 부터 공급선 병참에 이르기까지 지대했다. 하지만 막상 점령 단계에 이르자 GIS는 별 도움이 못 되었다. 후세인 이후 이라크의 혹독한 현실이 닥치기까지, '수니 삼각지대'라는 지리 개념은 컴퓨터 화면에 떠오르지 않았다. 군중들이 길가에 늘어서서 미군에게 감사하며 꽃을 들고 환영하리라 예측했던 정부 관료들은 컴퓨터를 끄고 현장으로 직접 내려가 보았어야 했다. 군사 개입 이후 이라크는 '국토안보부'가 억누르려 하는 바로 그 테러리스트들의 불안한 온상이 되었다.

2010년 이후 미국은 세계 유일의 초강대국으로서 장·단기간의 도전과 위험에 직면하고 있다. 이 도전 중에서 세 가지는 바로 코앞에 혹은 머지않아 닥칠 것이고, 나머지 것들은 아직 눈에 띄지 않거나 나중에 떠오를 것이다. 미국 대중이 세계적 리더십에 뒤따르는 책임을 받아들여 이 행성에 대한 지리적 이해를 높인다면 이 모든 도전에 효과적으로 대처할 수 있을 것이다. 민주 사회를 사는 미국인으로서 교양을 갖추고 대표자들에게 자신의 관점을 표현할 수 있는 대중들이 국무, 특히 외무에서 더욱 큰 역할을 발휘해야 한다. 로버트 맥나마라가 스스로 대중들보다 더 잘안다는 자신감에 혹하여 나라를 베트남의 늪지대로 끌고 들어가도록 방치했던 전례 이후로 많은 미국인들은 베트남의 교훈을 배운 지금, 그들은 다시는 그런 일이 일어날 수 없을 것이라고 믿었다. 맥나마라는 인도차이나에 대해 대다수 미국인들보다 잘 알았을는지는 몰라도, 결코 충분히 알지는 못했다. 조지 W. 부시가 이라크를 선제 공격했을 때 미국 대중들은 정보기관이 군사 개입을 요하는 부인할 수 없는 증거를 밝혀냈다고 믿게끔 되었다. 하지만 2002년 당시 대중들은 1962년 베트남에 대해 알았던 것보다 이라크에 대해 더 잘 알고 있었을까?

지리적 관점으로 볼 때, 오늘날 미국과 그 동맹국들은 빠르게 변화하는 세계에서 벅찬 도전들에 직면하고 있다. 이 도전 중에는 그들이(아니 그 누구도) 통제하거나 개선할 수 있는 범위를 벗어난 것도 있는데, 그중 가장 불길한 것은 세계 인구의 지속적 증가와 이에 수반된 사회적 불평등의 심화다. 마찬가지로 전 지구적 기후 변화의 영향 또한 완화할 수는 있어도 제거할 수는 없을 것이다. 그나마 전 세계적 리더십과 국제적 협력이 없으면 이를 완화하는 데도 실패할 터인데, 그것이 빠른 시일 내에 잘 이루어질 것 같지도 않다. 그밖의 도전들은 충분한 정보를 근거로 정책을 수립하고 부족한 자원을 효율적으로 활용한다면 세계적 지배력이 쇠퇴하고 있는 열강의 힘으로도 대처가 가능하다. 세계 최초의 이문화간 냉전, 위험을 헤아릴 수 없는 적대 관계가 출현할 조건을 예방하는 일은 중국과 미국의 공통 관심사다.

그러나 가늠하기 힘든 변수들도 있다. 종교적 광신에 고취되고 불평등에 자극받은 세계에서 핵무기 기술의 확산은 재앙으로 가는 승차권이다. 테러의 지리학은 공간적으로 확대되고 있는 폭력의 이야기지만, 많은 분석가들의 예측과 달리 9.11 사태 이후의 상황은 더 악화되지 않았다. 테러 행위들은 충격과 경악을 일으킬지는 몰라도 전 세계의 안정을 위협하는 요소는 아니다. 그러나 궁극적인 위험은 핵무장한 이란이나 간헐적으로 도발하는 북한이 위협하는 국가 테러리즘의 형태로 잠재된 채 남아 있다. 그보다 더 불안한 일은 핵무기가 공공연한 테러 조직의 수중에 들어가는 것이다.

이런 중대한 도전들이 없었다면, 이행기의 세계를 규정하는 다른 중요한 사건들이 중앙 무대로 올라왔을 것이다. 까다로운 유럽의 경제 통합과 정치적 조정을 향한 험난한 여정, 석유로 벌어들인 루블화로 무장하고 새로운 푸틴 시대가 밝아 오면서 점점 자기주장이 강해지는 러시아, 급속히 부상하며 지역과 세계 무대에서 역할이 확대되고 있는 인도, 전 세계적 경제 강국으로 힘겹게 떠오르고 있는 브라질 등이다. 이처럼 때로 서로 충돌을 빚는 수많은 변화의 물결들에 맞추어 나가려면 유례없는 리더십과 비상한 대중의 인식이 요구될 것이다. 그리고 관련 당사자들 모두의 명료한 지리적 시각이 요구될 것이다.

3장

인구 증가와
지구의 미래

전 세계 10억 명 이상의 사람들이 가장 가난하고 병들어 있고, 또 다른 10억 명은 극빈의 언저리에서 살아간다. 세계가 평평하다는 주장은 핵심부 지식인들의 기운을 북돋아줄지는 몰라도, 바리케이드 바깥에 있는 많은 이들에게는 그렇지 못하다.

2011년은 여러 가지 이유로 기억될 만한 해다. 파괴적인 지진과 지진해일이 일본을 강타했고, 세계적 경제 위기가 닥쳤으며, 뉴욕과 워싱턴의 9.11 테러 공격 10주기이기도 했다. 하지만 이런 중요한 사건들이 시간이 흘러 기억에서 희미해지고 오랜 세월이 경과한 뒤에도, 2011년은 두 가지의 인구학적 이유로 세계적 차원의 주목을 받을 것이다. 첫째, 이 해의 어느 시점에 이 행성의 인구가 70억 명을 넘어섰다. 그리고 둘째, 세계의 도시 거주 인구가 수천 년 인류 역사에서 최초로 농촌 거주 인구보다 많아지기 시작했다.

물론 이 문턱을 넘어선 정확한 날짜는 아무도 모른다. 이미 2010년 말에 도시 거주 비율이 50퍼센트에 도달했다는 계산도 있다. 하지만 어찌 됐든 우리는 이 시점에 미래가 어떤 모습이 될지를 숙고해야만 한다. 좋은 소식은, 세계 인구의 연간 증가율이 감소하고 있다는 것이다. 그리고 나쁜 소식은, 이 감소가 충분히 빨리 이루어지지 않고 있다는 것이다.

이 추세대로라면 지구는 2100년이 되기 전에 30억 명을 추가로 수용해야 한다. 좋은 소식은 세계에서 가장 큰 수십 개 도시에서 삶의 질이 눈에 띄게 향상했다는 것이다. 반면 나쁜 소식은, 그보다 훨씬 많은 도시들이 급성장 중이며 이곳의 수백만 거주민들이 여전히 혹독하고 폭력적인 삶의 조건에서 고통받고 있다는 사실이다.

"어디?"라는 질문이 특히 의미가 있는 것이 바로 인구 분야일 것이다. 우리 행성의 인구 분포는 믿기 힘든 대조와 모순의 모자이크라 할 수 있다. 전 세계 거의 200개 국가의 정부가 유엔과 기타 기관에 인구 데이터를 보고하지만, 이 국가들의 내부에도 놀랄 정도의 사회적 격차가 만연해 있어서 사실상 모든 평균 데이터들이―지역, 지방, 기타 하부 단위 간의―지역에 따른 차이를 은폐하고 있기에 그 어떤 일반화에도 위험이 따른다. 예를 들어 인도 서부 라자스탄 주의 인구(7천만 명)는 남부 케랄라 주(3천 5백만 명)보다 세 배나 빠르게 증가하고 있다. 전체적으로 볼 때 인도 북부의 주는 남부의 주보다 약 두 배 빠르게 성장하고 있다. 그러므로 인도가 '평균' 인구 증가율을 보고했을 때, 이 평균치 안에는 더 광범위한 사회적 조건이 감추어져 있다. 이보다 작은 나라들도 커다란 대조를 보여주고 있다. 남아프리카공화국은 인구가 인도의 4퍼센트에 불과하지만, 민족 집단 간 성장률, 기대 수명, 건강 상태, 소득, 주거 조건, 교육 수준 등 거의 모든 면으로 볼 때 세계에서 가장 불평등한 국가 중 하나다. 각 나라에서 보고한 사회·경제적 평균치를 근거로 국가 순위가 발표될 때는 언제나 그 데이터 이면을 눈여겨봐야 한다.

전 지구적 악순환

물론 인구학적 일반화의 정점은 지구 전체를 대상으로 한 것이며, 이는 어느 측면을 보더라도 놀라운 양상을 띤다. 세계 인구 증가 그래프를 보면 지구 온난화 곡선이 완만해 보일 지경이다. 순증가율은 지난 수만 년간 급증과 감소를 거듭했지만, 우리 행성의 인구는 지금으로부터 불과 2세기 전인 1820년까지만 해도 10억 명을 넘어서지 못했다. 여기에 10억 명을 더 보태는 데 1세기 이상이 걸렸는데, 인류가 그 역사를 시작해서 1820년에 도달한 인구만큼이 1820년과 1930년 사이에 더 증가한 것이다. 이것만으로도 '인구 폭발'을 말하기에 충분했지만, 이는 시작에 불과했다. 1930년경부터 1960년이 밝기 전까지 10억 명이 더 누적되었고, 그로부터 15년 남짓 뒤인 1975년의 어느 시점에는 40억 명을 찍으면서 전 세계적인 경보음이 울리기 시작했다. 이 점을 생각해보자. 우리 작은 행성에 10억 명이 더 추가되는 데 걸리는 햇수가 불과 150년 만에 100년 이상에서 15년으로 줄어든 것이다. 이는 전 세계적 기아, 식량 전쟁, 그리고 '지구가 만원'이 됨으로써 초래될 위기들에 대한 온갖 암울한 경고들을 확실히 정당화해주는 듯 보였다.

그런데 예상하지 못했던 일이 일어났다. 첫째로 식량 위기는 예상보다 국지적인 문제로 머물렀는데, 이는 주로 "녹색 혁명"이라는 기치 아래 행해진 극적인 연구 성과 덕분이었다. 이로써 헥타르당 곡물 수확량이 늘어나고 다른 작물의 생산량도 증가했다. 둘째로 인구 폭발의 열기가—경제 발전, 도시화, 세계화 등의 여러 요인이 복합되어—식기 시작했다. 비록 극적인 변화는 아니지만, 세계 인구에 10억 명이 추가되는 데 걸리는 시간이 이제는 늘어나고 있는 것이다. 물론 여전히 상황은 그리 좋지 않다. 2000년에 60억 명이었던 인구는 2011년 70억 명이 되었지만, 2030

년 조금 못 미친 시점에 80억 명에 도달할 가능성이 높다. 이 현상을 연구하는 전문가들은, 이러한 증가를 유발하는 현재의 기준 인구가 1970년대에 비해 훨씬 많아졌지만 연간 자연 증가율은 매년 감소하고 있음을 지적한다.

인구의 자연 증가와 감소는 대개 매년 보고되는 일정 기간의 출생 인구에서 사망 인구를 제하여 측정한다. 만약 1천 명당 사망자 수가 출생자 수보다 약간 적으면 인구는 매우 느리게 증가한다(사망자 수가 출생자 수를 초과할 때 결과는 전문 용어로 '마이너스 인구 증가negative population growth'가 된다). 출생자 수가 어느 정도 안정된 상태에서 사망자 수가 줄어들면 둘의 격차가 벌어지면서 증가가 가속화된다. 세계 전체로 볼 때 바로 이것이 18세기부터 시작된 현상이다. 사망률이 떨어지는데 출생률은 비교적 높은 상태로 유지된 것이다. 이렇게 벌어지는 격차는 다가오는 인구 폭발을 미리 경고하는 신호였고, 출생률도 따라서 감소하기까지는 오랜 시간이 걸렸다. 출생률 감소가 실현될 때쯤 인구 폭발은 최고조에 달해 있었고, 세계의 몇몇 주요 지역(아프리카, 남아시아)에서는 아직도 그 기세가 수그러들지 않았다.

사망률이 감소한 것은 산업혁명과 함께 위생과 의료 기술이 획기적으로 진보했고, 그것이 현지(주로 유럽)에서 세계 나머지 지역으로 전파됐기 때문이다. 효율적인 비누와 화장실이라는 두 가지 발명품이 여기에 엄청나게 이바지했고, 의료의 진보 또한 커다란 영향을 끼쳤다. 냉장 기술, 수질 정화 기술 등의 발전 또한 사망률을 낮추는 데 큰 역할을 했다. 이러한 진보에 힘입어, 과거에는 출생 중 혹은 출생 직후에 사망했을 수많은 영아들이 이제는 생존할 수 있게 되었다. 인구 중 사망률에는 어느 정도 수명을 누리고 죽는 경우뿐만 아니라, 출생 시 혹은 갓난아기 때 사망하는 경우까지 포함된다. 오늘날 한 나라의 전반적인 삶의 조건을 반영하는 가장 설득력 있는 통계 중 하나가 바로 영아 사망률이다. 영아 사망률은 태어난 지 1년 이내에 사망하는 영아의 수를 1천 명당 수치로 표시한 것이다. 2011년에 일부 국가들(스웨덴, 일본)은 이 수치가 3명으로 사상 최저 수준을 기록했지만, 아프리카 17개국의 영아 사망률은 여전히 100명을 초과했다.

과거와 미래의 인구 증가를 보는 또 하나의 방법은 여성의 출산율에 초점을 맞추는 것이다. 용어상 오해의 소지가 있을 수 있는데 이는 생물학적 척도가 아니라 사회적 척도다. 즉 출산율은 여성 한 명이 가질 수 있는 자녀 수가 아니라, 특정 인구 집단(지역 또는 국가 또는 지방)이 처한 사회적 조건하에서 여성 한 명이 가지게 되는 자녀의 수다. 출산율은 세계 대부분 지역에서 떨어지고 있으며 일부 국가에서는 그 속도가 놀라울 정도로 빠르다. 여기서 통계적으로 중요한 수치는 2.1명이다. 이를 이른바 대체출산율replacement rate이라고 하는데, 출산율이 이 수준에 이르면 인구가 증가를 멈추게 된다.

1950년과 1970년 사이 세계의 평균 출산율은 약 4.5명이었고 그것이 감소하리라고 생각할 만큼 의미 있는 신호는 거의 눈에 띄지 않았다. 하지만 1970년대에 급락이 시작되어 2012년에는 수치가 거의 절반으로 떨어졌다(현재 세계 평균 출산율은 약 2.44명이다). 하지만 이것이 전 세계적으로 동일하게 적용되지는 않는다. 인구학자들이 자주 드는 예는 방글라데시다. 오늘날 방글라데시의 출산율은 2.16명으로 불과 한 세대 전과 비교해 절반 이하로 떨어졌는데, 이는 대규모 도시화로도 급속한 경제성장으로도 설명되지 않는다. 이란의 경우는 더더욱 놀랍게도 1981년에 7.1명이었던 출산율이 2011년 기준 1.8명이다. 아직은 이란의 인구가 증가하

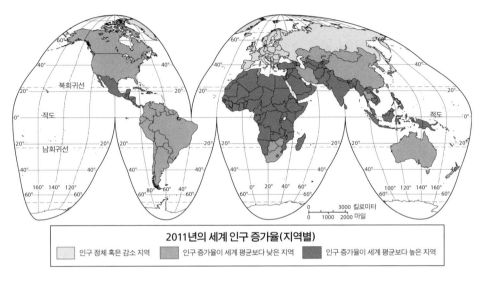

그림 3-1 2011년의 세계 인구 증가율. 수치는 표 3-1 참조.

는 중이지만, 이 수치는 장래의 인구가 정체되어 궁극적으로 감소하리라
는 것을 예고하고 있다.

  그러므로 출산율은 현재의 출생률과 사망률로는 아직 드러나지 않
는 미래의 조짐을 보여준다. 출산율이 대체출산율 밑으로 떨어졌다고 알
려진 브라질의 경우를 보자. 2011년에 브라질의 출생률은 17명, 사망률
은 6명으로 보고되었고 인구는 세계 평균보다는 느리지만 여전히 증가
중이다. 하지만 브라질의 출산율 감소는 앞으로의 인구 정체와 궁극적 감
소를 예고하고 있다.

  출산율이 떨어지면 그 나라의 '인구 피라미드'가 급격히 변화한다.
우리는 수십 년간에 걸친 피라미드의 변화를 확인할 수 있다. 어린이가
줄어든다는 것은 그에 비례하여 어른이 많아진다는 뜻이므로 '불룩한 부
분'이 점점 위로 올라가 결국에는 꼭대기에 이르며, 이 꼭대기 부분에서

70세 이후까지 생존하는 노인들의 수는 점점 늘어난다. 하지만 이런 변화는 해당 국가의 경제 발전 수준이라는 맥락에서 보는 것이 중요하다. 유럽 국가들은 이미 (상대적으로) 부유한 상태에서 이런 일련의 상황들을 맞이했다. 이 국가들의 인구가 '성숙기'에 접어들어 '노령화'했을 때, 독일이나 프랑스 같은 나라들은 노인 인구 증가의 부담을 감당할 수 있었다. 하지만 미처 부유해지기 **전**에 인구가 노령화하는 나라들은 매우 다른 상황에 처해 있다. 경제성장에도 불구하고 2010년 중국의 1인당 국민총소득은 6천 달러에 불과했다. 이는 알바니아나 불가리아보다 적고 영국의 6분의 1밖에 안 된다. 앞으로 중국 정부는 어떻게 국민 연금과 기타 비용을 지불할 것인가? 그래도 방글라데시나 파키스탄에 비하면 중국의 상황은 한결 낫다!

인구의 자연 증가

그러므로 세계인이 누리는 삶의 질에는 지역에 따라 여전히 엄청난 차이가 존재한다. 이는 영아 사망률만이 아니라 다른 통계를 통해서도 확인할 수 있다. 20세기 중엽에 폴 에를리히Paul Ehrlich 등은 '인구 폭발'을 경고하면서 지구상 광범위한 지역의 몇 십억 명에게 기아가 닥칠 것이라고 예고했지만, 다가오는 위기의 전 지구적 성격에 눈이 멀어 그 당시에도 충분히 알아볼 수 있었던 국지적 차이를 보지 못했다. 오늘날의 핵심적인 문제는 바로 인구 변화의 지역적 차이다.

　여기서 주로 문제가 되는 것은 자연 증가율(혹은 감소율)의 지리적 차이다. 물론 국내 이주와 해외 이민을 통해서도 인구가 증가하거나 감소하지만, 여기서는 자연 증가에 주목한다. 인구가 정체되었거나(인구 성장

표 3-1 지리 영역별 연간 인구 증가율(2012) (세계 평균=1.2퍼센트)

사하라 이남 아프리카	2.6
태평양	2.0
북아프리카/서남아시아	1.9
남아시아	1.7
중앙아메리카	1.6
동남아시아	1.3
남아메리카	1.2
호주/뉴질랜드	0.8
북아메리카	0.6
동아시아	0.5
유럽	0.0
러시아	−0.2

률 0.0퍼센트) 감소하는 국가들을 나타낸 세계지도를 보면, 일본에서부터 스웨덴까지 넓은 범위의 국가들이 포함되어 있다(그림 3-1). 반세기 전에는 당시만 해도 상상할 수 없던 "제로 인구 성장ZPG"을 전 세계적 목표로 내건 운동이 제창되기도 했다. 이제 국지적 차원에서는 이 목표를 이미 달성했지만, 여기에도 나름대로 문제점이 뒤따른다. 인구가 정체되거나 감소하는 국가들은 "제로 인구 성장" 운동가들이 미처 생각지 못했던 경제적 문제에 직면하고 있기 때문이다.

표 3-1을 보면 남아메리카의 인구가 세계 평균 수준으로 증가하고 있으며, 그에 비해 중앙아메리카의 인구 증가는 상당히 빠르고, 북아메리카는 최근 미국에서 사회 문제가 되고 있는 중앙아메리카로부터의 대대적인 이주민 유입에도 불구하고 인구가 상당히 느리게 증가하고 있음을 알 수 있다. 아마 이 표의 수치들 중에서 가장 놀라운 부분은, 동아시아의 인구가 많음에도 그 현재 증가율은 북아메리카보다 낮다는 점일 것이다.

중국의 높은 인구 증가율이 오랫동안 이 지역을 견인해왔기에, 불과 한 세대 전까지만 해도 동아시아의 증가율이 이 정도로 급락하리라는 전망은 거의 없었다. 하지만 중국의 한 자녀 강제 정책이 극적인 효과를 내고 이 나라의 인구 감소가 시작되리라는 예측이 대두하면서, 이제는 중국의 지도자들이 이 정책의 이점을 놓고 격론을 벌이는 시점에 이르렀다. 남아시아의 인구 성장률을 4위에 올려놓은 지배적 변수인 인도에는 아직 이런 우려가 닥치지 않았다. 이런 추세라면 머지않아 인도는 세계에서 인구가 가장 많은 나라가 될 것이다.

여기서도 평균치는 몇 가지 흥미로운 세부적 사실들을 숨기고 있다. 사하라 이남 아프리카에서 인구 증가율이 3.0퍼센트 이상인 나라가 최소한 9개국이며, 이중 3개국—니제르, 부르키나파소, 우간다—의 자연 증가율은 3.4퍼센트 이상으로 보고되었다. 이 수치는 세계 최고일 뿐만 아니라 세계 평균의 거의 세 배에 달한다. 반면 남아프리카공화국은 세계 평균에 훨씬 못 미치는 0.9퍼센트의 증가율을 보이고 있다. 이슬람 국가들이 주류를 이루는 지역에서는 예멘, 이라크, 사우디아라비아의 인구 증가 속도가 가장 빠른 축에 드는 반면 터키와 이란은 지역 평균에 비해 상당히 느리다. 이 무슬림 지역에서는 한 소국(카타르)을 제외한 모든 나라의 인구 증가율이 1.2퍼센트 이상이다. 인구가 정체 상태인 유럽에 인구 증가율이 1.2퍼센트 이상인 국가가 딱 하나(무슬림 국가인 코소보) 있는 것과 비교된다. ·

종교는 이러한 수치에 어느 정도의 역할을 하고 있을까? 확실히 로마 가톨릭 교회는 중앙아메리카에서 막강한 영향력을 유지하고 있다(가톨릭은 다른 교파들이 지배적인 남아메리카보다 이곳에서 더 영향력이 크다). 과거에 바티칸은 가족계획을 제한하고자 노력하며 국제 무대에서 무슬림 성직자들과 같은 명분을 추구한 바 있다. 그러나 가톨릭의 심장부에서 인구 감소가 가장 뚜렷이 나타난다는 사실은 인상적이다. 심지어 2012년 이탈리아의 인구 증가율은 0.0퍼센트였다. 그런가 하면 동남아시아 지역에서 가톨릭 교세가 가장 큰 두 나라—인구 대국인 필리핀과 소국인 동티모르—의 인구 증가율은 각각 2.1퍼센트와 3.1퍼센트로 지금까지 이 지역에서 가장 높은 수치를 보이고 있다.

정부 정책과 규제도 엇갈리는 효과를 낸다. 사회주의 국가인 중국에서는 권위주의적인 정부가 '한 자녀 갖기' 정책을 포고하고 때로는 매우 가혹한 수단까지 써서 이를 시행할 힘이 있었다. 반면 민주주의적인 인도에서는, 정부가 지원하는 대대적 불임 수술 캠페인 형태의 강압적 수단을 시도했다가 대규모 저항과 유권자들의 보복에 부딪쳐 곧 포기해야 했다. 오늘날 인도의 인구는 중국보다 세 배 빠른 속도로 늘고 있다.

인구 감소의 딜레마

지난 세기에 세계 인구가 폭발적으로 증가했음을 감안할 때, 인구 추이를 연구하는 지리학자와 그밖의 전문가들이 인구 과잉에 관심을 집중하는 것은 놀랄 일이 아니다. 이미 과도한 인구 압박을 받고 있는 지구에 수십억 명이 더 늘어나리라는 전망은 섬뜩하기까지 하다. 이런 맥락에서, 인구가 안정되었거나 심지어 줄어들고 있는 지역과 나라들은 미래에 희망을 제시하는 듯 보인다.

하지만 문제는 그렇게 간단치 않다. 인구는 경제 발전, 도시화, 전반적 근대화 수준이 '선진적' 범주에 도달한 나라에서 안정화되는 경향이 있다(뒤에서 다시 보겠지만 러시아는 예외다. 이 나라의 인구 감소에는 다른 원인이 있다). 그리고 이런 현상들이 나타나는 나라들의 상황은 그리 장밋빛이라 할 수 없다. 예를 들어 일본의 인구는 1억 2천 7백만 명 선에서 안정화되었고, 인구 전망에 따르면 서서히 감소하기 시작했으며 이 추세는 향후 25년에 걸쳐 가속화될 것이다. 한때 세계 제2위의 규모였던 일본의 경제는 비틀거리기 시작했고, 정치 시스템은 뻣뻣하게 경직되었다. 전례 없는 노동 문제들이 불거지면서 사회 구조가 흔들렸다. 회사로부터 종신 고용과 넉넉한 수당을 기대했던 노동자들이, 회사가 이를 계속 감당할 수 없게 된 순간 버려졌음을 깨달은 것이다. 인구 정체(그리고 이에 따른 노령화)가 이 모든 문제들을 야기한 것은 아니지만 상당 부분 기여한 것은 확실하다. 경제가 침체되고 정부의 조세 수입이 줄어들면서 노령 연금도 삭감이 불가피했다. 경제 전문가들은 일본 스스로가 문제를 일부 자초한 측면이 있다고 지적했지만—일례로 일본은 세계에서 이민을 가장 엄격하게 규제하는 국가 중 하나다—인구가 정체된 선진 경제 국가들이 심각한 딜레마에 직면한다는 사실은 의문의 여지가 없다.

유럽은 분명히 주의 태세를 취했다. 여러 기관들이 서로 다른 인구 변화 예측을 내놓았지만 한 가지 점에서는 일치했다. 정확한 수치가 어떠하든 유럽의 인구가 (전체적으로 봤을 때) 성장을 멈추었다는 사실이다. 몇 년 전 유엔의 한 연구는 당시 유럽연합EU 회원국 27개국의 전체 인구 4억 8천 2백만 명이 2050년까지 4억 5천 4백만 명으로 줄어들 것이라고 예측했다. 그중 일부 회원국의 인구는 극적으로 줄어들어, 현재 8천만 명 이상인 독일 인구는 7천만 명 미만이 될 것으로 보았다(그리고 2100년에는 불과 2천 5백만 명이 될 수도 있다고 경고했다). 그보다 최근의 전망은 이보다는 덜 무시무시하긴 하지만, 「이코노미스트」는 "감소하는 인구를 늘어나는 기대 수명과 결합해서 놓고 보았을 때 그 경제적·정치적 결과는 놀라울 정도다. 현재 유럽의 노동 인구 100명당 연금 수령 인구가 35명이다. 현재의 인구 추세대로라면 2050년에는 노동자 100명당 연금 수령자가 75명에 달할 것이다. 스페인과 이탈리아의 노동 인구 대 연금 수령자 비율은 1:1이 될 것"이라고 경고했다. 연금은 세수에서 나오므로, 유럽인들에게 익숙해진 넉넉한 연금을 앞으로 계속해서 대려면 세금을 크게 올려야 할 것이다. 노동자들은 세금 인하를 요구할 것이고, 유럽의 노동 불안은 지금보다도 더욱 만연할 것이다. 나아가 네덜란드와 영국처럼 상당히 안정된 인구를 유지하고 있는 나라들은 다른 유럽연합 국가들의 재정 문제에 말려들기를 억울해할 것이고, 이는 유럽연합의 분열을 초래할 가능성이 있다.

한 가지 해결책은 이민과 귀화를 더 많이 받아들이는 것이지만, 이 또한 나름의 사회·정치·경제적 문제를 낳을 수 있다. 추정치에 따르면, 오늘날 유럽의 자연 인구 감소율을 상쇄하려면 (주로 북아프리카의 무슬림 국가들과 터키에서 들어오는) 이민자의 수를 다섯 배에서 열 배까지 늘려야 된다고 한다. 그렇게 되면 상상할 수 없는 수준의 사회적 긴장이 예상된다. 유럽의 인구가 줄어들고 세계 인구에서 차지하는 비율이 감소함에 따라, 경제적 슈퍼 파워의 꿈은 사그라지고 있다. 유럽의 인구 데이터는 매우 장기적이고 중대한 함의를 띠고 있다.

미래의 인구 상황 예측

유럽의 인구 변화는 세계에서 상대적으로 부유한 지역이 처한 현 상황의 중요한 측면들을 보여주고 있지만, 세계에서 가장 부유한 국가들의 인구를 다 합해도 지구 전체 인구의 15퍼센트밖에 안 된다. 세계를 부국과 빈국으로 분류하는 기관들은 세계은행부터 유엔에 이르기까지 다양하지만, 분류 기준을 어떻게 잡아도 부국들은 연간 0.2퍼센트 정도의 인구 증가율을 보이는 반면 빈국들의 인구 증가율은 평균 1.4퍼센트로 나타난다. 세계에서 가장 발전이 더딘 지역, 7억 명 이상(세계 인구의 10퍼센트)이 거주하는 50개국은 합쳐서 매년 약 2.4퍼센트의 속도로 인구가 증가하고 있다. 따라서 이 행성의 빈자들은 부자들보다 그 수가 많을 뿐 아니라, 최소한 예측 가능한 미래에는 그 격차가 점점 더 벌어질 것이 분명하다.

이런 통계의 추이를 기록하는 다양한 기관에서는 가끔씩 위험을 무릅쓰고 낙관론과 비관론이 뒤섞인 장기적 예측을 내놓곤 한다. 이런 예측들은 추후 자주 변경되며 대부분은 무시해야 한다. 인구 증가의 악순환이 완화되기 시작한 지난 세기의 끝 무렵, 21세기에는 세계 인구 증가가 꾸준히 둔화될 것이며 주로 빈국들을 중심으로 30억 명 정도 더 증가한 후, 2100년 즈음 1백억 명 선에서 안정될 것이라는 예측들이 나왔었다. 이에 따르면 세계 인구 증가율이 2050년에는 0.4퍼센트, 그리고 이후 50년 동안 현재 유럽 수준인 0.0퍼센트까지 떨어질 것으로 예상되었다. 1995년에 발표된 한 연구는 중국의 인구가 2090년에는 14억 명 선에서 안정될 것이라고 예측했다. 하지만 2011년 유엔의 한 조사는 2100년 중국의 인구가 9억 4천 1백만 명으로 줄어들 것이라고 전망했다.

2011년의 연구는 깜짝 놀랄 만한 지표를 담고 있지만, 이 모두는 대부분 추측에 불과하다. 앞으로 인도가 세계에서 인구가 가장 많은 나라가 되고 그 자리를 계속 유지할 것이라는 데는 의문의 여지가 없어 보인다. 2100년 인도의 인구가 중국보다 6억 명 더 많아질 것이라는 유엔 보고서의 예측은 완전히 빗나갔지만 말이다. 그리고 2100년 나이지리아의 인구가 7억 3천만 명으로 세계 3위에 등극하리라고, 또는 2011년에 인구

상위 10개국에도 속하지 못했던 탄자니아가 3억 1천 6백만 명으로 5위에 오르리라고 그 누가 예상할 수 있었겠는가? 게다가 2010년의 인구 상위 10개국 중에서 오늘날 '부국'에 속하는 나라는 단 하나(4억 7천 8백만 명으로 4위를 차지한 미국)뿐이다.

세계가 '평평하다'거나 '평평해지고 있다'는 생각은 그만하기로 하자. 점점 더 불평등해지고 있는 세계에서 빈자들이 다수를 차지할 것이며 그 규모가 점점 더 확대될 것임은 확실하다. 여전히 유엔의 연구는 이 행성의 인구가 101억 명에서 안정되리라는 낙관적인 전망을 내놓고 있다. 하지만 아프리카가 세계에서 가장 빨리 성장하는 지역으로 부상하여, 세계 최빈곤 지역에서 가장 큰 인구 성장이 이루어지리라는 것 또한 확실하다. 이러한 증가는 이미 압박을 받고 있는 아프리카의 자연환경에 파괴적인 영향을 끼칠 것이다.

2011년 유엔 인구 전망의 또 다른 측면을 보면 지리적 해석이 얼마나 중요한지가 부각된다. 전 지구적 추정치는 지역 간, 국가 간의 엄청난 격차를 감추고 있다. 인구 증가는 한 여성이 평생 동안 갖는 자녀 수의 결과물이다. 통계적으로, 인구는 출산율이 2.1명까지 떨어졌을 때 성장을 멈춘다. 출산율이 이른바 '대체출산율'이라고 하는 2.1명에 이르면 성장도 감소도 일어나지 않는다. 출산율은 사실상 모든 곳에서 감소하고 있지만, 그 속도는 제각각이고 같은 비율로 꾸준히 감소하는 것도 아니다. 출산율 감소가 멈춘 국가들도 있다. 이는 인구 급증으로 이어지며, 나이지리아가 금세기 말에는 세계 제3위 인구 대국으로 부상할 것이라 전망하는 이유도 이 때문이다. 2011년 나이지리아의 연간 인구 증가율은 세계 평균의 두 배인 2.4퍼센트였다. 여러분이 (텍사스나 오클라호마보다 그리 크지 않은) 나이지리아의 지도를 본다면, "7억 3천만 명? 말도 안 돼!" 하는 소리가 터져 나올 것이다. 하지만 인구학에서 '절대'라는 말은 하면 안 된다. 이 점을 생각해보자. 일본의 면적은 (인구가 1백만 명에 불과한) 몬태나주와 거의 비슷하지만, 인구는 1억 2천 7백만 명이다.

우리가 확신할 수 있는 인구 지리학적 데이터가 하나 있다면, 그것은 빈자든 부자든 간에 세계 인구의 대다수가 급성장하는 도시에서 거주하게 될 것이라는 점이다. 2000년부터 2030년까지 증가할 22억 명 가운데 1억 명 가량을 제외한 전부가 도시로 몰려들 것이며, 도시 지역이 세계 인구 증가율의 두 배 속도로 성장할 것이라는 보고서는 거의 10년 전에 발표되었지만 지금도 유효하다.[1] 아직까지도 농촌 인구가 도시 인구를 능가하는 나라들이 있긴 하지만, 세계에서 가장 빈곤한 지역도 2030년이 되면 도시화율이 56퍼센트에 이를 것이라는 (이 경우에는 훨씬 믿을 만한) 전망이 있다. 이는 1950년대 부유한 국가들의 도시화율에 해당한다.

수치만 놓고 봤을 때, 빈곤한 국가 내 도시 지역의 면면들은 부유한 국가들의 전성기가 무색할 정도다. 인도와 중국의 주요 지역에 5천만 명 이상이 밀집한 광역 도시권이 형성될 것이며, 그보다 더 가난한 나라들의 도시화율도 75퍼센트 이상에 이를 것이다. 도시에서의 삶은 미래에 대다수 사람들의 규범으로 자리 잡을 것이다.

그 과정에서 가족 관계(가족 규모는 작아지고, 그에 비례하여 혼외 관계에서 태어나는 아이들이 늘어난다), 인구 중 젊은 층의 비율(점점 감소하여 노인 인구에 추월당한다), 기대 수명(늘어난다), 취학률과 문해율(높아진다), 세속적 생활 방식(좀 더 보편화된다), 식단(다양해진다) 등 많은 변수들이 전 세계적으로 변할 것이다. 답하기 힘든 문제는, 세계의 부국들이 현재 경제력과 군사력을 키우고 있는 많은 빈국들과 앞으로 어떤 관계에 놓이게 될 것인가이다.

확실히 이 모든 전망치들은 가감해서 받아들일 필요가 있다. 그러나 출생률에 예측하지 못한 급변이 일어나지 않는 한, 20세기의 인구 폭발은 결국 안정화로 이어질 것이다. 이는 20세기 중반에는 아무도 생각지 못했던 일이다. 이러한 상황이 지구의 미래에 어떤 의미를 가질 것인지 예측하는 것은 현재 우리에게 주어진 정보의 범위를 넘어서는 일이다.

오늘날의 세계 인구 지도

그러면 우리는 앞서 말한 내용을 어떻게 지도로 나타낼 수 있을까? 끊임없이 변화하는 지리적 파노라마의 한 순간을 잡아서 보여주는 지도들이 그렇듯, 여기서도 몇 가지 결정을 내릴 필요가 있다. 우리가 그리려는 지도는 이 주제를 매우 작은 축척으로 묘사한다. 그리고 현재의 세계 인구를 지도에 표시할 때는, 그 어떤 지도도 복잡한 현실을 적절히 재현하지 못한다는 사실을 기억해두는 것이 좋다. 지구 전체를 나타낸 축척의 지도에서 우리가 바랄 수 있는 최선은 교훈적인 인상을 주는 것이다. 인구 밀도—단위 면적당 사람 수(한 페이지 크기의 지도에서는 이 단위가 아주 커야 한다)—또는 인구의 전반적인 분포를 나타낼 때 지도에 점을 찍어 표시할 수 있다. 그림 3-2는 점묘법을 활용한 지도인데, 점 하나가 10만 명을 나타낸다. 점묘 지도의 단점은, 예컨대 대도시 지역처럼 인구 밀도가 높은 곳에서 점이 서로 닿거나 겹칠 수도 있다는 것이다.

그래도 우리는 이 지도를 통해 값진 통찰을 얻을 수 있다. 이 지도에서 인상적인 점은, 지표면의 약 30퍼센트를 차지하는 육지 중에서도(그중 일부는 얼음으로 덮여 있다) 상대적으로 제한된 공간에 인구가 밀집해 있다는 점이다. 이 30퍼센트 중에서도 3분의 2는 건조하거나 얼어붙었거나

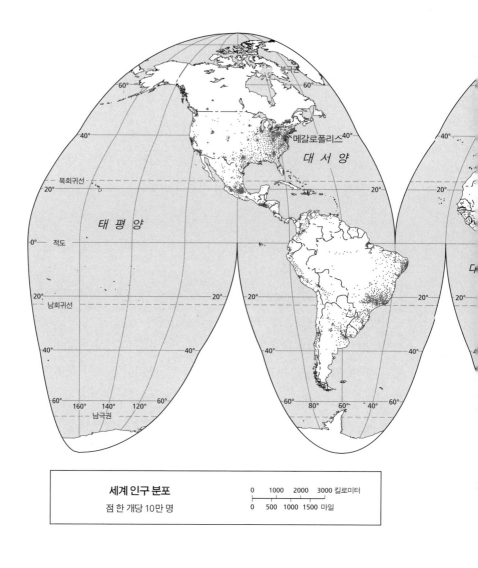

세계 인구 분포
점 한 개당 10만 명

| 0 | 1000 | 2000 | 3000 킬로미터 |
| 0 | 500 | 1000 | 1500 마일 |

고산 지대이거나 여러 인간이 모여 살기에 적합지 않은 환경이다. 세계에
서 인구가 가장 밀집한 세 지역은 모두 유라시아 대륙에 있으며 그중 두
곳(동아시아와 남아시아)이 고대 문명이 발원한 하천 분지에 자리 잡고 있
는데, 이곳은 토양이 비옥하고 물이 풍부하여 수천 년 전 최초의 인구 폭
발을 지탱했던 장소이기도 하다. 중국과 인도는 이 고대의 드라마를 현대

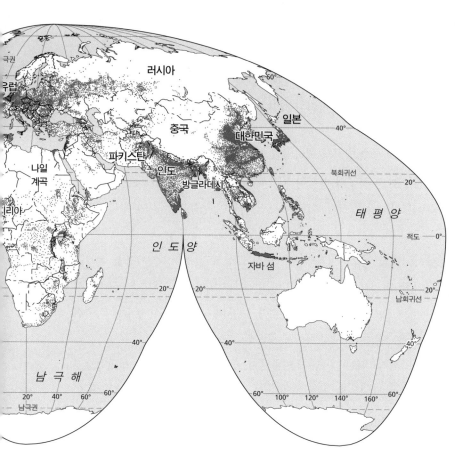

그림 3-2 세계 인구 분포를 점묘도로 보면 인구가 가장 밀집한 세 지역을 확인할 수 있다. 이 세 곳은 모두 유라시아 대륙에 있으며, 이 역사적 패턴은 아프리카의 인구 증가율이 다른 모든 지역을 능가하게 된 오늘날에도 유지되고 있다.

에 계승한 후계자이며, 중국의 황허와 창장 강, 인도의 갠지스 강은 그보다는 인구 밀집이 덜한 서남아시아의 티그리스-유프라테스 강 및 나일 강과 더불어 인류 문명의 대동맥이다. 이들 유서 깊은 지역에서는 대다수 사람들이 여전히 땅에 의존하여 먹고살고 있지만, 도시로의 이주는 이제 막을 수 없는 대세이며 바야흐로 도시화의 시대가 임박해 있다. 2012년 중국은 전체 인구의 거의 50퍼센트가, 인도는 거의 30퍼센트가 도시에 거주하고 있다고 보고되었다. 여기서 이 두 대국의 인구 규모를 염두에 두어야 한다. 이는 곧 5억 5천만 이상의 중국인과 3억 5천만 이상의 인도인이 도시에 살고 있다는 의미이기 때문이다.

세 번째로 인구가 밀집한 유라시아 지역은 지도에서도 눈에 잘 띄는데, 다름 아닌 유럽이다. 지도를 보면 점들이 동쪽의 러시아로 들어가면서 점점 희미해지고 있다. 이곳은 농촌이 아직 많이 남아 있는 국가까지 포함하더라도 인구의 4분의 3이 도시에 살고 있으며, 일부 유럽 국가는 인구의 90퍼센트 이상이 도시민이다. 이 지역은 농촌 위주의 사회에서 도시 사회로의 이행이 거의 끝났으며, 주민 대부분이 도시 생활에 익숙하다는 점은 유럽의 정치적 통합에 중요한 요소이기도 하다.

유라시아 대륙의 인구 분포에서 또 한 가지 놀라운 점은 상대적으로 인구가 희박한, 심지어는 텅 비어 있는 지역이 여전히 광활하게 남아 있다는 사실이다. 급증하는 인구의 대명사이자 농촌과 도시가 모두 붐비는 중국조차도 내륙의 광활한 지역이 거의 텅 비어 있다. 러시아의 시베리아와 카스피 해 동쪽의 중앙아시아 스텝steppe 지대를 보아도 인간 주거의 자연적 한계를 상기하게 된다.

지리학자 진 고트먼Jean Gottmann이 "메갈로폴리스"라고 이름 붙인 도시군을 중심으로 한 북아메리카 동부의 인구 밀집 지역은, 유라시아의 밀집 지역에 비하면 그 규모가 훨씬 작다. 그리고 남아메리카는 그보다도 인구가 더욱 희박하다. 금세기 초에 멕시코시티와 상파울루가 도쿄와 더불어 세계에서 가장 큰 광역 도시 순위에서 수위를 차지했지만, 동아시아 및 남아시아에서 이보다 훨씬 큰 규모의 집적 도시가 출현하고 있는 중이다. 아프리카 역시 거대한 대륙 면적에 비해서 인구가 희박한 편이며—아프리카 대륙을 전부 합친 것보다 인도 1개국에 인구가 더 많다—
지도에서 볼 수 있듯이, 아프리카의 주요 인구 밀집 지역은 나이지리아를
중심으로 한 서아프리카와 대호大湖, Great Lakes 주변의 동아프리카에 자리
잡고 있다. 사하라 사막은 아프리카의 거대한 인구 공동空洞 지대이지만,
나머지 다른 지역들도 인구가 비교적 희박한 편이다. 호주의 경우, 이 대
륙이 얼마나 휑하게 비어 있는지가 점묘 지도를 통해서 극명하게 드러난
다. '아웃백[outback, 호주의 미개척 사막 및 황야 지대를 일컫는 별명—옮긴
이]'의 건조함이 제 구실을 하고 있는 듯하다.

그림 3-2에 나타난 인구 밀집 지역들은 현대 인류 문명의 저장고이
기도 하다. 사무엘 헌팅턴Samuel Huntington은 이 문명들이 21세기 일어날
충돌 한가운데 있다고 주장했다.[2] 인구 과잉이 세계에서 발생하는 문제들
의 근원이라고 주장하는 사람들에게 지도는 든든한 근거가 된다. 이제 지
도에서 찾아볼 수 있는 다른 함의를 찾아보자.

핵심부와 주변부

앞에서 지적한 것처럼, 우리는 지리적 담론을 뒷받침하는 지도의 효용성,
명확성, 적절성을 높이기 위해 지도 투영법을 이용한다. 그림 3-2는 1923
년 시카고 대학의 저명한 지리학 교수였던 구드John Paul Goode가 고안한
호몰로사인 도법Goode's homolosine projection에 기반한 것이다. 이 도법은 그
가 『구드의 세계 아틀라스Goode's World Atlas』[3]라고 불리는 지도첩의 초판에
처음 적용한 이래로 23판이 나온 현재까지도 자주 사용되고 있다. 앞으로
도 보겠지만, 이 '단열 도법'의 장점은 크게 잘린 부분이 오세아니아 지역
에 오도록 해서 사람이 사는 땅덩어리의 불가피한 왜곡을 줄였다는 것이

다. 이런 식으로 하면 그림 3-2와 같은 점묘도에서 좀 더 상세한 표현이 가능해진다. 또 아프리카가 중심에 오고 아메리카가 서쪽, 호주가 동쪽에 오도록 육지가 배치되어 있는 것도 눈여겨보라.

하지만 위선은 구드의 투영법처럼 평행선을 유지하되 경선을 '구부리는' 식의 왜곡을 수용하여, 대륙이나 바다를 쪼개지 않고 세계 전체를 나타내는 다른 방법들도 있다. 이것은 20세기 전반에 인기 있었던 도법으로, 아메리카를 중심에 배치해서 유라시아를 '단열'시키고 미국이 세계의 중심을 차지한 것처럼 보이게 하기 위해 자주 사용되었다. 요즘에는 이 도법을 많이 볼 수 없지만, 앞에서 언급한 세계의 빈부 경계선을 보여주는 데 얼마간 효용성이 있다.

인간이 무리를 짓는 경향이 있다는 것은 근본적인 지리적 현실이자, 세계의 대도시와 성장하는 거대 도시들에서 생생히 볼 수 있는 현상이다. 이는 인류 공동체의 초기부터 시작하여, 최초의 부락과 도시가 출현하면서 영구적인 현상으로 진화했다. 세계가 오늘날 우리가 국가라고 부르는 것으로 분할되었을 때 이는 인간의 공간적 조직 모델이 되었다. 이 국가들은 수도에 기반을 두었으며 그중 일부는 전 지구적 힘과 영향력의 중심이 되었다. 지리학에서 '핵심부-주변부 현상'이라고 부르는 이것은 규모를 초월하여 모든 단위에서 발생한다. 어떤 나라건 수도나 가장 큰 도시 혹은 도시 집적체를 중심으로 한 핵심부(혹은 핵심 지역)가 존재한다. 또 어떤 나라건 생산력을 갖춘 농촌 지역이나, 핵심부와 연결되지 못하고 거의 빈 땅으로 이루어진 여러 곳의 주변부가 존재한다. 핵심-주변부 관계는 주나 지방 같은 정치·행정적 하부 단위에서도 볼 수 있다. 미국 사람이라면 어떤 주에 살든지 간에 그곳의 핵심부를 알아볼 수 있을 것이다(일리노이 주 북부는 시카고, 매사추세츠 주는 보스턴, 조지아 주는 애틀

란타). 어떤 하부 단위는 핵심부가 두 곳 이상일 정도로 큰데, 캘리포니아 주의 경우 그 주된 핵심부는 로스앤젤레스, 제2의 핵심부는 샌프란시스코다. 캐나다에서 가장 인구가 많은 지방인 온타리오 주의 핵심부는 토론토다. 퀘벡 주와의 경계에 캐나다의 수도인 오타와가 있지만 그보다 훨씬 작은 규모다.

핵심-주변부 관계는 규모를 초월하여 모든 (심지어 군이나 교구) 단위에서 발생할 뿐만 아니라, 사람들의 마음속에도 존재하며 일상 언어 속에서 나타난다. 일부 지리적 명칭들은 핵심부의 의미를 집약해 환기시킨다. 맨해튼, 런던, 루프[the Loop, 시카고의 상업 중심지—옮긴이], 벨트웨이[Beltway, 워싱턴D.C.를 감싸는 순환도로 이름으로, 그 안쪽에 위치한 백악관과 의회 등 미국 정치 중심지를 가리킴—옮긴이] 안쪽 등이 그렇다. 이는 주변부에도 적용된다. 분독[boondocks, 시골 벽지], 아웃백, 배후지hinterland, 황무지wilds 같은 단어들이 그에 해당한다. 더 중요한 것은 핵심 지역이 주변부보다 더 부유한 경향이 있다는 것이다. 물론 항상 그런 것은 아니다. 오늘날 미시간 주에서는 디트로이트 지역의 평균 연소득이 그랜드래피즈 지역보다 한참 뒤처져 있다. 하지만 전체적으로 볼 때 핵심 지역에는 주로 가진 사람들이, 주변부에는 못 가진 사람들이 거주한다.

이를 전 지구적 차원에 놓고 보면 국제 기관들이 집계·보고한 빈부 통계가 궁극적으로 표현된다(그림 3-3). 우리는 아메리카를 중심에 배치한 도법을 이용해서, 미국과 캐나다로 이루어져 있고 서쪽 측면에 호주와 일본, 동쪽 측면에 유럽을 낀 핵심 지역을 분리해낼 수 있다(지구본 위에 매직펜으로 선을 그리면 이 이분법을 좀 더 극적으로 표현할 수 있다). 핵심부의 분류 기준에는 소득뿐만 아니라 대의제 정부도 포함된다. 물론 이 그림에는 그 위치와 연결성 때문에 일부 국가들(대표적으로 칠레)이 핵심

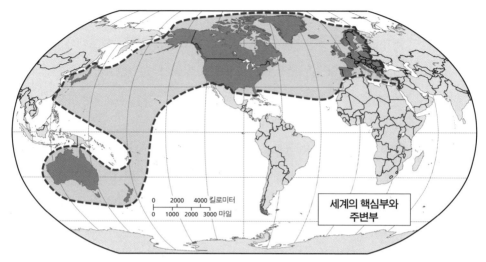

그림 3-3 이는 세계의 핵심부와 주변부를 한눈에 표시할 수 있는 유일한 도법이다. 이 지도에 묘사된 핵심부는 세계 인구의 약 15퍼센트를 포함하고 있으며 연간 전 세계 소득의 75퍼센트를 벌어들인다.

부에서 제외되었고, 지역적 연관성 덕분에 포함된 국가들(알바니아 등)도 있으므로 논란의 여지가 있는 일반화가 반영되어 있다. 하지만 이는 우리 세계에 깊이 새겨진 극심하고도 위험한 불평등을 부각시켜 보여준다.

이 점을 생각해보자. 그림 3-3에 경계 지어진 세계의 핵심 지역에는 전 세계 인구의 약 15퍼센트가 들어가 있다. 이 인구가 평균 연간 세계 소득의 약 75퍼센트를 벌어들인다.

또 이것은 어떤가? 생활 수준이 가장 높은 44개 도시 중 42개가 핵심 지역을 표시한 경계선 안에 들어가 있다. 세계에서 가장 가난한 시골 지역들과 빈곤에 짓눌린 모든 도시들은 주변부에 놓여 있다.

마지막으로 하나 더. 이번 세기 우리 행성에 새로 추가될 30억 주민 중 90퍼센트 이상이 극빈한 주변부에서 태어나게 될 것이다. 그리고 그

중 수백만 명이 더 나은 삶을 찾기 위해 핵심-주변부의 경계선을 넘으려 시도할 것이다.

세계는 평평한가?

최근 들어, 세계가—기능적으로 '평평'하지는 않더라도—세계화의 힘에 의해 급속히 평평해지고 있다는 생각이 이제는 진부한 이야기가 될 정도로 널리 통용되고 있다. 이런 생각은 그림 3-3이 함축하는 것을 정면으로 반박하는 듯 보인다. 이 새로운 세계에서의 이동성과 상호 연결성, 그리고 통합성이 대단히 커져서, 역사적인 장벽들이 사라지고 상호 작용이 세계화되며, 자유로운 무역이 세계를 지배하여 통제가 아닌 선택에 의한 사상(과 화폐와 일자리)의 흐름이 날로 가속화된다는 것이 이 새로운 신앙으로 개종한 이들의 교리다. 토머스 프리드먼Thomas Friedman을 비롯하여 이런 관점을 제기하는 논자들은, 이 "세계를 평평하게 만드는 힘"에 합류하면 그 이득을 취할 수 있으며 그렇지 않으면 가장자리로 밀려나 떨어져 버릴 것이라고 말한다. 선택은 당신의 몫이다.[4]

하지만 정말 그럴까? 실제로 세계가 지난 50년간 극적인 변화를 겪었음에도, 우리는 여전히 출생의 우연이라는 도박에 의해 서로 너무나 다른 지역에 살게 되며, 우리가 공유하는 세계화의 기반은 지극히 제한적이다. 우리의 '모국어'는 7천 개 언어 중 하나가 될 것이며, 우리 중 소수만이 세계화의 주요 언어인 영어로 양육되는 행운을 누릴 것이다. 우리 중 다수는 수만 개 교파 중 하나로부터 받은 종교적 가르침을 품고 살아가게 될 것이다. 건강 수준은 유전적 조건과 환경 조건의 결합으로 결정되며, 여전히 세계적으로 큰 격차를 보인다.

우리 중 일부는 장기간 평화와 안정을 누리는 지역에서 태어나겠지만, 나머지는 모국의 고질적 분쟁에 직면할 것이다. 수억 명의 사람들이 죽을 때까지 분쟁의 수라장에서 탈출하지 못할 것이다. 열대 저소득 국가의 한 촌락에서 시작된 삶의 지평은 부유한 국가의 현대적 도시에서 태어난 갓난아기의 그것과는 엄청나게 다르다. 그리고 세계 모든 지역에서—심지어 사람들이 가장 선호하는 지역에서도—장소는 여성과 남성에게 매우 다른 의미를 띤다. 세계화의 물결은 모든 배를 떠워 올리지만 그곳에 탄 승무원은 대부분 남성이다.

세계가 평평하지 않음이 자명하다면, 이제 질문은 이것이다. 세계가 누구의 눈에 평평하게 보이는가? 세계가 평평해지고 있다고 주장하는 수많은 세계화론자들은 매일 호텔 로비에서 리무진을 타고 공항으로, 일등석 라운지에서 국제 항공사의 비즈니스 클래스 좌석으로 옮겨 다닌다. 손에 노트북을 들고 출장 중에 업로드와 아웃소싱[out-sourcing, 기업의 일부 업무를 제3자에 위탁해서 처리하는 것—옮긴이]과 오프쇼어링[off-shoring, 해외에서의 아웃소싱—옮긴이] 업무를 처리하고, 가는 곳마다 에어컨 온도를 조정하면서 말이다. 그들은 세계를 바꾸는 현대의 유목민들이며—진보를 어떻게 정의하느냐에 따라 다르긴 하지만—여러 면에서 세계를 향상시키고 있다.

하지만 이 '세계화론자'들이 언제나 접근성과 통합을 강화하기만 하는 주체일까? 그들은 세계인이 참여할 수 있도록 장벽을 낮추고 있는가, 아니면 그러지 못하게끔 판돈을 높이고 있는가? 그들의 영향력이 지역적 한계를 압도하는가? 그들의 이동성 향상이, 입지의 중요성이 떨어지고 있으며 지리학이 역사학으로 흡수되었다고 보는 평자들의 견해를 뒷받침하는 것일까?

아직은 그렇지 않다. 비록 경제적 세계화의 힘이 베를린에서 방콕에 이르는 여러 도시의 스카이라인을 동질화하고 있지만, 가진 자들의 핵심부와 못 가진 자들의 주변부로 세계를 가르는 또 다른 힘이 세계를 형성하고 있으며 그 한 가지 형태가 그림 3-3에 표현되어 있다. 이 핵심부는 런던, 뉴욕, 도쿄라는 세 곳의 '세계 도시'를 포함하고 있으며 그들의 경제적 힘과 정치적 영향력이 이 행성을 지배한다. 세계 핵심부의 인구 성장은 세계 평균에 한참 못 미치고, 앞에서 지적했듯이 일부 국가들은 이미 인구가 감소하고 있다. 한편 주변부의 많은 나라들은 세계 평균의 두 배가 넘는 속도로 계속 성장 중이다.

더 나은 미래를 찾으려는 희망으로 합법적이거나 또 다른 방법을 써서 자기 거주지를 떠날 길을 도모하는 수백만 명의 사람들이, 글로벌 핵심부를 목적지로 갈망하는 것은 놀랄 일이 아니다. 하지만 핵심부는 세계화의 추한 국지적 징후 중 한 가지 실례를 광범위하게 보여주고 있다. 바로 '빗장 공동체gated community'다. 멕시코와 미국 사이의 '보안 장벽'부터 이스라엘과 팔레스타인을 분할한 700킬로미터 길이의 장벽, 호주 북부 해역과 스페인 남부 해역의 해상 순찰에 이르기까지, 경제·보안상의 다양한 이유로 글로벌 핵심부는 바리케이드에 둘러싸여 있다.

이주 희망자들이 세계화의 장벽 안으로 진입하기 위해 비자나 노동 허가를 얻는 과정에서 부딪치는 어려움이 이런 통제와 결합될 때, 이는 놀랄 만큼 효과적으로 작동한다. 유엔 통계에 의하면, 전 세계적으로 자기 출생지가 아닌 지역에 살고 있는 사람의 비율은 전체의 3퍼센트에 불과하다. '지구 유람선' 승객의 압도적 다수는 여전히 자기가 태어난 선실 안이나 그 근처에서 죽는다.

이는 지리와 장소가 세계인 절대 다수에게 여전히 가공할 힘을 미치고 있음을 의미한다. 그들의 이동성은 제한되어 있고, 문화적 관습은 흔히 융화가 불가능하다. 자원은 한정되어 있고 건강은 위태로우며 미래는 어둡다. 전 세계 10억 명 이상의 사람들이 가장 가난하고 병들어 있고, 또 다른 10억 명은 극빈의 언저리에서 살아가고 있다. 세계가 평평하다거나 평평해진다는 주장은 핵심부 지식인들의 기운을 북돋아줄지는 몰라도, 바리케이드 바깥에 있는 많은 이들에게는 그렇지 못하다.

인구와 환경의 관계

세계 주변부에서 나타나는 지속적 인구 팽창이 지구에 가하는 스트레스를 어떻게 완화할 수 있을까? 일부 학자들은 도시로의 인구 집중이 가속화되면 시골의 인구압population pressure이 줄고 보존하기가 용이해져 시골 환경이 개선될 것이라고 주장한다. 한편, 어떤 이들은 도시 중심지가 급성장하면서 농촌 지역에 식량, 물, 자원 등의 엄청난 부담을 지우며, 산업화하는 거대한 도시 지역이 뿜어내는 오염 물질이 동일한 수의 시골 주민들이 배출하는 오염의 양을 훨씬 능가한다고 말한다. 도시로 이주한 사람들은 다채로운 식생활을 선호하게 되는 경향이 있는데, 이 때문에 육류 소비가 늘어나 가축을 칠 목초지 조성 때문에 농촌의 삼림이 파괴되기도 한다.

유엔에서는 환경 쟁점에 대한 회의가 자주 열리는데, 그중에서도 특히 기억할 만한 것은 1992년 리우데자네이루에서 열린 유엔 환경개발회의이다. 나는 거기서 나온 의제들을 보고 그중 어디에서도 인구 문제를 다루고 있지 않은 데 놀랐지만, 회의 참가자(정치 지도자, 학자, 기타 측근들로 구성된 대표단)들의 명부를 보고는 놀라움이 조금 가셨다. 지리학자가 거의 포함되어 있지 않았던 것이다. 그 자리에서 인구 문제는 두드러진 토픽이 아니었지만 사실 그랬어야 했다. 인구 통계학을 고려하지 않은 채 지구의 자연환경을 보호하는 데 전념한다는 것은 의미가 거의 없기 때문이다.

이 회의에서 미국 대표단은 거북한 시간을 보냈고, 부시 대통령은 환경 이슈에 대해 강력한 리더십을 발휘하지 못했다는 호된 질책을 받았다. 그러나 질책할 일은 그것 말고도 무성했다. 이 자리에서 인구 정책이 거의 언급되지 않은 이유 중 한 가지는 그때까지만 해도 로마 가톨릭 교회가 브라질에서 매우 강력한 위치를 점하고 있던 사실과 관계가 있었다(최근 들어 복음주의 교회가 진출하면서 그 힘이 수그러들고 있다). 그 몇 해 전에 콜롬비아를 방문한 교황 요한 바오로 2세는 인공적인 피임법에 대한 반대 입장을 재천명하며, 사실상 원하는 만큼 자녀를 많이 가지라고 콜롬비아인(그리고 그 지역 수천만 명의 사람)들에게 권고한 바 있었다. 사실 인구 조절이야말로 그 자리에서 나온 오염 절감 대책을 다 합친 것보다도 미래의 지구 환경에 훨씬 유익한 영향을 미칠 방안이었지만, 이를 장려하기에는 때와 장소가 좋지 않았다.

공교롭게도 남아메리카의 인구 증가 속도는 교황의 권고가 무색할 만큼 상당히 느려졌다. 표 3-1에서 볼 수 있듯이 이 지역의 인구는 현재 세계 평균 속도로 증가하고 있으며 증가율이 1.2퍼센트 밑으로 떨어질 태세다. 여기서도 중요한 것은 지리적 분포다. 이곳의 핵심 국가는 인구가 많은 브라질인데, 이 나라의 자연 증가율은 1991년 2.0퍼센트에서 2011년 1.0퍼센트로 절반 가량 떨어졌다. 또 볼리비아(2.0)와 파라과이(1.9)의 수치는 과거를, 우루과이(0.5)의 수치는 미래를 반영하고 있다. 아프리카의 인구가 무섭게 증가하는 동안에도 남아메리카의 이 몇몇 국가들은 안정화를 향해 나아가고 있다.

그러나 중앙아메리카의 상황은 그렇게 희망적이지 않다. 이 지역의 핵심 국가인 멕시코는 아직도 세계 평균보다 빠른 속도(1.4)로 인구가 늘고 있으며, 이 지역 전체는 그보다 더 빨라 2011년 증가율이 1.6퍼센트다. 중앙아메리카에서는 높은 인구 증가율을 감당하고 있는 저발전 국가들의 생활 수준이 개선되리란 희망이 꺾이고 해외 원조에 대한 의존이 높아지면서 이와 관련된 징후들이 나타나고 있다. 이런 조건은 경제 침체와 노동자들의 이주를 부추기며, 부유한 지역과 가난한 지역 사이에 마찰을 빚는다. 부유한 세계에서는 국경을 건너오는 이주를 통제하려는 노력이 때때로 국가가 공언한 원칙과 상충하는 정치적 행동으로 이어진다. 1994년 주지사 선거 때 캘리포니아 주에서 주민 발의안 187[Proposition 187, 이민자들의 권리를 제한하는 보수적인 반이민 법안—옮긴이]에 쏟아진 압도적인 지지는 이민자들이 이룩한 이 나라에서 고개를 들고 있던 반이민 정서가 반영된 것이었고, 이런 정서는 그로부터 10년이 채 안 되어 정점에 이르렀다. 미국이 1천~1천 2백만 명으로 추정되는 '미등록' 이주민들과 씨름하게 된 2010년에 이르자 이 쟁점은 미국의 전면적 우선순위로 부각된다. 그리고 애리조나 등 국경에 인접한 각 주들은 이주 물결을 저지하는 데서 그치지 않고 미국-멕시코 국경을 불법으로 넘어온 이주민들을 되돌려 보내려고 했다. 경찰이 실제 범법 행위가 아닌 겉모습으로 판단하여 이주민들을 잡아들이고 괴롭혔다는 주장이 제기되었다. 한편 국경을 요새화하려는 다양한 시도들은 미국이라는 '열린' 사회에 큰 타격을 주었다.

앞으로 보겠지만, 높은 인구 증가율은 빈곤한 국가의 경제 발전을 어렵게 하는 여러 이유 중 하나일 뿐이다. 나쁜 정부와 비효율적인 행정, 부패, 국제 무역 질서, 기타 변수들도 한몫씩 거든다. 그리고 멕시코와 미국 사이 국경을 넘어 오는 이주 흐름을 저지하려는 시도는 전 세계적인 문제의 한 가지 징후에 불과하다. 그러나 인구가 빠르게 증가할 때는 발전이나 기타 사회적 목표에 다다르기 힘들어진다. 인구 증가와 고질적 빈곤의 지도들이 이를 잘 보여준다.

금세기 후반기 중 어느 시점에 세계 인구가 안정되고 결국에는 전체적으로 감소하기 시작한다 하더라도, 오늘날 환경을 지탱하고 우리를 과거와 연결해주는 많은 숲과 야생동물들에게는 이미 너무 늦을 것이다. 생물학자들은 지구 상에 2천 5백만 종 이상의 유기체가 있으리라 추정하는데, 이 중 대부분은 아직 확인되거나 분류되거나 연구되지 않았다. 호모 사피엔스는 이 2천 5백만 중 한 종에 불과하며 그들의 복잡한 문화는 학습을 통해, 또 얼마간은 유전자에 각인되어 세대에서 세대로 전달되어 발전했다. 문화를 가지고 있는 것은 우리만의 특성이 아니며 고릴라, 침팬지, 돌고래에게도 문화가 있다. 하지만 우리의 문화는 광대하고 복잡한 문물, 기술, 법률, 신념 체계를 지니고 있다는 점에서 유일무이하다.

그 어떤 종도—그 옛날 지구를 지배했던 강력한 공룡들조차도—오늘날의 인간처럼 지구 환경에 큰 영향을 끼치지 못했다. 공룡 및 기타 많은 종들은 소행성 충돌로 인해 멸종했다. 일부 생물 지리학자들은 이를 유추하여 다음 번 대량 멸종이 임박했으며, 이는 소행성이 아닌 인간에 의해 이루어질 것이라고 말한다. 인간의 거대한 수효와 욕구가 수백만 종을 몰살할 것이며, 그와 더불어 우리가 물려받은 이 행성의 생물 다양성을 절단낼 것이라는 얘기다.

이런 파괴적 성향은 단순히—전시의 고엽제나 평화시의 기름 유출 같은—예측 불가능한 피해를 입힐 수 있는 현대 기술의 문제만이 아니다. 인간의 파괴적 성향은 아주 일찍부터 나타났다. 순록과 들소 떼를 전부 몰살하기 위해 들판에 불을 지르기도 했고, 놀랄 만큼 적은 수의 인간이 대형 포유류 종 전체를 사냥하여 멸종시키기도 했다. 약 1천 년 전에 뉴질랜드에 상륙한 마오리인들은 섬에 서식하고 있던 토착 동식물종을 대규모로 파괴했다. 이는 현대 기술이 보다 효과적인 멸종 수단을 개발하기 훨씬 전의 일이다. 역시 태평양 권역에 속한 폴리네시아에 최초의 유럽인들이 상륙했을 때는 이미 폴리네시아인들이 울창한 삼림을 잡목림으로 바꾸어놓고 깃털 의복을 얻기 위해 그 지역 조류 종의 80퍼센트 이상을 멸종시킨 뒤였다. 현대 사회는 물론이고 전통 사회도 그들이 거주하거나 새로 이주한 생태계에 파괴적인 충격을 미치곤 했다.

생명을 제멋대로 파괴하는 버릇은 사회의 문화적 배경에 상관없이 인간 본성의 일부인 것인가? 이는 인종주의나 성차별주의에 대한 질문만큼이나 민감한 질문이다. 그렇더라도 인간의 태도와 행동이 지역별로 차이를 보이는 점은 구분해야 한다. 아프리카 전통 사회들은 식량을 얻기 위해서 혹은 의례적인 이유로 사냥을 했지만, 오락이나 여흥을 위해 사냥하지는 않았다. 재미와 유행을 좇아 짐승을 죽인다는 관념은 유럽인들이 도입한 것이다. 인도의 힌두 사회와 종교 문화는 다른 문화권에 비해 자연 세계를 더 보호하는 성향을 띠었다. 인도에서 동물 종이 멸종하거나 거의 멸종에 이른 것은 무굴 제국(이슬람 왕조)과 유럽 식민지 시기에 들어 일어난 일이다.

오늘날 악의적인 환경 파괴는 매우 다양한 형태로 계속되고 있다. 1991년 쿠웨이트와의 전쟁 때 이라크인들은 고의로 기름을 유출하고 방화했으며, 브라질의 금광 채굴업자들은 아마존 지류에 수은을 풀기도 했다. 인간의 파괴와 착취 행위가 복합적인 충격을 주어 지구 전체의 생물 다양성을 위협한 것은 인류 역사상 이번이 처음이다. 남아메리카, 아프리카, 동남아시아의 적도·열대 우림은 지구 생물 다양성의 대부분을 집적하고 보호하는 온상이다. 현재 이 최후의 생물 지리학적 미개척지에서 살육이 벌어지고 있으며, 이것이 이 행성의 미래에 재앙이 될지도 모른다.

미래의 시나리오

영국의 경제학자인 토머스 맬서스Thomas Malthus는 1798년 영국의 인구가 생계 수단보다 더 빨리 증가한다고 경고하는 책을 발표하고, 향후 50년 안에 기아가 닥치면서 인구 증가가 멈추고 사회 질서가 해체될 것이라고 예측했다. 미래를 다른 관점으로 보는 사람들은 그 뒤 30년 동안 맬서스를 심하게 비판했으며 그 또한 지지 않고 반박했다. 하지만 결국은 맬서스와 그를 비판한 이들 모두가 틀렸음이 입증되었다. 식량 생산은 맬서스가 예언한 대로 산술급수적으로 증가한 것이 아니라, 최근에 이루어진 극적인 녹색 혁명과 그보다 더 공격적인 오늘날의 유전 공학에 힘입어 기하급수적으로 증가했다. 그리고 인구는 식량 부족에 직면하지 않고도 안정화되었다.

　20세기에 맬서스를 신봉하는 사도인 신맬서스주의자들은 21세기 지구에 닥칠 무서운 시나리오를 예언했다. 100억 명의 주민들이 생존 수단을 붙들기 위해 죽음을 무릅쓴 투쟁을 끝도 없이 벌이게 된다는 것이다. 그들은 인구가 "두 배로 불어나는 데 걸리는 시간"이라는 개념을 현실에 적용했다. 1970년 당시 브라질의 인구가 약 1억 명이었고 매년 2.8퍼센트의 속도로 증가했으므로, 이 속도대로라면 26년 뒤인 1996년에는 인구가 그 두 배인 2억 명이 되고 2022년에는 4억 명, 21세기 중반에는 8억 명이 된다는 결론이 나온다. 유럽 여러 나라의 인구 증가율이 이미 감소하고 있던 현실은, 유럽의 인구 '모델'을 세계 다른 지역에까지 적용할 수 없다는 이유로 의미 있게 취급되지 않았다. 이제 인구가 언제까지 두 배로 불어날 것이라는 이야기는 더 이상 들리지 않는다. 사실상 세계 모든 지역의 인구 증가율이 감소하고 있으며, 유엔의 예측에도 불구하고, 심지어 나이지리아도 인구가 두 배로 늘 때까지 필요한 증가율을 계속 유지할 것으로 보이지는 않는다.

그럼에도 세계의 주변부에는 맬서스의 그림자가 드리워져 있으며 광범위한 굶주림과 기아가 영구히 사라질지도 확실치 않다. 2011년 '아프리카의 뿔'과 동아프리카에 파괴적인 가뭄이 찾아와, 환경·정치적 요인이 복합된 치명적인 기아가 발생했다. 그와 같은 시기 유엔은 전 세계에서 8억 명 이상—그중 대다수는 아동—이 영양실조 등으로 계속 고통받고 있다고 추산했다. 사실 우리는—파괴적인 기후 변화만 없다면—지구상의 모든 사람을 먹여 살릴 수 있기 때문에, 이들 중 다수는 그저 잘못된 시간, 잘못된 장소에 태어난 대가를 치르고 있는 것이다. 적절히 균형 잡힌 식단은 못 되더라도, 조달 가능한 식량을 분배하고 그 가격을 낮출 방법만 있다면 생존은 보장할 수 있을 것이다. 비극적인 현실이지만, 이는 아직 현실화되지 않았다.

외딴 지역에 거주하는 수백만 명은 자신들이 직접 키우고 거둘 수 있는 식량에만 전적으로 의존하여 살아가고 있다. 이들은 예측 불허의 환경 때문에 가뭄 등의 자연재해가 닥칠 때마다 고통받는다. 하지만 정부가 안정을 이루거나 안전을 지켜주지 못하는 탓에 굶주리는 이들도 수백만 명에 달한다. 적도 아프리카의 끔찍한 내전들은 지난 20년간 광범위한 혼란을 야기했고 그 결과는 굶주림이었다. 아프리카 북부의 수단에서는 무슬림이 우세한 북부와 기독교-애니미즘이 우세한 남부 사이의 전쟁이 10년을 끌었는데, (당시의) 수단 정권은 이때 발생한 수백만 난민에게 식량 조달을 거부하며 이를 전쟁 무기로 이용했다. 심지어 전쟁이 끝난 뒤 그 후유증을 딛고 힘겹게 해법을 찾아가는 와중에도(남수단은 2011년 북부에서 분리 독립했다) 하르툼 정부에 의해 새로운 인도주의적 위기가 촉발되면서, '다르푸르'라는 지명은 학살과 기아의 동의어가 되었다.

정부가 국민을 굶주림에서 보호하는 데 실패하는 일은 비단 아프리카만의 현상이 아니다. 북한 정부의 정책으로 초래된 광범위한 기근은 이 황폐한 국가에서 다반사로 들려오는 소식이 되었다. 볼셰비키의 승리 이후 우크라이나 농민들에 대한 소련의 보복으로 수백만 명이 목숨을 대가로 치렀다. 탈레반이 집권한 1990년대 아프가니스탄에서 그들의 광신적 정책에 반대한 지역들도 심각한 영양 부족을 겪었다. 그러나 세계 주변부의 무력한 민중들에게 가해지는 위협은 정치와 이념뿐만이 아니다. 정부의 경제 정책도 한몫을 담당한다. 단순히 사람들을 먹여 살릴 만큼의 식량을 생산하는 것만으로는 충분치 않으며, 사람들이 그것을 사 먹을 돈이 있어야 한다. 그 지역의 소비자들이 쌀 한 말을 살 여력이 없다면 물산을 풍부하게 갖춘 시장이 있더라도 영양실조를 피할 수 없다.

물론 맬서스적 인구 폭발의 마지막 물결은 이 영국 경제학자가 예측했던 한계까지 다다르지 않을 것이며, 우리에게 예고된 시나리오는 그보다 덜 극적일 것이라는 희망이 있다.

언제든지 모종의 재난—소행성 충돌 같은 전 지구적 자연재해, 갑작스런 기후 변화, 막을 수 없는 어떤 질병의 유행, 핵전쟁 발발 등—이 닥쳐 이 모든 예측이 탈선해버릴 수도 있지만, 이대로 계속 간다면 세계는 약 반세기 이후에 제로 인구 성장 환경에 대비해야 할 가능성이 충분하다. 이는 나름의 문제들을 낳을 것이다. 누가 노동을 할 것인가? 연장된 은퇴 시기 및 장수의 비용을 어떻게 지불할 것인가? 사회 보장이라는 개념은 어떻게 수정될 것인가? 지금까지로 놓고 보면 확실히 유럽 모델은 지침이 될 수 없다. 하지만 끝내 굶주림을 퇴치하고 부자와 빈자(는 항상 존재할 테지만) 사이의 격차가 줄어들 가능성도 존재한다.

인구 증가라는 어두운 터널의 끝에 한 줄기 빛이 보이기는 하지만, 또 다른 우려들이 떠오르고 있다. 두 강대국이 맞서 균형을 이루었던 냉전의 반세기는—비록 국지적으로 냉전의 대리전이 벌어지기는 했지만—상대적으로 안정된 시기였다. 하지만 이제 세계는 훨씬 더 변덕스러운 장소가 되었다. 핵 확산 위협이 더욱 심해지고, 새로운 형태의 문명 간 충돌이 발생하며, 경제의 세계화는 새롭고 위험한 전장에서 문화적 동원에 직면하는 중이다. 다행히 인구 악순환의 감속은 전 지구적 불평등을 완화할 기회를 창출하고 있으며, 미래의 희망은 여기에 놓여 있다.

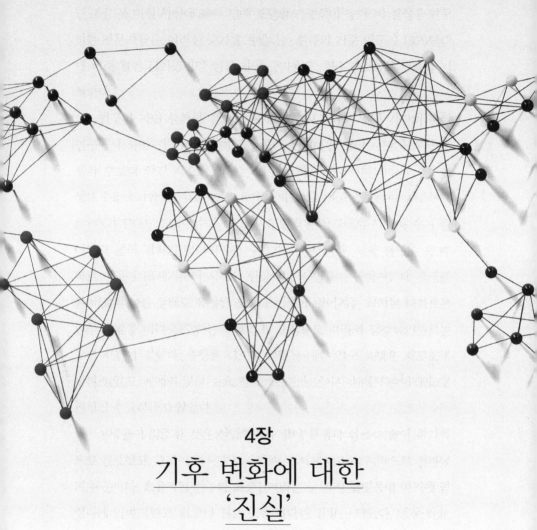

4장
기후 변화에 대한
'진실'

지역마다 차이는 있지만 지구는 분명히 더워지고 있으며, 인간 활동은 다양한
측면에서 기후 변화 추세에 영향을 끼치고 있다. 하지만 설득이 안 되는 사람들의
관점을 바꾸기 위해 사실을 과장하거나 이들을 비난할 필요는 없다.

본론부터 말하자. '지구global' 온난화 같은 것은 존재하지 않는다. 분명히
말하지만, 세계 '평균' 기온이 지난 수십 년 동안 상승했다는 증거는 논란
의 여지가 없다. 오늘날 지구는 40년 전에 비해 상당히 더워졌다. 하지만
우리 행성이 더워지는 동안에도 계속 서늘하거나 심지어 더 서늘해지는
지역들은 언제나 존재한다. 이런 예외들을 보면 지배적인 추세를 뒷받침
하는 이론에 의구심을 품게 된다. 이를 지구에 대기가 생기면서부터 계속
되어온 과정의 일부로 이해하지 못한다면 말이다. "뉴질랜드가 한 세기
만에 가장 추운 겨울을 맞았다"거나 "투스카니 역사상 가장 서늘한 여름"
이 찾아왔다고 해서, 지구 전체적으로 온난화 추세가 지속되고 있다는 전
제가 오류로 입증되는 것은 아니다. 2012년 유럽에 닥친 혹독한—일부
지역에서는 지난 100여 년 이래로 가장 추웠던—겨울이 전 지구적 기후
역전의 징후인 것도 아니다. 같은 해 미국 북동부의 겨울은 예년보다 온
난했다.

지구가 서늘해질 때—이런 일은 지질 역사상 수없이 일어났다—도 마찬가지다. '지구' 한랭화란 이 행성의 모든 지역이 동시에 서늘해진다는 의미가 아니다. 심지어 빙하가 복귀하여 저위도로 밀고 내려올 때에도 고위도의 일부 지역들은 온난한—나아가 인간이 살기에 적합한—상태를 유지하기도 한다. 우리가 이 사실을 아는 이유는 우리의 먼 조상들이 아주 추운 시기에 유럽으로 이주해 들어왔기 때문이다. 그 시기의 '평균적인' 추위에도 불구하고 동식물들이 필요시 이주하고 적응해가면서 생존한 지역들이 있었고, 우리 조상들은 그런 지역들을 경유하여 유럽으로 들어갈 수 있었다. 3만 년 전의 신문 머리기사는 이러했을 것이다. "북아메리카에 혹한, 중부 유럽에는 온화한 날씨 지속."

따라서 기후 변화와 관련해서도 지리는 중요하다. 지난 사반세기에 (대중에게 익숙한 약칭을 써서 말하자면) 지구 온난화 만큼 큰 공개적 논쟁과 논란을 일으켰던 주제는 드물 것이다. 이는 기온과 이산화탄소 측정값이나 산악 빙하가 녹고 북극 얼음이 얇아지는 증거 같은 단순한 정보를 둘러싼 논쟁을 넘어섰다. 지구 온난화라는 쟁점은 과학자와 정치가, 환경주의자들과 에너지 기업 대표들 사이에 싸움을 붙였다. 대중은 해수면 상승, 파괴적인 허리케인, 치명적인 가뭄, 가공할 홍수에 대한 무시무시한 경고에 압도되고, 정치 지도자들은 과학에 의구심을 품는다.

많은 사람들이 누구 말을 믿어야 할지 모르는 것도 놀라운 일이 아니다. 미국인들 중 백지도에 주요 자연·정치 지명을 표시하지 못하는 사람의 비율이 상당수에 이르지만, 대기압 시스템이 형성되고 이동하는 원인, 대양의 해류가 흐르는 원인을 대충이라도 설명할 수 있는 사람의 비율은 그보다도 훨씬 더 적을 것이다. 대학의 자연 지리학 입문 수업은 지구 온난화 논쟁의 요점을 놀랄 만큼 잘 요약해준다. 자연 지리학이 대륙의 진화에서부터 빙하기의 충격, 기후 변화, 생물 지리에 이르기까지 이 행성계를 이루고 있는 모든 상호 작용 메커니즘을 다루기 때문이다.

신문, 잡지, 텔레비전 등의 미디어는 상황을 더 혼란스럽게 만들었다. 심지어 책임감 있고 권위 있는 언론들도 과장된 정보에 쉽게 반응했고, 이론에 대한 확신과 열광에 휩쓸려 객관성을 잃었다. 물론 지역마다 차이는 있지만 지구는 분명히 더워지고 있으며, 인간 활동은 다양한 측면에서 광범위하게 현재의 기후 변화 추세에 영향을 끼치고 있다. 하지만 설득이 안 되는 사람들의 관점을 바꾸기 위해 사실을 과장하거나 이들을 비난할 필요는 없다.

인간 활동이 현재 우리가 겪고 있는 온난화의 한 요인임을 알고 있기 때문에(확실히 이는 과학적으로 반박의 여지가 없다), 이를 완화하기 위한 행동을 촉구하는 이들 중 일부는 공적 논쟁이 적대로 얼룩지는 데 한몫 하고 있다. 좋은 의도로 제작된 앨 고어Al Gore의 영화 〈불편한 진실〉은 비판 세력에게 확고한 근거를 제공할 수 있는 '진실'을 언급하지 않았다. 「뉴욕타임스」 칼럼니스트인 폴 크루그먼Paul Krugman은 지구 온난화를 '부정'하는 사람들이 비윤리적인 배신자라는 주장을 조금 누그러뜨릴 필요가 있었다.[1] 이 칼럼에 반응한 이들 가운데 한 존경받는 원로 과학자는 이렇게 말하기도 했다. "지난 40년간 지구 온난화가 환경에 끼칠 수 있는 영향에 대해 과학적 연구를 수행해왔고, 그 가능성에 대해 가장 먼저 우려한 생태학자 중 한 사람으로서, 나는 폴 크루그먼의 칼럼 '우리 행성의 배신자Betraying the Planet'에 대해 충격과 모욕감을 금할 수 없다."[2] 물론 크루그먼 교수는 경제학자이고 텔레비전 논객이지 과학자가 아니며, 그가 자신의 초기 저작에서 지리학의 연구와 이론을 사실상 빌려다 쓰긴 했어도[3] 기후 변화를 다루는 학문의—자연 지리학과 인문 지리학에 동시에 걸쳐 있으며 컴퓨터 예보에서부터 정책 메커니즘에까지 이르는—복합적 성격을 이해하리라 기대할 수는 없는 노릇이다. 해답은 반드시 찾아내야 하고 이에 도달하기 위한 논쟁도 중요하지만, 상대방을 비난하는 것은 도움이 될 수 없다. 보트킨이 썼듯이 크루그먼의 글은 "지구 온난화에 대한 일체의 열린 논의를 억압하는" 효과를 내고 말았다.

사실 크루그먼은 2009년 하원에서 기후 변화 법안이 가까스로 통과되는 과정을 지켜보고 크게 실망해서 이런 격앙된 칼럼을 쓴 것이었다. 당시 212명의 의원이 이 법안에 반대표를 던졌고, 그중 많은 이들은 이 행성의 온난화가 인류의 온실 가스 배출과 관련이 있다는 전제 자체를 부정했다. 미국사를 통틀어, 기후 변화에 대한 이번 논란만큼 대중의 눈앞에서 과학을 평가 절하하는 데 공헌한 과학 논쟁은 없을 것이다. 그리고 분명히 말하지만 과학자들 자신도 의견을 표명하고 대중을 교육하는 데 실패함으로써, 또 몇몇 경우에는 미디어에 의한 명성만을 좇아 경솔하게 의심의 씨앗을 뿌림으로써 상황을 이렇게 만드는 데 기여했다. 지구 온난화와 관련된 쟁점 중 하나는 극한 기상—허리케인, 홍수, 가뭄, 토네이도 등 지구 기온 상승으로 인한 위협적인 재해가 증가하리라는 전망—에 대한 것이다. 몇 년 전 콜로라도 주립대학의 기후학자 팀이 대서양 상공에서 형성될 허리케인의 개수 및 강도와 그중 북아메리카 본토에 상륙할 허리케인의 개수를 예측했다. 매년 봄 많은 텔레비전과 언론이, 지구 온난화의 진행이 허리케인의 위협을 증가시키는 원인임을 암시하면서 이 예측 결과를 대대적으로 보도했다. 그러나 정밀하고 복잡한 모델링의 결과임이 분명한 이 과학적 예측은 시간이 흐를수록 너무나도 자주 크게 빗나가서 결국 심야 코미디 프로그램의 소재가 되기에 이르렀다. 이런 예측은 대중에게 노출시켜 위험을 감수하기보다는, 장기 예측이 어려운 분야에서의 선구적 시도로서 학술 문헌 안에 숨겨놓는 편이 더 좋았을 것이다.

이런 계산 착오는 그보다 더 심각한 결과를 초래할 수도 있음이 입증되었다. 2006년 허리케인 시즌에 대한 최초 예보(나중에 수정되었다)—몇 개의 허리케인이 플로리다를 휩쓸어 강수량이 예년보다 현저히 늘어나리라는 예측—가 발표되자, 오키초비 호의 수위를 조절하는 엔지니어들은 허리케인이 '왕성한' 시즌에 제방을 손상시킬 수도 있는 심각한 홍수를 예방하기 위해 수문을 열어 호수의 수위를 45센티미터 낮추었다. 하지만 허리케인이 연달아 발생하기는커녕 가뭄이 장기화하여 남서부가 말라붙었고, 2007년 12월 「마이애미 헤럴드」는 호수의 넓은 영역이 바닥을 드러내어 오키초비 호와 이곳의 생태계가 심각한 피해를 입었으며 플로리다에 수백만 달러어치의 작물 손실이 예상된다고 보도했다.

하지만 콜로라도 주립대학의 과학자들은 이 모든 일에도 굴하지 않았다. 2008년 4월 언론은 그들의 다음 번 예측을 보도했고 「월스트리트 저널」은 이것이 "지난 2년간의 예보가 실패로 돌아간 이후 대폭 개선된 예측 방법론"에 근거했다고 소개했다. 새로운 모델에 의하면, 이름이 붙을 정도의 폭풍이 15개 발생하고 그중 8개가 허리케인으로 발달할 것이며, 그중 4개는 풍속이 적어도 시속 178킬로미터에 이르는 위협적인 폭풍이 될 것이라고 했다. 하지만 2006년과 2007년의 예측도 이와 비슷했었기 때문에, 「마이애미 헤럴드」가 "부두교 기상학"이라고 가차없이 지칭했던 기상 예보가 마침내 적중했을 때 대중이 그것을 과학이 아닌 우연으로 치부하더라도 할 말이 없었을 것이다. 이런 일들은 기후 변화를 설명하는 과학에 대한 대중의 신뢰를 쌓는 데 전혀 도움이 되지 않는다.

주기와 파동

사실 기후 변화의 영역에는 너무나 많은 힘들이 작용하는 까닭에 어떤 장기적 예측을 할 수 있다는 것 자체가 놀라울 정도다. 지구가 태양에게서 받는 온기는 황도면에 대한 지구 자전축의 경사도와 축이 가리키는 방향에 따라서 달라지는데, 지구 자전축의 각도는 4만 1천 년 주기로, 축의 방향은 2만 3천 년 주기로 순환한다. 지구가 태양을 도는 궤도 역시 고정되어 있지 않고 변하는데, 지구를 태양에서 멀어지거나 가까워지게 하는 이심률의 변화 주기는 40만 년 이상이며 궤도의 경사도 역시 10만 년에서 40여만 년의 주기로 변화한다.

그다음으로 태양 자체의 장기적 변화 주기에 대해서는 아직 밝혀진 것이 거의 없다. '흑점'의 11년 주기는 익히 알려져 있지만, 유럽이 매우 추웠던 1645년부터 1710년까지의 시기가 관측사상 흑점 수가 가장 적었던 시기—발견자의 이름을 따서 이 시기를 마운더 극소기Maunder Minimum라고 한다—와 일치하는 듯 보이는 것이 흥미롭다. 그리고 1800년대 초에는 그보다 덜 두드러진 극소기(돌턴 극소기)가 있었다. 이 극소기들이 아직 판독되지 않은 어떤 태양 주기의 일부인지 여부는 확실치 않다. 여기에 대양 순환이 '역전'을 거듭해온 흥미진진한 역사까지 더하면, 지구 기후를 예측하는 일이 얼마나 큰 도전인지 알 수 있을 것이다.

최근 이루어진 가장 흥미로운 발견 중 하나는 방금 열거한 주기들이 순차적으로 우위를 점하는 듯 보인다는 것이다. 즉 어떤 주기(혹은 주기들의 결합)가 더 우세한가에 따라 온난하거나 한랭해지는 시점이 결정된다. 예를 들어 지난 1백만 년을 살펴보면, 4~5만 년 간격으로 더워졌다 추워졌다를 반복하다가 약 42만 5천 년 전부터 주기가 갑자기 10만 년 간격으로 변했다. 뒤에서 다시 보겠지만, 이는 우리가 오늘날 겪고 있는 현상에 대단히 큰 영향을 끼치고 있다.

자연은 현재 인간이 심화시키고 있는 지구 온난화를 제압하고 기후 변화를 역전시킬 수 있을 것인가? 어쩌면 인간의 행동으로 자연의 힘을 극복할 수 있다는 주장 자체가 오만의 극치일지도 모른다. 하지만 그것을 핑계 삼아 전 세계적으로 해야 할 일―환경 파괴가 일상이 된 산업화 시대에 대기 중으로 쏟아져 들어오는 오염 물질을 억제하는 일―을 방기할 수는 없다. 그러므로 이제부터 '지구 온난화' 문제를 지리적 관점에 놓고, 우리가 현재의 환경에 이르게 된 과정을 시·공간적으로 살펴보도록 하자.

논의를 시작하기 전에―이 장에 한해서―우리는 수백만 년, 수억 년의 시간 단위로 생각하는 데 익숙해져야 하는데, 이는 쉬운 일이 아니다. 한 가지 방법은 우리 행성의 나이를 사람의 나이에 대입해 이해하는 것이다. 독자 여러분의 나이를 40대 중반이라고 가정한다면 계산이 쉽다. 우리 인생의 1년을 지구 역사의 1억 년으로 보면 된다. 그러면 한 달은 약 8백 30만 년에 해당하며, 한 주는 2백만 년에 조금 못 미친다. 그리고 우리 인생에서 하루는 약 27만 5천 년에 해당한다. 그렇게 놓고 보았을 때, 우리의 일생에서 현생 인류는 바로 오늘 출현했으며, 현대 문명이 발생한 지는 불과 한 시간이 못 된다.

만약 독자 여러분이 20대 초반이라면 이 수치를 각각 두 배씩 곱하면 되고, 60대 후반이라면 이 수치에서 약 3분의 1씩을 빼면 된다. 우리 인간이 그토록 최근에 출현하여 이토록 짧은 시간에 번성하고 이 행성을 지배하게 된 것은 인상적이라고밖에는 표현할 말이 없다. 여러분의 나이를 몇으로 놓건, 공룡이 지구를 지배한 이후로 아직 일 년도 채 흐르지 않았다!

극적인 시작

약 46억 년 전, 태양 궤도를 도는 우주 물질의 띠가 뭉쳐 불타는 공 모양으로 응집되면서 지구라는 행성이 형성되었다. 이 불타는 공을 이루는 물질들은 녹은 채로 맹렬히 타오르며 초고온의 기체로 이루어진 구름을 내뿜었고, 붉게 달아오른 표면에는 수백만 개의 벼락이 내리쳤다. 지구는 진화 중인 태양계를 회전하는 아홉 개 행성 중에서 제3의 행성으로 자리 잡았다. 이 어린 행성의 내부에서는 강력한 열에 의해 모든 물질들이 끊임없이 이동했는데, 무거운 물질은 중심을 향해 가라앉고 가벼운 물질은 바깥층에 쌓였다.

그리고 지구가 겨우 1억 살밖에 안 되었을 때, 대격변이 일어나 모든 것이 영구히 바뀌었다. 진화 중인 태양계의 혼돈이 계속되는 가운데, 거의 화성만 한 거대한 천체가 충돌 경로를 따라서 우리 행성에 접근했다. 지구를 보호하는 두터운 대기도 뒤이은 파괴적인 충격에는 완충 역할을 해주지 못했을 것이다. 이 소행성은 지구와 작은 각도로 비껴 부딪쳤고, 스치면서 그 소행성의 물질 중 일부는 곧바로 지구 원시 껍질이 녹은 덩어리 속에 묻혔다. 천체의 속도가 너무 빠르고 그 충돌이 너무나 거대해서, 소행성의 대부분은 상당량의 지구 물질을 묻힌 채 우주 공간으로 다시 튕겨 나갔다.

하지만 그 물체는 우주 공간 바깥으로 날아가 버리지는 못했다. 이 거대한 물질의 고리는 지구의 중력장을 탈출하지 못하고 속도가 느려진 채 내려앉아, 곧 공 모양으로 응고되어 모^母행성 주위를 돌게 되었다. 지구가 달을 얻게 된 것이다.

45억 년 전의 모습을 상상해보자. 지표면에서 겨우 수백 킬로미터 상공에, 지구와 너무 가까워서 마치 닿을 듯한 거리에, 눈부시게 밝은 달이 지평선 이쪽 끝에서 저쪽 끝까지 밤하늘을 가득 채우고 있었다. 충돌이 일어났던 자리는 한동안 행성의 구조 자체를 위협할 정도로 거대한 분화구 모양으로 크게 함몰되어 있었다. 충돌 물체가 작은 각도로 빗겨 부딪치면서 지구는 불안정한 축을 중심으로 돌기 시작했는데, 그 회전 속도가 너무 빨라서 한 바퀴 도는 데 네 시간밖에 걸리지 않았다. 이 빠른 회전력 때문에 지구의 안쪽 층과 바깥쪽 층 모두가 격렬한 움직임의 흐름에 휩쓸렸다.

그러나 우리 행성은 곧 제모습을 되찾았고, 달 궤도도 이후 몇 억 년에 걸쳐 부단히 커졌다. 약 40억 년 전에 이르면 지구의 자전 속도도 상당히 줄어들어 우리 행성의 하루는 대략 열 시간으로 늘어났으며, 지구와 달의 거리는 오늘날의 거의 반 정도까지 멀어졌다. (달은 지금도 계속해서 아주 조금씩, 하지만 측정 가능한 정도로 지구로부터 멀어져 가고 있다.) 그와 동시에, 지구의 겉껍질이 군데군데 식어서 용융 물질들이 최초로 단단한 암석으로 응고되었다. 이렇게 응고된 파편들은 뜨거운 용암에 다시 녹곤 했지만, 그중 일부는 끝까지 살아남았다. 지구가 지각을 형성하기 시작한 것이다.

이 최초의 굳은 암석으로 이루어진 원시 '뗏목' 중에서 끝까지 살아남은 것은 얼마 되지 않았다. 지구의 대륙 지괴들은 끊임없이 아래위로 대류하면서 지각 아래에서 서로 밀고 당기고, 열을 받아 녹고, 해령과 해구를 따라 역류했다. 그러므로 호주 서부나 아프리카 내륙 등 몇몇 장소에 수십억 년 전의 암석들이 아직까지 남아 있는 것은 매우 놀라운 일이다. 그러나 30~40억 년 전 대륙의 모습은 오늘날 우리가 지구본이나 지도첩에서 보는 익숙한 대륙의 윤곽과는 전혀 달랐다.

대륙 전체는 아래위로 순환했을 뿐만 아니라, 수평으로도 이동했다.

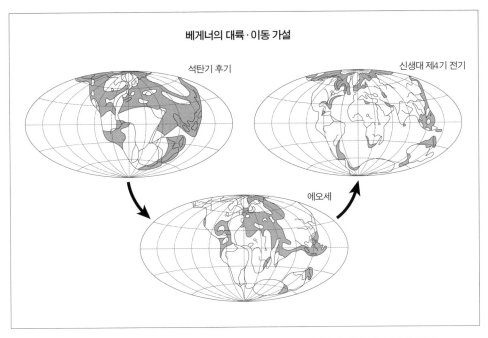

그림 4-1 베게너의 원래 지도에 수정을 가한 지도. 그가 추정한 연대와 대륙의 이동을 설명하기 위해 제시한 메커니즘은 틀렸지만, 가설로 제기한 초대륙 판게아는 처음 상정한 모습 그대로 존재한다.

기후학자이자 지리학자였던 알프레드 베게너Alfred Wegener는 이 과정을 대륙 이동이라고 불렀다. 1세기 전에 베게너는 대서양을 사이에 둔 두 대륙의 모양이 거의 '들어맞는' 것을 관찰하고, 이것이 우연일 가능성은 희박하다고 생각했다. 그는 과거에 여러 대륙들이 모여 하나의 초대륙을 이루었으며, 그것이 나중에 오늘날 우리가 지도에서 보는 각각의 대륙으로 갈라져 나왔다고 추론했다. 그는 이 가설적 초대륙에 판게아Pangaea라는 이름을 붙였고, 유사 이래 선견지명이 가장 번득이는 지도(그림 4-1)를 그렸다.[4]

베게너의 가설은 판 구조론과 지각(해저) 확장설이라는 후속 이론을

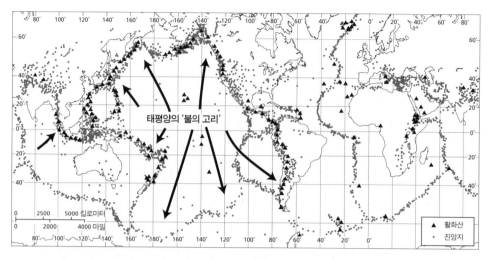

그림 4-2 태평양의 '불의 고리'—대양을 둘러싼 활화산과 진앙지들의 띠—는 이 행성의 지각에서 가장 불안정한 지대를 표시하고 있다. 대서양 중앙 해령과 인도양·남태평양의 중앙 해령들을 눈여겨 보라. 이 곳에서 새로운 지각이 형성되고 있다.

낳았다. 이제 과학자들은 판게아가 쪼개진 사건이 수십억 년에 걸쳐 대륙이 병합하고 분리해온 순환 과정 가운데서 가장 최근에 일어난 에피소드라는 사실을 알고 있다. 판게아의 분열은 불과 1억 8천만 년 전에 시작되어 오늘날까지 계속되고 있다. 북아메리카의 서해안 같은 지점에서는 판板, plate이라고 하는 지각의 거대한 조각들이 서로 충돌하고 대륙의 가장자리가 지하로 밀려들어가는데, 이 과정에서 지진이 일어나고 화산이 폭발하기도 한다. '불의 고리'라고도 하는 환태평양 조산대가 이 거대한 충돌이 일어나는 지대인데, 칠레에서 알래스카를 거쳐 인도네시아와 뉴질랜드에까지 이른다(그림 4-2). 2004년 12월 26일 지진해일을 일으킨 지진(수마트라 섬 북서쪽 앞바다의 화살표가 그 진원지를 가리킨다)도 이처럼 판끼리 충돌한 결과였다. 2011년 3월 11일 일본의 동부 앞바다를 강타하며 지진해일을 일으켜 1만 6천 명의 사망자를 낸 지진도 그 원인은 비슷했다. 우리의 행성은 아직 젊고, 부단히 활동 중이다.

(굳거나 녹은) 가벼운 암석으로 이루어진 지표면의 대륙은 그 밑에서 움직이는 무거운 판 위를 뗏목처럼 떠다닌다. 그런데 이 판은 어떻게 해서 움직이는 것일까? 대륙 이동 이론의 메커니즘, 이것은 베게너가 풀지 못한 문제였다. 그 해답은 예상치 못했던 곳에서 나왔다. 해저에서 붉고 뜨거운 용암이 솟아올라 새로운 지각을 만들고, 오래된 지각은 판끼리 충돌하면서 아래로 밀려들어간다(이 과정을 섭입攝入, subduction이라고 한다)는 것이다. 베게너는 북아메리카와 유럽, 남아메리카와 아프리카를 계속 비교했지만, 그가 풀지 못한 문제에 대한 중대한 해답은 바로 그 대륙들 사이에 놓여 있었다. 바로 대서양 중앙 해령이다. 과거에 이 해령을 따라서 두 대륙이 결합했다. 이곳에서 검고 무거운 현무암질의 암석이 이전에 굳어진 용암을 밀어내면서 위로 올라온다. 오늘날 우리는 아이슬란드 부근에서 실제로 이 과정을 관찰할 수 있다. 바닷속 깊숙이 잠겨 있는 대서양 중앙 해령이 이 지점에서 해수면 위로 올라와 있기 때문이다. 이곳에서는 용암 섬들이 해수면 위로 솟아오르면서 새로운 땅이 형성되고 있다.

이 모두는 단순한 이론에만 그치는 것이 아니다. 우리는 이제 대륙의 움직임을 측정할 수 있다. 여러분이 북아메리카에 있다고 가정할 때, 앞으로 일 년 후면 여러분이 이 책을 읽고 있는 방은 지금 위치에서 약 13밀리미터 이동할 것이다. 13밀리미터면 별로 크지 않아 보이지만, 이를 지질학적 시간으로 환산했을 때 어떤 의미인지 확인해보자. 1백만 년 후면 그 거리는 13킬로미터에 이른다. 그러나 판게아의 분열은 약 1억 8천만 년 전에 시작되었으며, 북아메리카 판의 이동 속도는 그렇게 빠른 편이 아니다. 대륙과 그 대륙을 실은 판은 판게아의 분열 이후 이미 수천 킬로미터를 이동한 것이다.

그렇다면 먼 미래의 지도는 어떤 모습을 띠고 있을까? 현재의 지구는 지리학자의 주목을 끄는 형태를 보여주고 있다. 다시 말해 '육반구'와 '수반구'로 부르는 게 통례일 정도로 대륙의 분포가 전혀 고르지 않다. 물론 판게아가 아직 존재할 때는 이 불균형이 훨씬 더 심했다. 그 이후로 판이 움직여서 육반구-수반구의 불균형이 그나마 줄어든 것이다. 그러나 태평양과 그 해양 판이 아직도 지표면의 거의 절반을 차지하고 있으며, 이 과정이 끝나려면 아직 멀었다. 하지만 판의 움직임이 느려지고 있을 가능성도 있다. 이 문제를 연구하는 몇몇 지리학자와 다른 학자들은 실제로 대륙이 움직임을 멈추고, 다시금 모여들어 또 다른 초대륙을 형성할 수도 있다고 말한다. 그러므로 '대륙 이동'은, 지구의 지각에 판과 대륙이 존재하는 한 계속해서 반복되는 순환 과정일지도 모른다는 것이다.

북아메리카에 이 현상을 뒷받침하는 증거가 있다. 앞서 보았듯이 두 판이 수렴하여 충돌할 때 가벼운 대륙 판은 무거운 해양 판을 타고 올라가지만, 섭입 중에 두 판의 일부분이 아래로 밀려들어가 대륙 지각이—여기에 기록된 화석 및 지질 구조와 더불어—사라지기도 한다. 이런 현상이 지금 북아메리카의 서해안을 따라서 일어나고 있다. 장관을 이루는 이곳 해안 풍경은 바로 이 과정이 현재 진행 중이라는 증거다. 그러나 판게아가 쪼개지고 북아메리카가 서쪽으로 이동을 시작하기 이전에, 이 대륙은 다른 방향, 즉 판게아 대륙군 쪽으로 움직이고 있었다. 오늘날의 미국 동부 해안은 당시 모로코와 서아프리카 일부를 짓누르고 있었으며, 아프리카의 서쪽이 아니라 동쪽이 섭입 작용과 관련된 경치를 띠고 있었다. 애팔래치아 산맥은 판게아 이전 시대를 증언하는 사라져 가는 유물이다.

그러므로 장기적인 관점에서 볼 때 우리 행성의 표면은 끊임없이 변화한다. 대륙은 움직이고 지각은 흔들리며, 대양과 바다는 열렸다 닫혔다 하고, 땅은 섭입을 통해 사라졌다가 분출을 통해 새로 생겨난다. 그리고 이는 46억 년 전에 시작된 지구의 부단한 변형 과정 가운데 한 측면에 불과하다.

과거와 미래의 대양

1989년 베를린 장벽이 붕괴하면서—정치적일 뿐만 아니라 철학적·과학적인—많은 성찰이 이루어졌으며 새로운 시대의 개막을 알리는 책들이 쏟아져 나왔다. 그중에는 프랜시스 후쿠야마Francis Fukuyama의 『역사의 종말The End of History』처럼 대중을 호도하는 제목을 달고 나온 책도 있었지만, 존 호건John Horgan의 『과학의 종말The End of Science』보다 더 심하지는 않았다. 이 책은 우리가 과학의 모든 중요한 질문들에 대해 해답을 찾았으며 이제 남은 것은 그 틈새를 메우는 일뿐이라고 주장했다. 그러나 지구 환경과 관련해서 몇 가지 중요한 의문들이 아직 해소되지 않고 있다.

그 질문 중 하나는 대양에 대한 것이다. 지표면의 70퍼센트가 물로 덮여 있으며, 우주에서 지구를 보면 거의 푸른색 일색에 흰구름이 소용돌이치는 모습이므로 오늘날 사람들은 지구를 '푸른 행성'이라고 부르곤 한다. 그러나 사실 우리는 지구가 정확히 언제 어떻게 해서 물로 된 망토를 뒤집어쓰게 되었는지 전혀 모르고 있다. 일부 과학자들은 지구가 형성되는 동안 물이 지구 내부에 갇혀 있다가, 무거운 구성 물질이 아래로 가라앉아 핵을 형성하던 시기에 표면으로 솟아올랐다는 가설을 내세운다. 과연 화산 폭발로 방출되는 가스는 대부분(95퍼센트 이상) 수증기로 이루어져 있으며, 지구의 역사 초기에는 엄청난 화산 활동이 이루어졌다(시간이

표 4-1 지구의 지질 시대

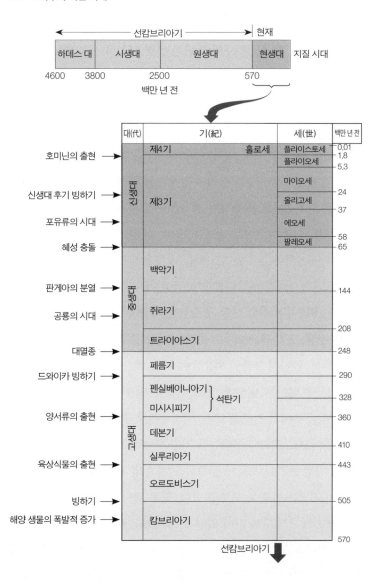

가면서 수그러들기는 했지만).

그러나 어떤 이들은 이런 식으로 지표면에 다다른 물의 대부분이 당시 온 지구를 덮었던 높은 열기 때문에 허공으로 증발했을 것이라고 지적하며, 물의 근원을 다른 데서 찾아야 한다고 제안한다. 그래서 생겨난 것이 혜성 가설인데, 지구 대기가 아직 희박하던 10억 년간에 걸쳐 얼음으로 된 혜성이 지구에 수없이 떨어져서, 우주 공간으로부터 들어온 신선한 물이 당시 형성 중이던 지각의 움푹 파인 곳에 괴었다는 것이다. 그러나 2004년 말에 발표된 연구에 따르면, 지구 해양의 화학적 조성은 얼음 혜성의 조성(우리가 과거보다 훨씬 더 잘 알고 있는)과 일치하지 않기 때문에 이제 혜성 가설도 의심받고 있는 상황이다.

이처럼 중대한 질문에서 '과학의 종말'은 분명히 아직 도래하지 않았다. 게다가 그와 연관된 질문이 하나 더 있다. 지구는 생명을 주는 바다를 과연 영구히 유지할 것인가? 우리 이웃 행성인 화성을 탐사한 우주선은 몇 가지 놀라운 결론을 내렸다. 과거 화성은 깊이 30미터가 넘는 바다로 덮여 있었지만 그 바다가 지금은 전부 사라졌다는 것이다. 한때 화성에 (질량 비율로 환산할 때) 지구보다도 더 많은 물이 있었다는 증거도 있다. 화성의 바다는 왜, 그리고 얼마나 빠른 속도로 소멸했을까? 그리고 그 사실은 앞으로 지구에 일어날 어떤 일을 예고하는 것일까?

얼음에 덮인 지구

나는 항상 학생들에게, 1년은 12개월이고 1주일은 7일인 것에 익숙해져 있는 것처럼 지질학적 시간 규모에 익숙해지라고 당부하곤 한다. 이는 시간의 견지에서 지리적 관점을 유지하는 훌륭한 방법이다(표 4-1). 지질학자들은 지구 역사에서 첫 8억 년을 하데스 대Hadean eon라고 한다. 실제로 그 시대에는 지구가 하데스(지옥)처럼 뜨거웠지만, 최근의 연구에 따르면 그 열기는 기존에 생각했던 것보다 빠르게 식었다고 한다. 그 후 13억 년 간은 시생대Archean eon로서, 현존하는 가장 오래된 대륙 암반이 형성되고 최초 생명의 흔적이 기록된 시기이다. 다음은 25억 년 전부터 5억 7천만 년 전까지 지속된 원생대Proterozoic eon인데, 이 시대의 후기에 극적인 사건 이 일어났다. 지구가 꽁꽁 얼어 버린 것이다.

이 가설을 '스노볼 지구Snowball Earth'설이라고 하는데, 그 증거는 중 국과 호주처럼 서로 멀리 떨어진 곳에 있는 암석에서도 발견되고 있다. 이 증거에 따르면 이때에 지구는 이후 여러 차례 그랬던 것처럼 그냥 다 소 추워진 것만이 아니었다. 북극에서 남극까지, 바다와 육지 가리지 않 고 지구 전체가 꽁꽁 얼어붙어 버렸다. 대륙은 얼음과 눈 밑에 묻혔고, 바 다 표면은 단단하게 결빙되었다. 대체 무엇 때문에 이런 일이 일어났을 까? 우선 태양의 복사량이 일시적으로 상당히 감소했을 가능성이 있다. 약 23억 년 전에 메탄을 생산하는 미생물이 급격히 감소하고(메탄은 초기 온실 가스의 핵심 구성 요소였다) 산소를 생산하는 미생물이 증가하여 행성 전체가 차가워졌다는 가설도 있다.[5] 일부 과학자들은 지각이 안정되고 그 결과 화산 활동이 줄어든 것도 변수가 될 수 있다는 가설을 제시한다. 원 인이야 어떻든 간에, 지구와 그 초기의 생명체들은 위기를 겪었다. 지구 가 정말로 '스노볼(눈덩이)'이었든, 또는 일부에서 제시하듯이 조금 덜 차 가운 '진창 덩이slush ball'였든, 그 이전까지 지속되었던 더운 시기는 확실 히 종지부를 찍었다.

'스노볼 지구' 이론과 관련된 증거를 찾는 연구에서 어떤 결과가 나 오건, 우리는 지구가 그 이후에도 여러 차례 빙하기를 겪었음을 알고 있다. 그중 가장 최근 것이 바로 지금 진행 중이다. (아마도 원생대의 빙하기까지 포함해서) 알려진 모든 빙하기는 극도로 추운 시기와 비교적 따뜻한 짧은 시기가 몇 차례씩 번갈아 가며 나타난다. 우리는 그중 따뜻한 시기를 경험하고 있는 중인데, 대략 1만 2천 년째 지속되고 있다. 여기서 대략이라고 말한 까닭은 실제로는 1만 8천 년 전부터, 본격적으로는 1만 2천 년부터 냉랭한 기온이 급변하면서 온난화가 빠르게 진행되어 오늘날 우리가 누리고 있는 온화한 기후에 도달하게 되었기 때문이다. 그러나 크게 보아 우리 시대의 빙하기는 약 4천만 년 전부터 시작되었고, 나중에 보겠지만 앞으로도 계속될 것이다.

빙하기에 대해 우리가 알고 있는 바에 따르면, 이때는 환경이 급격히 변동하면서 진핵眞核 생물부터 인간에 이르기까지 모든 생명체가 도전에 직면하곤 한다. 빙하기는 진화의 속도가 급격히 빨라지는 시기다. 적응한 유기체는 살아남고, 적응하지 못한 것은 멸종한다. '스노볼 지구' 빙하기 때는 단세포 진핵 생물이 좀 더 복잡한 다세포 유기체로 진화했다. (다량의 탄산칼슘으로 둘러싼) 보호막을 지닌 생명체가 생존할 확률이 더 높았기 때문이다. 이 빙하기가 끝나자 지구의 생명체들은 '캄브리아기의 대폭발'을 경험했다. 이는 고생대 가장 초기에 전례 없이 다양한 해양 유기체들이 출현한 현상이다. 그리고 다시 5억 7천만 년이 흐른 뒤 역시 빙하기 동안에―그러니까 지구가 탄생한 지 40억 년이 훌쩍 지난 뒤―인류의 출현으로 이어지는 드라마가 시작되었다.

원생대의 빙하기와 현재의 빙하기 사이에는 몇 번의 빙하기가 있었을까? 우리는 그중 적어도 하나는 확실히 알고 있다. 초대륙 판게아가 아직 한데 모여 있을 때 일어난 빙하기이다(그림 4-3). 이 빙하기가 지구의 생명체에 미친 여파는 아마 전례 없는 수준이었을 것이다. 이는 약 2

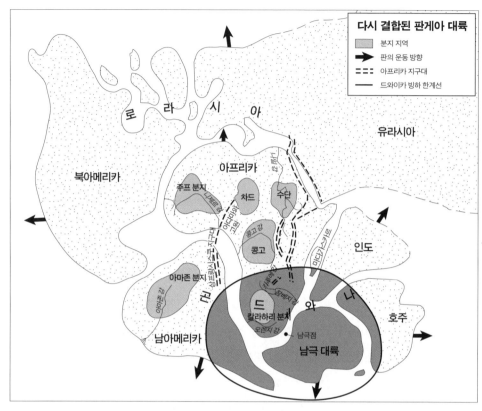

그림 4-3 고대의 초대륙 판게아의 남쪽 영역을 곤드와나라고 부른다. 남쪽에 동그렇게 둘러싸인 지역은 곤드와나에서 빙하로 덮여 있던 부분이다. 오늘날의 남극 대륙과 남아프리카공화국 사이에 남극점이 놓여 있다.

억 9천만 년 전부터 2억 5천 1백만 년 전 사이, 고생대의 마지막 시기인 페름기에 일어났다. 이 시기에 판게아는 로라시아Laurasia라는 북대륙과 곤드와나Gondwana라는 남대륙으로 이루어져 있었다. 로라시아는 유라시아의 일부와 북아메리카로 이루어져 있었고, 곤드와나의 중심에는 오늘날의 아프리카가 있었다. 남극은 남아프리카 바로 앞바다에 위치했고,

호주는 인도와 남극 대륙에 인접해 있었다. 페름 빙하기(드와이카 빙하기라고도 한다)가 닥쳤을 때는 삼림이 넓게 퍼져 있었고, 양서류가 번성했고, 소형 파충류가 출현하기 시작하고, 곤충들이 크게 번식하던 때였다. 하지만 이 빙하기가 끝났을 때 사상 최악의 대량 멸종이 일어나 지구상의 생명체를 대거 휩쓸어 버렸다. 지도를 보면 곤드와나 대륙의 광대한 지역이 얼음 밑에 묻힌 것을 확인할 수 있지만, 그보다 고위도 지방의 환경에 빙하기가 어떤 영향을 끼쳤는지는 지도만으로 알 수 없다. 고위도 지방은 대단히 넓은 지역이 건조해져서 삼림이 시들었으며 수없이 많은 식물과 동물종이 멸종하였다.

최소한 이것이 2003년 11월까지 알려져 있던 사실이다. 그런데 이때 지질학자들은 페름기가 추위가 아닌 대재앙으로 막을 내렸다는 증거를 발견하였다. 아시시 바수Asish Basu와 그 연구팀은 남극 대륙에서 중요한 정보를 담고 있는 운석 조각과 더불어, 약 2억 5천 1백만 년 전 거대한 운석이 지구에 떨어져 행성의 생명체 중 90퍼센트가 멸종했다는 증거를 발견했다.[6] 동식물들이 단순히 빙하기의 추위를 견디지 못해서만이 아니라, 운석 충돌의 충격과 그 이후의 거대한 화산 폭발 등으로 인해 타 죽어 버렸다. 화산이 폭발하면서 흔들린 지각의 균열과 구멍을 통해 막대한 용암이 뿜어져 나왔던 것이다. 과학자들은 이것이 현재까지 일어났다고 알려진 다섯 차례의 대량 멸종 사건 중에 가장 파괴적이었을 것이라고 추측한다. 환경적, 우주적, 지질학적 힘이 한데 겹치면서 페름기뿐만이 아니라 고생대 전체의 막을 내리고 만 것이다(표 4-1).

빙하기가 끝나고 중생대가 시작되었을 때, 페름기 때부터 살아남은 생명체는 거의 없었다. 그러나 이제 후빙기에 접어든 지구는 이를 충분히 보상할 여력이 있었다. 열대의 온기가 극한의 추위를 대신했고, 습도가 높아지고 강수량이 많아졌으며, 울창한 삼림이 퍼져나가면서 대기 중의 산소가 현저히 증가하여 '쥐라기 공원'의 동물상이 번성할 모든 준비를 갖추었던 것이다. 공룡의 시대에는 최초의 조류와 최초의 유대류(암컷이 새끼를 몸 안의 태반이 아니라 몸 밖의 주머니에 넣어 성장시키는 동물), 최초의 속씨식물(씨앗을 열매로 감싼 식물)이 나타나기도 했다.

쥐라기에는 판게아가 쪼개지면서 하늘을 검게 물들일 정도로 거대한 화산 활동이 수반되었지만, 파티를 망치지는 못했다. 공룡들은 점점더 몸집을 불렸고, 육식 공룡과 초식 공룡으로 각기 진화했으며 생존을위해 치열하게 경쟁했다. 대륙이 갈라지고 그 사이에 바다가 넓어지면서, 종들은 각기 고립되어 독특하게 진화해 나갔다. 빙하기가 한 번 더 닥치기 전에는 중생대의 번영이 끝나지 않을 성싶었다.

갑작스런 멸종

공룡의 다양성과 중생대 식물의 번성은 백악기에 이르러 그 전성기를 맞았다. 광대한 삼림 위를 거대한 새들이 날아다니고, 꽃을 피우는 식물들이 전 세계로 퍼져 나갔다. 그때는 지금보다 더 따뜻했다. 북극과 산꼭대기의 얼음은 이미 오래전에 녹아 없어졌고 알래스카에서 남극까지 공룡들이 어슬렁거렸다. 소형 포유류들이 특수한 생태 적소를 찾아 그럭저럭생존해 나갔지만 때는 거대한 파충류들의 시대였으며, 페름기의 추운 환경이 다시금 급습하는 것 외에는 그들을 막을 천적은 없어 보였다.

그러나 공룡의 시대는 훨씬 더 극적인 종말을 맞았다. 찔끔찔끔 다가오는 빙하 때문이 아니라 별안간 우주에서 날아온 운석 때문이었다. 6천5백만 년 전의 어느 날, 불과 10킬로미터 지름의 어떤 혜성 또는 소행성이 시속 9만 킬로미터의 속도로 지구를 향해 날아왔다. 이것은 남서 방향에서 비스듬히 접근하여 오늘날 멕시코의 유카탄 반도 지역에 충돌했다. 멕시코 프레그레소의 작은 항구에서 배를 내리면, 칙술루브Chicxulub라고 손으로 쓴 작은 표지판이 보인다. 칙술루브는 마야어로 그 지역의 한 마을 이름이지만, 지리학자들에게는 한 시대의 종말과 다른 시대의 시작을 의미한다. 바로 이곳에 소행성이 충돌하여 다이너마이트 약 100조 톤 규모의 폭발을 일으켰고, 지름 약 180킬로미터, 깊이 65킬로미터의 분화구를 형성했으며, 그로부터 약 30킬로미터 바깥까지 지질 단층에 둘러싸였다. 오늘날 이 모두는 그 이후에 쌓인 퇴적물 아래 묻혀 있다.

칙술루브 소행성이 당시 지구에 떨어진 유성군 중 하나이고, 그중 작은 것들은 바다 등 다른 곳에 떨어졌을 수도 있다. 어쨌건 그 충돌의 파괴력은 행성 전체에 영향을 미쳤으며 북아메리카 대륙에서 가장 심했다. 소행성이 충돌한 지역은 부드러운 퇴적물이 깊이 쌓인 얕은 바다였으므로, 충돌 당시의 폭풍으로 엄청난 양의 잔해가 수천 마일 떨어진 대륙의 심장부까지 날아갔고 대기 중의 높은 하늘, 아니 그보다 훨씬 높은 곳까지 올라갔다. 연구자인 데이비드 킹David King과 대니얼 더다Daniel Durda는 그중 일부가 지구로 떨어지기 전에 달과 지구의 중간 지점까지 올라갔다고 계산했다. 그 잔해가 자전하는 행성 위로 떨어지면서 붉게 달아오른 암석들이 하늘에서 비처럼 쏟아져, 지구상 거의 모든 삼림이 불길에 휩싸였다. 대기는 뜨겁게 달구어져 호수 전체가 증발했으며, 모든 생태계가 불타 버렸고, 저위도 지역의 몸집이 큰 생명체는 대부분 멸종했다.

칙술루브 충돌로 인해 백악기가 막을 내리고 신생대 제3기라는 새로운 지질 시대가 시작되었는데, 흔히 이 이행기를 'K/T 경계K/T Boundary'라고도 한다. 이것은 현재까지 알려진 가장 큰 3대 대량 멸종 사건 중 하나이므로 그 중요성은 이루 말할 수 없다. 고위도 지역에서는 일부 공룡들이 최초의 폭풍을 견디고 생존할 수 있었지만, 먹이사슬이 치명적으로 붕괴되었기 때문에 그들도 결국에는 소멸하였다. 일부 소형 포유류들은 이 위기를 헤쳐 나가기에 유리한 조건을 갖추고 있었다. 그들은 고위도 지방의 동굴과 땅속에 숨어 열기를 피했고 공룡이 필요로 했던 울창한 식생과 파충류에 덜 의존했다. 그러나 중생대에 번성했던 동식물들은 갑작스런, 결정적인 종말을 맞았다.

'K/T 경계'는 지구 환경에 장기적인 영향을 끼쳤다. 암석이 잘게 부서져 분출된 어마어마한 양의 잔해들이 여전히 지구 궤도에 남아 대기를 채우고 태양빛을 가로막았다. 소행성의 충격이 지구 전역의 화산을 흔들어 깨워, 이 독성 혼합물에 분출물이 추가되었을 수도 있다. 전 세계에서 일어난 산불로 연기가 온 지구의 하늘을 검게 물들였다. 달아오른 대기가 마침내 식자, 이번에는 태양빛을 받지 못해 기온이 수직으로 떨어지면서 1억 8천 5백만 년 만에—아마도 페름 빙하기 이후에—가장 추운 지구 환경이 만들어졌다. 이제는 신생대 제3기의 새로운 환경에 익숙해지는 것이 관건이 되었다. 이 시대의 첫 번째 시기인 팔레오세에는 극적인 기후 변화가 일어났고, 그다음 시기인 에오세에는 K/T 충돌과 상관없이 새로운 빙하기가 시작되었다.

빙하기의 도래

충돌 이후의 행성이 먼지와 연기에 싸여 식어 가는 가운데, 장차 재생의 시대가 오고 생물 다양성이 다시금 회복될 기미는 요원했다. 삼림에 대화재가 발생한 데다 충돌 지점에서 뿜어져 나온 대량의 탄산염이 대기에 유

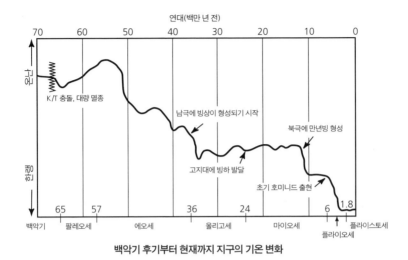

연대(백만 년 전)

백악기 후기부터 현재까지 지구의 기온 변화

그림 4-4 K/T 충돌 이후 지구 기온의 흐름을 추정한 그래프. 신생대 후기 빙하기는 약 3천 6백만 년 전에 시작되어 지금까지 진행 중이다. 호미닌은 플라이오세의 점점 더 내려가는 기온과 급격한 기후 변동을 이기고 생존해야 했다.

입되어, 공기 중 이산화탄소의 양이 엄청나게 증가했다. 그래서 하늘에 먼지가 걷히자 이번에는 강력한 온실 효과가 발생했다. 그림 4-4를 보면 알수 있듯이 이 지구 온난화 현상은 팔레오세의 상당 기간 지속되었으며, 그 결과 따뜻했던 백악기 때보다 기온이 훨씬 더 상승했다. 생물지리학자들은 충돌 이후에 살아남은 많은 동식물 종이 이 온난화로 인해 소멸했다는 결론을 내린다. 그러나 팔레오세의 더위가 계속 이어진 것은 아니다. 다음 시대인 에오세에 들면서 지구의 기온이 거의 지속적으로 떨어졌기 때문이다. 그리고 에오세가 끝난 3천 6백만 년 전에는 남극 대륙에 만년빙이 형성되기 시작했다. 신생대의 빙하기가 막 시작되려 하고 있었다.

곧 빙하기가 시작한다는 신호가 조금씩 축적되었다. 올리고세 초기에 남아메리카와 남극 대륙이 분리되면서 남극 대륙빙이 형성되기 시작했다. (물론 이런 활동들이 일어나는 와중에도 대륙은 지각 판을 따라 계속해서 움직였으며, 남북 대서양은 계속해서 넓어졌고, 육지와 바다의 분포는 계속해서 변화했다.) 남극 대륙의 얼음이 채 해안까지 도달하기도 전에 지구에서 가장 높은 산꼭대기들에 빙하가 발달하기 시작하여, 고지대의 계곡을 덮고 삐죽삐죽한 봉우리와 융기로 이루어진 날카로운 지형을 새로이 조각해 냈다. 수목 한계선이 저위도로 내려오고 식생이 적도 쪽으로 이동했으며, 포유류가 우점종이 되었다. 이 포유류 중에는 영장류들도 증가했으며 이들은 변동하는 환경에 이동과 적응을 통해 대응하였다.

앞서 지적했듯이, 빙하기가 왔다고 해서 일률적으로 추워지기만 한 것은 아니다. 추위가 밀려오고 빙하가 전진하는 도중에 일시적으로 온난한 시기가 간간이 찾아와 빙하의 영향을 상당 부분 되돌려놓기도 했다. 올리고세 중반부터 마이오세 중반까지 신생대 빙하기는 평형에 도달한 듯 보였다. 만약 당시에도 기후 분석가들이 있었다면, 이를 이제 최악의 시기는 지나갔다는 신호로 받아들였을지 모른다. 남극 대륙의 해안 지대는 아직도 얼음이 얼지 않았고, 기후가 추워졌다 따뜻해지는 데 따라서 고산 지대의 빙하도 전진했다 후퇴하기를 반복했다. 공룡 시대에 비하면 지구는 전반적으로 더 추워지고 건조해졌지만, 다채로운 환경을 자랑했고 그에 따라서 생물 다양성도 풍부했다. 하지만 1천 4백만 년 전에 다시금 급격한 지구 한랭화가 시작되었다. 남극의 대륙빙이 해안 전체를 덮었을 뿐만 아니라, 육지에서 바다로 빙산이 떨어져 나가 남극해를 차갑게 식히고 그 과정에서 지구 전체의 바다에 영향을 끼쳤다. 북극해와 그 주변에 만년빙이 나타나 빠르게 두터워지고 기온은 계속해서 곤두박질쳤다. 마이오세 말에 기온이 비교적 안정된 짧은 시기가 있었지만, 그 이후에 찾아온 짧은 (420만 년간의) 플라이오세 시대에는 날씨가 더더욱 추워졌다. 안데스, 동아프리카, 뉴기니 같은 적도 지방의 산꼭대기에까지 영구 빙하가 나타났다. 약 180만 년 전부터는 신생대 빙하기를 통틀어 대체로 가장 추운 시기, 즉 플라이스토세가 시작되었다. 오늘날의 우리는 플라이스토세의 환경에서 살고 있다. 앞에서 말했듯이, 우리는 그중에서도 약 1만 2천 년 동안 이어져 온 비교적 따뜻한 시기의 가을을 누리고 있다.

빙하기 때의 지구

빙하기는 수천만 년이라는 장기간에 걸친 사건이며 지구 전체에 심대한 변화를 몰고 온다. 단순히 빙상氷床이 전진하고 빙하가 계곡을 덮어 직접적인 영향을 받는 지역만 변화하는 것이 아니다. 전체적으로 보았을 때 이 과정은 느리게 진행되는 것 같지만, 빙하가 갑작스럽게 전진하여 풀을 뜯던 동물들을 포위하고 다 자란 나무들을 성냥개비처럼 부러뜨릴 정도로 빠른 속도로 다가오는 시기도 있다.

추운 빙하기 중 빙하가 낮은 위도와 낮은 고도로 전진하는 시기를 빙기氷期, glaciations라고 하며, 빙하가 전진하는 사이사이에 일시적으로 따뜻해지는 시기를 간빙기間氷期, interglacials라고 한다. 이 구분을 너무 강조할 필요는 없겠지만, 지질학자들과 심지어 일부 자연 지리학자들도 이 점을 이따금 잘못 알고 있는 경우가 있다. 예를 들어 한 유명한 지질학 교과서에는, "지표면의 평균 기온이 몇 도 가량 떨어지고 낮은 상태를 유지하여 빙상의 크기가 커지는 시기……를 빙기(혹은 빙하기)라고 한다."라고 설명되어 있다. 제대로 설명하자면 '빙하기 중에 기온이 더욱 강하하는 시기를 빙기라고 한다'라고 해야 옳을 것이다.[7] 이 점이 중요한 이유는, 물론 빙하기에 지구 기온이 대체로 떨어지고 특히 빙기에는 얼음이 한층 넓은 지역으로 밀고 들어오긴 하지만, 이 작용이 완화되어 기후가 비교적 온난해지고 얼음이 후퇴하는(실은 빙하의 방향이 반대로 역전되는 것이 아니므로 '빠져나간다receding'는 말이 더 적합하다) 간빙기라는 시기도 있기 때문이다.

지구가 에오세에 본격적으로 추워지기 시작하여 가장 최근의 플라이스토세 빙기에 전례 없이 낮은 기온에 도달하기까지 전반적으로 기온이 떨어져왔지만, 그 과정이 한결같이 지속적이지는 않았다는 점을 염두에 두도록 하자. 그림 4-4에 나타났듯이, 신생대 빙하기가 마침내 극대점에 도달한 것 같은 기나긴 시기가 있었지만 결국에는 더더욱 추운 환경으로 곤두박질친 것을 보라. 확실한 것은 빙하기의 영향이 전 지구에 미친다는 점이다. 빙기가 한창이어서 빙상이 오늘날의 캐나다 깊숙한 곳과 유라시아의 저위도 지방까지 밀고 내려온 시기에는 아프리카와 남아메리카의 적도 지방도 이전보다 더 시원하고 건조해졌다. 열대 우림이 줄어들고 사바나가 확대되었으며, 동식물들은 새로운 환경에 이주와 적응으로 대응하였다.

우리 모두는 대형 유인원과 호미닌hominin[약 600만년 전에 호미니드 과에서 갈라져 나와 이족 보행을 시작한 무리. 유인원-호미노이드 과-호미니드 과-호미나인-호미닌-호모 속-현생 인류 순으로 분류 체계가 형성된다. 여기서는 현생 침팬지와 계통적으로 나뉜 이후의 모든 조상 인류를 칭한다. 초판에서 지은이는 '호미니드hominid'라는 단어를 썼지만, 최근 호미니드는 오랑우탄, 고릴라, 침팬지, 인간을 모두 포함하는 용어로 쓰고 대신 호미닌을 쓰자는 주장이 차츰 강세를 보이는 추세를 반영하여 용어를 바꾼 듯하다.—옮긴이]과 인류가 아프리카에서 진화했다는 것을 알고 있다. 우리 모두는 조상 대대로 아프리카인이다. 그러나 세계지도를 보는 지리학자라면 한 번쯤 의아해할 것이다. 유라시아가 훨씬 광대하고 다양한 환경을 지니고 있는 것 같은데 왜 하필 아프리카일까? 이와 관련해, 내가 반세기 전에 대학원에서 이 사실을 처음 배운 이후로 나를 수십 년간 괴롭혀 온 한 가지 질문이 있다. 인류와 유전적으로 가장 가까운 두 친척인 침팬지와 오랑우탄은 왜 바다로 갈린 채 서로 수천 마일이나 떨어져—침팬지는 아프리카에, 오랑우탄은 동남아시아에—있을까?

약 10년 전 노스캐롤라이나 애시빌에서 열린 학회에 참석했다가 집으로 돌아가는 길이었다. 내가 탄 공항버스는 같은 학회에 왔던 고고학자와 인류학자들로 가득 차 있었다. 그 자리에서 나는 묵혀 두었던 이 질문을 꺼내 보았다. 오랑우탄이 아프리카에서 동남아시아로 이동했음을 증명하는 화석 기록은 어디에 있는가? 내가 들은 대답은 "앞으로 발견될 것이다."였다. 습윤한 남아시아에서는 화석이 아프리카처럼 잘 보존되지 않는다는 것이다. 알다시피 이건 6백~7백만 년 전의 이야기다. 침팬지와 오랑우탄의 유전 관계는 의문의 여지가 없으므로 분명히 이동이 일어났을 것이다. 따라서 증거가 발견되는 것은 시간문제다.

하지만 증거는 나타나지 않았고, 나는 내가 제기한 질문의 지리학적 함의에 대해 좀 더 주의 깊게 생각해보아야 했다. 만약 동남아시아의 대형 유인원이 아프리카 유인원의 후손이 아니라면, 이 두 분파의 공통 조상은 분명히 유라시아에서 왔을 것이다. 이렇게 가정하면, 어떠한 이유에서 이 분파 중 하나—그중에서도 고릴라와 침팬지로 이어지는 계보—가 열대 아프리카로 들어갔고 오랑우탄으로 이어지는 또 다른 분파는 열대 동남아시아로 들어갔다는 결론이 나온다.

이들을 이처럼 두 갈래로 이주하도록 밀어낸 힘은 무엇이었을까? 두말할 것 없이 신생대 빙하기 환경이 악화되었기 때문이다. 물론 올리고세에 비하면 더 춥기는 했지만, 마이오세의 기후 조건이 나빠지기 전까지의 지구 환경은 상당히 안정되어 있었다(그림 4-4). 그러므로 이 시기에 프로콘술[Proconsul, 유인원의 가장 오래된 조상, 약 1천 8백만 년 전 동아프리카의 열대 우림에서 서식했다.—옮긴이]과 기타 초기 유인원의 후손들은 아마도 아프리카에서 나와 환경적으로 더 다양한 유라시아로 이주했을 것이다. 유라시아는 삼림 서식지가 다채롭고 기온도 비교적 따뜻했으므로 열매가 많이 공급되고 다른 먹이도 풍부했다. 이 시기에 대형 유인원들이 분화하고 적응한 심장부는 아프리카가 아니라 유라시아였으며, 여기서 수많은 혈통이 진화했고 그중 일부는 화석 기록으로 남아 있다.

그러나 마이오세 후기에 신생대 빙하기가 돌연 악화하는 방향으로 변화하게 된다. 지구 온도가 떨어지고 북극해가 얼어붙었으며, 한때 삼림이 우거졌던 유라시아의 광활한 땅이 말라붙어 수백만 년간 대형 유인원 과科들을 길러냈던 서식지가 파괴되었다. 숱한 멸종이 일어났지만, 연구자들은 그중 두 분파가 이주와 적응을 통해 생존에 성공했다고 판단했다. 이 두 분파는 바로 남서 유럽의 드리오피테쿠스Dryopithecus와 갠지스 강 분지 북부의 삼림에 근거지를 둔 시바피테쿠스Sivapithecus였다(그림 4-5).

드리오피테쿠스는 약 9백만 년 전에 남쪽으로 이동해, 오늘날의 지중해를 건너 열대 아프리카, 결국 적도 아프리카로 들어갔다. 그들은 이곳에서 당시의 심한 환경 변동에 대처할 수 있게 적응했고, 훗날 그들의 후손은 도구를 제작하고 커다란 두뇌를 지니게 된다. 호미닌과 아프리카 대형 유인원의 공통 조상이 드리오피테쿠스의 계보 어딘가에 존재한다. 그러나 오해해서는 안 된다. 그들이 마이오세 후기 유라시아의 혹독한 환경에서 탈출하기는 했지만, 아프리카에서 에덴동산을 발견한 것은 아니었다. 신생대 빙하기의 환경은 더더욱 가혹해졌고, 이는 플라이오세와 플라이스토세까지 이어지며 열대와 적도 아프리카에까지 영향을 미쳤다.

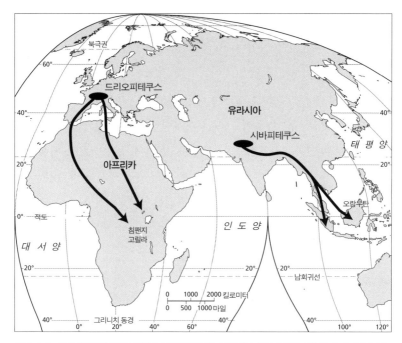

그림 4-5 초기 영장류가 유라시아에서 아프리카와 인도네시아로 확산한 경로. 마이오세 후기의 추위는 이 영장류들을 남쪽으로 밀어내어 아프리카에서 고릴라와 침팬지, 인도네시아에서 오랑우탄의 계보를 일으켰다. 「사이언티픽 아메리칸」 289(2)호 "원숭이 행성Planet of Ape"에 실린 D. R. 비건D. R. Begun의 지도 참조.

그리하여 환경이 잇따라 급격히 변동하며 유인원과 호미닌을 포함한 수많은 종이 멸종했다.[8]

유라시아 대형 유인원의 또 다른 계보인 시바피테쿠스는 말레이 반도로 내려가서 오늘의 인도네시아로 들어갔다. 마이오세와 플라이오세에 이 지역의 환경은 빙하기의 아프리카에 비하면 덜 혹독했을 것으로 보인다. 어쨌든 이곳에서는 아프리카에 필적하는 진화의 드라마가 펼쳐지지 않았다. 오랑우탄은 호미닌의 혈통을 공유하지 않으며 계보의 끝자락에 위치해 있다. 결국 먼 훗날 드리오피테쿠스와 시바피테쿠스의 후손들은 대면하게 되었지만, 아이러니하게도 유인원 대 유인원으로 만난 것은 아니었다. 플라이오세 말기에 찾아온 간빙기로 지구가 다소 따뜻해져서 삼림이 되살아나고 말랐던 호수에 물이 차오르자, 아프리카의 호미닌은 마이오세 초기의 유인원들이 그랬던 것처럼 다시 아프리카를 떠나 유라시아로 이주하였다. 그리고 그 이주민 중 첫 번째 주자인 호모 에렉투스 Homo Erectus는, 아라비아와 아시아 남부를 거쳐 결국 말레이 반도 또는 자바 섬 또는 보르네오 섬 어딘가까지 도달했다. 그곳에서 그들은 (이주 속도가 빨랐다면) 자신들이 아프리카에 남겨두고 온 침팬지와 고릴라를 연상시키는 피조물을 보게 된다. 이로써 오랑우탄과 호미닌이 마침내 9백만 년간에 걸친 진화의 고리를 닫은 것이다.

한랭한 플라이스토세

앞에서 우리는 마이오세 후기와 플라이오세(아프리카에 초기 호미닌이 출현한 시기)에 각각 기온이 곤두박질치면서 플라이스토세의 기틀을 마련했음을 확인했다. 약 2백만 년 전에 플라이스토세가 시작된 뒤, 신생대 빙하기를 통틀어 가장 혹심한 빙기가 여러 차례 있었고 그 사이사이에 짧고 따뜻한 간빙기가 끼어들었다. 이 시기에 호미닌의 진화가 진행 중이던 아프리카에서는 기후가 수시로 변동했으며, 때로는 생태 환경이 급격히 변화하여 자연 선택을 유도하기도 했다.

오스트랄로피테쿠스의 후손인 호모 에렉투스는 호미닌 중에서 가장 큰 성공을 거두었다. 호모 에렉투스는 숲이 사바나로 바뀌었다가 다시 숲이 되고, 호수가 생겼다가 증발되고, 다양한 야생 동물이 위협하고, 먹이

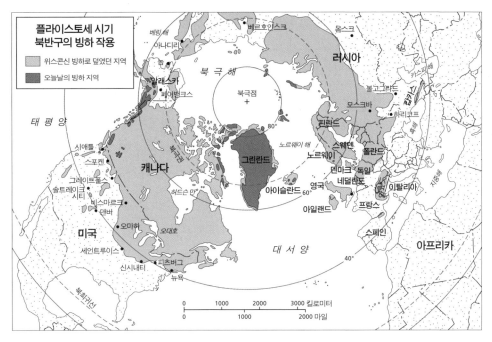

그림 4-6 빙하기의 북반구. 빙하가 북아메리카의 오하이오 강까지 내려왔고 유라시아의 영국에서 러시아까지 덮고 있다.

를 사냥하기가 까다로워지고, 심지어 (화석 기록에 따르면) 대규모 화산이 폭발해 주변이 온통 재로 덮이는 등의 갖가지 변화에 잘 대처해냈다. 물론 호모 에렉투스의 수와 분포 또한 변화를 겪었지만, 이 종은 2백만 년 동안이나 생존했다. 그리고 앞서 말한 것처럼 아프리카를 벗어나 유라시아로 퍼져 나가 동남아시아는 물론, 동쪽으로는 오늘날의 중국, 서쪽으로는 오늘날의 유럽에까지 도달했다. 훗날 인류는 호모 에렉투스와 그 후손인 호모 하빌리스Homo habilis(도구를 만드는 인간)가 갔던 것과 비슷한 길을 따라서 퍼져 나가게 된다.

플라이스토세의 환경 조건에 대해서는 오늘날 집중적인 연구가 이루어지고 있다. 플라이스토세의 빙기가 한창일 때는 만년빙이 북반구 대륙 깊숙한 곳까지 전진했다(그림 4-6). 이로 인해 동식물의 분포가 완전히 바뀌었고, 위도상으로는 적도 쪽으로, 고도상으로는 저지대로 이동했다. 동물의 활동 범위와 피난처는 축소되었고, 생태적 적소는 쓸모없어졌으며, 많은 종들이 변화를 이겨내지 못하고 생존에 실패했다. 이 같은 빙기가 약 10만 년간 지속되다가, 간빙기가 와서 지구가 더워지면 다시 상당량의 얼음이 녹고 서식 범위와 생존 기회가 확대되었다.

그린란드의 빙핵氷核[ice core, 과거의 기후를 조사하기 위해 만년빙을 긴 원통 모양으로 채취한 샘플—옮긴이]이나 대서양 해저의 진흙 퇴적물 등 여러 곳에서 나온 물리적 증거와, 플라이스토세의 빙하가 지나간 자리에 깨지고 부서진 암석을 분석한 결과를 보면, 얼핏 플라이스토세의 기온이 놀랄 만큼 규칙적으로 오르내린 것 같아 보인다. 간빙기가 대략 1만 년 정도 지속되는 듯이 보이므로, 한 차례의 빙기와 간빙기를 합치면 대체로 11만 년 정도가 된다. 42만 5천 년이 넘는 지난 플라이스토세 시기 동안 총 네 번의 빙기와 네 번의 간빙기가 있었으며, 그중 마지막 간빙기가 바로 우리가 살고 있는 홀로세다.

좀 더 최근의 분석에 따르면 일이 그렇게 단순하지 않다. 첫째로 빙기-간빙기 주기의 양상이 약 42만 5천 년 전에 바뀐 듯 보인다. 그전까지는 한 주기가 4~5만 년씩이었는데 이때부터 평균 약 10만 년 주기로 변화한 것이다. 둘째로 가장 최근에 일어난 위스콘신 빙기Wisconsinan glaciation는 지금으로부터 약 10만 년 전, 다소 길었던 에미안 간빙기Eemian interglacial 끝에 시작되었다. 그러나 위스콘신 빙기는 내내 춥기만 했던 균일한 시기가 아니었다. 사실 이 시기에는 다시 몇 차례의 짧막한 간빙기와 좀 더 긴 (비교적) 온화한 휴지기가 있어서, 수천 년 동안 고위도 지방에 서식지가 형성되기도 했다. 분명한 것은 이처럼 더워졌다 추워졌다, 온화해졌다 시원해졌다 하는 변화가 아주 갑작스럽게 일어나는 일이 잦았으며, 그때마다 동식물은 물론 호미닌과 인류 또한 상당수 희생되었다는 점이다.

이제 우리는 이 큰 그림에 현생 인류를 포함시키기 시작했다. 지금으로부터 약 17만 년 전, 위스콘신 빙기 바로 이전에 발생한 빙기 중 어느 시점에 아프리카에서 인류가 출현했기 때문이다. 호미닌과 인류는 아프리카라는 서식지만 공유한 것이 아니라 아프리카에서 유럽으로 이주한 경로 또한 겹쳤고, 기후가 재난에 가깝게 급변했을 때 비슷한 운명을 맞게 된다. 이에 대해 우리는 어느 정도 알고 있다. 초기 인류가 에미안 간빙기 후기에 시나이 반도라는 육교를 이용해 아프리카에서 유라시아로 건너갔기 때문이다(그림 4-7). 초기 인류가 현재의 서남아시아 지방에 도달하자마자 기온이 지독히 떨어지면서 위스콘신 빙기가 시작되었다. 이 초기의 이주가 그 자리에 남긴 것은 이주민들의 유골뿐이었다. 그들은 결국 유럽까지 도달하지 못했다.

그 다음 번에 인류는 홍해의 반대편에 놓인 다른 출구를 통해서 아프리카를 벗어나려 시도했다. 약 8만 5천 년 전의 일이다. 위스콘신 빙기에 대량의 물이 얼음으로 바뀌었으므로 홍해의 수위는 오늘날에 비해 1백~2백 미터나 낮았다. 홍해가 인도양과 이어지는 길목에 형성된 바브-알-만다브Bab-al-Mandab(아랍어로 '슬픔의 문'이라는 뜻) 사주가 징검다리 역할을 한 덕분에 우리의 아프리카 조상들은 바다를 건널 수 있었다. 그들은 먼저 아라비아 반도의 해안을 따라 이동한 다음 페르시아 만을 돌아 인도와 동남아시아로 들어갔으며, 뉴기니를 거쳐(이 역시 해수면이 낮

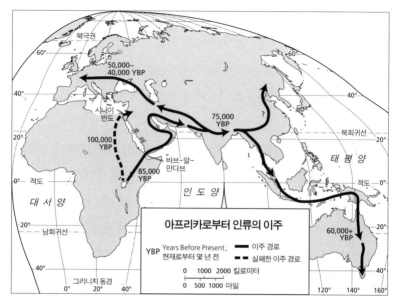

그림 4-7 초기 인류가 아프리카에서 유라시아와 그 너머로 이주한 시기와 경로는 아직까지 재구성 작업이 진행 중이다. 이는 그중 가능성이 있는 한 가지 경로를 보여 주고 있다.

있던 덕분에 가능했다) 약 6만 년 전에 호주에 다다랐다.[9]

　이 과정에서 현생 인류는 그들보다 앞서 유라시아로 들어간 호미닌과 만났다. 호미닌은 지략이 풍부한 이 새로운 이주자의 적수가 못 되었다. 최초의 현생 인류(크로마뇽인으로 알려진)가 인도에서 서남아시아를 거쳐 유럽에 도달하여 그곳에서 네안데르탈인과 초기 호모Homo 종들을 만났을 때, 현생 인류는 동굴 미술에서부터 연장 일습, 독창적인 낚시 도구에서 의복 바느질에 이르는 복잡한 문화로 그들을 신속히 제압했다. 현생 인류는 서로 협력하는 공동체를 이루고 살았으며 정교한 언어를 사용했다. 따라서 먼저 아프리카를 벗어나 이주한 생존자들에 비해 훨씬 유리한 이점을 지니고 있었다. 또 기술을 지닌 덕분에 위스콘신 빙기의 기후 변동에 대처할 기회를 만들 수 있었다. 그들은 온화한 시기가 오면 미개척지로 팽창하였고, 다시 기후가 추워지면 점점 혹독해지는 환경에 대처할 방법을 고안했다. 그래서 고인류학자들이 유럽에서 대단히 추운 시기를 견디고 생존한 인류 주거지의 화석 증거를 발견하곤 하는 것이다. 인류는 수시로 변화하는 혹독한 환경에 맞서 싸울 방법을 찾아내었다.

현재의 지구

사실 인류가 유럽으로 건너갈 수 있었던 것은 행운이었다. 아프리카에서 아라비아 반도와 남아시아로 향하는 움직임이 별안간 멈추었기 때문이다. 약 7만 3천 5백 년 전의 일이다. 당시 이 인류 이주의 선구자들이 정확히 어디를 향했는지 확실히는 모르지만, 아마 바브-알-만다브를 통한 이주는 계속되었을 것이다. 그런데 오늘날의 인도네시아 지역에서 행성 전체의 인류를 거의 다 쓸어버린 대재앙이 일어났다. 수마트라 섬에서 오늘날 토바라고 이름 붙은 화산이, 단순히 분출된 것이 아니라 말 그대로 폭파되었다. 이 폭발은 수백만 톤의 잔해를 지구 궤도로 날려 보냈고, 그로 인해 태양빛이 가려졌으며, 지구의 상당 부분이 장기간 암흑 속으로 들어가면서 기후가 바뀌었다.

설상가상으로 토바 산이 폭발한 시기 또한 최악이었다. 당시는 위스콘신 빙기가 한창 위력을 떨칠 때였으므로 지구상에서 거주가 가능한 지역은 이미 제한되어 있었고, 아직 인구 밀도가 희박한 지역에 거주하던 이들은 상당수가 죽음을 맞이했다. 인류학자들은 이 사건이 인류의 진화에서 '병목 현상'을 일으켰다고 말한다. 이 한순간에 대단히 많은 유전적 다양성이 소실되었기 때문이다. 오늘날 토바 산의 지각변동이 일어난 자리에는 길이 90킬로미터, 너비 50킬로미터 크기의 칼데라 호가 위치하고 있으며, 아프리카 사바나에서 처음 출현한 이래 인류의 생존이 직면했던 최대의 위협을 말없이 증언하고 있다.

지구 역사상 수없이 그랬듯이, 결국 하늘에 먼지가 걷히고 대기가 맑아지자 다시 정상적인 환경으로 돌아왔다. 토바 화산은 큰 재난이었지만 칙술루브 정도의 대재앙은 아니었다. 이로 인해 지구 전체에 대화재가 일어나지도 않았고, 소행성 충돌만큼 파괴적이지도 않았다. 그럼에도 불구하고 이 사건은 인류에 진정한 위험을 내보였으며, 이런 종류의 위험이 지금이라고 완전히 사라진 것도 아니다. 지질학자들에 따르면 토바 폭발은 50만 년에 한 번, 평균 1백만 년에 두 번꼴로 일어나는 사건이라고 한다. 토바와 비슷한 폭발이 앞으로 오랫동안 또 일어나지 말라는 보장은 없다. 2004년 12월 26일 실감했듯이, 우리의 행성은 아직도 예측 불허, 측정 불허의 자연재해의 위험을 지니고 있다.

이제는 신생대 빙하기의 환경적 대서사시를 다시 살펴보면서 기후와 문명에 대한 지리학적 이야기를 펼쳐나갈 차례이다. 지난 수천만 년간 빙하는 빙기라는 추운 기간에 퍼져 나갔다가 간빙기라는 따뜻한 기간에 다시 빠져나가기를 반복하였다. 북극과 남극만이 아니라 지구 전체와 그 모든 생명체들이 이런 환경 변동의 영향을 받았다. 빙하가 전진하자 영장류들은 점점 추워지는 유럽에서 밀려나 아프리카와 동남아시아로 들어갔다. 다소 따뜻한 간빙기가 오자 호미닌들은 다시 아프리카를 떠나 온화한 유라시아의 위도에서 살아갈 수 있게 되었다. 그 동안에도 지구의 평균 기온은 꾸준히 떨어졌고, 1백 8십만 년 전 플라이스토세가 시작되면서부터 긴 빙기와 짧은 간빙기가 번갈아 찾아오게 되었다. 약 12만 년 전의 에미안 간빙기는 지금의 홀로세보다도 더 따뜻했지만, 11만 년 전에 돌연히 끝나 버리고 위스콘신 빙기의 얼음이 빠른 속도로 전진하게 된다. 그때는 이미 인류가 역사의 무대에 있던 시기였지만, 마침 아프리카에서 빠져나왔던 초기의 이주민들은 추운 환경이 다시 엄습하여 그만 몰살되고 말았다. 나중에 인류가 마침내 아프리카에서 무사히 빠져나왔을 때, 그들은 주로 아시아의 해안을 따라가는 남쪽 경로를 택했다. 하지만 일부는 위스콘신 빙기가 다소 완화될 때를 틈타서 오늘날의 유럽으로 뚫고 들어올 기회를 잡아, 먼저 들어와 있던 네안데르탈인과 부딪치고 그들을 제압하기에 이른다. 그러나 얼음은 다시 무자비하게 전진하여 불과 2만 년 전에 북아메리카의 오하이오 강, 그리고 유럽의 영국 남부, 독일 중부, 슬로바키아, 우크라이나까지 내려왔다.

그리고 약 1만 8천 년 전에 다시 온난해지면서 이 빙하들은 빠른 속도로 후퇴했다. 그 속도가 빨라 얼음 밑에서 그 지역 전체가 급속히 모습을 드러냈고, 거대한 빙상이 바닷속으로 미끄러져 떨어지면서 해수면이 상승했으며, 대륙의 가장자리가 물에 잠겨 세계의 지도는 오늘날 우리가 아는 것과 비슷한 모습을 띠게 되었다. 1만 2천 년 전에 추운 환경이 잠깐 되돌아왔지만 오래가지는 못했다. 약 1만 년 전부터 지금까지 인류는 홀로세라고 하는 간빙기의 온난한 기후를 장기간 누리며 번성했다. 하지만 에미안 간빙기와는 달리 홀로세에는 복잡한 문화와 문명이 출현했고 인구가 폭발했으며, 국가와 제국이 형성되고, 거대 도시가 성장하고, 수없이 많은 형태의 기술이 꽃피었다. 또 전쟁과 파괴 또한 전례 없는 규모로 벌어졌다.

우리 인류의 수가 70억 명을 넘어서고 '지구 온난화'로 인해 최후의 거주 적소가 열리고 있는 지금, 우리에게 놓인 질문은 분명하다. 플라이스토세에 들어서만 벌써 20차례 이상이나 빙하가 오고가기를 거듭했다. 만일 지금 빙기가 다시 돌아온다면 우리는 어떻게 할 것인가?

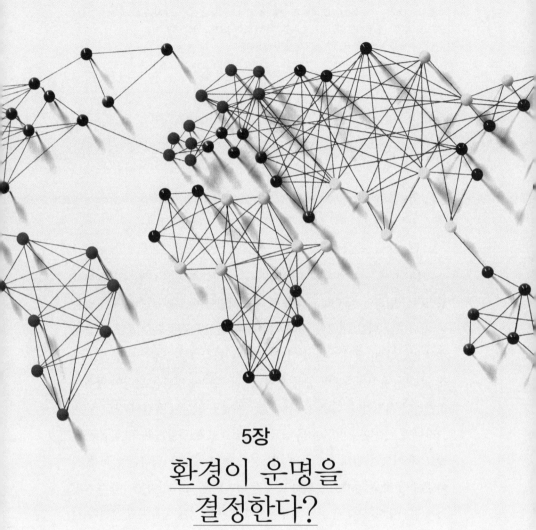

5장
환경이 운명을
결정한다?

쾨펜이 세계 기후 지도를 발표한 이후 지리학자와 기타 학자들은 이에 고무되었다. 적도 및 열대 기후에 속한 나라들은 불리한 위치에 놓여 있고, 고금의 세계 주요 강대국 중에서 이 기후권에 속한 나라는 없기 때문이다.

위스콘신 빙하의 마지막 진격을 목격한 사람들이, 북반구 전역에서 얼음이 저위도로 밀고 내려왔을 때 자신들이 치렀던 싸움을 기록으로 남길 수만 있었다면! 당시 인간이 아메리카에 다다랐다는 결정적인 증거는 아직 없지만, 유럽에서부터 중국에 이르는 유라시아 지역은 환경이 무섭게 격변하던 시기였다. 그림 4-6에서 볼 수 있듯 빙상이 유럽의 상당 부분, 그러니까 스칸디나비아 전역, 영국과 아일랜드, 네덜란드와 독일, 폴란드, 발트 해 지역과 현재 러시아의 대부분을 덮고 있었다. 빙하는 암석을 갈아 부수어 고운 입자로 분쇄하고 자갈 더미를 앞으로 밀어붙이며 무자비하게 전진했다. 분쇄된 암석 가루들은 기저부를 검게 물들이고 측면에 긴 줄무늬를 남겼다. 오늘날 나무들이 줄지어 선 미국 중서부의 풍경은 이런 '빙엽glacial lobe'의 전진 한계선을 따라 쌓인 빙퇴석을 보여주며, 한랭했던 과거의 지형적 유산을 간직하고 있다. 북아메리카에서 빙하는 오하이오 강둑에 이르렀고 유럽에서는 라인 강 너머까지 들어왔다. 로키 산맥과 알프스에서는 산악 빙하들이 합류하여 넓은 면적을 뒤덮었고 계곡을 부수며 내려와 낮은 평원 위로 펼쳐졌다. 사람과 동물뿐 아니라 식물들도 밀려났다. 북쪽의 침엽수림은 남쪽의 스페인과 멕시코로 이동했다. 지중해와 카리브 해에서도 북극의 혹독한 추위를 느낄 수 있었다. 아프리카, 남아메리카, 아시아의 적도 우림은 줄어들고 그 주변에는 사바나가 형성되었다.

지금으로부터 2만 년 전(앞에서 말한 인간의 일생으로 치면 눈 깜짝할 사이)만 해도 극적인 기후 변화가 임박했다는 신호는 거의 보이지 않았다. 그리고 날씨가 점점 따뜻해져서 일부 빙하의 가장자리가 녹기 시작한 1만 8천 년 전에 과학자들이 있었다 해도, 그들은 얼음이 지속적으로 빠져나갈 것이라거나 빙하가 급속히 사라질 것이라고 예측하지 못했을 것이다. 고위도 지방에서 생존해나가던 인간 집단들은 전에도 일시적인 휴지기를 경험한 적이 있었으므로, 이를 겪은 사람들은 아마 이것도 그런 식의 막간극이라고 생각했을 것이다. 하지만 이번에 시작된 지구 온난화는 완전히 달랐다. 이는 매우 강력하고 지속적이어서, 빙하는 크게 조각나고 밑에 깔렸던 땅바닥을 노출시키며 녹기 시작했다. 빙하 말단부뿐만이 아니라 전체 경관이 그 모습을 드러냈다.

이때는 분명 격변의 시기였다. 빙하의 안쪽 표면은 물론 선두에서도 엄청난 양의 물이 녹아 흘러내려 포효하는 강들을 형성했다. 침전물들이 강을 메우고 그중 상당량이 미시시피 계곡과 삼각주를 채웠다. 허드슨처럼 물살이 센 강들은 아직 해수면이 낮은 틈을 타 대륙붕에 깊은 계곡을 깎았다. 그러나 해수면은 곧 상승해서 '대융해Great Melt'의 산물—세계 전역에서 일어난 지형적 격변의 증거—들을 집어삼키게 된다. 유럽에서는 바닷물이 올라와 영국 해협이 생기고 넓어지면서 브리튼 섬이 본토와 분리되었다. 빙하가 녹은 물이 스칸디나비아 반도에 쏟아지고 발트 해를 채웠다. 얼음이 처음 사라진 곳은 독일과 러시아였다. 뜨거운 햇볕을 받아 만년설이 얇아지면서 알프스의 빙하도 후퇴했다.

위스콘신 빙기의 변화무쌍한 기후와 더불어 살았던 석기 시대의 우리 조상들에게, 이 온난화는 반가운 동시에 도전적인 경험이었다. 온난화에는 환경적 혼돈이 뒤따랐다. 빙하가 그동안 곱게 갈아 부순 암석들을 내려놓자 이번에는 폭풍급의 강한 바람이 (뢰스loess라고 하는) 이 먼지들을 공중으로 날려 보내, 1930년대 미국 대평원의 '더스트볼[Dust Bowl, 흙먼지 지대. 가축을 방목하고 토지 관리가 허술했던 1930년대에 심한 가뭄이 수년간 계속되자, 초원의 풀들이 죽고 강풍에 날린 표토는 모래바람을 일으켜 수천 세대가 이 지역을 떠나야 했다. 이 풍화작용은 식목 사업으로 점차 줄어들어 1940년대 초에는 원래의 모습을 거의 되찾았다.—옮긴이]'은 어린애 장난처럼 보일 정도로 짙은 먼지 구름을 일으켰다. 북아메리카와 유라시아에서 이 뢰스들은 수 미터 깊이의 두꺼운 지층으로 쌓였고, 이들이 가장 최근에 퇴적된 지역들이 중국의 황허 강, 유럽의 다뉴브 강, 북아메리카의 미시시피-오하이오 강 유역 등 빙하가 녹아 불어난 강들과 상당한 연관성을 보이는 것은 놀랄 일이 아니다. 인류가 1만 3천 년 전까지 아메리카에 다다르지 못했다는 인류학자들의 가설이 옳다면, 이 지역에서는 인간 사회가 이런 주빙하周氷河(빙하 주변) 현상을 겪지 않았을 것이다. 하지만 유럽과 아시아 사람들이 이를 겪어야 했다는 사실은 의심할 여지가 없다. 온난화는 매우 꾸준히 진행되어 사람들은 조금씩 조심조심 북극 가까이로 다가갔다. 여름이 더 더워지고 겨울이 더 온난해지면서 좀 더 안정된 삶과 대규모 공동체를 구축할 기회가 열렸다.

기후를 역전시킨 환경적 사건

그러나 자연에는 아직 인류를 놀라게 할 일이 하나 더 남아 있었다. 약 1만 2천 년 전, 북아메리카와 유럽의 남쪽 지방부터 얼음이 녹아내렸지만 캐나다와 유럽 북부, 러시아 북부에는 아직 빙하가 남아 있었다. 얼음이 녹은 물 때문에 빙상의 밑단까지 미끄러워지면서 피치 못할 일이 발생했다. 얼음이 비탈을 타고 미끄러져 해안에서 바닷속으로 빠지기 시작한 것이다. 그중에 거의 캐나다의 한 주 크기만 한 거대한 빙상 하나가 대서양에 빠지면서, 유럽 해안에서부터 카리브 해에 이르는 엄청난 파도를 일으켰으며 바다를 차게 식혀 빙기 때의 수온으로 되돌려놓았다. 한때 빙하가 서 있던 자리에 툰드라 야생화가 피어났다가, 이 사건으로 인해 이후 수천 년 동안 도로 '신드리아스Younger Dryas' 한랭기로 되돌아가게 된다(우리 조상들은 "또 시작이로군!" 했을 것이다). 하지만 이번에 일어난 한랭화는 일시적이고 짧았다. 약 1만 년 전에 온난화 경로로 접어들어 기온이 회복되어 남은 빙하가 다시 녹기 시작했고, 전체적인 패턴을 놓고 보았을 때 '신드리아스'기는 잠깐의 딸꾹질에 불과했다.

최근에 몇몇 과학자들은―북쪽의 거대한 얼음 덩어리가 북대서양에 빠져서 신드리아스기를 일으켰다는―기본 가설에 도전하며, 어떤 우주적 사건의 가능성을 제시하고 있음을 언급해야겠다. 혜성이 북반구 모처의 지표면 부근에서 폭발하여, 이로 인해 조성된 대기 조건이 일시적 한랭화를 야기했다는 것이다. 이에 대해 과학자들은 아직 합의에 다다르지 못했지만 우리는 여기서 한 가지 교훈을 얻을 수 있다. 즉 단 한 차례의 환경적 사건이 장기적 기후 추세를 일거에 역전시킬 수 있다는 것이다. 이미 녹고 있는 그린란드의 빙상이 만약 **한꺼번에** 북극해로 풍덩 빠진다면 어떻게 될까? 혹은 남극 빙상의 상당 부분이 갈라져 남극해로 내려앉는다면? 적어도 한동안은 지구 온난화를 걱정할 필요가 없을 것이다.

새로운 문화적 시대, 홀로세

지질학자들은 신드리아스기 이후 1만 년여 년간 계속되고 있는 온난한 시기를 홀로세라고 부르지만, 물론 이것이 지질학적으로 새로운 세世—신생대 빙하기가 끝난 뒤의 새로운 시기—라는 증거는 아직 없다. 우리가 아는 한, 홀로세 전체는 플라이스토세 간빙기 중 하나다.

홀로세의 독특한 점은 이것이 지질학적 시대 구분이 아니라 지리학적 시대 구분이라는 것이다. 홀로세가 완전히 새로운 **문화적** 시대라는 사실은 의심의 여지가 없다. 이 지구 상에 호미닌은 대략 수백만 년, 현생 인류는 아마도 17만 년간 존재해왔지만, 홀로세에 일어난 인구적·문화적 폭발은 전례가 없던 것이다. 2011년 몇몇 학자들은 지질 시대인 '홀로세'에 대응하는 지리학적 시대 개념을, 인류가 지구와 그 환경에 가한 영향을 고려하여 '인류세Anthropocene'라고 부르자고 제안했다. 데이비드 도이치David Dwutsch는 이 개념을 지지하며, (일례로) 오늘날 맨해튼 섬의 도시 지형이 원래의 지질학적 흔적을 완전히 지워버린 사실을 지적했다. 이곳에서는 지질 경관이 본질적으로 그 의미를 잃고 인위적 지형이 경관 전체를 완전히 기능적으로 지배하고 있다.[1] 인간이 일으킨 대기 오염이 최근 지구 평균 기온 상승의 유일한 원인이라고 가정하는 학자들은 인류를 환경 변화의 주요 동인으로 지목하며 '인류세'라는 개념에 더욱 힘을 싣고 있다.

그러나 지난 1만 년간 인류가 자연을 지배했다는 생각은 거기서 그친다. 물론 지난 1만 년간 드넓은 범위의 자연 식생이 농지로 변했고 강에는 댐이 세워졌으며, 산림 사면에 관개가 이루어지고, 도시 지역의 땅이 아스팔트와 콘크리트 밑으로 가라앉고, 천연자원이 추출되고, 해양 생물들이 괴멸 지경에 이르고, 열대 우림의 상당 부분이 파괴되고, 수많은 종이 멸종했다. 이 모두는 인간의 수가 불과 수만 명에서 70억 명으로 불어나는 동안에 일어난 일들이다. 그러나 자연의 힘은 여전히 어마어마하다. 만약 태양에서 방출된 수십억 톤의 양성자가 지구의 자기 보호막을 뚫고 들어온다면, 현대 전자 기술로 형성된 사이버일렉트로스피어[cyberelectrosphere, 전기로 작동하며 우주 전파에 취약한 지구상의 모든 기술 시스템을 통칭하는 신조어―옮긴이] 전체가 다 타 버릴 것이다. 겨우 7만 년 전에 일어난 토바 화산 폭발 같은 사건이 다시 일어난다면 수백만의 인명이 희생되고 세계는 그 여파에서 수십 년간 헤어나지 못할 것이다. 2004년 12월 26일 수마트라에 일어난 단 몇 차례의 지진은 지진해일을 일으켜 28만 명 이상의 목숨을 앗아갔다. 칙술루브에 비견할 만한 소행성 충돌은 홀로세/인류세를 끝장낼 것이다.

지금의 온화한 지구 기온을 낳은 후빙기의 온난화는 분명히 아직도 그 비밀을 품고 있다. 현재 과학적 연구(및 논쟁)가 계속 이루어지고 있는 주제 중 하나는 지금으로부터 약 8천 2백년 전에 급속히 물이 들어찬 흑해에 대한 것이다. 수년 전 일군의 지질학자들은 이 역시 북아메리카 북단에서 거대한 빙상이 미끄러져 떨어진 결과라는 가설을 제시했다. 이는 신드리아스기를 초래했다고 추측되는 빙상보다는 작았지만, 북대서양의 수온을 낮추고 해수면을 상승시키기엔 충분한 크기였다. 대서양의 해수면이 상승하면서 지브롤터 해협을 통해 지중해로 물이 쏟아져 들어왔고, 지중해는 다시 오늘날 '흑해'가 된 호수의 둑을 넘어 범람했는데, 그 호숫가에는 수많은 취락들이 있었다. 지질학자인 윌리엄 라이언William Ryan과 월터 피트먼Walter Pitman은 이 당시 나이아가라 폭포 2백 배 세기의 물결이 밀어닥쳐 수면이 하루에 15센티미터씩 상승해 흑해를 채웠으며, 호숫가 마을 주민들을 하루에 약 1마일씩 뒤로 밀어냈다고 설명한다. 그중 많은 사람들은 집과 배와 들판과 가축까지 버리고 달아나 홍수가 이들 모두를 집어삼키는 광경을 지켜보았다. 라이언과 피트먼에 의하면, 홍수가 끝났을 때 흑해의 수위는 145미터나 올라갔다고 한다. 성경에 나오는 대홍수의 전설은 이 사건에서 기원했을 가능성이 크다.

이 시나리오에 의문을 제기하는 후속 연구들도 나왔지만, 흑해 분지에 이곳 주민들이 미처 대비하지 못한 어떤 극적인 사건이 일어났다는 사실에는 의심의 여지가 없다. 아마 세계 다른 지역의 극적인 사건들도 연구자들의 발견과 분석을 기다리고 있을 것이다. 어쨌든 홀로세는 더 따뜻하고 조용한 시대로 밋밋하게 이행한 시기가 아니었다. 그래도 흑해 홍수 이후에 환경은 기후학자들이 '후빙기 최적기postglacial optimum'라고 이름을 붙일 만큼 안정되었다. 이는 약 7천 년 전부터 지구의 환경 조건이 오늘날 우리가 익숙한 환경과 비슷해진 시기를 말한다(그림 5-1). 후빙기 최적기는 약 2천 년 전부터 다시금 '중세 최적기Medieval Optimum'라는 역시 쾌적한 시기로 이어졌는데, 이때 유라시아의 고위도 지방으로 주거지가 확대되고 아이슬란드에 사람이 살기 시작했으며 심지어 그린란드에도 식민지가 세워졌다.

이처럼 기후가 최적이었던 시기도 조용하기만 한 것은 아니었다. 지금으로부터 약 3천 6백 2십년 전, 오늘날 그리스의 키클라데스 제도 중 하나인 크레타의 북쪽에 있던 티라(산토리니)라는 화산섬이 토바 산과 비슷한 폭발을 일으켰다. 지중해 동부의 넓은 지역이 온통 독성이 강한 잿더미로 뒤덮이고, 여러 날 동안 하늘이 검게 물들었으며 지진파로 인해 바닷물이 뒤집어졌다. 성경에 어둠이 내리거나 바다가 갈라졌음을

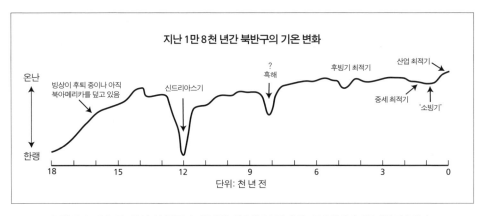

그림 5-1 지난 1만 8천 년간 북반구의 기온 변화. 급속한 온난화와 위스콘신 빙하의 빠른 해빙 이후 갑자기 다시 심한 추위가 닥쳤지만(신드리아스기) 신속히 온난화 추세로 복귀했고, 그 뒤로 오늘날까지 약간의 오르내림은 있었지만 이 흐름이 계속 유지되었다. 오늘날은 1940년부터 1970년까지의 한랭화 시기 이후로 인간의 대기 오염에 의해 지구 온난화가 더 심해지고 있다.

암시하는 구절 등은 이 사건에서 유래했을 수도 있다(혹은 아틀란티스 전설이 여기서 유래했을 수도 있다. 폭발 이후 햇빛이 되돌아왔을 때 티라 섬은 거의 흔적도 없이 사라졌기 때문이다). 하지만 폭발로 좀 더 직접적인 영향을 받은 곳은 바로 크레타 섬이었다. 당시 크레타는 강력하고 문화적으로 앞선 미노아 문명의 근거지였다. 티라의 화산 폭발은 미노아 문명에 치명적인 타격을 가하여, 고대 그리스가 그 지역의 지배권을 장악할 길을 열어주었다.

'최적기'에 쾌적한 기후만이 이어진 것은 아니다. 얼음이 사라진 뒤에도 해빙(deglaciation, 빙하가 후퇴하면서 지면이 대기 조건에 노출되는 현상)은 한참 동안 계속되었다. 기후대가 극지방 쪽으로 이동하고 토양이 비옥해졌으며, 동식물이 이동하면서 환경 변화는 수천 년간 계속되었다. 몇몇 사회는 좋은 입지를 차지하는 행운을 잡아 안정과 팽창과 부강을 누렸다. 반면, 오늘날의 서남아시아에 위치한 일부 초기 국가와 도시들은 강이 말라붙고 사막이 잠식해 들어오면서 생계 기반이 파괴되었다. 관개 농법의 혁신이 일부 학자들의 주장처럼 이러한 환경 위기에 대한 대응책이었을까, 아니면 그 이전에 안정된 환경에서 발생한 인구압 때문이었을까?

'중세 최적기'는 동시대에 존재한 두 제국—유라시아 서부의 로마 제국과 유라시아 동부의 한나라—에게는 확실히 좋은 시절이었다. 로마 제국은 (이전으로나 이후로나) 유례가 없는 규모로 유럽을 통일했고, 유럽 대부분의 지역에 지워지지 않을 문화적 흔적을 남겼다. 한나라는 이후 중국을 지배하게 될 제국의 초기 형태를 완성하고, 크고 강력한 국가의 기틀을 닦았다. 한의 수도였던 장안(오늘날의 시안)은 중국의 로마였고, 로마는 지중해의 장안이었다. 실크로드는 동양과 서양 사이에 상품뿐만이 아니라 화려하고 강대한 두 나라의 이야기를 실어 날랐다.

그리고 당시에는 서유럽과 동아시아가 모두 온난했다. 로마인들은 영국에 포도덩굴을 심어, 번창하는 와인 산업을 유산으로 남겼다. 농경 한계선은 스칸디나비아 쪽으로 꾸준히 북상했으며, 알프스의 수목 및 유목 한계선도 높은 고도로 올라갔다. 유럽의 중세 도시가 우후죽순으로 솟아나면서 건축가들은 여기에 서구 문명의 주된 작품들을 세워 올렸다. 파리 중심부 센 강 가운데의 노트르담 성당을 비롯해, 샤르트르 성당, 캔터베리 성당, 기타 수많은 고딕 양식과 기술이 이용되었다. 중국에서는 당나라(618~907)가 팽창 및 합병되며 건축과 예술의 황금기를 맞았다. 불교가 확산되면서 장려한 탑들이 세워졌다. 장안은 중국의 문화적 수도이자 세계에서 가장 큰 도시였다. 그 뒤를 이은 송나라는 전례 없는 농업 생산성을 기록한 화북 평야와 남부 논농사 지대의 수혜를 입었다. 1279년 송나라가 멸망할 무렵 중국의 인구는 약 1억 명에 도달한 것으로 추산된다.

그리고 몽골이 중국을 침입하여 원나라를 세운 뒤에도 얼마 동안 '중세 최적기' 환경의 혜택을 보았다.

하지만 그 시간은 그리 길지 않았다. 만약 중국과 유럽이 오늘날처럼 기상 정보를 교환했다면, 중국인들은 유럽에서 날아온 소식에 놀랐을 것이다. 서구에서 오랫동안 계속되어 당연하게 여겨지던 온난하고 쾌적한 환경이 이제 끝날 징조를 보였기 때문이다. 겨울은 더 추워지고, 5월에 서리가 내리는 등 지난 수 세기 동안 보지 못했던 일이 비일비재해졌다. 초가을에 서리가 내리면서 국지적으로 기근이 발생했다. 유럽 일부 지역은 계속해서 가뭄이 들었고, 어떤 지역은 파괴적인 홍수가 졌다. 영국의 와인 산업은 한랭화로 인해 불과 수십 년 만에 붕괴했다. 14세기로 들어설 무렵 알프스의 빙하가 전진하기 시작했다. 그린란드의 소규모 취락들은 이미 오래전에 사라졌고, 아이슬란드도 버려진 땅이 되었다. 갑자기 기록적인 한파가 몰아치는가 하면 타는 듯한 여름 더위와 성난 태풍이 닥치는 등 날씨가 극과 극을 오가곤 했다. 자연은 플라이스토세에 그토록 자주 일어났던 기후의 역전을 또다시 준비하고 있는 듯했다. 홀로세가 이대로 종말을 맞이하는 것이었을까?

소빙기의 기후

14세기의 농민, 와인 재배인, 뱃사람들의 눈에는 틀림없이 그렇게 보였을 것이다. 극심해지는 추위, 줄어드는 강수량, 차가운 바람 때문에 생육 기간이 짧아져서 수확량이 줄어들었고 농사를 망치기 일쑤였다. 바다도 고기를 잡으러 나가기에는 너무 험악해졌다. 게다가 사람들이 그 어느 때보다도 도시에 많이 밀집한 시기에 맞추어 기근이 유럽 전체를 강타했다.

농민들이 남긴 일기(특히 와인 재배인들이 남긴 일기가 유용하다), 나이테(연륜 연대학), 빙핵, 당대의 기록, 삽화, 남아 있는 스케치와 드로잉 등을 종합하여 당시의 기후를 복원해보면, 1300년 이후의 시기를 재빙기reglaciation로 규정할 수 있다. 현재 우리는 고산 지대의 빙하가 전진하고 아북극권 지대의 얼음이 두터워진 이 한랭한 시기가 19세기 중반에 막을 내리며, 1600년대부터 시작된 최악의 시기도 본격적인 플라이스토세 빙기로 이어지지는 않았음을 알고 있다. 무엇 때문에 유럽과 다른 지역에서 이런 재난이 일어났든 간에, 이 재난을 직접 경험한 사람들은 그것이 장기적으로 어떤 의미를 띠는 것인지 물론 깨닫지 못했다. 새로운 분석 방법이 개발되어 과학자들이 그때 무슨 일이 일어났는지 파악하고 나서야, 비로소 이 사건에 적절한 이름을 붙일 수 있게 되었다. 이 일시적인 한랭화 현상은 빙하기가 아니라 소빙기였고, 지난 7천 년 동안 처음 있는 일도 아니었다. 그러나 '소빙하기Little Ice Age'라는 이름이 영어 명칭으로 고정된 것은 이것이 '소빙기Minor Glaciation'보다 더 극적으로 들렸기 때문이다.

직접 기후의 영향을 받은 사람들에게 소빙기는 작거나 사소한 일이 아니었다. 유럽의 기후는 심하게, 종종 갑작스럽게 널을 뛰어서 가까스로 재난을 복구하고 나면 또다시 기근이 찾아오고, 인구가 모처럼 불어났다가도 다시 주저앉곤 했다. 14세기에 동·서 유라시아의 지리는 운명적으로 맞물려 있었다. 몽골인들은 쾌적한 조건에 힘입어 번성하고 확장하여 결국 중국에 몽골 제국을 세웠으며, 여세를 몰아 서유럽에까지 뻗어나갔다. 그 과정에서 몽골 이주민들은 서혜 임파선종을 옮기는 박테리아의 변종에 감염되었으며, 그 매개체인 벼룩은 몽골 이주민들의 무자비한 전진에 앞서 쥐와 사람들을 타고 유럽으로 건너왔다. 이미 쇠약해진 유럽을 흑사병이 차례로 휩쓸어 인구의 절반 혹은 그 이상을 사망에 이르게 했고, 15세기의 4분기까지도 의료·환경적 복구는 시작되지도 못했다.

한편 중국에서는 몽골 제국(원나라)의 멸망(1368) 이후에 소빙기의 본격적인 충격이 나타났다. 명나라 초기의 통치자들이 물려받은 중국은 북부의 밀농사 지대와 중부의 쌀농사 지대가 대운하를 비롯한 여러 수로로 연결되어 많은 인구를 먹여 살리고 있었다. 14세기 말에 명나라의 통치자들은 전설적인 장군인 정화鄭和의 권유로 대양으로 출항할 선단을 건설하게 했는데, 이 선단은 인도양과 그 너머까지 중국의 권위와 명성을 떨치게 된다. 총 6천 척 이상의 배로 이루어진 이 함대에서 가장 큰 배는 5백 명의 선원이 탈 수 있었으며, 길이가 140미터가 넘고 갑판이 네 개, 돛대가 아홉 개에 30일 동안 항해할 충분한 물과 식량을 실을 수 있었다. 유럽에서 만든 어떤 배도 기술이나 크기에서 이 선박에 근접하지 못했다. 1405년에 출항한 첫 탐험대는 315척의 배와 2만 7천 명의 선원으로 이루어졌으며, 뒤이은 탐험대는 페르시아 만과 홍해는 물론 남쪽으로 동아프리카의 소팔라까지 이르렀다. 이때 중국인들은 희망봉을 돌아 대서양으로 나갈 준비까지도 했던 것 같다.

하지만 본국에 재난이 닥치는 바람에 이 계획은 수포로 돌아갔다. 중국에서 소빙기 최초의 참사는 유럽보다 늦게 일어났지만 그렇다고 덜 심했던 것은 아니었다. 내륙에 비가 오지 않고 강이 말라붙어 밀 수확량이 급감했다. 기근이 터지고 사회적 무질서와 전염병이 횡행했다. 명나라의 통치자들은 해상 탐험을 중단하고 대양 항해 선박을 모조리 불태울 것을 명하고, 당시까지 세계에서 가장 컸던 난징의 조선소에 더 춥고 건조한 북부 지방의 어려운 상황을 타개하기 위해 쌀을 싣고 대운하를 운항하는 바지선만을 건조하도록 지시했다. 환경이 인간의 역량을 결정하지는 못하지만, 환경 변수는 역사의 행로에 결정적인 영향을 미칠 수 있다.

유럽에 닥친 위기

서유럽에서 소빙기의 기후 변동 덕분에 문화 지리학자들이 말하는 2차 농업 혁명이 일어났다는 말은 과장이 아니다. 농기구가 개선되고, 경작법(심기, 씨뿌리기, 물주기, 김매기, 추수하기)이 훨씬 발전하고, 생산물의 운송과 저장 과정에서 낭비와 손실이 줄어들었다. 새로운 작물의 재배가 시도되고(그것이 항상 좋은 결실을 맺지는 않았지만), 성장하는 도시 지역에 좀 더 효율적인 판매가 이루어졌다. 16세기 말까지 소빙기가 더욱더 악화될 징조를 보였기 때문에, 이 모든 것은 말 그대로 생존의 문제였다. 16세기의 마지막 몇십 년은 그때까지 유럽의 환경사에서 가장 극단적인 시기였다. 그리고 17세기에는 동남아시아에서 화산 폭발이 잇따르고 이미 추운 지역에 더 심한 추위가 닥치면서 환경이 더더욱 악화되었다.[2]

일부 기후학자들은 1650년부터 1850년까지의 시기를 '진짜' 소빙기라고 일컫기도 한다. 이 2백 년 동안 유럽을 휩쓴 환경 위기가 과거에 경험한 어떤 위기보다도 심했기 때문이다. 그리고 실제로 1675년부터 1735년까지 지구는 천 년 단위로 반복되는 기후 변화기 중에서 가장 추운 주기에 있었다. 유럽 여러 지역에서는 식물의 생육기가 6주나 짧아졌고, 항구가 얼어붙었으며, 아이슬란드와 그린란드 사이의 덴마크 해협은 얼음으로 막혀 여름에도 통과할 수 없었다. 북해에 얼음이 얼어 해안에서 55킬로미터 거리까지 녹지 않고 남아 있었다. 알프스 빙하가 빠른 속도로 전진하여 마을과 농장을 위협했고, 사제와 교구민들은 그 앞에 모여서 신께 기도를 드렸다.

복합적으로 상호 작용하며 기후 변화를 일으키는 여러 주기에 대한 이야기로 되돌아가서, 1천 년대에서 가장 추웠던 시기(1675~1735)가 짐작컨대 흑점 활동이 최소화한 시기―이 현상을 분석한 과학자 이름을 딴

'마운더 극소기'—와 일치하는 듯 보인다는 점을 짚고 넘어가야겠다. '짐작컨대'라는 수식어가 필요한 이유는 1750년경 이전의 흑점 활동에 대한 기록이 불완전하기 때문이지만, 장기간의 태양 주기에 대해서는 알려진 것이 거의 없는 까닭에 이 상호 연관성은 상당한 관심을 끌고 있다. 이보다 시기가 좀 더 뚜렷하게 구분되는 태양 극소기인 '돌턴 극소기Dalton Minimum'는 1795년부터 1820년까지인데, 이때 역시 유럽뿐만 아니라 여러 지역이 유난히 추웠던 시기였다.

그렇다면 이는 전 지구적 현상이었을까? 고고학자인 브라이언 페이건Brian Fagan은 『소빙기The Little Ice Age』라는 책에서, 뉴질랜드 남섬의 프란츠요세프 빙하가 "계곡 아래쪽으로 밀고 내려가면서 큰 열대 우림에 부딪혀 (……) 거대한 나무들을 성냥개비처럼 넘어뜨렸다."라고 썼다.[3] 소빙기에 대한 우리의 이해가 깊어짐에 따라, 북아메리카에서 제임스타운Jamestown 식민지가 왜 그렇게 빠른 속도로 붕괴했는지 설명할 수 있게 되었다[1606년 영국 왕 제임스 1세가 북아메리카 식민지를 건설하도록 허가를 내렸고, 이듬해 100여 명이 버지니아에 상륙해 최초의 영국인 식민 도시인 제임스타운을 건설했다. 그러나 첫 번째 겨울에 정착민의 절반 이상이 질병과 기근 등으로 사망했고, 1606년에서 1622년까지 매년 버지니아로 이주한 총 6천 명의 정착민 중에서 4천여 명이 사망했다.—옮긴이]. 역사가들은 그 이유로 이주민들의 어리석음, 준비 부족, 그 지역의 아메리카 원주민에 대한 인종주의적 태도 등을 꼽는다.

하지만 그 주된 이유는 바로 환경적인 요인이었다. 아칸소 대학의 지리학자인 돈 스탈Don Stahle과 그의 연구팀은 8세기까지 거슬러 올라가는 나이테 기록을 조사했는데, 제임스타운 지역이 1606년(식민지가 건설되기 한 해 전)부터 1612년까지 7년 동안, 거의 8세기를 통틀어 가장 심한 가뭄을 겪었음을 알아냈다. 유럽인 이주자들과 아메리카 원주민들은 같은 상황에 처해 있었고, 줄어드는 식량과 낮아지는 지하수면을 놓고 서로 경쟁해야 했기에 그들의 관계는 더욱 악화되었다. 높은 아사율은 이주자들에게만 국한된 것이 아니었다. 그들과 아메리카 원주민은 소빙기의 혹독한 환경에 함께 직면한 것이다.

유럽은 숨 돌릴 틈이 없었다. 특히 1780년대는 재난이 계속해서 잇따랐다. 1783년 아이슬란드에서 라키Laki라는 거대한 화산이 폭발해 8개월 동안 약 1억 톤의 화산재, 아황산가스, 기타 오염 물질을 대기 중에 내뿜었다. 라키 화산의 폭발로 북아메리카의 기온이 섭씨 약 4도나 떨어졌고, 유럽, 러시아, 북아프리카에까지 겨울 혹한이 잇따랐다. 그리고 1784년 2월에는 라인 강 하류 전체가 얼음으로 가로막혀 역사상 최악의 홍수가 발생했고, 식량 부족과 경제적 곤궁을 초래했다. 1788년 서유럽의 날씨는 유난히 거칠어, 우박을 동반한 폭풍으로 숲이 파괴되었으며(한 보고에 따르면 지름이 거의 40센티미터 가까운 우박이 떨어졌다고 한다), 작물들이 쓰러졌다. 프랑스 혁명이 일어난 데에는 물론 여러 가지 다른 원인이 있지만, 혁명이 유독 그 시점에 일어난 원인은 1780년대라는 끔찍한 시절에 식량 부족 현상이 거듭된 사실과도 분명히 관계가 있다. 1812년 나폴레옹 보나파르트가 러시아로 진군했을 때도 운이 따르지 않았다. 1805년부터 1820년까지는 '진짜' 소빙기 중에서도 가장 추운 시기였고, 나폴레옹의 군대가 러시아로 쳐들어갔을 때 그들의 가장 큰 적수는 바로 러시아 군대에게는 친숙했던 혹독한 겨울이었다.

지구 반대편에서 날아온 위협

환경 조건이 더 이상 나빠질 수는 없다고 여겨진 바로 그 시점에, 더더욱 나쁜 일이 터졌다. 대기 중의 변수가 아니라 바로 지구 반대편에서 일어난 화산 폭발이었다.

1815년 4월 5일, 당시 네덜란드령 동인도에 속했던, 발리에서 동쪽으로 멀지 않은 숨바와 섬의 탐보라 화산이 우르르 울리며 살아났다. 일주일도 채 지나지 않아 이 산은 수천 마일 밖에서도 들리는 굉음을 내며 잇달아 폭발하여 가루로 변해버렸고, 이 섬의 주민 1만 2천 명 중 살아남은 사람은 26명에 불과했다. 분출이 끝났을 때 1,220미터 높이의 화산은 흔적도 없이 사라졌으며 오늘날 인도네시아의 대부분 지역이 그 잔해로 뒤덮였다. 어둠이 몇 주 동안이나 드리웠고, 이후 몇 달간 수만 명이 기근으로 죽었다. 식민 정부의 보고서에 따르면, 들판이 유독한 화산재와 가루로 뒤덮였고 수원은 떠내려온 나무와 잔해로 막혀버렸으며, 공기는 산성 화합물로 된 연기로 가득 차 숨 쉴 수조차 없었다.

탐보라 화산이 폭발하면서 수억 톤의 화산재가 지구 궤도로 솟아올라 전 세계의 하늘을 검게 물들였다. 처음에는 적도 근방에 얇은 띠처럼 분포하다가, 점점 넓게 퍼져 지구 전체를 에워싸는 얇은 막처럼 변하여 태양 복사를 차단했다. 1816년 중반경이 되자 전 세계의 농민들은 올해에는 여름이 없을 것이고, 생육기에도 작물이 생육하지 않으리라는 사실을 분명히 깨닫게 되었다. 유럽에서는 식량 부족이 심각했고 곡물 가격이 가파르게 올라서, 정부들은 사재기를 막기 위해 국경을 봉쇄해야 했다. 그럼에도 불구하고 도시에서는 식량 폭동이 일어났고, 농촌에서는 무장한 갱단이 농장과 상점을 습격했다. 미국 뉴잉글랜드 지방에서는 옥수수가 무르익지 않아 곡물 가격이 급상승했으며, 가축 시장이 붕괴하는 등 '여름이 없는 해'를 특히 더 힘들게 보냈다. 우리는 탐보라 화산 폭발이 세계 다른 지역에 미친 충격에 대해서는 추측해볼 수밖에 없지만, 1816년이 소빙기 중에서도 특히 절망적인 해였음은 의문의 여지가 없다. 이는 인류 모두가 상시 위험 속에서 살아가고 있음을 일깨워준 위기였다.

이 연대기적 사건들을 공간적 관점에 놓고 보려면, 소빙기가 막을 내리는 19세기 중반 무렵에 인간 세계에 무슨 일이 일어났는가를 상기해야 한다. 산업혁명이 가속화되었고, 중앙아메리카부터 동남아시아에 이르기까지 식민지 시대로 접어들면서 사회와 경제가 변모했다. 유럽인들은 멀리 떨어진 지역을 지배하며 착취하는 한편 자기들끼리도 싸움을 벌였다. 그리고 인구 증가가 가속화되었다. 탐보라 화산이 폭발할 즈음에 세계의 인구는 약 10억 명이었는데, 이는 소빙기가 시작할 때보다 두 배가 늘어난 것이다. 1850년부터 소빙기 이후의 온난화에 발맞추어 인구 폭발이—1940년부터 1970년까지 한 차례 늦춰진 것을 빼고는—계속해서 진행되었다. 이 점을 생각해보자. 탐보라 화산이 폭발하고 2세기가 흐른 2015년의 지구는 당시보다 일곱 배나 더 많은 사람들을 수용하고 있을 것이다. 지금의 세계에 토바 화산 폭발 같은 대재앙이 일어나거나 지구가 플라이스토세 빙기로 갑작스레 복귀하거나, 하다못해 '여름이 없는 해'가 다시 찾아온다면 인류는 어떻게 대처할 것인가?

더워지는 세계

지금의 현실은 플라이스토세의 역사에 근거한 장기적인 환경적 도전에 대한 일체의 전망을 무색케 하고 있다. 지구는 온난한 시기에 들어섰고 이것이 수 세기 동안 지속된다면 전 지구적 위기로 악화될 가능성이 있다. 지구상에서 위스콘신 빙기의 얼음을 대부분 제거해버린 대대적인 지구 온난화가 시작되었을 때(현재 남극과 그린란드의 빙상은 이 시기의 마지막 남은 대규모 유물이다) 해수면이 무자비하게 상승하면서 많은 해안에 인접한 대륙붕들이 빠르게 잠겼다. 이 일이 일어났을 때 사람들은 원래 살던 곳 밖으로 내몰렸을 것이 확실하다. 만약 빙하기의 해안선을 따라 도시가 건설되어 있었다면 지금 그들은 물속에 잠겨 있을 것이다. 인간이 초래하는 대기 오염으로 지구 온난화가 가속화되면 해수면은 더 올라갈 가능성이 높다. 그 상승 정도는 다양하게 예측이 가능하며 이는 물론 남아 있는 얼음이 얼마나 많이, 얼마나 빨리 녹느냐에 달려 있다. 만일 그린란드와 남극의 만년설이 전부 녹는다면 해수면은 상상할 수 없을 정도로 높이 올라가, 뉴욕, 런던, 뭄바이, 상하이를 비롯한 수백 개 도시와 마을들이 물에 잠길 것이다. 지난 간빙기에는 이 정도로 완전한 해빙이 이루어진 적이 없었으므로 쉬이 이렇게 될 것 같지는 않다. 하지만 다른 한편으로 생각해보면, 과거에는 해빙 과정에 인간의 활동이 영향을 끼치지 않았다.

해수면이 그보다 덜 극적으로 상승하더라도 이에 취약한 국가들에는 치명적인 영향을 끼칠 것이다. 태평양과 인도양에서 해발 고도가 낮고 인구가 밀집된 섬들은 현재 독립 국가가 되어 있는데, 해수면이 의미 있는 수치 정도로만 상승한다 해도 이들 나라의 변두리만이 아니라 그 국가 자체까지 위협받게 될 것이다. 태평양의 투발루와 인도양의 몰디브 같은 나라에서 가장 높은 땅도 해발 6미터(몰디브는 약 2미터)를 넘지 않으므로 더 높은 곳으로 이주하는 선택지는 존재하지 않는다. 미래를 우려하는 이들 나라의 몇몇 정부는 산업화된 국가들에게 온실 효과의 책임을

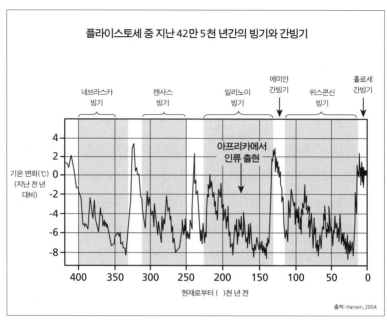

플라이스토세 중 지난 42만 5천 년간의 빙기와 간빙기

네브라스카
빙기

캔사스
빙기

일리노이
빙기

에미안
간빙기

위스콘신
빙기

홀로세
간빙기

아프리카에서
인류 출현

기온 변화(℃)
(지난 천 년
대비)

4
2
0
-2
-4
-6
-8

400 350 300 250 200 150 100 50 0

현재로부터 (　) 천 년 전

출처: Hansen, 2004

그림 5-2 플라이스토세 중 최근 40만 년간의 빙기와 간빙기. 빙기가 일률적으로 춥지 않았고 간빙기도
지속적으로 덥기만 하지 않았음에 유의하자. 인간이 유럽에 정착한 것은 위스콘신 빙기 중에서도 가장 추
웠던 어느 시기였다. 「사이언티픽 아메리칸」 290: 1호에 실린 J. 핸슨의 〈지구 온난화 시한폭탄 해체하기
Defusing the Global Warming Time Bomb〉에서 약간 수정하여 인용.

물어 소송을 제기하고, 섬이 침수될 경우 이웃 나라의 영토로 국민 전체
를 이주시키려는 계획을 추진하고 있다. 과학자들의 우울한 예측은 예상
치 못했던 결과를 가져올 수 있다.

　　그러니 플라이스토세의 마지막 4분기 동안 일어난 일들, 지난 42만
5천 년간의 기후 변화라는 맥락에서 현 상황을 점검해보도록 하자. 이는
다양한 분야의 과학적 연구에 힘입어 상당히 정확하게 재구성되어 있는
데(그림 5-2). 이 시기에 다섯 차례의 간빙기(우리가 오늘날 경험하고 있는
것과 같은 따뜻한 시기)와 이보다 훨씬 더 긴 네 차례의 빙기가 있었음을

알 수 있다. 빙기와 간빙기는 뚜렷한 기온 변동 그리고 얼음의 전진 및 후퇴로 구분된다. 네 차례의 빙기에는 각각 네브라스카, 캔자스, 일리노이, 위스콘신이라는 이름이 붙어 있다(이는 다른 이름을 가진 유럽의 네 차례 빙기와 각각 대응된다). 일리노이와 위스콘신 빙기 사이에는 에미안 간빙기가 왔는데, 우리 인류의 먼 조상은 에미안 간빙기를 경험했지만 여기에 영향을 끼치지는 못했다. 그리고 위스콘신 빙기의 극적인 마지막 일격이 지나간 후—그림 5-2에서 기온이 급격히 떨어진 것을 보라—'우리의' 간빙기인 홀로세가 찾아왔다.

에미안 간빙기가 아주 흥미로운 것은 우리 시대 이후를 예측할 실마리를 전해주기 때문이다. 급속한 기온 상승이 일리노이 빙기로 막을 내리고, 에미안 간빙기 초기에 기후가 온난해졌다가 다시 기온이 떨어져 위스콘신 빙기로 이어진 것을 보라. 이 일련의 사건들에 대한 기후학자 제임스 한센James Hansen의 탁월한 분석은 '지구 온난화' 논란을 누그러뜨리는 데 상당한 역할을 했다. 그는 에미안 간빙기 때의 최고 기온이 우리가 홀로세에 경험했던 것보다 더 높지만, 인간이 온실 효과를 강화하고 있기 때문에 결국에는 홀로세가 그때보다 더 더워질 것이라고 말했다. 한센의 계산 결과는 심란하다. 에미안 간빙기 동안 해수면은 현재보다 3~5미터 더 높게 상승했다.[4] 간빙기 때마다 기온이 똑같은 정도로 상승하지 않는 것은 분명하다. 증거들을 보면 네브라스카와 캔자스 빙기를 가른 간빙기 때는 훨씬 더 따뜻했지만, 캔자스 빙기 직후의 간빙기는 다른 간빙기 때만큼 따뜻하지 않았다.

그러니 자연적 원인과 인간의 개입이 결합해서 새로운 최고값이 수립된다면, 우리는 곧 홀로세 전체를 통틀어 가장 높은 기온을 경험하게 될지 모른다. 혹은 과거에 했던 일들을 잊지 않은 자연이 다시 급격한 한랭화로 우리 간빙기를 끝내버릴 수도 있다. 현 시점에서 후자가 닥칠 전망은 보이지 않으며, 그 명백한 중요 변수는 인간의 행동이다. 확실히 인류가 배출하는 엄청난 양의 온실 가스가 현재의 지구 온난화에 상당히, 어쩌면 지대하게 기여하고 있음은 의심의 여지가 없다. 문제는 이런 인간의 행동이 자연의 주기적 전환을 압도해서, 지난 간빙기들을 매우 규칙적인 패턴으로 종결지었던 기온 급강하가 홀로세 후기에는 반복되지 않을 정도로 강력한 힘을 지니고 있는가이다. (자연이 칙술루브와 토바와 기타 여러 재앙에 뒤따른 극심한 오염을 극복하고 살아남았음을 생각할 때) 우리에게 자연을 억누를 능력이 있다고 가정하는 일은 다소 오만하게 느껴지지만, 일부 과학자들은 우리가 앞으로 지구를 영구히 덥혀, 그림 5-2에 나타난 연속적 패턴에 종지부를 찍을 수도 있다는 가설을 제기하고 있다. 만약 그들이 옳다고 입증된다면 '인류세'라는 용어는 새로운 의미를 갖게 될 것이다.

지구 한랭화와 온난화

유럽의 '소빙기'가 끝나고 뒤이은 지난 2세기 동안의 환경적 사건들은, 산업혁명이 시작된 이후 인간과 그들의 행동이 대기에 미친 영향을 고려할 때 '산업 최적기'라고 부를 수 있을 것이다. 19세기 중반부터 2010년대까지의 지구 평균 기온을 보여주는 도표는—산업혁명이 절정기에 이른 대략 1940년부터 1970년까지의 기간만 제외하고—전반적인 온난화 추세를 기록하고 있다(그림 5-3). 20세기 중반의 기온 역전은 30년간 숱한 과학적 분석과 예측을 낳았고, 대중 매체는 물론 학술 문헌들까지 온통 빙기가 임박했다고 예고했다. 이 시기에 대한 개인적 기억은 아직까지도 남

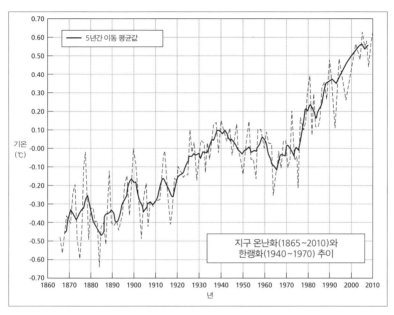

그림 5-3 1860년부터 2010년까지 지구 평균 기온의 변화 증거들을 종합한 도표. 수없는 이 기록은 이 기간에 기온이 섭씨 1도 넘게 상승했음을 보여주고 있다. 1940년대부터 1960년대까지 평균 기온이 하강했다가 1970년 이후 온난화가 가속화된 것을 알 수 있다.

아 있다. 당시의 내 일기는 2차 대전 기간 네덜란드의 혹독했던 추위와 유난히 길었던 겨울, 1940년대 후반 남아프리카공화국 요하네스버그에서 겪은 몇 차례의 몹시 추운 겨울, 1950년대의 어느 해 9월 일리노이 주 에반스톤에 내린 눈과 1960년대의 어느 해 5월 미시간 주 이스트랜싱에 내린 서리에 대해 묘사해놓았다. 당시 노스웨스턴 대학의 대학원생이었던 나는 한 영국인 방문 학자의 극적인 강연을 기억하고 있다. 그는 현재의 간빙기가 종말이 임박했다고 예측했을 뿐만 아니라, 강연을 끝맺는 시점에 맞춰 자기 머리와 강연대 위로 '눈'이 떨어지도록 하는 장치를 급조하기까지 했다. "지구 한랭화global cooling"가 그 시절의 슬로건이었고, 지금과 마찬가지로 그때도 이의를 제기하는 건 어려운 일이었다. 그 시절에 발행된 「사이언스」나 「네이처」 등의 과학 저널들을 뒤져 보면, 지구 한랭화 가설을 제기하는 논문들은 수없이 많은 반면 그 반대 입장을 지지하거나 조심스런 시각을 취한 논문들은 거의 없음을 발견할 수 있다.

이 논문들은 그로부터 수십 년 뒤 지구 온난화 논쟁의 먹잇감이 되었고(칼럼니스트 조지 윌George Will은 이 논문들을 내세우며 과학자들이 현재 이룬 합의에 끈질기게 의구심을 제기했다), 과학자들은 이 '불편한 진실'에 대한 설명을 찾기 위해 이 쟁점을 다시 논의했다. 그들의 결론은 1940년대 산업 기술의 변화로 대량의 황산 가스가 배출되었고, 그것이 태양 복사를 우주 공간으로 반사하여 한랭화를 유발했다는 것이었다. 이 가설에 의하면 1970년대에 온난화가 재개된 것은 대기 중에 배출되는 온실 가스의 양이 점점 늘어난 결과였다. 이러한 결론에 대해, 비판자들은 당시 산업화가 진행 중이던 소련이 엄청난 온실 가스를 전 세계 배출량에 추가하고 있었는데도 어떻게 그런 지구 한랭화가 일어날 수 있었는지를 따져 물었다.

한편 한랭화 시기와 그 당시의 혹독한 겨울은 지표면에도 실질적인 영향을 미쳤다. 미국에서는 중서부와 북동부의 많은 주민들이 영구히 혹은 계절에 따라 남쪽으로 이주함으로써 이에 대응했다(이로써 미국 버지니아 주에서 캘리포니아 주 남부에 이르는 온난한 지대를 가리키는 '선벨트Sun-belt'가 지리 용어로 자리 잡았다).

1970년대 중반 이후, 그중에서도 특히 지난 20년간 지구 평균 기온은 계속 상승했고, 그 여파는 줄어드는 북극해의 얼음과 북극 해상 항로가 열리리라는 기대에서부터, 질병을 옮기는 곤충 매개체가 기존 영향권 너머까지 확산되는 현상에 이르기까지 모든 영역에 미치고 있다. 요즘에는, '지구 온난화'가 지구 상 대부분의 사람과 사회에는 위협이지만 여기엔 패자만 있는 것이 아니라 승자도 있을 것이라는 말을 간혹 들을 수 있다. 그 승자 중에는 추운 고위도 지방에 사는 사람들이 포함될 것이다. 이 지역에서는 온난화로 겨울이 짧아지고 여름이 더 온화해질 것이기 때문이다. 특히 러시아는 지구 온난화로 이득을 기대할 수 있다. 북극 얼음이 후퇴하면 해저 에너지 자원을 개발할 길이 열리고 얼음에 갇혀 있던 항구들로 운항이 가능해지며, 시베리아의 혹독한 환경도 누그러질 것이다. 그러나 2010년에 일어난 사건으로 러시아의 희망은 그 빛이 바래게 되었다. 여름의 뜨거운 열기로 산불이 발생하여 마을들이 전소된 것이다. 이 불로 50여 명이 목숨을 잃고 수천 명이 집을 잃었으며 수도인 모스크바는 독성 연기로 둘러싸였다. 단기적이든 장기적이든 간에 기후 변화에는 언제나 그 대가가 따른다.

급격한 기후 변화와 극단적 날씨

기후 변화는 급격히 일어날 수 있으며, 단기적 기후 역전이 격렬한 환경적 사건들을 수반할 가능성이 높다는 증거는 많이 있다. 매일 뉴스를 열심히 보지 않아도 우리는 전 세계에서 보도되고 있는 심란하고 극단적인 현상들의 소식을 자주 들을 수 있다. 2010년 여름 러시아의 이상 건조와 2011년 겨울 뉴질랜드에 닥친 혹한부터 시작해서, 사막 지역에 폭우가 내리고 원래 습윤했던 환경이 심한 가뭄으로 바짝 말라붙기도 한다. 또 초가을에 서리가 내리고 눈보라가 치는가 하면 허리케인은 더 강력해지고 토네이도는 유난히 잦아졌다. 만약 우리가 1300년대에서 온 기후학자를 인터뷰할 수 있다면 이러한 일들이 익숙하다는 이야기를 들을 수 있을 것이다. 이례적인 날씨 현상은 기후 역전의 전조인 듯하다.

우리는 지금처럼 엄청난 인구를 거느리고도 급속한 환경 변화에 적응하고 소빙기가 엄습할 때 뒤따라올 혼란에서 스스로를 구원할 수 있을까? 브라이언 페이건이 말했듯, 인류가 기술적 수완을 발휘하여 지금껏 기록된 모든 자연의 변화에 적응할 수 있다고 주장하는 것은 환상일지도 모른다. 그는 이렇게 썼다. "기후 변화는 수십 년, 심지어 수년 만에 급속한 변동을 일으키면서 거의 항상 갑작스럽게 일어나곤 한다 (……) 예측할 수도 없고 때로는 잔인하다. 미래에 국지적·지역적 규모로 격렬한 변화가 닥칠 것이다 (……) 인구 과잉에 강도 높게 산업화된 현재의 세계에서 이러한 순환이 닥친다는 것은 생각하기조차 무서운 일이다."[5]

과학자들은 갑작스러운 기후 변화가 닥칠지 여부에 촉각을 곤두세우고 있으며, 현재 진행 중인 지구 온난화가 이 행성에 혼란을 가져올 급속한 환경 변동을 유발할 가능성이 있음을 발견하고 있다. 그린란드에서 채취한 3킬로미터 길이의 빙핵을 보면 지난 11만 년간의 기후 기록이 나타나 있는데, 느린 온난화와 갑작스런 한랭화 등 극심한 기후 변동이 기록되어 있다. 그중 (소빙기 이전의) 한랭화 때는 그린란드의 빙산이 남쪽으로 포르투갈 해안까지 떠내려가기도 했다.[6] 고위도의 추위는 전 세계에 영향을 미쳤다. 일례로 약 5천 년 전 북부 지역에 추위가 닥침과 동시에 북회귀선에 걸쳐 있던 사하라 지역이 건조해지면서, 강과 호수가 있던 푸르른 경관이 오늘날처럼 바위와 모래투성이의 바싹 마른 황무지로 바뀌고 말았다. 이 건조 현상은 수천 년에 걸쳐 일어난 일이 아니라 불과 몇십 년 만에 벌어진 일로서, 아프리카 대륙 전체의 인문 지리에 광범위한 충격을 주었다. 그린란드의 빙핵은 자연의 변이가 끝도 없고 쉼도 없음을 보여준다. 이제 과학자들은 인간의 활동이 지구의 대기에 충격을 보태어 과거에 흔히 벌어진 것보다 훨씬 더 갑작스런 기후 변화를 유발할 수 있음을 이론화하고 있다. 조만간 극단적인 기후 현상이 그 결과에 대처할 수단을 찾을 시간이 거의 없을 정도로 빠르게 다가올 것이다. 온갖 기술적 역량을 가졌음에도, 우리는 아직 자연에 의존하고 있다.

유전학자인 스티븐 오펜하이머Stephen Oppenheimer의 표현에 따르면, 우리는 간빙기인 홀로세의 가을에 살고 있다. 홀로세라는 이 짧은 시기에 우리 인간 세계는 작은 취락에서부터 거대 도시로, 단순한 문화에서 복잡한 문화로, 고립된 공동체에서 상호 연결된 제국으로, 석기에서 우주선으로 진화했다. 지구 나이를 우리 일생의 규모로 보았을 때 이 모두는 불과 지난 몇 초 동안 일어났고, 현대에 들어서 인류가 자연의 도전—소행성 충돌이나 빙기의 도래 같은—을 경험해본 일은 사실상 전무하다. 우리가 기후 변화를 통제할 수 있다는 것은 어불성설이지만, 온실 가스 배출을 제한함으로써 기후 변화를 어느 정도 완화할 수는 있을 것이다. 그리고 우리는 자연이 일으키는 지구적 비상사태에 대해 이미 충분한 경고를 들은 만큼, 그에 맞추어 전 세계적인 협력을 개시해야 한다. 앞으로 수년 내다가올 급속한 기후 변화의 충격은 세계에 커다란 잠재적 도전을 제기하고 있다.

지도로 본 기후, 그리고 환경결정론

우리가 기후 변화에 초점을 맞추더라도 우리 대부분이 그날그날의 날씨에 지대한 관심을 품고 있다는 사실을 가릴 수는 없다. 둘의 차이는 분명하다. '기후'는 주어진 장소의 1년 주기 환경을 전체적으로 조망한 것으로서, 특히 계절에 따른 기온과 강수량의 등락을 측정한 모든 데이터의 평균값이다. 그래서 우리가 열대 기후니 북극 기후니 하는 말을 할 수 있는 것이다. 하지만 우리가 조간 신문을 집어 들거나 날씨 채널을 확인하는 것은 기후를 보기 위함이 아니다. 우리가 관심 있는 것은 매일의 '날씨'다. 물론 이는 지금 우리 눈앞에 닥친 환경 조건을 가리킨다. 우리는 기온, 습도, 풍속, 풍향과 그날 다가올 일들을 알고 싶어 한다. 만약 지금 섭씨 32도에 비가 내리고 있으며 습도는 높고 바람이 적다고 하면, 이것이 바로 날씨이다. 아마도 열대 기후에 속한 어느 지방의 날씨일 것이다.

날씨를 이루는 변수가 모두 결합되어—태양 에너지의 영향, 지구의 자전, 해양 순환 시스템, 기압 배치의 이동, 제트 기류의 흐름 등—전 지구적 기후 패턴을 이룬다. 이는 얼핏 보면 복잡해 보이지만 실제로는 놀랄 정도로 단순하다. 지구 전체의 기후 패턴을 나타낸 지도를 보면 백만 마디 말을 한 만큼의 가치가 있다. 한 번 척 보고도 지구상 어느 곳의 주된 기후가 무엇인지, 이러한 기후 조건 아래서 어떤 날씨를 예측할 수 있는지 판단할 수 있기 때문이다(그림 5-4).

이 훌륭한 지도는 블라디미르 쾨펜Wladimir Köppen의 작품이다. 그는 기온과 강수량 지표에 근거하여 세계의 기후를 분류하는 체계를 고안했다. 그 이래로 쾨펜의 분류 체계와 지역별 기후 분할법을 개선하려는 노력이 많이 행해졌지만, 그로부터 거의 1세기가 지나고 기후 데이터가 한층 정확해진 오늘날까지도 이 지도는 세월의 시험을 이기고 살아남았다(그림 5-4).

쾨펜은 기후 및 생물 정보를 이용하여 크게 여섯 가지 기후 유형을 확립하고, 지도에 이를 알파벳으로 표시했다.

A: 적도, 열대, 습윤 기후

B: 사막, 건조 기후

C: 중위도, 온대 기후

D: 대륙성, 냉대 기후

E: 극, 한대 기후

H: 고산 기후

쾨펜은 여기에 다른 알파벳을 추가하여 각각의 기후 지역을 더 상세히 표시했다. 하지만 추가 기호까지 달지 않아도 그의 지도는 매우 유용하다. 예를 들어 미국 남서부 대부분 지방의 주된 기후를 보자. 지도상에는 Cf로 표기되어 있다. 독자 여러분이 이 기후와 그 지역의 날씨에 친숙하다면(예를 들어 애틀랜타, 내슈빌, 샬럿 등), 중국 동부나 호주 남서부, 남아메리카 남동부의 기후가 어떤지도 잘 알 수 있을 것이다. 한편 시카고는 겨울이 아주 춥고 여름이 아주 더운 Df 기후인데, 모스크바나 일본 북부의 삿포로에 가면 이와 비슷한 기후를 체험할 수 있을 것이다. 이 지도를 보면 '진짜' 열대 우림 기후가 주로 어디에 분포하는지, 세계의 사막이 어디에 있는지, 포도가 가장 잘 자라는 지역이 어디인지 바로 알 수 있다. 예컨대 Cs는 여름이 건조한(소문자 s가 이를 의미한다) 온대 기후인데, 지중해 연안(의 프랑스, 이탈리아, 스페인 등 유명한 와인 생산국)뿐만이 아니라 캘리포니아, 칠레, 남아프리카, 호주에도 분포한다. 따라서 우리는 로마, 샌프란시스코, 산티아고, 케이프타운, 애들레이드의 날씨가 어떨지를 짐작할 수 있다.

물론 이 지도에서 세계의 어느 한 지역을 떼어내어 훨씬 큰 축척으로 그릴 수도 있다. 이렇게 하면 전 세계의 여러 지역을 동시에 비교할 수는 없겠지만 특정 지역에 대한 정보량이 늘어날 것이다. 여행용품 세트에

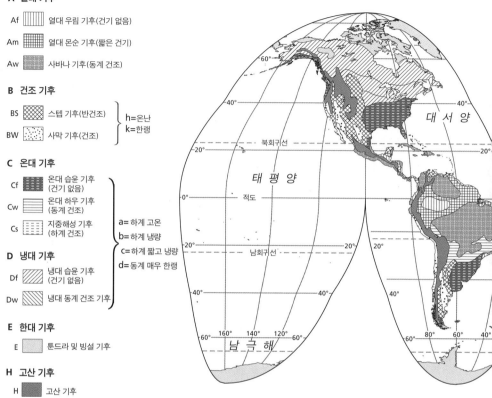

쾨펜-가이거
세계 기후 지도

A 열대 기후

Af 열대 우림 기후(건기 없음)

Am 열대 몬순 기후(짧은 건기)

Aw 사바나 기후(동계 건조)

B 건조 기후

BS 스텝 기후(반건조)
BW 사막 기후(건조)
h=온난
k=한랭

C 온대 기후

Cf 온대 습윤 기후
(건기 없음)

Cw 온대 하우 기후
(동계 건조)

Cs 지중해성 기후
(하계 건조)

a= 하계 고온
b= 하계 냉량
c= 하계 짧고 냉량
d= 동계 매우 한랭

D 냉대 기후

Df 냉대 습윤 기후
(건기 없음)

Dw 냉대 동계 건조 기후

E 한대 기후

E 툰드라 및 빙설 기후

H 고산 기후

H 고산 기후

0 1000 2000 3000 킬로미터

0   1000   2000 마일

는 이렇게 상세한 기후 지도는 들어 있지 않은데, 사실 이건 꼭 들어가야
한다.

쾨펜이 세계 기후 지도를 발표한 이후 지리학자와 기타 학자들은, 영
향력 있고 성공을 거둔 특정 문화권이 특정한 기후와 공간적으로 명백히
결부되어 있는 것을 확인하고 이에 고무되었다. 적도, 열대 기후에 속한

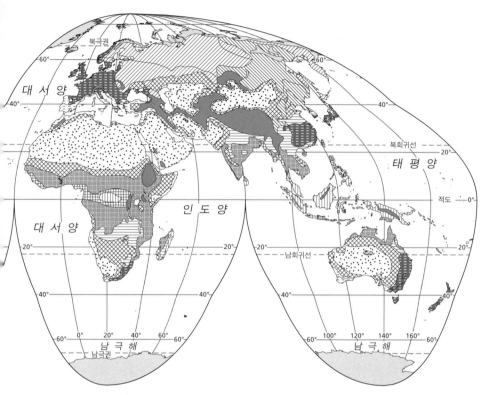

그림 5-4 쾨펜-가이거의 세계 기후 지도. 사막과 스텝, 열대 우림과 한대 기후가 광대한 면적을 차지하고 있다. 이 지도를 그림 3-2의 세계 인구 분포와 비교해보면 흥미롭다. 우리 행성은 작다. 그 표면은 대부분 물과 얼음으로 덮여 있으며, 적당한 물과 온화한 기온을 갖춘 거주할 만한 땅의 면적은 상대적으로 좁다. 그 위에 무려 70억 명이 올라타 있다.

나라들은 명백히 불리한 위치에 놓여 있다. 고금의 세계 주요 강대국 중에서 이 기후권에 속한 나라는 없기 때문이다. 사막 기후도 강대국 지위에 도움이 되는 것 같지 않다. 고위도, 극 기후권도 마찬가지다.

그렇다면 중위도 온대 및 대륙성 냉대 기후가 우리 지구가 허락하는 최상의 기후일까? 1942년 엘즈워스 헌팅턴Ellsworth Huntington은 그렇다고

빙하기의 종말?

몇 년 전 나는 뉴욕의 유서 깊은 셔토쿼 여름학교에 초청받아 기후 변화를 주제로 강연했다. 이는 매년 여름 수천 명의 남녀노소가 한자리에 모여 현안을 토론하고, 강연을 듣고, 저자들과 만나고, 오페라와 연극 공연, 교향악 콘서트를 관람하며, 유례없이 광범위한 지적 분야들을 탐구하는 행사다. 이 기간에 원형 극장에서 매일 열리는 강연에는 교양과 비판 정신을 갖춘 수천 명의 청중이 참석한다.

그날은 7월의 더운 여름날이었고, 청중들은 손에 든 팸플릿으로 연신 부채질을 하고 있었다. 우리가 지구 기후 변화의 주기에 대해 아직 충분히 알지는 못하지만 지금은 빙하기를 겪고 있으며, 현재의 따뜻한 간빙기는 여지껏 거쳐간 여러 간빙기 중 하나일 뿐이라는 설명을 하기에는 그다지 좋은 날이 아니었다. 청중들 사이에서는 트위터로 대화가 오갔고 며칠 뒤 지역 신문인 「셔토쿼Chautauquan Daily」에는 익살스러운 카툰이 게재되었다.

그 다음 날 퓨 재단Pew Foundation에서 온 대표가 같은 장소에서 강연을 했다. 그는 지구가 더워지고 있다는 명백한 사실을 확증하는 통계들을 대거 인용했지만, "어제의 연사"를 거명하며 그는 틀렸고 지금은 빙하기가 아니라는 요지의 말도 했다. 나는 퓨 재단 사람들이 「사이언스」나 「네이처」를 한 번이라도 읽어는 봤는지 의심스러웠다. 어느 더운 날 하루를 두고 지엽적 일화에 초점을 맞춰 장기적 그림을 흐리기란 얼마나 쉬운가.

— 에드 하먼Ed Harmon, 「셔토쿼 데일리」

주장했다. "사이클론 지역(중위도의 사이클론 지역을 의미한다)에 거주하는 사람들은 세계 다른 지역에 사는 사람들보다 훨씬 우위를 점하고 있으며 자연스럽게 주도적인 위치에 서게 된다 (……) 이들은 모든 생산성에서 앞서가지만 그들의 가장 큰 생산물은 바로 그 근원을 이루는 개념 및 제도이다. 사이클론 지역의 근본적인 천품은 바로 정신적 활동성이다."[7]

헌팅턴은 이 발언으로 유명세를 톡톡히 치렀고 숱한 구설수에 휘말렸다. 이 말을 확대하면, 사이클론 환경에서 장기간 거주하는 사람들은 다른 이들보다 지적으로 우월하다는 결론이 가능해진다. 그리고 여기서 나치의 "지배 인종" 이념까지 도달하는 데는 불과 몇 걸음이면 충분하다. 환경(주로 기후)이 한 사회의 역량과 운명을 통제한다는 생각인 환경결정론은 곧 오명을 뒤집어쓰게 되었다.

이는 애석한 일이었다. 헌팅턴이 제기한 것은 지리학의 중요한 질문 중 하나였기 때문이다. 그리고 그 시대의 맥락에서 그는 기후 변화와 그것이 인간 사회에 미치는 영향에 대한 이해를 높이는 데 대단한 기여를 했다. 당시에는 그를 비난하는 편에 가담하는 것이 유행이었지만, 그를 비난한 사람들 중 많은 수는 그의 최후의 주요(기념비적) 저작인 『문명의 동인*Mainsprings of Civilization*』을 전혀 읽어보지 않았다. 그의 사후 2년 뒤인 1945년 이 책이 출간되었을 때, 「타임」지는 서평 기사에서 이 책을 아널드 토인비Arnold Toynbee의 12권짜리 대작 『역사의 연구*Study of History*』에 필적할 만한 위대한 역사적 업적으로 평가했다.

헌팅턴은 중위도 기후가 계절이 뚜렷하기 때문에, 이처럼 까다롭지만 자극을 주는 환경 아래서 여러 세대를 살아온 사람들이 여러모로 유리하다고 주장했다. 그는 [태풍이나 온난/한랭 기단 같은—옮긴이] 기후 변화가 "밀어닥치는sweep" 양상에 따라 사회의 흥망을 설명했다. 강의에서 그는 쾨펜의 지도를 끊임없이 변화하는 지구의 정지된 한순간을 담은 사진으로 보아야 한다고 자주 말하곤 했다. 이 지도는 현재의 모습을 표현하고 있지만 어제나 내일의 모습은 담고 있지 않은 것이다. 마야 문명이 강성했을 때, 서아프리카의 국가들이 융성했을 때, 유럽의 동시대인들이 무색할 정도로 무슬림 문명이 꽃피웠을 때 그 배경에는 기후가 있었다. 그는 이렇게 썼다. "온대 지방에서도 가장 진보한 지역 사람들의 역동성과 열대 지방 거주민들의 둔함은 서로 대조적인데, 이는 주로 기후 때문이다."

환경결정론이 수난을 겪은 것은 놀랄 일이 아니다. 그러나 이 개념은 최근 들어 재발견되고 좀 더 엄격한 분석의 대상이 되었다. 현재 UCLA 지리학과 교수로 있는 재러드 다이아몬드는 그의 걸작 『총, 균, 쇠』에서, 기후가 유일한 변수는 아니지만, 특정한 집단이 야생 동물과 식물, 물 공급, 지형 등 여러 자연조건의 결합으로 유리한 환경적 기회를 잡은 덕분에 다른 이들보다 우월한 위치를 점했다고 주장하고 있다.[8] 이런 기회를 잃었을 때 진보는 정체되며, 그런 기회로부터 장기간 수혜를 입었을 때는 강점이 지속된다.

이 장 시작 부분의 테마로 돌아가면, 우리는 이 행성의 역사에서 최초로 어느 한 종—인류라는 종—이 기후 변화에 상당히 기여하고 있는 시대에 살고 있다. 하지만 착각하지 말자. 인류가 지구 대기의 대대적 변화 과정의 주요 변수가 된 지금도, 자연환경에 변동을 일으키는 수많은—태양, 자전축, 궤도, 대양—주기들은 서로 맞물려 계속 돌아가고 있다. 슈퍼컴퓨터 모델과 IPCC(Intergovernmental Panel on Climate Change, 기후 변화에 대한 정부 간 패널)의 전망에도 불구하고, 현재의 '지구 온난화'에 자연과 인간이 각기 어느 정도 비율로 기여하고 있는지는 아무도 모른다. 일부 과학자들의 주장과는 달리, 우리는 인간의 개입이 없었을 경우 현재의 기후 변화가 어떤 양태를 띠었을지에 대해 자신 있게 말할 수 없다. 분명한 것은 인류가 현재 기후 변화에 일정한 역할을 하고 있으며, 대기 오염율을 줄이는 것이 환경은 물론 보건과 관련해서도 국제적 우선순위가 되어야 한다는 것이다. 하지만 '기후 변화가 멈추는' 형태의 보상을 기대할 수는 없다. 빙하기는 앞으로도 계속해서 왔다 갈 것이며, 빙하는 전진과 후퇴를 거듭할 것이다. 해수면은 오르락내리락할 것이다. 생물종과 문화와 문명들은 번성했다가 몰락할 것이다. 그리고 결국, 자연의 힘이 승리할 것이다.

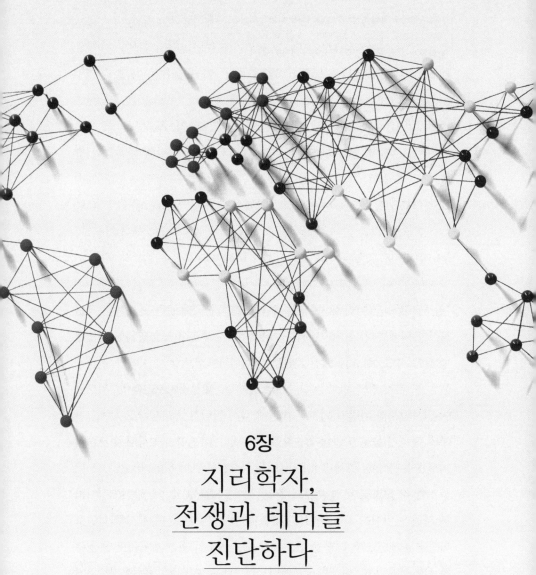

6장
지리학자,
전쟁과 테러를
진단하다

세계 수많은 지역에서 정치적 갈등에 테러 행위가 끼어들고, 테러가
벌어지는 해당 지역뿐 아니라 캐나다, 독일, 이탈리아, 인도, 일본 등지에까지
영향을 끼치기 시작한 것은 약 한 세대 이전부터다.

"전쟁은 우리의 지리 교사"라고 사람들은 흔히 말하곤 한다. 이는 미국인
들이 유럽과 태평양 지역에서 군사 작전을 수행하며 노르망디와 이오지
마 같은 지명들에 익숙해진 2차 대전 중 미국에서 생겨난 말이다. 전선을
붉은 선으로, 진군 방향을 화살표로 표시한 「내셔널지오그래픽」 지도들
이 군사령부와 가정집 거실의 벽면에 걸려 있었고, 뉴스 보도는 매일 전
투의 행운과 불운을 연대기 순으로 기록했다. 아른헴의 고통과 히로시마
의 공포는 장소의 관점 없이는 이해를 시작할 수조차 없었다.

　　이 전쟁이 끝난 직후보다 미국인들이 지리적으로 더 해박했던 시기
는 없었을 것이다. 지리학자들은 1차 대전 이후 베르사유에서 합의안을
작성하는 데 중요한 역할을 했고, 2차 대전 이후의 재건 계획에도 상당 부
분 참여하게 된다. 미국의 국가적 관심은 고군분투하는 유럽에 집중되어
있었다. 이 지역에서는 곧 공산주의의 위협이 대두했지만 마셜플랜이 뚜
렷한 성과를 거두었다. 그러나 일본의 재건과 동아시아 본토의 계속된 불

안정 역시 미국인들의 주의를 끌었다. 대학에서 유럽과 아시아를 다루는 지리학 수업들은 정원이 가득 찼고 지리학과는 번창했다. 이는 지역 지리학의 전성기였을 뿐만 아니라, 그로부터 수십 년 뒤에 뚜렷한 실체 없이 떠오른 '지역 연구area-studies' 현상의 교육적 전조이기도 했다. 또 이때는 지리학자들의 전문성이 실질적으로 활용된 시기였다. 섀넌 매큔Shannon McCune은 이렇게 임명되어 주목받은 인물 중 한 명이다. 그는 1960년대에 (오키나와가 소속된) 일본 류큐 열도의 민정관을 지냈고, 한국 문제에 대한 통찰로 명성을 떨쳤으며 한국에 대해 분석한 영향력 있는 책을 썼다.[1]

서유럽에서 희미해지고 있던 공산주의의 위협이 한반도에서 되살아나면서, 미국과 그 동맹국들은 2차 대전의 적대를 끝내고 불과 몇 년 되지도 않아 소련-미국 간 충돌의 전조로 보이는 또 다른 전쟁의 소용돌이로 빨려 들어갔다. 1950년 6월 북한 공산군이, 소련과 연합군이 한반도의 두 부분을 각각 공산 진영과 서방의 통제하에 두는 데 합의한 분계선인 38선을 넘어 남한을 침공한 것이다. 비무장지대DMZ를 낀 38선은 아직 오늘날처럼 요새화되지 않아 북한의 공격을 저지하지 못했다. 그 후 이어진 3년간의 전쟁은 약 3백만 명의 목숨을 희생시키고 종료되기까지 공산주의의 팽창에 대한 두려움을 심었고 미국인들을 분열시켰다(이 전쟁은 점점 인기를 잃어 1952년 대통령 후보였던 드와이트 아이젠하워Dwight Eisenhower는 이 전쟁을 끝내겠다고 공약했다). 새 대통령으로 선출된 아이젠하워Dwight Eisenhower는 북한과 중국에 핵무기를 사용하겠다고 위협했고, 이 전쟁은 공산 진영의 공격을 저지하기 위해 미국이 개입한 선례가 되었다.

한국전쟁의 영토적 무대가 비교적 좁았던 덕분에, 전쟁의 극적인 시소게임을 대축적 지도로 소상히 파악할 수 있었다. 미국인들은 장비가 부족한 미군 네 개 사단이 보급을 기다리며 조그만 요새에서 버티고 있었던 한반도 동남쪽 끝의 부산, 더글러스 맥아더Douglas MacArthur 장군이 적진 깊숙이 침투하는 대담한 상륙 작전을 펼쳐 북한군을 괴멸시킨 인천, 북한과 중국의 국경선이며 연합군이 북한군을 뒤쫓다가 뒤늦게 참전한 중공군과 마주친 압록강 등의 지명에 친숙해졌다. 3년여 동안 미국의 대중들은 한국전쟁과 이와 연관된 드라마에 시선을 고정했고, 열중했고, 또 경악했다. 실제로 맥아더가 중국 본토 해안을 봉쇄하고 중공군 기지를 폭격할 것을 주장했다가 트루먼 대통령에게 묵살당한 뒤, 미국인들에게 직접 호소하려 나섰을 때 대중들은 그 어느 때보다도 열띤 반응을 보였다.

확실히 냉전과 3차 대전의 가능성에 대한 공포는 정치 지리에 대한 미국인의 관심을 뒷받침하는 데 기여했다. 1950년대 후반, 세계가 이념 경쟁과 대리전의 무대가 되면서 소련은 지리적 분석의 다음번 초점에 놓이게 되었다. 지리학 학술 문헌과 「내셔널지오그래픽」 부록에 소련에 대한 논문과 지도가 대폭 늘어난 것은 이러한 관심을 반영한다. 하지만 미국인의 인지 지도에 소련이라는 식민 제국이 2차 대전과 그 직후의 유럽만큼 뚜렷이 새겨지지 못했다 해도 놀랄 일은 아니다. 유럽을 가로지르는 철의 장막에서부터 태평양까지 이르는 제국은 그 자체로 하나의 세계였다. 소련의 자급 능력, 모스크바의 군사력, 그리고 이들의 생존 능력에 대해 그 후 미국이 내린 오판은 이 지역에 대한 개념이 희미한 것이 비단 일반 대중들만이 아니었음을 입증했다.

인도차이나 전쟁과 미국

그러나 미국이 공산 세력의 팽창을 억제하기 위해 벌인 그다음 전쟁에서는, '전쟁이 우리의 지리 교사'라는 격언에 '뒤늦은'이라는 단어를 덧붙여야만 한다.

사실 동남아시아는, 2차 대전 동맹국인 프랑스가 1954년 디엔비엔푸에서의 악명 높은 패배 이전 베트남의 지배권을 재수립하고자 애쓰고 있던 동안에도 미국의 우선순위가 아니었다. 또 영국이 말레이 반도의 공산 반란을 진압하는 데 힘겹게 성공한 것도 큰 주목을 끌지 못했다. 물론 이 두 전쟁이 벌어진 시기는 미국이 값비싼 대가를 치르며 한국전쟁에 묶여 있던 1950년대 전반이었다. 베트남이 중심 무대에 등장한 것은 북베트남의 수도 하노이에 소련과 중국의 지원을 받는 공산 정권이, 남베트남의 수도 사이공에 미국의 지원을 받는 정권이 자리잡으면서 그 지정학적 함의가 분명해진 다음이었다. 이는 프랑스의 패배 이후, 협정에 의해 두 나라 사이의 17도선을 따라 한국처럼 DMZ를 낀 분계선을 긋기로 한 합의의 결과였다.

한국의 상황과는 달리, 분단 이후 베트남은 제네바에서 서명한 합의안에 따라 1956년 전국적인 자유선거를 치러 단일한 민주 정부를 수립하기로 예정되어 있었다. 프랑스에 대항한 독립군을 지휘했을 뿐만 아니라 남북 양쪽에서 높은 지지를 받는 광범위한 정치 조직을 건설한 호치민 치하의 북베트남이 이 선거에서 승리할 것으로 예상되었다. 하지만 남베트남의 지배권을 쥐고 있던 응오딘지엠Ngo Dinh Diem은 예정된 선거를 (미국의 승인과 지원을 등에 업고) 거부했다. 이에 북베트남인들은 베트남의 군사적 통일을 기도했고, 그 후 20년간(1956~1976) 전쟁이 벌어졌다.

태평양 반대쪽에서 이 전쟁을 추진하거나 그 영향권에 있던 이들이 이 일련의 사건을 바라본 시각에는 지리적 맥락이 얼마나 개입되었을까? 20년간의 전쟁은 미국 사회에 고통스러운 충격을 미쳤다. 지도자들의 거짓말이 폭로되었고 사회는 분열되었으며 문화는 거칠어졌다. 군사 지도자들의 낙관적 예측은 미디어의 보도로 거실까지 전해진 현지의 증거들과 상충되었다. 시민 불복종이 거리와 교실을 뒤덮었다. 1970년 미군과 남베트남군이 "베트남 전쟁"을 캄보디아 동부까지 확대하고 미국 전투기가 라오스 북부를 폭격하면서 베트남 전쟁이 인도차이나 전쟁으로 비화하자, 미국 시민들은 반전 데모와 시위의 물결로 대응했다. 대학들은 저항의 발화점이 되었다.

그러나 전쟁이 패배로 끝나고 미국의 언론인과 교육자들이 시민과 학생들의 반응을 무작위로 조사했을 때, 그들의 정치적 견해는 뚜렷했을지 몰라도 인지 지도는 그렇지 못했음이 명백하게 드러났다. 중서부의 한 전문대학에서 1학년 신입생들에게 세계 백지도에서 베트남을 짚어보라고 했을 때 올바로 대답한 사람이 7퍼센트(14명 중 1명)에 불과했다.

비단 자기 의견을 지닌 시민들뿐만 아니라, 공산 세력 저지라는 미명하에 이 나라를 불행한 전쟁으로 몰아넣은 선출직·임명직 지도자들마저도 베트남과 인도차이나 전반의 자연·문화 지리적 특성에 대한 지식이 불충분했다는 것은 재앙이었지만, 그로부터 수십 년이 흐를 때까지도 이 점은 분명히 인식되지 못했다. 1961년부터 1968년까지 미국 국방장관을 지내며 이 군사 작전에서 핵심 역할을 한 로버트 맥나마라는 북베트남의 패배가 임박했다는 낙관적 예측하에 린든 존슨Lyndon Johnson 대통령의 수석 참모로서 전쟁 수행을 지휘했다. 비록 임기 말에 가서는 의구심을 표하기 시작해서 북베트남에 대한 지속적 융단 폭격 문제를 놓고 존슨 대통령과 결별하긴 했지만, 미국의 정책 및 전략 지휘자로서 자신이 실패했음을 스스로 인정한 것은 그로부터 오랜 세월이 흐른 뒤였다.[2]

회고록에서 맥나마라는 "베트남에서 우리가 재앙을 맞게 된 열한 가지 주요 원인"을 열거했는데 그중에 이런 구절이 있다. "우리가 친구와

적 모두를 오판한 것은 이 지역 사람들의 역사, 문화, 정치에 대한 우리의 심대한 무지를 반영하고 있다(강조는 필자). 우리는 민족주의가 사람들을 추동하는 힘을 과소평가했으며 (……) 세계 여러 곳에서 같은 실수를 계속하고 있다."

맥나마라가 열거한 그 외의 목록에서는 앞서 말한 두 문장만큼 중요한 것은 찾을 수 없다. "북베트남과 베트콩이 미국에 제기하는 위험을 과장한 것"은 어리석은 일이었지만, 이런 심대한 지리적 무지와는 비교도 안 된다. "현대식 첨단 군사 장비와 병력과 이론의 한계를 인식하지 못한 것"이나 "우리가 직면한 복합적인 사건들을 (미국) 대중들이 이해할 수 있도록 준비시키지 못한 것"도 마찬가지다. "우리 국민과 지도자가 모든 곳에 있을 수는 없음을 깨닫지 못한 것"도 이와 비견될 만한 원인은 못된다. 사실 맥나마라가 제시한 "원인들"의 대다수는 미국 내부를 향하고 있다. 주로 관료주의적 실패와 대중을 교육하는 능력의 부재다.

베트남에 대한 맥나마라의 회고록에 인도차이나의 복잡한 민족 다양성을 표시한 지도가 한 점도 수록돼 있지 않다는 사실은 주목할 만하다. 앞 면지와 뒷 면지에 실린 두 장의 동일한 지도는 동남아시아 국가들의 (매우) 간략한 윤곽선과, 남베트남에서 미 육군의 각 군단이 배치된 구역을 나타낸 '군단 지역 경계선'과 '호치민 루트'가 표시된 인도차이나 부분도를 보여주고 있다. 이 전쟁에서 불만을 품은 소수 민족들이 그 규모에 비해 엄청나게 큰 역할을 수행했는데도 불구하고, 몽족, 므엉족, 토족, 타이족, 크메르족, 눙족, 호아족, 다오족 등 소수 민족들의 영역을 보여주는 지도는 이 책에서 찾아볼 수 없다. 또 전란 중 불교도, 로마 가톨릭교도, '신흥' 종교 신도, 전통주의자들이 행한 역할들을 고려할 때, 분단 전과 후의 종교 분포 지도 역시 시사하는 바가 클 것이다. 이 책의 부제로 상정된 "베트남의 교훈"은 충분히 반영되지 않은 것이 명백하다.

(하버드에서 MBA를 취득한) 맥나마라 장관이 대학원에서 문화나 지역 지리학 강의를 들었다면, 윤리 규범과 가치 체계, 민족 간 연관성과 가족적 결속, 종교적 코드와 언어 패턴 같은 문제에 민감해질 수도 있었을 것이다. 하버드 대학이 이 학교에 등록한 미래의 지도자들에게 학부나 대학원의 지리학 강의를 보편적으로 제공하지 않고 있는 것은 재앙까지는 아니더라도 애석한 일이다.

소외된 지리 교육 과정

인도차이나 전쟁에 소요된 막대한 경제·사회적 비용과 비교했을 때, 그와 같은 시기 미국의 교육 시스템에 벌어진 일은 지금 되돌아보면 그리 대단하게 느껴지지 않을 수도 있다. 하지만 그럼에도 이것은 중대한 일이었다. 전쟁은 세대 간 불신, 권위에 대한 의심, 문화적 규범의 부정, 예의범절의 파괴를 초래하며 사회 조직을 손상시켰다. 대학 강의실의 붕괴, '시국 토론회teach-ins', 교수 연구실과 대학 행정 건물의 강제 점거, 심지어 무장 시위대에 의한 총장과 학장의 감금 등, 1960년대는 고등 교육에서 격동의 시기였다. 이런 사건들은 뉴스거리가 되었지만, 전쟁이 끝나자 질서는 놀랄 만큼 빠르게 회복되었다.

미국 내에서 벌어진 이 모든 일들이 해외에서 벌어진 베트남 전쟁의 직접적인 결과는 아니었다. 미국은 민권 운동이 절정에 다다른 직후의 후유증을 겪고 있었고, 그것만으로도 특히 학교와 대학에는 큰 도전이었을 것이다. 그러나 존슨 대통령의 "위대한 사회[Great Society, 빈곤과 인종 차별을 없애는 것을 주 과제로 한 린든 B. 존슨 대통령의 정책 표어—옮긴이]"가 전쟁의 암초에 걸려 침몰했음에도 미국의 캠퍼스는 정상 상태를 되찾았다—혹은 그렇게 보였다.

그 이면에서는, 미국 교육의 전 과정에 걸쳐 훨씬 영구적이고 되돌리기 어려운 변화가 일어나고 있었다. 대학의 핵심 커리큘럼은 해체되었다. 특히 사회과학과 인문학에서는 성적 인플레이션이 만연했다. '통과-낙제 Pass-Fail' 여부만을 판정하는 방식이 성취도 평가를 대신했다. 일부 교육자들은 '인생 경험'을 학점 수여보다 더 가치 있게 여겼다. 초중등 교육은 고통스러운 변화를 겪었고, 그중 다수는—그중에서도 '새 수학New Math'은—값비싼 실패로 판명났다. 1장에서도 지적했듯이, 교육 개혁가들이 여러 과목을 통합하고 주제 간의 경계를 지워버리면서 지리학은 별개의 교과목으로서의 정체성을 잃었다. 그리고 지리학은 이 과목들 중에서 자연과학과 사회과학 양쪽에 걸쳐 있는 유일한 분야였기 때문에, 이 재조직의 결과물인 '사회' 과목은 수백만 학생들이 지구과학에 조기 입문하고 자연과 인간이 상호 작용하는 방식을 처음으로 들여다볼 기회를 박탈해버렸다. 지도를 이용할 때 이 상호 작용을 가장 효과적으로 공부할 수 있다는 인식 역시 이 과정에서 희생되었다.

모든 지리학자들이, 지리적 무지의 확대는 인도차이나 전쟁 때보다 더 큰 골칫거리를 낳을 것이라고 지적하며 그 결과를 경고했다. 맥나마라는 그의 책에서 이렇게 불평했다. "우리는 대중의 지지를 유지하지 못했다. 그 부분적인 이유는, 지금 무슨 일이 일어나고 있으며 우리가 왜 무엇을 하고 있는지에 대해 충분히 설명해주지 않았기 때문이다. 우리는 우리가 직면한 복합적인 사건들을 (미국) 대중들이 이해할 수 있도록, 국가가 미지의 영역과 낯선 환경에 부딪쳤을 때 진로를 변경해야 할 필요성에 건설적으로 대응하는 법을 준비시키지 못했다." 그러나 그들 스스로도 인정한 "그 지역 사람들의 역사, 문화, 정치에 대한 심대한 무지"는, 이런 설명을 그 어떤 경우에도 무의미하게 만들어버릴 것이다. 대중의 이해가 기후변화에 대한 것이든 해외에서의 전쟁에 대한 것이든, 자연 및 인문지리학의 튼튼한 기초만큼 그 이해를 잘 뒷받침해주는 것은 없다. 이는 일반 국민들뿐만 아니라 그 국민들이 뽑은 대표자들에게도 적용된다.

이행하는 세계

인도차이나와 한국에서 미국과 연합군의 군사 행동을 이끌었던 공산화 억제 정책은, 탈식민 시기에는 (많은 경우) 신생 독립국에서 친서방과 친소련 세력 사이에 벌어진 대리전, 분쟁, 내전에 은밀히 혹은 공공연히 개입하는 것으로 점차 전환되었다. 확실히 탈식민화 시기는 세계지도를 대단히 복잡하게 만들었다. 방글라데시부터 부르키나파소, 스리랑카, 짐바브웨에 이르는 새로운 지명들이 나타났다. 어떤 지명(동파키스탄, 자이르)은 생겼다 사라지기도 했다. 아프가니스탄과 에티오피아 같은 글로벌 주변부의 일부 신생국(과 오래된 국가)들은 이제 이념의 전쟁터가 되었다. 탈식민화의 시기가 수십 년간 계속되며 세계지도(와 유엔 회원국 명단)를 바꾸고 있을 때, 그보다 더 중대한 변환이 기다리고 있다는 징후는 아직 보이지 않았다.

인도차이나 전쟁이 끝나고 15년 뒤 미국 정부가 다시금 주력 부대를 전투에 투입했을 때, 전쟁의 무대는 아프리카나 남아시아가 아닌 서남아시아였다. 1991년 1월, 나중에 제1차 걸프전으로 알려지게 된 전쟁에서 미국, 유럽, 아랍군은 그로부터 약 6개월 전 사담 후세인이 침공한 이웃 쿠웨이트에서 이라크 군을 몰아내는 작전을 개시했다. 6주 뒤 약 70만 연합군이 30만 이라크 군을 몰아내고, 사담 후세인이 이라크의 '19번째 주'로 지정했던 쿠웨이트의 독립을 되찾았다. 이는 목표가 뚜렷한 작전이었고, 조지 H. W. 부시 대통령이 조직한 비범한 다국적 동맹, 명확한 지리적 목표물, 쿠웨이트에서 이라크를 축출한 뒤 승전군이 보여준 절제된 모습 등은 주목할 만했다. 이라크 공화국 수비대의 상당 부분이 괴멸되고 바그다드로 통하는 길이 뚫렸음에도 이를 이용해 이라크 침공이나 정권 전복을 꾀하지는 않았기 때문이다.

이 신속하고 맹렬한 군사 행동이 이 불안정한 지역에 세계의 이목을 집중시키긴 했지만, (아직) 전 지구적 변화의 진정한 관심은 이슬람 지역이 아닌 소련과 동유럽에 놓여 있었다. 1991년 12월 세계에서 가장 큰 나라인 소련이 붕괴하면서, 거의 반세기 동안 지구상에 그림자를 드리웠던 냉전이 끝난 것이다. 이 공산 제국으로부터, 미국인 대부분의 인지 지도에서 그 이름과 위치가 생경한 15개의 독립 공화국이 태어났다. 또 같은 해 유고슬라비아가 폭력적으로 해체되기 시작하여, 그 잔해에서 적어도 7개의 소국이 출현해 동유럽의 지도를 복잡하게 만들었다(그중 가장 최근에 독립한 코소보는 2012년 현재까지 주권 국가로서 만장일치의 승인을 얻지 못한 상태다).

일부 학자들이 이 참혹한 시나리오에서 우리가 아는 국가의 임박한 종말을, 진정한 주권의 최후와 '신세계질서new world order'의 시작을 본 것도 놀랄 일은 아니다. 그들은 급속히 변화하는 이 세계에서는 국가들이 서로를 지탱해주지 않는다면 독립된 국가로서 존속할 수 없을 것이라고 추론했다. 이미 유럽의 국가들은 장차 '유럽 합중국'의 전신이 될지도 모를 유럽연합에 속속 가입하고 있었다. 미국은 나프타의 일원이었고, 러시아는 구 소비에트 공화국 연방의 부활을 기도하는 중이었다. 나는 1999

년 라이스 대학 베이커 센터에서의 강연 중에 이 가설을 언급한 적이 있다. 이 자리에는 제임스 베이커James Baker 국무장관 자신이 참석했는데, 그는 내가 그런 이야기를 꺼낸 것에 곧바로 강하게 반발했다. "지금이 혼란스런 시기이긴 하지만, 내 말을 명심하시오. 국가는 국제 문제에서 앞으로도 아주 오랫동안 주도적인 역할을 할 것이오."

미국인의 인지 지도가 2차대전 직후에 가장 뚜렷했다면, 금세기 전환기에 가장 희미했다고 가정해야 합리적일 것이다. 세계 정치 지리의 걷잡을 수 없는 변화는 가장 주의 깊은 관찰자들마저 시험에 들게 했다. 그러나 러시아가 불안한 상황의 언저리에서 비틀거리고 유고슬라비아 붕괴로 인한 희생자 수가 증가하는 동안에도, 서로 연관된 두 가지 새로운 현상이—그 시점에는 그렇게까지 극적으로 전개되지 않았지만—지리학자들과 미래를 예측하려는 사람들의 주의를 끌었다. 그 첫 번째는 전세계적 상황과 관련된 것으로, 떠오르는 듯 보이는 일종의 '신세계질서'가 어떤 식으로 출현할 것인가였다. 두 번째는 비행기 납치부터 시작해서 군사·외교·민간 목표물에 대한 치명적 공격에 이르기까지 다양한 명분을 내세우는 테러리스트들의 잇따른 도발이었다.

문명의 충돌

반세기 동안 정치 지리학자들은 분쟁이라는 주제와 그것이 표출되는 여러 가지 형태에 대해 깊이 생각해왔다. 이는 씨족 간의 다툼에서부터, 부족 간 전쟁, 분파 간 경쟁, 국가 간 적대, 두 차례의 세계 대전, 그리고 이념, 종교, 영토적 야심, 경제적 이익이 복합된 '문명' 충돌의 가능성에까지 이른다. 그림 6-1은 이미 1970년대부터 지리학 입문 교과서에 실려 있었

고 그보다 더 오래 전부터 정치 지리학의 대표적인 주제였다.[3]

이 지도는 21세기의 세계를 십여 개의 '지리 영역geographic realm'으로 나누어 보여주기 때문에 한번 자세히 들여다볼 가치가 있다. 이 중 여덟 곳은 커다란 (실제적 혹은 잠재적) 강국의 지배적 영향권에 해당하며, 인접한 세 곳은 통일된 역사, 신념 체계, 혹은 민족으로 이루어져 있다. 이 세 곳(유럽, 사하라 이남 아프리카, 북아프리카와 서남아시아)은 정치적으로 가장 심하게 균열된 영역이기도 하다.

미국, 멕시코, 브라질, 러시아, 중국, 인도, 인도네시아, 호주는 각 영역에서 지배적 국가다. 이들 중 인도네시아는 역내 선도 국가가 될 가능성이 가장 적은 나라다.

과연 이 지도가 장래에 일어날 '문명' 충돌의 가이드일까? 이러한 전망을 내세워 많은 논쟁을 일으킨 책 『문명의 충돌The Clash of Civilizations』의 26~27쪽에 실린 지도와 비교하면 그런 것 같다.[4] 세계의 지정학적 무대가 문화적 전선을 따라 재편되고 있으며, 문명의 충돌이 헌팅턴의 용어를 빌리면 문화적 "단층선 전쟁fault line wars"으로 폭발할 것이라는 주장은, 1990년대에 적어도 지리학계에서는 새로운 개념이 아니었다(단층선은 눈에 띄는 실체라기보다 침식된 형태를 가리키는 말일 때가 많으므로 이는 지형학을 다소 잘못 끌어다 비유한 것이다). 하지만 세계 질서의 재편이 기본적으로 "서구 대 비서구" 사이의 충돌이 될 것이라는 헌팅턴의 가설은 아직까지도 계속되고 있는 논의의 출발점이 되었다. 1960년대에 직관적으로 합의된 지리 영역들은 이제 훨씬 더 뚜렷하게 묶여 문화적으로 구분된 실체가 되었으며, 서구에 대한 반감이 날로 커가면서 이들을 내부적으로 응집하는 기반이 되고 있다. 한편 1960년대의 서구는 4극 체제로 재편되었다. (예전에 비하면) 세력이 약해지고 있는 초강대국 미국은, 경계하는 유럽과는 점점

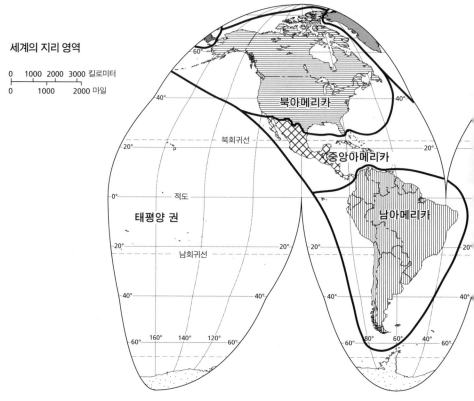

0   1000 2000 3000 킬로미터
0   1000   2000 마일

북아메리카

북회귀선

중앙아메리카

적도

태평양 권

남아메리카

남회귀선

그림 6-1 지리 영역으로 나눈 세계. 각 영역 내의 하위 영역들은 이 지도에 표시되지 않았다. 예를 들어 사하라 이남 아프리카는 서아프리카, 동아프리카, 적도/중앙 아프리카, 남아프리카로 나뉜다.

불안해지는 관계를, 예측할 수 없는 러시아와는 제한된 유대를 맺고 있으며, 한편 브라질과 남아메리카는 세계 무대에서 점차 크게 부상하고 있다. 헌팅턴은 궁극적인 '문명의 충돌'이 주로 서구 기독교 세계와 이슬람 지배 영역 사이에서 일어날 것이라 예측하고 그런 생각을 뒷받침하는 구체적인 증거들을 수집했지만, 다음번 갈등에는 중국이 연관될 가능성이 더 커 보인다(8장 참조).

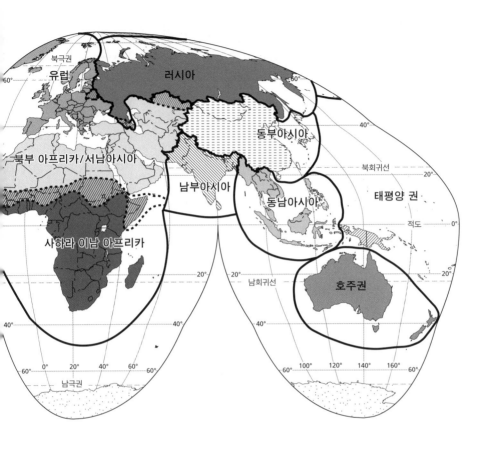

그럼에도 1990년대의 배경을 이룬 여러 사건들은, 이슬람 영역과 멀거나 가까운 이웃 영역들이 연관된 더 큰 차원의 문화 충돌을 예고하는 듯 보였다. 헌팅턴은 자신의 주장에 대한 비판에 대응하여, 근 10년간 발생하여 '현재 진행 중인' 모든 충돌과 폭력적 사건들을 열거하고 그중 반수 이상의 원인이―이슬람 대 비이슬람, 혹은 수니파와 시아파 (혹은 그밖의 분파 간) 적대 같은 이슬람 내부 갈등이라는 형태로―이슬람과 관련

되어 있다는 결론을 내렸다. 서구 세계의 입장에서 이런 충돌들은 매우 불안한 형태의 전쟁으로 보인다. 전쟁 자체는 새로운 것도 아니고 확실히 이슬람교도들에게만 독특한 현상도 아니지만, 이 경우 그 지리적 분포가 무서울 정도로 무작위적이며 그 목표 역시 불분명하고 협상의 여지가 없는 경우가 많기 때문이다.

테러는 무엇을 말하는가?

성공적 테러 행위는 그 희생자들의 문화에 자신을 각인시킨다. 1940년 5월 14일 아침, 나치 군이 북해 해안에 도달하기 위해 네덜란드 국경을 넘어 침공한 지 4일째 되던 날, 항구 도시 로테르담의 하늘은 별안간 전투기들로 새까맣게 덮였다. 그들은 아무런 경고 없이 이 도시의 역사적 중심지와 항구에 소이탄을 퍼부었다. 이 첫 번째 공격으로 수백 명이 죽었고, 소방 호스로 불을 끄러 모여든 생존자들은 비행장에 착륙한 나치 낙하산 부대의 총에 맞아 죽었다.

이 공습은 그때까지 독일의 공격에 대한 저항에서 어느 정도 기대 이상의 성공을 거두고 있던 네덜란드 정부에 대해, 항복하든지 아니면 더 심한 죽음과 파괴를 감수하든지 택일하라는 신호였다.

이는 테러 행위였을까, 전쟁 행위였을까? 만약 전자였다면, 드레스덴 공습은 달라졌을까? 1945년 2월 중순, 연합군의 폭격기가 이 독일 도시를 겨냥한 동기는 1940년의 로테르담 때와 비슷했다. 즉 독일 정부에게 항복하여 전쟁을 일찍 끝낼 것을 독촉하기 위해서였다. 이 공습으로 약 10만 명의 민간인이 죽었다고 추산되지만, 이 전략은 나치의 정책에 아무 영향도 끼치지 못했다. 그럼 히로시마와 나가사키는 어떤가? 이들 공격으로 발생한 사상자 수에 대해서는 논란이 계속되고 있다. 과연 피치 못할 침공으로 희생되었을 미·일 양측 군인과 민간인의 수가, 미국이 두 도시에 원자폭탄을 떨어뜨려 사망한 사람의 수보다 더 많았을까? 국가가 저지르는 테러라는 게 있을까? 그리고 만약 있다면, 이 네 도시가 그 예가 될 수 있을까? 확실히 팔레스타인 사람들은 국가 테러리즘이 존재함을 의심치 않을 것이다. 아랍 테러리스트를 뒤쫓는 이스라엘의 전투기와 탱크가 가자나 서안 지구의 민간인들을 살상할 때마다, 팔레스타인 언론은 이스라엘을 비난하곤 한다.

테러리즘이 무엇인지 정의하는 것은 작지 않은 이슈다. 이는 학술 문헌에서 논쟁이 되는 주제이며, 법률·재정상의 (주로 보험과 관련된) 문제에 중대한 영향을 끼친다. 『테러리즘의 지리적 차원들The Geographical Dimensions of Terrorism』이라는 책에서는 테러리즘을 "폭력을 통한 협박"이라고만 정의하고 있으며, 그 이상의 조건을 달지는 않았다.[5] '위협과 도전, 변화에 대한 유엔 패널United Nations Panel on Threats, Challenges and Change'에서 규정한 정의도 만족스럽지 않기는 마찬가지다. 여기에 따르면 테러리즘은 "어떤 정부나 국제 조직이 주민들을 협박하거나 어떤 행동을 강제할 목적으로, 민간인이나 비전투원을 살해하거나 심각하게 위해할 것을 의도한 모든 행동"[6]이다. 좀 더 신중한 관점에서는 테러리즘을 "희생자의 국가와 공공연히 전쟁 중인 세력에 속하지 않는 이들이, 전쟁 상황과 무관하게 민간인 비전투원을 정당한 이유 없이 공격하는 행위"라고 정의하고 있다.[7] 이렇게 주의 깊게 조건을 단 정의의 문제점은, 정의를 또다시 정의해야 하는 문제가 불거진다는 것이다. 예컨대 "정당한 이유 없이"란 무엇을 뜻하는가? 테러리스트들은 동료의 죽음에서부터 역사적 불의에 이르기까지 수많은 "정당한 이유"를 내세운다. 또 "공공연히 전쟁 중인"이라는 구절은, 만약 반란 세력이 정부에 대해 전쟁을 선포했다면—이는 자주 일어나는 현상이다—이 정의에 해당되지 않으며 따라서 테러리즘이란 혐의를 부인할 수 있다는 의미인가?

전 지구적으로 퍼지는 테러의 물결

"상대편의 테러리스트는 우리 편의 자유의 투사다"라는 말은 정치적 목표를 달성하기 위한 폭력을 말할 때 흔히 등장하는 상투 어구다. 1984년 10월, 브라이튼의 그랜드 호텔에서 마가렛 대처Margaret Thatcher 수상을 겨냥한 폭탄 공격으로 5명이 죽고 31명이 다친 사건이 있었다. 아일랜드 공화국군IRA은 이것이 자기들의 소행이라고 주장했는데, 이를 영국의 여론은 테러 행위라고 보았고, 북아일랜드의 가톨릭 신자들 중 다수는 정당한 저항이라고 생각했다. 팔레스타인의 자살 폭탄으로 이스라엘 거리 한복판에서 민간인들이 가득 찬 버스가 폭발했을 때, 유대인들은 이를 테러 행위로 보았고, 많은 팔레스타인인들은 증오스러운 적에 대한 영웅적 공격이라고 생각했다.

이를 비롯하여 우리가 알고 있는 많은 사례의 경우에, 폭력은 국가 정책의 부산물이다. 아일랜드 공화국은 북아일랜드에 대한 영국의 지배에 맞서 싸웠다(2012년 현재, 이 문제는 수습될 조짐을 보이고 있지만, 최종적인 해결책에 이른 것은 아니므로 아직 격변의 불씨가 남아 있다). 팔레스타인인들은 이스라엘을 침입자, 침략자, 점령자로 규정하여 그에 맞서 싸우고 있다. 프랑스의 코르시카인, 스페인의 바스크인, 스리랑카의 타밀인, 러시아의 체첸인, 중국의 위구르인—이들 모두가 자신들을 지배하는 국가에 대항하여 싸웠거나 싸우고 있으며, 적국의 도시에서 폭력적인 행동을 벌인다. 코르시카인들은 보르도 시청을 폭파했고, 바스크인들은 마드리드와 바르셀로나 등지에서 정치가와 민간인들을 암살했으며, 타밀인들은 콜롬보에서 수백 명을 살해했다. 체첸인들은 모스크바를 전쟁 지역으로 바꾸어놓았고, 위구르인들은 우루무치에서 폭탄을 터뜨렸다. 이러한 행동을 유발한 장기적인 문제들은 아마도 타밀 해방 운동을 제외하고는 하나도 해결되지 않았지만, 그 주역들은 유명해졌고 그들의 지리적 존재가 세계인의 눈에 들어오게 되었다. 이런 행동가들이 원하는 것은 지도를 다시 그리는 것이다. 다시 말해 코르시카의 자치, 바스크 영토의 독립, 스리랑카의 분리, 체첸의 주권, 동투르키스탄의 자유다.

그러나 21세기에 지배적인 테러 형태로 떠오른 이슬람 테러리즘은 이런 지리적 분리를 추구하는 것이 아니다. 세계 수많은 지역에서 정치적 갈등 사이에 테러 행위가 끼어들고, 테러가 벌어지는 해당 지역만이 아니라 캐나다, 독일, 이탈리아, 인도, 일본 등지에까지 영향을 끼치기 시작한 것은 약 한 세대 이전부터다. 그때까지 미국에서 이따금 일어나는 테러 행위는 극우파나 신나치주의자의 개인적 소행인 경우가 많았다. 2011년 노르웨이의 오슬로 부근에서는 정신이 이상한 한 극단주의자가 자신의 반이민 감정을 표출하기 위해 총을 난사하여 거의 80명을 살해하기도 했다. 그 밖의 지역에서도 다양한 불만과 목표를 가진 지하 집단들이 폭탄, 총, 납치, 유괴 및 기타 수단을 이용하여 자기들의 목표를 좇았지만, 그저 단순히 폭력을 일으키려는 의도로 보일 때도 많았다. 1980년대 초까지, 비록 이따금씩 협력이 맺어지긴 했지만 이들 집단을 조율하는 전 지구적 조직망은 부재했다.

그러나 상황은 더 심각해지고 있었다. 테러리즘은 해당 지역의 경찰력으로 다룰 수 있는 국지적인 범죄 수준을 넘어서기 시작했다. 국지적 움직임을 무색케 하면서 서구의 이해를 겨냥해 전 세계를 위협하는 대규모 테러 활동의 물결이 새롭게 떠오르고 있었다. 이 테러리스트 조직망은 이데올로기보다는 종교에 기반했고, 전 세계 곳곳에 있는 무슬림의 참여를 권유했다. 그중에서도 특히 살라피스트(salafist, 7세기의 이슬람 창시자들을 엄격히 모방할 것을 주장하는 사람들) 등 이슬람의 부흥을 가장 근본적인 형태로 신봉하는 이들 가운데서 테러 인력이 수급되었다.

하지만 30년 전까지만 해도 이 근본주의 운동에 대해 알려진 것은 극히 적었다. 얼마 동안 이슬람 테러리즘은 이스라엘과 그들의 이익에 맞선 팔레스타인해방기구PLO의 활동과 동일시되었다. 그중에는 1972년 뮌헨 올림픽 중에 이스라엘 선수들을 공격한 사건에서부터, 1985년 시아파 무슬림 테러리스트들이 이스라엘 감옥에 갇힌 동료들의 석방을 요구하며 아테네에서 출발한 미국 항공기를 납치한 행동 등이 있다. 이러한 테러리즘은 범위를 확장하면서 이따금 미국의 이해와 충돌하기도 했지만, 그 진원지는 눈에 띄지 않은 채 숨어 있었다.

그러다가 1982년 '이슬람 지하드(Islamic Jihad, 이슬람의 성전)'라는 이름의 지하 조직이 정보 기관 보고서에 출현하기 시작했다. 이 조직은 1983년부터 1984년까지 미국 군대와 외교 시설을 겨냥해 거의 320명을 살해한 총 네 건의 테러 공격이 자신들의 소행이라고 주장했다. 그러나 당시 한 명민한 평자는 "'이슬람 지하드'가 명실상부한 조직으로서 실제로 존재하는지 의심스럽다. 그 어떤 인명도 위치도 공개적으로 밝혀진 바가 없다 (……) 많은 이들은 '이슬람 지하드'가 서남아시아 전체에 존재하는 수많은 근본주의 운동 및 세포를 통칭하는 편리한 가명이라고 여기고 있다"라고 쓴 바 있다.[8] 레바논에 근거한 헤즈볼라가 이란 정부와 끈이 있기 때문에 '이슬람 지하드'의 본부가 시아파 이란을 중심으로 삼고 있다는 추측도 있었다. 하지만 미국인의 생명과 서구의 이익에 큰 손실을 입힐 능력이 있음을 스스로 입증했음에도, 그들에 대한 구체적인 정보는 사실상 거의 없었다.

불안정한 남아시아와 사우디아라비아

이런 공격이 계속되는 동안, 지역 안보에 대한 훨씬 더 심각한 위협의 씨앗이 다른 곳에서 뿌려지고 있다. 1979년 소련이 카불에 세속 정권을 수립할 목적으로 (수니파) 무슬림 내륙 국가인 아프가니스탄을 침공하자, 미국은 소련에 대항하는 조직인 '무자헤딘(투쟁자라는 뜻)'을 지원하여 대규모 현대식 무기와 자금을 공급한다는 운명적인 결정을 내린다. 그것은 아무리 좋게 보아도 근시안적이라고 할 수 있는 냉전 전략인 데다 모순적인 정책임이 확실했다. 세속 정부의 원칙을 중시한다고 하는 미국 정부가, (비록 비민주적인 방식이긴 해도) 바로 그런 정부를 수립하려는 정권을 내쫓도록 도와주는 것이었기 때문이다. 소련은 베트남 전쟁에 개입을 자제했지만, 그렇다고 미국이 아프가니스탄에서 자제함으로써 이에 보답한 것은 아니었다. 소련군을 강제로 철수시킨다면 아프가니스탄은 수많은 파벌로 쪼개져 불안과 고통을 겪을 것이며, 더구나 마침 이슬람 테러리즘이 부상하고 있는 시기에 맞춰 무기가 남아도는 실패한 국가가 되리라는 것이 워싱턴의 정책 결정자들에게까지 빤히 보일 때조차 미국은 무기 공급을 중단하지 않았다. 아니나 다를까, 소련에 대항하여 어느 정도 하나로 뭉쳤던 파벌들이 갈라져 분쟁이 시작됐고, 황폐화된 수도에서 멀리 떨어진 영지를 군벌들이 장악했으며, 3백만 명이 넘는 난민들이 파키스탄 국경에 진을 쳤다.

물론 아프가니스탄 전쟁의 변수는 미국뿐만이 아니었다. 또 하나의 변수는 바로 무자헤딘과 이슬람 극단주의의 수원에 막대한 자금을 공급했던 사우디아라비아였다. 이슬람 극단주의는 소련의 패배 이후 닥친 문화적 혼돈을 비옥한 토양으로 삼아 무럭무럭 자라났다. 사우디아라비아의 돈은 수십 년간 파키스탄의 수많은 종교 학교, 즉 마드라사madrassa를 후원하는 데도 쓰였는데, 이 학교에서 이루어지는 교육은 쿠란(코란)을 암기하고 철저히 익히는 데만 한정되어 있었다. 이들 학교는 영국 식민지 시기에 그 기원을 두고 있다. 그 당시 무슬림들은 자신들이 식민지가 되어 힘을 빼앗겼을 뿐만 아니라 힌두교가 대세인 남아시아 지역에서 소수자임을 자각했다.

이에 대한 대응으로 수니파 무슬림 공동체들은 1860년대부터 이러한 데오반드 학교[Deoband school, 인도의 도시 데오반드에서 태동한 이슬람 원리주의 운동의 개혁가들이 1867년 현재의 인도-파키스탄 접경지대에 세운 이슬람 신학교. 수니파 이슬람의 엄격한 원리 교육을 강조했다.—옮긴이]를 세웠다. 이 마드라사의 성직자 겸 교사들은 '파트와(fatwa, 이슬람의 성스러운 문헌인 쿠란 혹은 하디스[hadith, 선지자 무함마드의 언행을 기록한 문서—옮긴이]에 기반한 법적·해석적 포고문으로서, 무슬림 공동체를 바람직하지 못한 영향으로부터 보호하기 위해 무슬림의 삶의 지침을 명문화한 것)'를 선포할 수 있었다.

파키스탄이 인도에서 갈라져 나와 이슬람 국가가 된 뒤부터 파키스탄의 마드라사 조직망은 민족 생활의 중요한 요소가 되었다. 마드라사는 세금으로 후원을 받고 수니 다수파(시아 소수파는 일반적으로 마드라사에 세금 내기를 거부한다)에 속한 수십만 명의 어린 학생들—주로 가난한 가정의 아들들—을 모아 숙식을 제공하며 종교 교육을 시킨다. 아프가니스탄 전쟁 기간에 수백만 명의 아프가니스탄인이 파키스탄으로 망명했을 때, 그 자녀들이 이런 학교에 많이 입학했다. 몇 년 동안 주입식·암기식 교육을 받은 그들은 현실 세계에 대한 준비가 제대로 되어 있지 않으며, 종교적으로 퇴행적인 관점을 지니게 된다.

그러나 사우디아라비아의 후원자들의 눈에 파키스탄의 마드라사는 퇴행적이지 않다. 실제로 그들의 가르침은 근본주의자들, 그중에서도 사우디아라비아의 보수적인 이슬람을 지배하는 극단주의적인 와하브 교의의 가르침을 따르는 경향이 있다. 이 운동의 창시자는 아라비아 태생의 신학자인 무함마드 이븐 압드 알와하브(Muhammad ibn Abd al-Wahhab, 1703~1792)로, 아라비아 반도의 이슬람 사회를 가장 전통적이고 엄정한 형태로 복귀시키고자 하였다. 그의 가르침이 너무나 엄격하여 그는 1744년 메디나 근방의 고향 주민들에게서 쫓겨나고 만다. 그래서 그는 당시 네지드 지방의 중심 수도를 찾아갔는데(이 옛 수도는 현재 사우디아라비아의 수도인 리야드에서 멀지 않은 곳에 자리하고 있었다), 그 지방은 이븐 사우드Ibn Saud라는 통치자가 다스리고 있었다. 그것은 운명적인 만남이었다. 이븐 사우드가 알와하브의 가르침에 감복하여 그와 동맹을 맺었기 때문이다. 이 동맹은 알와하브가 죽은 아내에게서 물려받은 재산에 힘입어 더욱 강화됐다. 두 사람은 함께 정치·종교적 정복 원정에 나섰고, 마침내 와하브주의를 주된 교의로 삼고 아라비아 반도 대부분을 지배하는 사우디 왕조를 세웠다. 1932년 사우디아라비아 왕국이 공식적으로 수립되었을 때 국왕은 와하브주의를 국교로 지정했다.

원유 생산, 외국 기업, 근대화의 시대가 도래하고 팔레스타인부터 파키스탄에 이르는 지역에서 수백만의 아랍인과 비아랍인이 이주해 사우디아라비아를 상당히 변화시켜 놓았지만, 와하브주의는 건재했다. 사우디 왕가의 규모는 20세기 말까지 거의 5천 명으로 불어났으며, 그중 일부는 서구식 교육을 받았고 일부는 외교와 비즈니스 분야에서 해외 경험을 쌓기도 했다. 하지만 나머지는 여전히 이븐 사우드의 전통을 따르며 완고한 보수성을 간직한 채, 사우디아라비아의 근본주의적 종교 제도 및 해외의 사원과 학교를 후원하고 있다. 이 보수주의자들은 파키스탄의 마드라사에서 그들이 중시하는 가치를 보며, 보수적 성직자들에게서 그들의 부흥운동을 지지하는 동맹군을 발견한다(많은 무슬림들은 '근본주의자 fundamentalist'보다 '부흥주의자revivalist'가 더 전향적이라는 이유로 후자의 명칭을 선호한다). 그래서 그들의 돈이 해외의 사원과 학교로 전해지면서—나아가 극단주의적 명분을 위해 무기를 들고 목숨을 바치려는 광신도들에게까지 흘러 들어가면서—이슬람 부흥주의에 기름을 붓고 있다.

이처럼 마드라사의 결과물은 파키스탄에서, 자금은 사우디아라비아에서 왔다. 하지만 아프가니스탄을 고립된 벽지에서 테러리스트의 기지로 변모시킨 제3의 요소가 있었다. 오사마 빈 라덴의 삶은 몇 가지 면에서 알와하브의 일생을 거울처럼 반영하고 있는 것 같다. 우선 그는 (이 경우에는 부친으로부터의) 상속으로 상당한 부를 얻었고, 대학 교육을 받은 뒤 사우디아라비아를 떠나 다른 지역으로 가서 자신의 대의를 좇았다. 모국으로 돌아온 그는 이슬람의 원칙에 헌신하지 않는다고 지도자들을 비난하여, 자기 출신 지역뿐만이 아니라 나라 전체에서 추방되었다. 하지만 1980년대만 해도 오사마 빈 라덴과 미국은 아프가니스탄에서 소련을 몰아낸다는 공통의 목표를 가지고 있었다. 그는 자기 돈은 물론 사우디 왕실과 종교 기부자들에게서 받은 돈으로 군사 행동을 펼쳤고, 그 과정에서 그의 명성뿐만 아니라 군자금도 불렸다. 마지막 소련 군대가 아프가니스탄을 채 떠나기도 전인 1988년에 그와 동료들은 알카에다라는 조직을 결성했다. 소련군이 완전히 철수하자 그는 이 지역에 대규모 조직망을 건설해놓고 사우디아라비아로 돌아왔다.

모국으로 돌아온 그는 1991년 걸프전 때 미국 군대를 사우디 영토에 들였다는 이유로 사우디 정부를 공개적으로 비난했다. 이는 걸프전 당시 일부 아랍 국가들을 포함한 연합군이 미군의 지휘하에 쿠웨이트에서 이라크 군대를 몰아냈던 일을 가리킨 것이었다. 그 무렵 빈 라덴은 저명인사가 되어 있었고, 사우디 정권은 지체 없이 그를 나라에서 추방하고 이번엔 시민권까지 박탈했다. 그는 아랍 통치하의 수단으로 망명했는데, 전해진 바에 의하면 이 과정에서 한 보수적인 왕족의 도움을 받았다고 한다. 그곳에서 그는 이제 국제적으로 이뤄지게 된 금융 거래를 원활히 하기 위해 여러 합법적인 사업체를 설립했고, 그와 더불어 몇몇 테러리스트 훈련 캠프도 설치했다. 다음으로 그는 전 세계 테러리스트 리더와 활동가들의 회의를 소집했다. 이 회의에 참석한 이들은 제마 이슬라미야(인도네시아), 아부 사이야프(필리핀), 이슬람 지하드(이집트), 헤즈볼라(레바논) 등 성장 일로에 있는 여러 테러 조직의 대표자들이었다. 이 사실이 알려지자 수단 정권은 그를 추방하라는 강한 국제적 압력을 받게 되었고, 1996년 빈 라덴과 그의 동료 집단은 본부를 아프가니스탄으로 옮겼다.

그때쯤에는 '이슬람 지하드'보다 훨씬 광범위한 테러리스트 조직망의 지도자로서 빈 라덴의 역할이 잘 알려지게 되었고, 그의 조직인 알카에다는 수많은 주요 테러 공격을 자신들의 소행이라고 주장했다. 그중에는 세계무역센터에 대한 첫 번째 공격(1993)도 있었는데 이때 6명이 사망하고 약 1천 명이 부상당했다. 빈 라덴은 미국과 서구를 비난하는 내용의 파트와를 잇달아 발표했고, 그중 하나에서는 실제로 미국에 대해 '전쟁'을 선포했다. 빈 라덴이 불가피하게 거점을 옮긴 이후 그는 결정적 이점을 지닌 자연·문화적 환경에 놓이게 되었다. 동굴이 벌집처럼 뚫려 있는 아프가니스탄 동부의 산악 지형은 수많은 은신처와 더불어, 이들이 외부의 접근을 제한하거나 통제할 수 있도록 해주었다(빈 라덴이 야외를 배경으로 위협하고 경고하는 모습을 담은 테이프는 서구 텔레비전에 방송되었는데, 실제로 일부 지리학자들은 대테러 전문가들을 도와 주변 암석의 배치와 형태를 파악해서 그의 위치를 알아내려 시도하기도 했다). 수많은 부족과 씨족이 얽인 이 지역의 문화 경관 덕에 빈 라덴은 자신의 부와 영향력을 이용해서 안전하게 은둔할 수 있었다. 아프가니스탄 탈레반의 지도자인 물라 오마르Mullah Omar는 그에게 가장 유용한 동맹 세력이 되었다. 알카에다의 우두머리에게 전략을 세울 은신처와 조직원들의 분노를 자극해 열기를 불어넣을 전망대를 제공한 것은 이런 지리적 특성들의 결합이었다.

분노의 지리학

무슬림 지역 여러 학교의 지리 교실 벽에는 그림 6-2와 비슷한 지도가 걸려 있다. 이 지도는 과거와 현재를 통틀어 이슬람의 지배 아래 놓인 적이 있는 모든 지역을 표시한 것으로, 서아프리카에서 중앙아시아, 동유럽에서 방글라데시, 그리고 동남아시아까지 이르는 무슬림의 '움마umma', 즉 세계를 나타내고 있다. 여기에는 스페인과 포르투갈, 헝가리, 루마니아, 불가리아, 그리스의 대부분과 인도의 상당 부분, 중국 서부의 일부분까지 포함된다. 이 지도를 보면 이슬람 세력이 미친 세계적 범위는 물론, 과거 이슬람이 문화적 영화를 누렸으며 과학·수학·건축·예술에서 유럽을 훨씬 뛰어넘는 성과를 거두었던 기억을 상기하게 된다. '온건한' 무슬림도 이 지도를 보면 상당히 자극받곤 한다. 1980년 이집트 알렉산드리아에

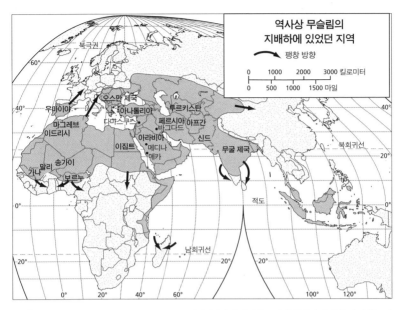

그림 6-2 무슬림의 지배 영역은 시간이 가면서 확대되었다가 다시 축소되었다(예컨대, 무슬림 지배는 먼저 이베리아 반도에서, 그 뒤 동유럽과 지중해 유럽에서 종료되었다). 그러나 한때 이슬람의 지배하에 있었던 모든 지역을 수복해야 한다고 믿는 많은 무슬림들이 있다. 이 지도는 이들이 되찾아야 할 영역을 대략적으로 보여 주고 있다.

있는 한 학교의 교사는 내게 이렇게 말했다. "나는 이 지도를 통해 우리가 겪은 굴욕과, 우리가 잃은 신의 땅과 사람들을 매일같이 떠올립니다. 이 지도는 우리의 영감이고, 전 세계에 대한 우리의 최소한의 요구입니다." 그곳은 다른 면에서는 나무랄 데 없는 시설을 갖춘 현대식 학교였다.

당시만 해도 나는 이러한 정서가 어떤 징조를 의미하는지 알지 못했다. 나는 그와 비슷한 말을 이미 남아시아, 동아프리카에서 들은 바 있었고, 그 이후 두바이와 모로코에서도 들을 수 있었다. 오사마 빈 라덴이 9.11 사태 이후 배포한 테이프에서, 자기가 저지른 대량 학살을 정당화하며 현재 스페인의 일부인 알안달루스의 '실지失地'를 언급하는 것을 들었을 때 나는 이 지도를 생각했다.

만약 '문명'의 인지 지도가 있다면 이는 곧 그림 6-2일 것이다. 이 이미지는 방글라데시나 인도네시아 같은 곳보다는 아랍 세계에 더 견고히 뿌리 박혀 있지만, 모로코부터 말레이시아, 코소보부터 케냐에 이르는 모든 무슬림 학교에서 이를 찾아볼 수 있다. 매우 복잡한 문화적 모자이크를 일반화시킨 것이긴 하지만, 이는 이슬람의 지리적 요소다. 이는 시간과 공간을 모두 초월한, 이상화된 무슬림 세계를 묘사하고 있다. 이 지도에 이슬람으로 나와 있는 전 지역이 동시에 이슬람 지배하에 있었던 적은 단 한 번도 없기 때문이다. 이는 자부심의 원천이지만, 또한 치욕의 원천이기도 하다. 이러한 수치와 울분의 감정은 무슬림 세계에 보편적으로까지는 아니더라도 널리 퍼져 있다. 한때 무슬림은 오늘날의 터키에서 빈의 초입까지 이르는 오스만 제국을 지배했었고, 오늘날의 파키스탄에서 방글라데시에 이르는 무굴 제국을 다스렸다. 그들은 이베리아 반도를 잃었고 동유럽 전체에서 쫓겨났다. 또 십자군에게 두들겨 맞았고 유럽과 러시아의 식민지가 되었으며, 그들의 행정 편의로 그어진 기하학적 국경에 의해 결과적으로 현실과 동떨어진 형태를 띤 국가가 형성되었다(이라크가 그런 나라 중 하나다). 서구 강대국들이 전후 상황을 처리하면서 유엔이 서남아시아 권역 한가운데에 이스라엘 국가를 박아 넣을 때도 그들의 목소리는 반영되지 않았다. 그리고 서구가 석유를 탐식하면서 이슬람 지역에는—심지어 가장 성스러운 땅인 아라비아 반도의 메카와 메디나 유적에까지—경제적·문화적·정치적으로 외세가 침투해 들어왔다.

그러므로 9.11 사태로 힘겨워하는 서구인들에게, 그들이(특히 미국인이) 무슨 짓을 저질렀기에 열다섯 명의 중산층 사우디아라비아인과 또 다른 네 명의 무슬림이 문명 세계를 뒤흔들어놓을 가공할 자살 공격을 감행해 3천 명 이상을 죽음으로 몰고 갔는지를 질문해야 할 이유는 없다. 역사의 연대기를 보면, 서구가 이슬람과 무슬림에게 저지른 일은 유럽(과 아랍) 노예 상인들이 아프리카인에게, 미국 이주민들이 아메리카 원주민에게, 벨기에인이 콩고인에게, 독일인이 유대인에게 저지른 일(그외에도 여기에 열거하기에는 너무 많은 약탈 행위들)과 비교했을 때 더 무시무시할 것도 없다. 그러나 아프리카인들은 브라질에서 자살 테러를 수행하지 않았고, 아메리카 원주민들은 미국의 도시들을 폭파하지 않았으며, 콩고인들은 브뤼셀을 공격하지 않았고, 이스라엘인들은 독일의 통근 열차에 폭탄을 설치하지 않았다. 만약 세상 모두가 묵은 역사적 원한을 곧이곧대로 푼다면, 이 지구는 더 이상 살 만한 장소가 못 될 것이다.

　　방금 제기한 질문에 대한 대답이 바로 이스라엘-팔레스타인 분쟁에 있으며, 이 분쟁을 계기로 전 세계 이슬람교도들이 급진적으로 변해 알라의 대의를 위해 기꺼이 목숨을 바칠 준비가 된 테러리스트 요원들이 출현했다고 흔히들 주장하곤 한다. 하지만 이스라엘과 팔레스타인을 옭아맨 폭력의 악순환은 알카에다의 테러 행위보다는 오히려 북아일랜드, 바스크, 타밀 엘람 문제와 더 공통점이 많다. 설사 양편 모두가 만족하는 '2국가 해결안'[이스라엘과 팔레스타인을 두 국가로 인정하고 병존시키자는 해결안—옮긴이]에 도달하더라도 그보다 더 큰 문제에는 거의, 혹은 전혀 영향을 주지 못한다는 말이다. 지금까지 알려진 바로는 9.11 공격의 계획, 자금 지원, 실행에 연루된 팔레스타인인은 단 한 명도 없다. 비록 이스라엘과 충돌을 빚고 있긴 하지만 대다수의 팔레스타인인은 평화적이고 영토적으로 공정한 해결책을 선호하며, 그렇게 해결되기만 한다면 이스라엘을 기꺼이 이웃 나라로 받아들일 것이다. 하지만 알카에다와 그 동맹 세력은 그런 입장이 아니며, 양보할 수 없는 무슬림 세계의 범위를 표시한 지도에서 암시하는 것도 그런 입장이 아니다.

서구 세계나 미국 쪽에서 아무리 행동을 바꾸어도 역사가 만들어놓은 것을 되돌릴 수는 없으며, 물론 지구를 그림 6-2에 나타난 상태로 돌려놓을 방법도 없다. 설사 사우디아라비아가 석유 수출을 완전히 중단하고 이 나라에서 서구인과 서구 기업을 완전히 몰아낸다 해도 빈 라덴과 와하브주의자들은 성에 차지 않았을 것이다. 그들은 사우디 왕가 내 '온건파'를 과거 이란의 친미 왕조와 동일시하며, 적어도 아야톨라 호메이니 Ayatollah Khomeini의 신정 정치 정도는 되어야 만족할 것이다. 실제로 호메이니 자신도 이른바 진정한 믿음을 신봉하는 의지를 과시하는 조치를 취했다. 1989년 영국에 거주하는 한 영국인 작가에 대해 신성을 모독하는 작품을 썼다는 이유로 사형을 선고하여, 그 효력이 이슬람 세계(움마)를 벗어나는 지역에까지 미치는 파트와를 발표한 것이다. 무슬림들은 이 선고를 따라 범죄자를 찾아내 죽이는 데 나서야 했고, 이 작가는 자기 나라 안에서 숨어 다녀야 했다. 이슬람 세계뿐만 아니라 전 세계가 이슬람 법을 묵인해야 하는 상황에 이른 것이다.

지리 환경과 종교적 극단주의

다시 한 번 그림 6-2를 보고 이를 세계의 자연환경 지도, 특히 기후 지도 (그림 5-4)와 비교해보자. 현재 이슬람이 우세한 지역(그러니까 이 지도에 표시된 영역에서 이베리아 반도와 동유럽의 대부분을 뺀 지역이다. 인도는 이제 이슬람의 지배권이 아니지만 아직도 상당히 많은 이슬람 세력이 존재한다)이 세계에서 가장 혹독한 사막 기후와 놀랄 정도로 일치한다는 점을 염두에 둔다면 유익할 것이다. 실제로 사우디아라비아, 파키스탄, 수단 등 가장 혹독한 자연환경에서는 가장 엄격한 형태의 이슬람이 번성하며, 인도네시아, 말레이시아, 방글라데시 등 좀 더 온화한 환경에서는 그보다 온건한 이슬람이 지배적인 것으로 보인다. 직접적인 인과 관계를 제시하는 것은 아니지만, 이는 신앙의 공간적 분포에 대한 관찰과도 연관된다. 즉 이슬람이 발원한 핵심 지역은 가장 근본주의적인 형태를 간직하고 있는 반면, 주변 지역(인도네시아는 물론 터키, 모로코, 세네갈 등)으로 갈수록 좀 더 온건해지는 경향이 있다. 이 현상은 좀 더 좁은 범위에도 적용할 수 있다. 아라비아 반도 내에서도 해안가에 위치한 두바이에서는(사우디아라비아와 달리) 여성도 차를 운전할 수 있으며, 오만의 일부 학교는 남학생만이 아니라 여학생도 입학을 허가하는 등 이슬람 사회의 환경도 다양한 변이를 보인다. 서남아시아에서도 사담 후세인 치하의 이라크는 수니파의 가혹한 통치하에 있었지만 세속 사회였다. 지도층은 종교적인 옷차림을 하지 않고 양복이나 군복을 입었다. 또 레바논에서는 아랍인의 약 3분의 1이 여전히 기독교도이며(반세기 전에는 50퍼센트에 달했는데 줄어든 것이다), 그중에는 심지어 팔레스타인인도 일부 있다. 마그레브[Maghreb, 리비아, 튀니지, 알제리를 포함하는 아프리카 북서부 지역을 이르는 말—옮긴이]에서는 아틀라스 산맥이 자연적 장벽일 뿐만 아니라 문화적 분리선이기도 하다. 산맥 북쪽 해안 지역의 코스모폴리탄적인 도시와 마을과 북적이는 시장들은, 베르베르족이 사는 내륙 지역의 마을이나 사막의 이동 주택들과 비교하면 영 딴판이다.

이는 이슬람이 온건화할 가능성이 있다는 의미일까? 도시화, 이주, 세계화, 경제적 교류에 힘입어 언젠가는 그들의 분노가 수그러들고, 그와 더불어 사우디아라비아의 분개한 보수주의 집단이 추동하는 부흥운동과 여기에 자금을 대는 세력과 해외의 와하브주의 동맹 세력도 수그러들 수 있을까? 그럴 것 같지는 않다. 9.11 사태 이후 미국의 대학들은 선의로 이슬람과 쿠란에 대해 강의하는 과목을 개설하기 시작했지만, 이슬람의 성서는 기독교의 성경과 비슷하게 읽기도 힘들 뿐더러 읽는 이들을 좌절시켰다. 물론 여기에 "종교에는 강요가 없나니"(쿠란 2:256) 같은 희망적인 구절도 들어 있는 것은 사실이지만, 성경 독자들에게 친숙한 모순된 구절이 쿠란에는 좀 덜하리라 기대하는 이들은 실망할 것이다. 샘 해리스Sam Harris는 『종교의 종말The End of Faith』에서 "쿠란은 거의 매 페이지마다 독실한 무슬림에게 불신자를 혐오할 것을 명하고 있다. 거의 매 페이지마다 종교적 갈등의 기반을 마련하고 있다"[9]라고 설명했다. 이는 냉혹한 평가이지만 그나마 실제보다 누그러뜨려 말한 것이다. 독실한 무슬림들은 "이교도"의 요건을 충족하는 이들에 대한 쿠란의 성난 탄핵, "불신자"들과의 교류를 금하는 경고, "하나님의 계시를 불신하는 자들을 화염 속으로 들게 하며 그들의 피부가 불에 익어 다른 피부로 변하니 그들은 고통을 맛보더라"(쿠란 4:55) 하는 구절을 그대로 받아들이고, 물라mullah들은 이를 거의 여과 없이 설교한다. 이슬람의 "교의의 기본 요점이 불신자의 개종, 정복, 살해임은 부정할 수 없다. 즉 불신자와 배교자를 죽이고 세상을 정복하라는 것이다."라고 해리스는 주장한다.

따라서 쿠란에 명기된 내용은 그림 6-2에 반영되어 있는 영토 유지 본능을 사실상 능가하고 있다. 게다가 종교를 이슬람에서 불교, 힌두교, 기독교 등으로 바꾸려는 사람들에 대한 종교적 입장도 이에 못지않다. 수많은 기독교도가 불교로 개종하며, 이슬람으로 개종하는 사람도 많고 그중에는 (이슬람의 대의를 위해 싸우게 된) 유명한 미국인들도 있다. 하지만 이슬람 법은—주요 종교들 중에서 이슬람 법만이 유일하게—이슬람에서 다른 종교로 개종하는 것을 죽음으로써 벌할 수 있는 배교로 본다. 일단 무슬림이 되면 영원히 무슬림이어야 한다. 신앙을 포기하려 하거나, 개종하거나 개종을 권유하는 자는 모두가 단죄된다. 하디스는 이 점에 대해, "종교를 바꾸는 자는 누구든지 죽여라"(하디스, 37)라고 매우 명확히 말하고 있다. 배교와 신성모독(영국 작가인 살만 루슈디Salman Rushdie에 대해 호메이니가 파트와를 선포하여 세계가 잘 알게 되었듯이, 이 또한 중죄 중 하나다)이 매번 처형으로 귀결되는 것은 아니지만, 성직자나 평신도 사이에서 이 원칙을 유보하자는 의견은 거의 나오지 않으며, 이를 단죄하는 데 반대하는 일도 드물다는 사실은 염두에 둘 만하다. 2002년 이란의 보수주의적 법정에서 이슬람의 '계몽'에 대한 논문을 발표한 대학교수에게 사형을 선고했을 때 수천 명의 대학생들이 거리로 나와 항의한 바 있다. 하지만 이러한 선고가 내려질 수 있다는 것 자체가 이 역사 깊고 문명화된 사회에서 교의와 이성 사이의 간극이 얼마나 큰가를 드러낸다. 이는 또한 교의는 힘 있고 우세한 반면 이성은 부족하고 결핍되었음을 나타내기도 한다. 따라서 이슬람의 이름으로 저지르는 테러 행위에 대해 혐오나 거부를 표현하는 데는, 그 어떤 '온건한' 무슬림도 감당할 수 없으며 그 어떤 물라나 이맘imam도 권유하지 않는 위험이 따른다.

종교적 충돌

중요한 사실은, 무슬림의 분노가 서구 일반이나 특별히 미국만을 향하지 않는다는 것이다. 기독교 세계에서도 그랬지만 이슬람 영역 내에서도 죽음을 초래할 정도로 심각한 충돌이 일어나며, 그 원인은 분파주의적 문제도 있지만 세속적인 이유도 만만치 않다. 1980년대에 거의 1백만의 인명이 희생된 이란-이라크 전쟁은 시아파 이란과 수니파 이라크가 맞붙은 싸움이었지만, 그 주된 원인은 분파 간 갈등이 아니었다. 1990년 이라크가 쿠웨이트를 침공한 이유는 종교가 아니라, 페르시아 만으로 통하는 출구와 석유 때문이었다. 2003년 수단 서부에서 시작되어 차드와의 국경 지방인 다르푸르를 황폐화한 분쟁도 신앙이 아닌 영토를 두고 빚어졌다. (1982년 이집트의 사다트 대통령 암살 같은) 통치자나 기타 인사를 향한 테러 행위는 이슬람 사회의 폭발성을 반영하고 있다. 헌팅턴은 "1990년대 초반 무슬림들은 비무슬림보다 집단 간 폭력에 더 많이 휩쓸렸다. 그리고 문명 간 전쟁의 3분의 2에서 4분의 3은 무슬림과 비무슬림 문명권 사이에서 벌어졌다. 이슬람 세계의 경계는 피로 물들어 있으며, 그 내부 또한 그러하다."라고 말했다.[10] 그로부터 20년 뒤, '아랍의 봄' 이후 리비아, 시리아, 기타 무슬림 국가에 일어난 격변들은 이러한 주장을 더 굳혀주는 듯하다.

신앙 체계로서의 이슬람은 기독교보다 6백 년이 어리다. 우리는 1400년대에 기독교가 어떤 모습을 띠고 있었는지 상기할 필요가 있다. 당시는 교회 법정에서 잔 다르크를 이단으로 단죄하고 그녀를 기둥에 묶어 화형한 때였다. 로마 가톨릭이 교회 조직을 남용하여 종교 개혁이 일어났고, 곧 마르틴 루터Martin Luther가 무대에 등장하게 된다. 교황 식스투스 4세Sixtus IV가 유대인 및 무슬림과 전투를 벌이고 이단자를 뒤쫓기 위해 스페인에 종교 재판을 인가했다. 수천 명이 기둥에 묶여 불에 타 죽었으며 셀 수 없이 많은 이들이 고문당하고 재산을 빼앗겼다. 그리고 장차 가톨릭과 프로테스탄트(신교도) 세력이 극심하게 충돌하여 헤아릴 수 없이 많은 민간인이 잔인하게 희생되기에 이른다. 가톨릭 군대가 불신자를 다루었던 방식은 쿠란의 한 페이지를 빌려와도 손색없을 것이다. 기독교도들은 성서의 신명기(와 다른 장)에서 필설로 형용할 수 없는 야만성을 부추기는 구절들을 발견했다. 계몽 시대가 오려면 아직도 300년이나 기다려야 했다.

　종교 개혁 이후 몇백 년간에 걸쳐, 기독교도들은 분파의 차이를 조정하고 서로 조화를 이루며 살아가는 법을, 헌법을 통해 교회와 국가를 분리하는 법을, 시민에게 종교를 선택할 자유뿐만 아니라 종교를 가지지 않을 자유를 보장하는 법을 배웠다. 이제 북아일랜드를 제외하고는 순전히 종교 때문에 일어나는 분쟁은 없으며, 가톨릭과 프로테스탄트는 종교적 성향을 놓고 서로 죽고 죽이지 않는다. 유럽은 '탈 기독교'의 단계에 접어들어 이제 교회가 텅텅 비고 신도들의 연령대가 높아지고 있지만, 이러한 흐름은 어디까지나 자유로운 선택의 문제이기에 이를 강압적으로 되돌리려는 움직임은 없다. 미국의 정치·종교 지도에서 기독교 근본주의가 확대되고 있긴 하지만 여기에 폭력적인 측면은 없다. 용감한 무슬림 지식인들을 비롯한 일부 관찰자들은 이슬람에는 자체적인 종교 개혁이, 이슬람 세계에는 현재의 문화에 만연한 좌절과 분노를 없애줄 계몽 운동이 필요하며 이슬람 세계는 이를 기다리고 있다고 말한다. 그러나 이슬람은 기독교와 달리 위계적인 방식으로 조직되어 있지 않으며, 가장 멀리 떨어진 벽지에 있는 신도들까지 통제할, 아니 최소한 영향력을 끼칠 수 있는 포고령을 내릴 교황과 주교가 없다. 물론 비교적 잘 조직화되어 있는 시아파에는 아야톨라와 이맘이 있긴 하지만, 무슬림의 압도적인 대다수를 차지하는 수니파에서 성직자들은 자신이 속한 사원의 지도자에 불과하다. 그 어떤 포고나 칙령으로도 이를 바꿀 수는 없다. 성직자 중에서 가장 극단적인 일부(어디까지나 일부) 견해를 통제하는 데도 종교 당국이 아닌 사우디 정치 권력의 힘이 필요했다.

　이들 일부 성직자들이 알카에다의 9.11 공격 성공을 경축한 것은 거의 확실했고, 그 여파로 인해 세계가 예측 불가능한 방식으로 변화할 것이며, 이 운명의 날에 벌어진 일은 그와 전혀 관련 없는 절대 다수의 사람에게까지 영향을 끼칠 것임이 모두에게 자명했다. 조지 W. 부시 대통령은 쌍둥이 빌딩의 잔해 앞에서 "우리가" 범인들을 찾아 처벌할 것이라고 선언했고, 알카에다 본부가 아프가니스탄에 있다는 사실은 이미 분명했기에 이 나라에서 곧 군사 행동이 취해지리란 것 또한 명백했다. 그때 명백하지 않았던 것은 워싱턴에서 이미 또 다른 전쟁을 논의 중이었다는 사실이다. 혹은 그로부터 10년이 흐르고 수천 명의 사상자가 나오도록 그 어떤 군사 행동도 종결되지 못하리란 사실이었다.

혼돈의 땅, 아프가니스탄

1996년 오사마 빈 라덴이 아프가니스탄으로 돌아왔을 무렵에는 마드라스에 대한 파키스탄과 사우디아라비아의 장기 투자가 그 열매를 맺고 있었다. 파키스탄의 종교 학교에서 배출된 탈레반(taliban, '구도자'라는 뜻에 더 가깝지만 '학생'이라고 흔히 번역된다)이 주도하고, 그들을 종교적 광신자로 바꾸어놓은 교사들이 이끄는 아프간 지하드가 진행 중이었다. 그와 더불어 내과의사 출신인 아이만 알자와히리Ayman al-Zawahiri를 비롯한 여러 유명한 테러리스트들이 출현했다. 알자와히리는 안와르 사다트Anwar Sadat 이집트 대통령의 암살에 연루되었고 빈 라덴에 이어 알카에다 지도부 서열 제2위에 올랐다. 주목할 만한 또 다른 인물은 탈레반의 '믿는 자들의 사령관Commander of the Faithful'이라고 불린 물라 오마르다. 그와 빈 라덴의 우정은 아프가니스탄을 테러리스트의 보루로 만드는 데 기여했다.

'탈레반(Taliban, 대문자로 시작하는 것은 성전聖戰에서 이들이 성스러운 위치에 있음을 나타낸다)'이 그들의 지원 기지를 떠나 아프가니스탄으로 들어갔을 때, 소련이 패배한 이후의 아프가니스탄은 무자헤딘 군벌들이 통치하는 수십 개의 영지로 분열된 나라였다. 이 군벌들은 많은 경우 중무장한 군대를 거느리고 모든 교역과 운송을 통제했으며, 통행세와 공물을 징수하고 나라 전체를 봉건 시대로 되돌려놓았다. 허울뿐인 카불의 정부는 수도와 인접한 배후지에도 공권력을 거의 행사하지 못했고, 하물며 외딴 지방에 대해서는 전혀 힘이 없었다. 그러나 아프가니스탄에서 가장 큰 종족 집단—파슈툰족—의 근거지는 최소한 어느 정도 안정된 외관을 갖추고 있었다. 그래서 파슈툰족인 탈레반 세력이 남부 칸다하르 시의 통제권을 장악했을 때, 수십 년간 계속된 분쟁에 지친 주민들은 그들에게 상당한 지지를 보냈다. 하지만 저항하는 최후의 군벌들을 제압하기 위한 전투를 계속하는 외중에도 그들은 자기들이 학교에서 배운 규율—샤리아 법의 규율—을 주민들에게 강제하기 시작했다. 여성들은 강제로 부르카를 입어야 했고 취업이 금지되었다. "남편, 아버지, 형제를 전쟁에서 잃고" 일하던 여성들의 상당수는 "굶주리는 아이들을 데리고 어쩔 수 없이 거리로 내몰려 구걸해야 했다".[11] 텔레비전, 라디오, 생음악 등의 여흥은 금지되었다. 매주 금요일이면 카불의 축구 경기장에서는 경기 대신에, 음주 혐의로 기소된 자에 대한 공개 채찍형, 절도범에 대한 손 절단형, 살인범에 대한 사형 등이 집행되었다. 물라 오마르는 자기 거주지인 칸다하르에서 이러한 규율의 실시를 승인하고, 남아 있는 저항 세력에 맞설 탈레반의 전략을 지시했다. 그의 주변으로 테러리스트들이 속속 모여들었으며 아프가니스탄은 이제 이슬람 테러 집단의 아지트가 되었다. 그중의 우두머리가 바로 오사마 빈 라덴이었고, 그는 곧 2001년에 있을 뉴욕과 워싱턴 D.C. 테러 공격을 모의하기 시작했다.

아프가니스탄의 지형과 이 나라의 상대적인 위치는 이런 목적에 아주

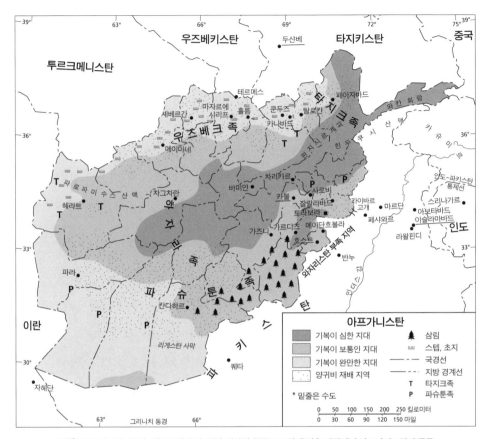

그림 6-3 아프가니스탄, 제국들의 무덤. 와칸 회랑이 동쪽으로 길게 뻗은 지점에서 아프가니스탄이 중국과 맞닿아 있다.

잘 부합했다. 아프가니스탄은 거의 텍사스 정도 넓이에, 동쪽으로 길게 돌출되어 중국까지 맞닿는 '와칸 회랑Wakhan Corridor'을 제외하고는 압축된 형태를 띠고 있다. 수없는 계곡과 험난한 산지로 이루어진 중앙부에는 옆으로 깎아지른 절벽이 솟은 전략적 통로들이 많은데, 그중에서 가장 중요한 통로가 바로 카이바르 고개다. 게다가 아프가니스탄은 서쪽의 시아파

이란과 동쪽의 수니파 파키스탄 사이에 끼어 있다. 한마디로 이 나라는 고립되고 분열된 외딴 벽지 그 자체다(그림 6-3). 동쪽으로는 거친 삼림 지형이 파키스탄과의 국경 지대를 이루고 있는데, 동굴이 벌집처럼 뚫려 있는 이 지역의 지형을 이용하여 오사마 빈 라덴은 추적자들을 피해 (십중팔구는) 토라 보라Tora Bora에서 국경을 넘어, 거칠고 황량하고 문화적으로 단절된 파키스탄 쪽 변경에 은신할 수 있었다. 이곳—지도에서 '부족 지역(와지리스탄)'이라고 표기한 부분—에서 빈 라덴은 자신을 숨겨줄 동맹 세력과 자신을 보호해줄 전사들을 구하게 된다. 빈 라덴은 도망다니는 와중에도 (때로는 야외에서, 한 손에 기관총을 든 채) 위협하고 경고하는 모습을 녹화한 테이프들을 계속 배포했다. 그를 뒤쫓고 있던 연합군은 그가 있는 곳을 탐지하기 위해, 미국의 지질학자와 자연 지리학자들에게 화면 뒤에 보이는 지형과 심지어 특정한 암석층을 파악해달라고 요청했다. 하지만 아프가니스탄 지역에서 이는 건초 더미 속의 바늘 찾기였다. 지금은 이미 알려진 사실이지만, 빈 라덴과 그의 가족과 수행원들은 파키스탄으로 들어갔을 뿐 아니라 파키스탄의 수도 이슬라마바드에서 멀지 않은 한 마을에 몸을 숨길 수 있었다. 결국 미 정보국이 그곳에서 그를 찾아냈고 그는 2011년 네이비실의 공격으로 살해되었다. 그가 죽은 뒤 아이만 알자와히리가 알카에다의 지도자가 되었지만, 그때쯤 테러 조직은 10년 전보다 훨씬 더 흐트러지고 어지러운 모습으로 바뀌어 있었다.

2001년 9월 탈레반을 겨냥해 착수한 전쟁에서, 아프가니스탄을 지배한 지리적 요건들—기복이 심한 지세와 바위투성이 지형, 고립된 피신처들과 외딴 국경 지대—은 20년 전 소련을 괴롭혔던 것과 똑같았다. 탈레반 전사들과 그 동맹 세력은 동굴이 벌집처럼 뚫린 지형에 익숙했고 이곳에서 현대식 첨단 무기는 효용을 제대로 발휘하지 못했다. 군사 기지가 취약하고 헬리콥터를 띄우기도 위험한 고립된 계곡에서 연합군 수백 명이 목숨을 잃었다. 심지어 수도인 카불과 '남부의 수도'인 칸다하르를 잇는 간선 '고속도로'마저도 구멍이 숭숭 뚫린 자갈길인 데다 길목 곳곳에 강도들이 매복하고 있었다. 만약 2001년 당시 아프가니스탄의 교통 흐름을 표시한 지도가 있었다면, 아프가니스탄 국내보다도 아프가니스탄의 변경 지역과 이웃 나라 사이에—예컨대 헤라트에서 이란으로, 마자르에샤리프에서 우즈베키스탄으로—왕래가 훨씬 많음을 확인할 수 있었을 것이다(카불-잘랄라바드와 파키스탄의 페샤와르를 잇는 카이바르 고개가 왕래가 많고 역사적으로 유명한 길임을 감안하면 이 점은 분명하다).

그래도 탈레반을 몰아내고 알카에다의 피신처를 파괴하는 작전은 일차적으로 성공을 거두었다. 탈레반 치하의 아프가니스탄은 비참했고, 탈레반은 비열한 압제와 징벌 행위를 자행하는 한편 이 나라의 문화 경관을 황폐화시켰다(특히 시아파 하자라족 지역에 위치한 바미안의 거대한 고대 석불 두 개를 다이너마이트로 폭파한 사건에 대해 전 세계에서 항의가 빗발쳤으며, 무슬림 세계에서도 일부가 '유감'을 표시했다). 탈레반에 대한 군사 행동은 특히 도시 지역에서 지지를 얻었다. 2001년 12월 중순에 탈레반 최후의 도시 근거지인 칸다하르가 함락되고 하미드 카르자이Hamid Karzai가 이끄는 과도 정부가 수립되었다. 2002년 2월에는 '아나콘다 작전'이라는 이름의 군사 작전으로 남은 탈레반 병력과 알카에다 잔당이 파키스탄으로 쫓겨났다. 학교가 다시 열렸고, 유엔 감시하에 선거가 치러져 카르자이가 이끄는 과도 정부가 승인되었다. 미군 수뇌부와 지역민들과의 관계는 좋았고, 아프가니스탄 출신의 미국 대사 잘마이 칼릴자드Zalmay Khalilzad가 카불에 부임했다. 그리고 2004년 10월 민주적 선거로 하미드 카르자이가 승리하여 아프가니스탄 이슬람 공화국의 대통령으로 공식

취임했다. 이제 달성하지 못한 유일한 목표는 오사마 빈 라덴의 체포뿐인 듯했다. 나머지는 곧 손에 닿을 듯이 보였다.

이라크의 혼란

미국인들이 아프가니스탄에 관심을 쏟으며 테러 위협과 국가 안보를 크게 우려하는 동안, 워싱턴에서는 또 다른 문제가 논의되고 있었다. 조지 W. 부시 대통령이 이라크의 독재자 사담 후세인을 악당으로 취급한다는 사실은 9.11 사태 이전에도 비밀이 아니었다. 이는 그로부터 10년 전 이라크가 쿠웨이트를 합병하려 했기 때문만이 아니라, 당시 다국적 군을 조직해 이라크를 쿠웨이트에서 몰아내면서도 후세인을 권좌에 그대로 놓아 둔 조지 H. W. 부시 전 대통령의 암살 기도에 그가 관여했다는 혐의 때문이기도 했다. 9.11 사태 직후 조지 W. 부시 대통령은 대테러 전문가 리처드 클라크Richard Clarke에게, 뉴욕·워싱턴에 행해진 공격과 후세인과의 연관성을 찾아내라고 지시했다. 스티븐 킨저Stephen Kinzer는 이를 두고 "그 후 몇 개월간 부시와 그의 참모들이 추진한 정책에는 그들의 집착이 반영되어 있었다. 미국에 파괴적 공격을 가한 테러 집단을 분쇄하는 데 그들의 막강한 힘을 이용하는 대신, 그들은 비록 혐오스럽고 잔학하긴 했지만 미국을 공격하거나 공격하겠다고 위협한 적이 없는 독재자를 겨냥했다."라고 말했다.[12]

2002년 1월 조지 W. 부시 대통령은 국정 연설에서, 이라크와 그에 이웃한 이란과 멀리 떨어진 북한을 미국이 처리해야 할 "악의 축"으로 지목했다. 아프가니스탄에서 탈레반을 축출하기 위한 군사 작전이 한창이었고 유엔에서 이라크와 관련해 논의가 진행 중이던 당시에는 이 세 "축"

중 어느 한 국가에 대한 군사 공격도 요원해 보였다.

그러나 실제로 이라크 침공 준비는 이미 진행 중이었다. 전 플로리다 주 상원의원인 밥 그레이엄Bob Graham이 쓴 책 『정보가 중요하다Intelligence Matters』를 보면, 미 중동군 사령관인 토미 프랭크스Tommy Franks 장군이 아프가니스탄에서 브리핑했던 일화가 소개된다. 브리핑이 끝난 뒤 장군은 저자인 상원의원에게 개인적으로 이렇게 말했다고 한다. "이라크에서 작전을 준비하기 위해 군사 및 정보 요원들이 재배치되는 중입니다 (……) 우리가 지금 (아프가니스탄에서) 하고 있는 일은 범인 색출입니다."[13]

미국이 아프가니스탄에서 이라크로 선회한 주된 이유는 일곱 가지로 볼 수 있다. 우선 정보 기관의 보고서에서 사담 후세인이 생물학·화학 대량 살상 무기를 가지고 있으며 핵 능력을 보유했을 수도 있다고 지적했다. 또 이라크는 부시 행정부의 강력한 동맹 세력인 이스라엘에 직접적인 위협으로 비쳤다. 이라크는 테러리스트들과 다양한 방식으로 협력을 맺고 있었고, 팔레스타인 자살 폭탄 테러범의 유가족들에게 대규모의 포상을 했다. 또 이라크는 유엔 결의안을 무시하고 유엔 제재를 위반하는 사업을 벌였으며, 사담 후세인과 그 휘하의 세력은 일반 주민들을 대상으로 무서운 인권 탄압을 자행하고 있었다. 이라크의 석유 산업은 유엔의 제재로 휘청거리고 있는 상태였지만 다시금 세계의 주요 공급원으로 복귀할 잠재력이 있었다. 그리고 앞에서 언급했듯이, 1991년 걸프전 이후 아버지 부시가 이라크를 방문했을 때 이 독재자가 그의 암살을 모의했다가 실패한 전적 때문에 조지 W. 부시는 사담 후세인에게 개인적인 원한이 있었다.

미국이 9.11 공격 직후 누렸던 선의와 지원은 유엔 협의 과정에서 거의 사라져버렸다. 힘들고 불화로 점철되었던 유엔 협의 이후, 미군은 영국과 호주 군대의 도움을 받아 2003년 3월 남쪽에서부터 이라크를 침공했다. 터키는 이라크 북쪽으로 쳐들어가기 위해 영토를 빌려달라는 미국의 요청을 거절했다. 미국 행정부의 몇몇 고위 인사들은 정말로 군중들이 길거리에 늘어서서 이교도 침공군을 노골적으로 환영하리라 믿었다.

최초의 공격 이후 사건이 진행된 경과에 대해서는 우리 모두 익히 알고 있다. 미군은 비교적 저항을 받지 않고 수 주 이내에 바그다드 지역까지 도달했다. 그들은 도시 안으로 들어가 사담의 궁전을 점령하고, 그의 수많은 동상을 부수고 군대와 경찰을 해산했으며, 후세인 이후의 행정부를 수립하는 작업에 착수했다. 주민들은 이 기회를 틈타 약탈을 벌이고 묵은 원한을 청산했다. 부시 대통령은 캘리포니아 해안을 출항한 항공모함 위에서 '임무 완수'를 선언했다.

하지만 진짜 임무가 앞에 놓여 있었으며, 전쟁을 입안한 사람들은 이에 대해 제대로 준비가 되어 있지 않았다. 사실 그들은 이라크의 역사·문화 지리에 대해 얼마나 알고 있는지가 의심스러울 정도로 미숙한 모습을 보였다. 캘리포니아 주 크기의 이라크는 여러모로 서남아시아에서 중추적인 위치에 있는 나라다. 우선 이라크는 서남아시아 면적의 60퍼센트, 서남아시아 전체 인구의 40퍼센트를 차지하고 있다(이라크의 인구는 3천만에서 3천 4백만 사이로 추정된다). 좁은 출구를 통해 페르시아 만과 연결되어 있고, 사우디아라비아, 터키, 이란 등 여섯 개국과 이웃하며 그들 모두와 중요한 역사·문화적 연관을 맺고 있다. 이 나라는 티그리스-유프라테스 분지에서 발원한 고대 메소포타미아 국가들의 후손이며, 필적할 바 없는 고고학 유적지와 박물관 유물들이 곳곳에 산재해 있다. 이 유적 및 유물들은 침공 및 그 이후에 벌어진 전투 및 약탈로 인해 큰 피해를 입었다. 그리고 주요 석유 및 천연가스 매장지와 관개가 가능

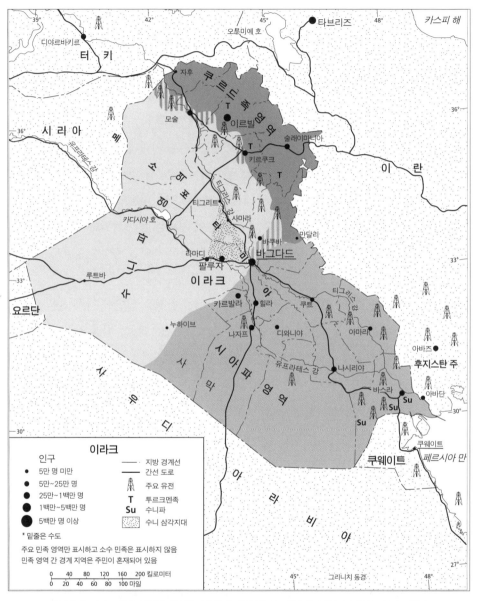

그림 6-4 이라크 개관. 미국이 개입했을 때 이 나라를 분할하는 안이 제기되었다가 일시 보류되고 결국 폐기되었다. 하지만 분할론은 언제든 다시 떠오를 가능성이 있다.

한 농지가 풍부하여 부근의 나라들 중에서 천연자원의 혜택을 가장 크게 입었다.(그림 6-4)

이라크의 자연 지리를 보면, 산지인 동부는 거친 자그로스 산맥이 가로막고 있어 이웃한 이란으로 통하는 길이 비교적 적은 편이며, 구릉지인 북동부는 기복이 덜하고 좀 더 초목이 덮인 시골 지방이다. 그리고 쿠웨이트, 사우디아라비아, 요르단, 시리아와 인접한 남서쪽 국경을 따라서는 평탄하고 광활한 사막이 펼쳐져 있어, 인구 밀도가 희박하고 육로로 통하는 길도 드문 편이다. 이 두 극단적인 환경 사이에 이 나라의 거대한 젖줄인 티그리스와 유프라테스 강이 합류하고 그 지류와 호수들이 흩어진 분지가 놓여 있으며, 바로 이곳에 인구가 집중되어 있다.

이라크는 유럽 제국주의자들이 무슬림 세계에 지운 식민지의 산물 중 하나로서, 역사적인 도시인 바그다드를 중심으로 하고 있지만 이 나라의 일부 주민과 문화는 국경선 너머와 강한 유대를 맺고 있다. 이라크의 약 3천 2백만 인구 중 2천 5백만 명이 아랍인이지만(나머지는 주로 쿠르드인이다), 다수파인 아랍인들은 다시 종교를 기준으로 남부의 시아파와 북부의 수니파로 나누어져 있다. 시아파의 수가 2 대 1 이상의 비율로 수니파보다 많으나, 현대 이래로는 수니파가 폭력과 협박을 써서 이라크를 지배해왔다.

이라크의 시아파는 시아파의 중심지인 이란의 시아파와 힘들고 복잡한 관계를 맺어왔다. 지도를 보면 이 이야기 중 일부를 이해할 수 있다. 이란의 후지스탄 지방(주도는 아바즈)은 실제로 아랍인들이 다수를 이루고 있는데, 이 지방의 일부를 합병하는 것이 1980년대 이란과의 전쟁에서 사담 후세인의 목표 중 하나였다. 하지만 아랍인(이라크) 시아파와 페르시아인(이란) 시아파가 서로 견해가 일치하지 않는다는 사실은 지도에 나타나 있지 않다. 이라크 시아파는 아크바리Akhbari라는 신앙 형태를 고수하며, 강한 정치적 동기가 없고 굳이 정치적 권력 구조를 만들려고 나서지 않는다. 한편 이란의 시아파는 우술리Usuli 교의를 따르는데 이 교의에서는 종교와 정치 사이의 연결 고리가 훨씬 강하다. 이란 시아파들은 이라크 침공 이후의 무질서를 틈타서 국경을 넘어 들어와 이라크 신도들에게 우술리 신앙을 권면하기 시작했다. 이에 설복된 사람 중 하나가 무크타다 알사드르Muqtada al-Sadr라는 젊은 성직자였는데, 그는 군대를 모으고 성지인 나자프의 모스크로 숨어들어가 침공 이후 이라크를 혼란으로 끌어들이는 데 크게 기여했다.

그러나 무크타다 알사드르도 결국 시아파의 대 아야톨라인 알리 알시스타니Ali al-Sistani가 발표한 훈령을 받아들여 정치 과정에 참여하는 데 수긍했다. 알리 알시스타니Ali al-Sistani는 이라크인이 여기에 참여하지 않는다면 그것은 "국가에 대한 배신"이며, 그럴 경우 "지옥에서 불타는" 벌을 받을 것이라고 선언했다. 실제로 아크바리의 교리를 보면, 어떻게 해서 상대적으로 소수인 수니파가 다수인 시아파(이 나라 전체 인구의 60퍼센트 이상을 차지하는)를 그토록 오랫동안 탄압할 수 있었는지 알 수 있다. 심지어 후세인은 남부의 유서 깊은 습지대를 말려 버리는 환경 테러를 저질러 수만 명이 전통적으로 이어 오던 생계 수단을 박탈해버리기까지 했다. 또 1991년 걸프전에서 이라크가 패배한 후에는 정권에 불충했다는 혐의를 받은 시아파들이 끔찍한 보복을 당했다. 2003년 침공 이후에는 시아파 여럿의 시신을 한 구덩이에 파묻은 대량 학살 무덤들이 발견되기도 했는데 이런 무덤에 묻힌 시신들은 통틀어 수십만 구에 달했다. 그럼에도 불구하고 이라크의 시아파들은, 시아파보다도 이라크 아랍인으로서의 정체성을 거듭해서 우선시했다. 그래서 이란-이라크 전쟁 중에도 대규모 변절은 일어나지 않았으며, 2003년에도 그럴 것으로 여겨졌다.

소수인 수니파 역시 국경 너머와 친연 관계를 맺고 있는데 이들의 경우에는 시리아다. 예전에 사담 후세인은 이라크 총리의 암살에 가담했다가 실패하여 부상을 입고 이곳에 망명한 적이 있다. 그리고 나중에 다시 돌아와 결국 쿠데타를 일으켜 정권을 잡게 된다. 이라크에서 소수인 수니파가 정권을 잡을 수 있었던 것은, 바로 수니파가 다수인 시리아에서 소수 종파인 알라위Alawite 분파에게 권력을 안겨준 정치 기구, 즉 바트('재생'이라는 뜻) 당 덕분이었다. 바트 당의 구조는 고도로 중앙 집중화되어 있고 권위적이며 규율이 엄격하다(사담 후세인은 정기적으로 100퍼센트의 '찬성표'를 얻어 재선되었다). 다만 시리아와 이라크 당 지부 사이의 분파적 차이 때문에 양쪽의 지도자들이 원하는 궁극적인 정치적 결합은 이루어질 수 없었다. 어쨌든 유프라테스 강은 시리아에서 이라크로 흐르며, 두 이웃 나라를 연결하는 통로는 수니파 거주 지역이다. 이 통로와 그 배후의 사막을 건너는 길들은 미군이 경비하기가 어려운 곳이다.

그림 6-4에는 이라크에서 주로 수니파가 거주하는 지역이 표시되어 있는데, 북동부로 갈수록 그 경계선이 불규칙해짐을 확인할 수 있다. 산지와 구릉지로 이루어진 북부에는 이라크 내 쿠르드인 6백만 명 중 대부분이 거주하고 있다. 이들은 국경선으로 분단된 채 이라크, 시리아, 터키, 이란에 쪼개져 분포하는 총 3천 2백만 쿠르드 민족 중의 일부다. 쿠르드인은 아랍인이 아니고 그들의 언어도 아랍어와 관련이 없으며, 어디에 살건 지배 세력—이라크, 터키, 시리아, 이란—으로부터 자치권을 추구해왔다. 그 때문에 이라크의 쿠르드인들은 주기적으로 보복을 당하곤 했으며, 사담은 쿠르드족 마을을 화학 무기로 공격하여 바깥 세계 사람들의 뇌리에 깊은 인상을 남기기도 했다. 1991년 걸프전 이후 쿠르드인들은

이라크 정부의 탄압으로부터 보호를 받게 되었고, 비교적 안전을 누리면서 이 나라의 그 어떤 민족보다 번성했다. 하지만 그림 6-4에 표시된 문화적 경계선을 따라서 쿠르드족과 수니파 사이에 토지와 권리를 둘러싼 마찰이 빚어졌다. 게다가 이 경계 지역은 투르크멘과 아시리아 등 소규모 민족 집단의 근거지이기도 한데, 그들과의 관계 또한 좋지 않은 편이다.

티그리스 강에 걸쳐 있는 거대 도시인 바그다드는 어떤 면에서 이라크의 축소판이라 할 수 있다. 수니파, 시아파, 쿠르드족의 거주지가 부유한 구역에서 빈곤한 구역에 이르기까지 고루 분포해 있다. 구불구불한 물길의 동쪽으로는 한때 '사담(현재는 사드르) 시티'라고 불렸던 슬럼가가 놓여 있으며, 약 3백만 명의 시아파가 거주하고 있는 것으로 추정된다. 과거 후세인 정권은 사소한 위반 행위로도 이곳 주민들을 야만적으로 처벌하곤 했다. 강의 서쪽은 특권을 독점한 수니파의 본거지로서, 중요한 공공건물, 사담 후세인의 수많은 기념비적 궁전, 화려한 모스크, 동상, 기타 후세인 정권이 세운 건축물들이 들어서 있다. 미국의 침공으로 이 도시는 극심한 피해를 입었다. 그로부터 몇 달이 흐른 뒤에도, 그리고 약간은 나아졌지만 현재까지도 식수와 전력 공급이 미흡하고 불안정하며, 물자 보급이 여의치 않고, 의료 시설도 불충분하며 학교는 제 기능을 못하거나 폐쇄된 상태다. 미국의 전략 입안자들은 강 오른편 둑에 안전한 '그린 존 Green Zone'을 설치했는데, 이곳에 미 대사관 및 행정 건물들이 삼엄한 (그러나 완전히 효과적이지는 않은) 경비하에 한데 모여 있다.

'이라크 자유 작전'이라는 이름으로 미국이 개입한 초기에 상황은 급격히 나빠졌다. 민간인의 피해는 극심했고 군사적으로도 상당한 손실을 입었다. 테러리즘(알카에다는 일찍이 갖지 못했던 기회를 잡았다)과 수니파가 일으킨 반란과 시아파의 저항이 결합되어 치안은 무너졌고 점령군과 피점령민 사이의 사회적 격차 탓에 이들 간의 관계와 신뢰에 금이 갔다. 미군들이 교도소에서 죄수들을 학대한 스캔들은 상황을 더욱 악화시켰다. 이라크의 신입 경찰관과 신병들을 겨냥한 폭탄 공격, 순례객과 참배객들을 잔인하게 살해한 분파 간 폭력, '탈바트당화 정책(de-Baathification program, 과거 사담의 동맹 세력이었던 바트당 당원이 새로운 이라크에서 공직을 차지하지 못하게 하려고 고안된 정책이지만 수니파의 반발을 자극했다)'에 대한 분노는 이 나라를 실패로 몰아갔다. 사담 후세인의 체포, 구금, 재판, 처형은 이 나라가 대의 정부로 향해야 할 시점에 이라크 내부의 적대를 더 깊게 만들었을 뿐이다.

'임무 완수'된 이라크의 상황이 악화되고 있던 와중에, 워싱턴에서 운명적 결정이 내려졌다. 아프가니스탄에서 큰 전공을 세운 군사 지도자들이 이라크에 배치되었다. 칼릴자드 대사가 카불에서 바그다드로 재발령받았다. 아프가니스탄은 중대한 시기에 후순위로 밀려났다. 병력이 증원되었음에도 이라크의 상황은 점점 격화되어, 2006년에는 사망자가 도합 수만 명에 이르면서 내전 직전에 몰렸다. 알사드르의 시아파 민병대가 이에 주요한 역할을 했고, 알카에다 조직원, 전 바트 당원, 수많은 분파 집단들의 지원을 받는 수니파 민병대도 그에 못지않았다. 2006년 11월 이라크 보건장관은 2003년 침공 이후로 총 15만 명이 사망했다고 추정한 보고서를 발표했다.

한편 분파를 막론하고 의사, 기술자, 사업가, 변호사, 예술가, 기타 직업에 종사하는 수십만 명의 이라크인들은, 기회가 있을 때마다 가족과 더불어 고국을 등지고 요르단, 시리아 등으로 탈출하여 난민이 되었다. 2007년 미국 정부는 이라크 상황을 안정시키기 위해 기존 13만여 명 규모의 점령군에 약 3만 명의 병력을 추가로 파견하는 이른바 '증강surge' 작전을 승인했다. 이와 동시에, 과거 미국에 반대했던(그리고 미군과 싸웠던) 부족 지도자들을 회유하여 점점 공격적으로 되고 있던 알카에다와의 전투에 참여시키는 작전이 병행되었다.

증강 작전으로 숨 돌릴 기회를 얻은 뒤, 협상가들은 바그다드에 연립 정부를 세우기 위한 노력을 한층 더 기울였다. 그리고 2008년 이라크 의회는, 2009년 말까지 모든 도시와 마을에서 부대를 철수하고 2011년 12월 31일까지 전 병력을 이라크에서 철군시킬 것을 미국에 요구했다. 당시 대통령 후보였던 버락 오바마Barack Obama는 이에 화답하여 미군 철수 시한을 지키겠다고 공약했다.

(핵무기 개발 증거를 찾는 것 외에) 미국이 이끈 이라크 침공의 명시적 목표는, 사담 후세인의 잔인한 독재 정치를 종식시키고 그의 (탐욕스러운 두 아들을 비롯한) 정치적 후계자를 제거하며, 대의 정부 체제를 발전시키고 선거를 치르는 것이었다. 그리고 궁극적으로는 무슬림 세계의 중심부에 자유와 자결의 우월성을 입증하는 모범으로서, 천혜의 에너지 자원을 갖추었을 뿐 아니라 민주적이고 경제적으로 발전하는 재건된 이라크를 세우고 오는 것이었다. 이 민주주의의 트로이 목마가 그 이웃 나라들에는 매우 다른 모습으로 비쳐질 수 있다는 사실이 부시 대통령과 (더 중요하게는) 체니 부통령의 머리에 떠올랐을지 알 수 없지만, (그들 스스로 집필한 글을 보면) 그랬을 증거는 희박하다.

이라크가 다수결에 따라 통치된다면 시아파의 축은 이란에서 시리아와 레바논까지 확대될 것이고, 그 정부는 이 지역 전체에서 시아파의 대의를 추구할 것이다. 이라크의 진짜 민주주의는 이 불안한 지역에 깊이 뿌리박은 전제 정치를 뒤흔들 것이다. 이라크의 경제적 기회는 중국부터 러시아와 베네수엘라에 이르는 생소한 투자자들을 끌어들일 수도 있다.

쿠르드족의 자치는 터키의 정부·군사 지도자들에게는 달갑잖은 사건이 될 것이다. 이라크를 지배하는 지리적 요인들은 이 영역에서 중추적 조건에 놓여 있다. 성공의 대가는 비길 데 없이 크겠지만, 아직까지 현실적으로 도사리고 있는 실패의 위험 또한 막대할 것이다.

아프가니스탄과 이라크, 그리고 미국

이라크에서 사실상 계속되고 있는 전쟁이 미국에서 공적 토론의 중심 무대에 오른 반면, 아프가니스탄에서의 군사 행동은 그에 비해 별로 주목을 받지 못했다. 기대 수준 역시 낮았다. 오사마 빈 라덴이 추적과 체포를 성공적으로 피할 수 있었던 사실은, 이웃 파키스탄으로 쫓겨난 탈레반이 이용할 수 있는 은신처들이 존재하는 상황에서 이 텍사스만 한 나라를 안전하게 확보하고 탈레반의 부활을 억제하기가 얼마나 어려운지 보여주었다. 한편 알카에다는 아직도 치명적인 공격을 가할 수 있는 듯 보였고, 그런 공격을 기획하는 자들이 와지리스탄이나 파키스탄의 다른 지역을 거점으로 활동하고 있는지 여부도 알 수 없었다. 2004년 3월 테러리스트들이 마드리드의 기차역을 공격하여 거의 2백 명이 숨졌다. 2005년 7월에는 런던 지하철의 열차 세 대와 2층 버스 한 대가 폭발하여 56명이 숨졌다. 2006년 8월에는 대서양을 오가는 항공기 몇 대를 동시에 폭파하려는 알카에다의 음모가 실행 이전 단계에 발각되었다.

그럼에도, 또 아프가니스탄의 수많은 문제들—양귀비 재배와 마약 거래 증가, 고질적 부패, 테러 활동과 심지어 내란의 재발, 제대로 힘을 발휘하지 못하는 중앙 정부 등등—이 9.11 사태 이후 추진되어온 정책 기조 전체를 위협하는 와중에도 부시 행정부는 이라크에 발목이 잡혀 있었

다. 이라크가 민족적으로 세 갈래로 분열되어 있다는 것은 잘 알려져 있
는 사실이며 지나치게 단순화한 기술이기도 하다. 그래서 이 나라의 일시
적 분할이 궁극적인 재건의 길이 될 수 있는가를 놓고 공개적 논쟁이 일
어났지만, 시민들을 대상으로 한 신문의 무작위 여론 조사에 따르면 이
지역의 백지도에서 이라크를 짚을 수 있는 사람은 일곱 명 중 한 명뿐이
었다. 이는 이 문제에 대한 여론이 (부드럽게 표현해서) 충분한 정보에 근
거한 것이 못 된다는 뜻이었다.[14]

　　미국인의 인지 지도에서 이라크의 지리가 희미하다면 아프가니스탄

아프가니스탄과 베트남: 대통령들의 덫

논란이 많았던 2009년 아프가니스탄 대선에서 하미드 카르자이의 승리는 미국 고위급들의 몇몇
문제성 발언과 언론의 격한 비난을 터뜨리며 외교·전략적 딜레마를 불러일으켰다. 당시 상원 외
교위원회 위원장이던 존 케리John Kerry는 10월 19일 카불에서 〈페이스 더 네이션〉과 인터뷰하며,
미국이 "합법적인 정부가 수립되지 않은 상태에서" 전략적 결단에 직면하고 있다고 말했다. 조 바
이든Joe Biden 부통령은 카르자이 정부와 그의 가족이 부패와 마약 거래에 연루되어 있다며 그를
인정사정없이 폄하했다. 10월 14일자 「뉴욕타임스」 칼럼에서 토머스 프리드먼은 아프가니스탄
의 "오염된 정부"와 카르자이 대통령이 자신의 재선을 확보하기 위해 행한 "대규모 부정"에 대해
한탄하며, "미국을 베트남의 수렁으로 빠뜨리지 않고 아프가니스탄을 안정시키기 위해", 현재의
정권을 좀 더 "수긍할 만한" 정부로 대체할 결선 투표를 요구했다.

　　최근 들어 아프가니스탄과 베트남이 자주 비교되고 있지만 두 사태는 서로 극명한 차이가 있
다. 그러나 1964년 베트남에서 벌어진 일은 오늘날의 아프가니스탄에 시사하는 면이 있다. 당시
남베트남은 베트콩이 북부의 외딴 농촌 지역을 장악하면서 혼란에 싸여 있었다. 1만 2천 명의 미
국인 '고문'들이 남베트남의 방어를 강화하기 위해 남베트남군을 이른바 훈련시키고 있었다. 여러
승려들의 분신 자살 등 날로 거세지는 불교도들의 저항에 직면하고 있던 남베트남의 응오딘지엠
대통령은 미국의 정책 결정자들에게 별로 인기가 없었다. 미국 지도자와 전문가들은 그의 전제적
방식과 악명 높은 부패, 종교적 반대 세력에 대한 가혹한 대응 등에 대해 신랄하게 비판했다. 응오
딘지엠 대통령이 미국인 고문의 수를 줄여달라고 미국 정부에 요청했을 때 그는 워싱턴에 그나마
존재하던 소수의 지원 세력조차 상실했고, 모국에서의 자기 정치적 기반도 약해졌음을 깨달았다.

　　1963년 11월 1일 일단의 군인들이 쿠데타를 감행하여―그들 중 일부는 미국인 고문의 도움

의 지리는 더더욱 그러했다. 심지어 이라크 전쟁이 잦아들고 아프가니스탄의 문제와 비용이 정책 결정자들을 괴롭히기 시작했을 때도 마찬가지였다. 사실 미국의 지도자들이 아프가니스탄에 대해 대중에게 전달한 정보는 맥나마라 장관이 한탄했던 베트남 때보다 나아진 것이 없었다. 예를 들어 2009년 11월 29일 상원 군사위원회 위원장인 칼 레빈Carl Levin 상원의원이 CBS의 〈페이스 더 네이션Face the Nation〉에 출연했을 때 진행자인 밥 시퍼Bob Schieffer가 그에게 이렇게 물었다. "방금 아프가니스탄의 카불에서 돌아오셨는데, 그곳의 상황은 어떤 것 같습니까?"

을 받았다—응오딘지엠 대통령을 축출하고 즉결 처형했다. 이에 대한 미국의 공식·미디어 논평에서도 응오딘지엠은 그리 고운 대접을 받지 못했다. 남베트남에서는 이른바 혁명위원회가 권력을 장악했고, 미국 정책 결정권자들과 좀 더 순순히 제휴하는 운명적 시기의 막을 열었다. [혁명으로 응오딘지엠이 축출된 이후 남베트남은 1964년 한 해 동안만 일곱 번의 정권 교체가 이루어질 정도로 극심한 혼란에 빠졌고, 북베트남은 이 호기를 놓치지 않고 군사적 압력의 강도를 높여갔다. 미국의 정책 결정자들은 이 같은 정국의 혼란에 크게 실망했지만, 그때까지의 간접적인 지원 정책만으로는 남베트남 정부를 지탱하기 힘들 정도로 상황이 악화됨에 따라 점점 군사 개입을 확대해나갔고 결국 지상군을 투입하기에 이른다.—옮긴이]

아프가니스탄이 결선 투표를 해야 한다는 미국의 고집과, 카르자이 대통령의 경쟁자가 만약 승리한다면 그보다 덜 부패한 정부를 만들 것이라는 워싱턴의 확고한 믿음은 잘못된 것일 수도 있다. 수세기를 이어 온 아프가니스탄의 정치·사회·경제적 규범이 결선 투표 한 번으로 바뀌지는 않을 것이다. 이것으로 결과가 바뀐다는 보장이 없을 뿐만 아니라, 카르자이의 승리로 버려지고 묻혔던 희망의 불씨를 되살려 도리어 혼란을 일으킬 위험도 있다. 아프가니스탄은 깊숙이 분열된 나라다. 여기에서 군벌, 부족장, 반군, 순수 범죄자, 그리고 카불을 근거로 한 소수의 용감한 진보주의자들은 저마다 한몫 잡으려 엿보는 수많은 집단들 가운데 일부에 불과하다. 국제 감시단이 이 나라를 세계에서 가장 부패한 사회 중 한 곳으로 순위 매긴 데는 이유가 있다.

카르자이는 자신의 결함과 장점을 모두 발휘하여 이 나라를 상징하고 안정시키는 자리에 올랐다. 결선 투표를 강요하는 외국인들은 그를 허약한 승리자, 혹은 더 나은 후임자가 나타날 보장이 없는 패배자로 남기게 될 위험이 있다. 게다가 내부적으로 대립하는 '권력 분담' 정부와 항구적인 정치 위기가 번갈아 발생하리라는 전망이 겹친다. 베트남의 최소한 한 가지 교훈은 무시된 듯 보인다.

레빈 상원의원은 이렇게 대답했다. "글쎄요, 그곳에는 이라크 같은 민족적 분열은 없습니다."

시퍼는 이에 대해 추가 질문을 하지 않았지만, 이 말을 들은 시청자들이 어떤 결론을 내렸을지 의문을 품게 된다. 아프가니스탄의 변화무쌍한 자연 지리 위에 겹쳐진 복잡한 민족적(그리고 민족언어적) 모자이크는 그 자체로 중대한 지리적 요소다. 아프가니스탄의 모든 것은 데이비드 이스비David Isby의 말마따나 '소용돌이Vortex'라고밖에는 표현할 길이 없다. 파슈툰족의 영역은 파키스탄과의 국경에 걸쳐 있으며, 파키스탄에서 와지리스탄을 거쳐 아프가니스탄을 통과하여 이란과의 국경까지 문화적 연속성을 유지하고 있다(그림 6-5). 아프가니스탄 인구 3천 4백만 명 중 40퍼센트 이상, 파키스탄 인구 1억 8천만 명 중 약 14퍼센트를 차지하는 파슈툰족은 주로 남부에 모여 있지만 북부 곳곳에도 섬처럼 흩어져 총 6천만 명의 거대 민족 집단을 이루고 있다. 반란 세력도, 양귀비를 재배하는 이들도, 탈레반도 이들이다. 또 이들은 아프가니스탄의 중앙 정부도 지배하고 있으며, 이들의 언어인 파슈토어는 이 나라의 2대 공용어 중 하나다. 그리고 아프가니스탄의 공식 국호는 '이슬람 공화국'이지만, 이는 파슈툰족의 수니파 이슬람을 의미하며, 그들은 전체 인구의 무려 82퍼센트를 차지한다. 하자라족과 몇몇 소수 집단들의 신앙인 시아파 이슬람은 약 17퍼센트가 믿고 있다.

사실 아프가니스탄에서 이라크 같은 인종-문화적 불화를 찾으려면 중심부에서 그리 멀리 갈 필요도 없다. 몽골족의 후손인 하자라족은 19세기에 무력에 의해 파슈툰족의 지배를 받았지만, 강대한 이웃 민족의 공격을 그럭저럭 막아내고 그들이 사용하는 다리(파르시)어를 이 나라의 또 다른 공용어로 인정받을 수 있었다. 이들은 소련의 침공 및 점령기에 짧

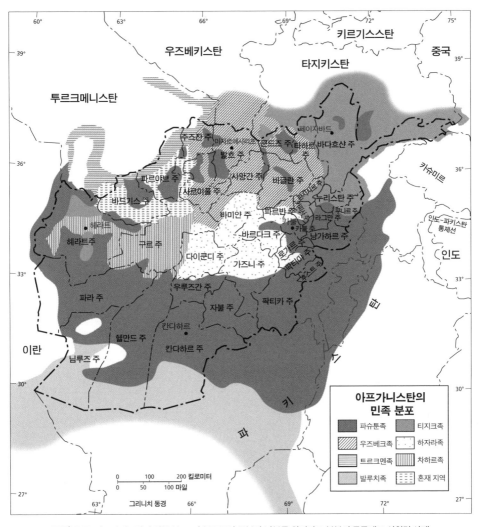

그림 6-5 아프가니스탄의 민족 분포. 파슈툰 족이 동부와 남부를 차지하고 북부의 곳곳에도 섬처럼 산재해 있다. 이 지역의 민족 집단 간 경쟁에서 '파슈투니스탄'이라는 지명이 유력한 후보로 떠오를 정도다.

은 융성기를 누렸고, 이들의 관습과 전통은 파슈투니스탄(현실을 반영해서 이렇게 부르기로 하자)과 크게 다르다. 그러나 탈레반이 파슈툰족의 지배를 부활시키고 아프가니스탄을 중세적 근본주의로 끌고 들어갔을 때 이 나라에서 가장 큰 피해를 입은 집단은 하자라족이었다. 그림 6-5를 보면 그 이유를 알 수 있다.

지도에서 보듯이, 아프가니스탄은 민족 이름을 가진 이웃 나라들과 북쪽 경계를 맞대고 있으며, 이들 민족이 북쪽 국경을 넘어 흘러 들어와 있다. 이 나라 제2의 민족언어 집단은 타지키스탄과 역사적으로 친연관계를 가진 타지크족(27퍼센트)이다. 수적으로는 하자라족이 그다음이고, 그다음이 우즈베크족이다. 우즈베키스탄과 아프가니스탄 사이의 국경은 비록 짧지만 그 사이의 통로는 북부의 중요 도시 마자르에샤리프로 곧장 연결되며, 지도를 보면 이 우즈베크 소수 민족이 상당한 넓이의 영토를 점하고 있음을 알 수 있다. 탈레반이 세력을 확대하며 위협했을 때 비非 파슈툰족 병력으로 구성된 북부동맹이 이들의 전진을 막으려 시도한 바 있다. 9.11 사태 이후 미국이 개입했을 당시는 이 분쟁이 한창 진행 중이던 때였다.

아프가니스탄에서의 작전은 미국의 이라크 개입 이후로 심한 어려움을 겪었고 초기에 획득한 성공과 우위도 무색해지고 말았다. 심지어 2007년에도 미군과 나토군 병력이 5만이 채 되지 않았고, 훈련받은 아프가니스탄 정규군의 규모도 매우 작았다. 한편 탈레반은 자살 폭탄 테러, 납치, 고문 장면을 촬영해 송출하는 등 이라크에서 큰 효력을 발휘한 알카에다 식의 악랄한 전술을 사용하기 시작했다. 그렇게 탈레반은 공적 신뢰에 심각한 균열을 내며, 10년 전 그들이 권력을 쥐었던 당시에 사람들에게 심었던 공포를 어느 정도 다시 불러일으킬 수 있었다. 일례로 2008

년 이들은 자신들이 장악한 지역의 모든 휴대전화 통신사들에게 야간에 서비스를 중단할 것을 요구했고, 회사들이 이 요구에 따르지 않자 중계탑들을 파괴해 강제로 순응을 얻어냈다. 탈레반은 지리적으로 농촌에서의 전투는 외딴 지역, 특히 최남단 지역에 집중하고 도시에서의 전략은 카불에 집중했다. 그 과정에서 한편으로는 아프가니스탄과 연합군, 다른 한편으로는 아프가니스탄과 파키스탄의 관계가 악화되었다. 파키스탄은 테러 조직원들을 숨겨주고, 탈레반 전사들이 국경을 넘지 못하도록 충분한 조치를 취하지 않는다는 비난을 받았다.

2009년에 미군과 나토군(이지만 주로 미군)의 병력은 도합 10만 명을 넘게 된다. 그러나 후보 시절 주둔 부대 감축에 대비하고 아프가니스탄에서의 군사 행동을 재검토하겠다고 공약했던 버락 오바마 대통령은 현 상황을 점검하고 향후 진로를 계획하기 위해 리처드 홀브룩Richard Holbrooke 대사를 아프가니스탄·파키스탄 특사로 임명했다. 이 조치에는 정치 과정에 참여할 의향이 있는 이른바 '온건한' 탈레반을 선임하는 것도 포함되었다. 부르하누딘 라바니Burhanuddin Rabbani 전 대통령이 위원장을 맡은 아프가니스탄의 이른바 '고위평화위원회'는, 서로 이해관계를 공유할 수 있는 영역에 대해 논의하고자 탈레반 측 특사를 받아들였다. 이는 그로부터 2년 뒤에 라바니 자신의 생명을 희생시킨 도화선이 되었다. 2011년 9월 20일 특사를 가장해 그를 방문한 탈레반 두 명이 터번에 숨겨놓았던 폭탄을 터뜨린 것이다. 타지크족 출신인 라바니 전 대통령은 탈레반에 저항한 북부동맹의 지도자였으며, 파슈툰족 출신인 하미드 카르자이 대통령의 동맹이기도 했다.

오바마 대통령의 계획은 예상대로 격렬한 논쟁에 휩싸였다. 그가 대대적인 병력 증원에 동의하여 2010년 아프가니스탄에는 약 10만 명의 연합군이 주둔 중이었지만 반군의 공격과 테러리스트들의 도발은 계속 증가하고 있었다. 현지의 상황이 악화됨에 따라 2014년까지 군대를 철수하겠다는 대통령의 약속은 실현이 불가능해 보였고 심한 비판에 부딪히게 되었다―심지어 오바마의 지지자들도 병력 규모를 확대하는 데는 반대했다. 논쟁은 냉혹한 양자택일을 놓고 벌어졌다. 미국은 이 나라에 대한 명목상의 통제권을 확립하기 위해 계속 탈레반과 싸우고 알카에다를 쫓고 대의 정부가 뿌리내리게끔 지원하고 정규군을 훈련시키면서 장기간 주둔할 것인가, 아니면 국가 건설 캠페인을 포기하고 군대를 철수하여 아프가니스탄의 운명을 선출된 정부의 손에 맡긴 뒤, 탈레반이 부활하리란 전망과 그 부활이 미칠 온갖 사회적 여파를 수용한 채 비군사적 수단을 써서 아프가니스탄의 동맹 세력을 지원할 것인가?

두 입장의 지지자들은 각기 강력한 논거를 내세울 수 있었다. '머무르자'는 쪽의 논거는 이러했다. (1) 이웃한 파키스탄이 상당량의 핵무기와 약한 정부weak state를 갖고 있기 때문에 주둔군은 꼭 필요하다. 파키스탄 정부가 실패할 경우 미국은 아프간의 기지에서 군사 개입을 해야 할 것이다. (2) 탈레반과 맞서지 않는다면 탈레반 정권이 지난 집권기 아프가니스탄 전역에 만들어놓은 알카에다의 피신처들이 복구될 위험성이 있다. (3) 아프가니스탄에서 탈레반이 부활하면 그들 특유의 억압적 사회 내에서 수백만 여성과 소녀들이 재앙을 맞을 것이다. (4) 아프가니스탄의 미 주둔군은 이 다루기 어려운 지역에 약간의 안정을 보장하고 이곳의 정부 기능과 치안을 개선하며, 부패와 싸우고, 아편 생산을 다른 환금 작물로 대체할 수 있다. 한편 '떠나자'는 쪽의 논거는 이러했다. (1) 미국은 이라크에 1조 달러 이상을 지출했고, 재정적 어려움 때문에 미군 주둔과 국가 건설에 드는 수천 억 달러의 비용을 감당할 수 없다. (2) 파키스탄의 핵무기에 대해서는 미국보다 인도가 더 위협을 느끼고 있다. 만약 핵무기가 이슬람 극단주의자들의 수중에 들어간다면, 아프가니스탄에 미군이 주둔하고 있든 아니든 상관없이 인도 측에서 선제적 행동을 취할 것이다. (3) 9.11 직후에는 알카에다 소탕을 전면적으로 줄기차게 추진해야 했지만, 현재 아프가니스탄의 알카에다는 그 수가 적고 와지리스탄에 존재할지도 모르는 알카에다 기지보다는 아라비아와 아프리카의 새로운 테러 활동들이 더 중요하게 떠오르고 있다. 또 이곳 여성들이 처한 운명은 전 세계적으로 볼 때 전혀 특수한 상황이 아니다.

아프가니스탄은 극복할 수 없는 내부적 약점들을 많이 갖고 있지만, 이 나라에서 외세를 끌어들이는 요인들은 앞으로도 줄지 않을 것이다. 그림 6-5를 마지막으로 한 번만 더 보도록 하자. 중국은 아프가니스탄과 짧지만 중요한 국경을 맞대고 있으며, 중국과 인도의 경쟁이 심해질수록 와칸 회랑은 아시아의 정치·경제 지리에서 중대한 요소가 될 것이다. 이미 중국은 카불에서 멀지 않은 세계 최대의 구리 광산 중 한 곳을 개발하고 있다. 또 중국의 잠재적 역할뿐만 아니라 파키스탄이 이 나라에 미치는 지배적 영향력 때문에 인도도 아프가니스탄에 관심을 갖고 있다. 그다음으로 파키스탄은, 인도가 주로 타지크 소수 민족과의 경제적 유대 등을 통해 아프가니스탄 내 비 파슈툰 지역에서 영향력을 확대할 경우 자신들이 포위되는 시나리오를 두려워하고 있다.

이처럼 복잡한 공간적 퍼즐에서 지리적 요소는 어디에나 존재한다. 아프가니스탄에서 가장 최근에 행해진 외국군의 작전이 결국 종료되지 않는다 해도, 이번이 처음은 아닐 것이다.

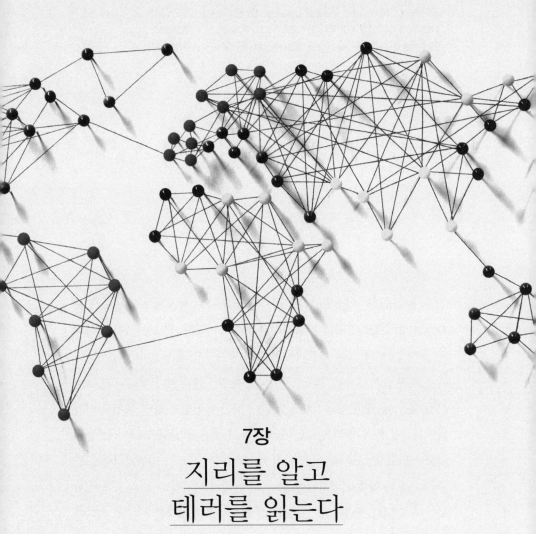

7장

지리를 알고
테러를 읽는다

테러 행위는 이들의 전술이 결과물을 기대할 수 있는 지역에 일시적으로 집중되는
경향이 있다. 남북전쟁 후 미국의 테러 활동을 나타낸 지도는 남부 백인들의
쿠클럭스클랜KKK이 재건 지지자들을 위협하기 위해 폭력을 사용한 양상을 보여준다.

9.11 테러 공격의 성공 이후 흔해진 말 중 하나는, 세계가 일찍이 예측 불
가능한 방식으로 영구히 변화하리리라는 것이었다. 새로운 세기가 시작
된 직후인 9월의 그날, 초강대국 수도에 세워진 힘의 상징이 공격을 받아
세계 최대 도시 중 한 곳의 스카이라인에 영구한 흉터가 생겼다. 승객을
가득 실은 네 대의 항공기가 납치되어 자살 테러범의 살인 무기로 이용
되었고, 3천 명 이상의 민간인이 숨졌다. 맨해튼과 알링턴에서 건물들이
계속 불타고 무너질 때, 이 공격이 가진 함의는 우리를 망연자실하게 만
들었다. 후속 공격을 예상해야 하는가? 어떻게 이처럼 큰 테러 공격이 아
무런 경고 없이 행해질 수 있는가? 미국에 이렇게 취약한 곳이 또 어디에
있는가? 어떤 안보 프로그램을 가동해야 하는가?

확실히 세계는 변할 테지만, 많은 전문가들이 예상하는 방식으로는
아닐 것이다. 그로부터 10년이 넘도록 이와 희미하게라도 비견될 만한 테
러는 발생하지 않았다. 9.11 테러 공격을 기획하고 자금을 댄 아프가니스

탄 기반의 테러 조직 알카에다의 활동은 연합군의 탈레반 소탕 작전으로 억제되었고 그 우두머리들은 도피했으며, 조직원들은 아프가니스탄-파키스탄 국경 지대의 채 정비되지 않은 조직들로 흩어졌다. 여타 지역에서 알카에다 분대들의 자율적인 테러 공격이 서서히 증가해(2004년의 마드리드 기차역 공격과 2005년 런던 지하철-버스 폭탄 테러 등) 수백 명의 목숨을 앗아갔지만, 이들 중 9.11 테러에서 나타난 정도의 기획력과 수준, 방향성, 자금력, 조직적 실행력을 반영하는 사건은 하나도 없었다. 실제로 이렇게 비이슬람 목표물을 겨냥한 '이슬람 테러리스트'의 공격보다는, 이슬람 내부의 분파 간에 벌어진 정치적 공격 건수가 매년 훨씬 더 많았다. 한편 (아라비아 반도 알카에다, 서아프리카 알카에다처럼) 알카에다의 이름을 차용한 기타 느슨한 연계 조직들로 말하자면, 2011년 빈 라덴이 제거되기 전까지는 그의 은신처에서 녹화한, 이후에는 그의 후계자 알자와히리가 녹화한 (테러) 권고 테이프들이 배포되었음에도 전 세계적으로 조직된 활동이 있다는 증거는 거의 발견되지 않았다.

9.11 사태 이후 10년 동안 자연재해로 사망한 수만 명의 사람들과 비교했을 때, 비록 테러 자체는 끔찍하지만 그로 인한 사망자 수는 낮은 수준이다. 테러에 대한 공포는 현실보다도 인지와 더 관련이 있다. 그 무작위성은 무시무시하며 그 돌연함은 공포스럽고 그 위협은 사방에 만연해 있다. 테러의 심리적 효과는 그 물리적 효과보다 훨씬 더 크다. 우리는 그림 4-2를 보고 지진과 화산 폭발 때문에 살기에 가장 위험한 장소들을 가늠할 수 있다. 폭풍이나 지진해일로 해안이 침수될 위험이 가장 큰 지역들은 그 어떤 지형도를 봐도 분명하다. 그러나 테러 공격을 사전 경고하는 지도는 없다. 1995년 4월 19일, 한 트럭에 실린 폭탄이 오클라호마 시티의 뮤러 연방 정부 청사를 폭파시켜 168명이 숨지고 5백 명 이상이

다쳤다. 2011년 7월 22일에는 폭발물과 총기로 무장한 단독 테러범이 노르웨이 수도 오슬로의 정부 건물들을 폭파하고 부근의 작은 섬에서 열린 행사에 참석한 70여 명의 사람들을 죽였다. 오클라호마시티나 오슬로는 그 누구의 인지 지도에서도 테러 위험에 특별히 취약한 지역으로 떠오르지 않았던 곳이다.

그러나 모든 테러가 이처럼 무작위적인 것은 아니다. 테러 행위는 이들의 전술이 결과물을 기대할 수 있는 지역들에 일시적으로 집중되는 경향이 있다. 남북전쟁 이후 미국의 테러 활동을 나타낸 지도는 반항적인 남부 백인들의 쿠클럭스클랜KKK이 재건[Reconstruction, 남북전쟁에서 북군이 승리한 이후 남부를 연방에 통합하기 위해 추진된 정책—옮긴이] 지지자들을 위협하기 위해 폭력을 사용한 양상을 보여준다. 양차 대전 사이의 '브리튼 제도' 지도는 아일랜드 공화국군IRA 멤버들의 공격 목표물이 영국과 북아일랜드와 아일랜드자유국[1922년 영국의 자치령으로 출범하여 1937년 독립국으로 전환된 아일랜드의 전신—옮긴이]에 밀집된 양상을 보여준다. 1939년 한 해에만 코번트리에서 발생한 폭탄 공격으로 5명이 사망했고 런던, 맨체스터, 버밍엄도 공격을 당해 큰 재산 피해를 입었다. 물론 이 테러는 2차 대전 후에도 계속되어, 3천 명 이상의 사상자를 내며 영국에 테러로 인한 혼란의 첫 번째 물결을 일으켰다.

20세기 중반을 전후로 약 50년간 활동한 테러 조직의 대다수는 이러한 종류였다. 그들의 이름은 세계적으로 알려졌지만 이들은 지리적 정체성이 강하고 활동이 지역적으로 한정되는 경향이 있었다. 이탈리아의 붉은 여단, 서독의 바더 마인호프단, 푸에르토리코의 푸에르토리코 민족해방군FALN, 스페인 바스크 주의 바스크 조국과 자유ETA, 페루의 빛나는 길, 콜롬비아의 콜롬비아 무장혁명군FARC, 스리랑카의 타밀엘람해방호랑이 등이 그 예다. 이들의 전술은 비슷했지만 목표는 순전한 무정부주의에서부터 영토 정복에 이르기까지 상이했다. 각각의 테러 조직들은 나름의 전성기를 누렸지만, 내세운 목표를 달성한 경우는 거의 없었다(또 전부가 명확한 목표를 선언한 것도 아니었다). 일부는 목표에 근접하기도 했는데, 예를 들어 콜롬비아 무장혁명군은 콜롬비아 내에 잠시 '반란국'을 세우는 데 성공했고 스리랑카의 타밀엘람해방호랑이는 정부군에 패퇴할 때까지 스리랑카 북부의 일부 지역을 통제하에 두기도 했다. 그러나 이런 현상을 관찰한 많은 이들의 지적에 의하면 그 밖의 테러 집단들은 위협과 폭력 그 자체가 목적이었다. 자신들의 행동을 정당화하는 이념적 목표를 선언한 이들은 극좌부터 극우에 이르기까지 상대적으로 소수였다.

그러나 20세기 중반 이전 테러에 의해 뒷받침된 운동 중에 성공을 거둔 것이 한 가지 있다. 바로 팔레스타인에서 영국 점령군을 몰아내고 요르단 강 양안에 자신들이 상상한 국가를 수립하려 한 유대 민족주의자들의 활동이었다. 그들의 주된 테러 조직인 약칭 '이르군Irgun'은 고도로 훈련된 극렬 반아랍 단체였다. 1946년 7월 22일, 훗날 이스라엘의 수상이 된 메나헴 베긴Menachem Begin이 이끄는 이르군은 예루살렘의 킹 데이비드 호텔 한 동을 폭파해 영국인, 유대인, 아랍인 시민을 포함한 91명의 군인과 민간인을 살상했다. 이르군은 무자비한 테러로 악명을 떨쳤는데, 1947년 4월 9일에는 그 특공대원들이 아랍인 마을을 공격해 주민 254명 모두를 살해하기도 했다. 1947년 11월 유엔은 팔레스타인을 유대 지역과 아랍 지역으로 분할하는 안을 투표로 통과시켰다. 영국군의 철수가 시작되었고, 이스라엘은 1948년 5월 14일 주권 국가로 수립되었다. 이스라엘의 아랍 이웃 나라들은 이 분할에 반대하는 데 그치지 않고 이 신생국을 공격했지만, 결국 이 분쟁에서 이스라엘은 상당한 영토를 더 획득했다.

이러한 지리적 재편성은 테러리즘의 새로운 시대를 열고 그 배경을 형성하게 된다.

지도에 나타난 테러

테러에 취약할 것으로 예상되는 지점들의 지도를 그리는 일은 비현실적이라 하더라도, 과거의 사건들을 기록하고 변화의 패턴을 파악하는 일은 가능하다. 2차 대전 이후 아프리카와 아시아가 급속히 탈식민화한 수십 년간, 식민 정권들이 테러 조직으로 규정한 집단들의 반란은 테러리즘에 새로운, 전 지구적 지평을 열었다. 지역 주민들에게 자유의 투사로 대접받은 케냐의 마우마우Mau Mau와 베트남의 비엣민Viet Minh 같은 단체들은 과거 유럽 내 테러 집단들과 같은 종류의 악명을 획득했다.

　　테러 활동의 지도를 그릴 때 (테러를 규정하는 문제를 제외하고) 한 가지 난점은 테러리스트들이 일으키는 사건들의 횟수가 너무 많다는 것이다. 적군파로도 알려진 독일의 바더 마인호프단은 1968년에 결성되어 폭탄 테러, 방화, 납치, 암살에 관여했다. 1970년대 독일 언론의 조사에 따르면 이 그룹은 총 3백 건 이상의 공격에 연루되었고 그중 다수는 비행기 납치 등 세간의 이목이 집중된 사건들이었다. 하지만 1970년에 결성된 이후 불과 10년 동안 약 1만 4천 건의 테러 공격에 연루된 이탈리아의 붉은 여단과 비교하면 이 횟수는 무색해진다.[1] 이 공격들 다수는 인명보다는 재산 피해를 일으킨 것들이지만, 몇몇은 기대만큼의 홍보 효과를 거두었다. 그중에서도 두드러진 것은 1978년 이탈리아의 전임 총리 알도 모로Aldo Moro가 끔찍하게 살해된 사건이다. 그의 시체는 로마에서 주차된 차 트렁크 안에 구겨 넣어진 채로 발견되었다.

따라서 1970년대 테러 활동의 지도는, 서남아시아 및 탈식민지 세계의 증가율과 비교해도 아직까지는 유럽 국가에서 가장 높은 발생 빈도를 보여주었다. 그럼에도 특히 독일, 이탈리아, 프랑스에서 이뤄진 철저한 경찰 수사는 그 효과를 발휘하여, 1980년대에는 가장 악명 높은 유럽 테러 조직들까지 해체되기에 이른다. 그러나 한편으로 미래의 징후는 이미 나타나 있었다. 적군파와 붉은 여단 같은 그룹들은 '혁명적 프롤레타리아'에 의한 마르크스주의 정권을 세우기 위해 중앙 정부를 약화시키겠다는 목표를 가지고 있었다. 하지만 팔레스타인 테러리스트 8명이 서독 뮌헨 올림픽에 참가한 이스라엘 선수 11명과 경찰 1명을 살해한 것은 그와 완전히 다른 종류의 동기 때문이었다.

1972년 9월의 운명적인 그날까지, 치안과 테러 위협에 대한 독일인들의 우려는 주로 적군파와 그들이 다른 테러 조직들과 맺고 있는 불분명한 관계에 집중되어 있었다. 스페인에서처럼 이탈리아와 유럽 여타 지역의 테러 집단들이 품은 것은—그들이 자신들의 목적을 분명히 선언했다면—국내에 한정된 영토적·이념적 목표였지 전 지구적 차원의 야심이 아니었다. 그 시대 테러 활동 및 사건들의 지도를 그려보면, 유럽 국가에서 발생하는 테러가 (신생 이스라엘 국가의 내부와 그 주변을 포함한) 여타전 지역을 뛰어넘는 수준으로 월등히 많은 것을 볼 수 있다. 1967년 이스라엘은 아랍 주변국들과 2차 전쟁을 치러 다시금 승리를 거두었고, (시리아로부터) 골란 고원, (요르단으로부터) 요르단 강 서안, (이집트로부터) 시나이 반도와 가자를 손에 넣었다. 패배한 아랍에게 남은 것은 약자의 무기, 즉 테러뿐이었다. 그리고 이스라엘과 이스라엘인을 겨냥한 테러 사건의 횟수가 1967년 전쟁 이후 눈에 띄게 증가했지만, 그중에서 뮌헨 올림픽 테러만큼 전 세계적으로 언론 보도를 탄 것은 없었다. 만약 이 패턴을 지도에 색깔로 표시했다면, 이스라엘-아랍 간 충돌을 표시하는 색깔이 서남아시아 권역을 벗어나 최초로 유럽에도 나타나게 되었을 것이다.

따라서 팔레스타인해방기구의 이름은 이스라엘 건국 이전부터 팔레스타인 위임통치령에 거주해온 팔레스타인 계 아랍인과 그 후손 수백만 명을 대표하는 정치 조직의 우산으로서뿐만 아니라, 그 내부 및 제휴 분파들 덕분에 테러리스트 단체로서도 명성을 얻게 되었다. 다양한 팔레스타인 저항 운동을 조직하기 위해 1964년 결성된 이 기구는 1967년 전쟁 이후 유명해지게 된다. 그 핵심 테러 조직은 (뮌헨 테러를 일으킨) 파타[Fatah, 1950년대 말 결성된 아랍계 팔레스타인인의 정치·군사 조직―옮긴이]의 '검은 9월단'과 팔레스타인해방인민전선PFLP이었다. 후자는 1960년대 후반과 1970년대에 이스라엘 민항기들을 납치하고 폭파해 악명을 떨쳤다.

이제 테러 활동의 온상은 서남아시아에 놓이게 되었지만, 팔레스타인해방인민전선은 취약한 곳이면 어디든 가리지 않고 유대인 목표물을 쫓았다. 1976년 6월 27일 아랍 테러리스트들이 아테네에서 이륙한 에어프랑스 항공기를 납치했다. 이 비행기는 우간다 엔테베에 착륙했고, 그로부터 일주일 뒤 승객들은 이스라엘 특공대의 극적인 구출 작전으로 구조되었다. 8월 11일에는 아랍인 테러범들이 이스탄불에서 엘알 이스라엘 항공기에 탑승하려던 승객들에게 발포하여 네 명이 숨지기도 했다. 테러의 범위가 확대되면서 테러 공격에 대한 뉴스는 일상이 되었고, 여행객들이 이용하는 공항 등 시설의 보안 조치가 사실상 모든 지역에서 강화되었으며, 아랍-이스라엘 분쟁은 전 세계적 문제가 되었다.

그러나 그 주된 쟁점은 종교가 아니었다. 근본적으로 이는 영토와 국경, 조상으로부터 받은 권리와 미래의 공존을 둘러싼 분쟁이었다. 합의를 향한 전진은 극적인 테러 행위들로 계속 중단되었다. 그중 1985년 네 명의 아랍인 테러범이 4백 명의 승객과 승무원을 태운 크루즈 선을 납치한 사건은 이후 다가올 일의 전조로 보였다. 테러가 모두 일방적인 것은 아니었다. 테러 공격은 보복을 불러일으킨다. 이스라엘 국가뿐만 아니라 개별 이스라엘인들도 보복에 관여했다. 1982년과 1983년 이스라엘이 레바논의 수도 베이루트의 아랍 난민촌에 행한 공격은 국가 테러리즘으로 비난받았지만, 사실 이스라엘의 이웃 나라인 레바논은 내전 중이었다. 이시기 테러의 지리적 차원에는 중대한 변화가 일어나고 있었다. 테러 활동의 범위가 확대되고 있었던 것이다.

대서양을 건너간 지하드

팔레스타인해방기구의 이름으로 제트 여객기를 납치하고 인질을 잡는 행동은 이목을 집중시키고 명성을 가져다주었지만, 지상의 계산법은 거의 바꿔놓지 못했다. 이스라엘의 문턱에 놓인 레바논의 혼돈은, 새롭고 잠재적으로 더 강한 동기에 의해 움직이는 완전히 다른 종류의 전투원들을 끌어들였다. 레바논은 한때는 안정된 다문화 국가였고 그 수도인 베이루트는 이 지역의 경제적 중심지였지만, 1970년대 내적·외적 압력에 희생되어 혼돈 속으로 무너졌다. 이스라엘은 자국민을 보호하고 팔레스타인 저항 세력을 뒤쫓는다며 개입했고, 시아파와 수니파 아랍인, 기독교도, 드루즈파는 자기들끼리 싸웠으며, 시리아는 정전을 감시한다는 명목으로 주둔했다. 외부 세력들은 자신들의 이익을 보호하기 위해 들어와 있었다. 1983년은 운명적인 해였다. 베이루트의 미 대사관에 폭탄이 터져 50명 이상이 숨지고, 두 건의 자살 공격으로 미 해병대원 241명과 프랑스

군 58명이 목숨을 잃은 것이다. 6장에서 '이슬람의 성전(이슬람 지하드)'이라는 것에 대한 미국의 인식이 서서히 높아진 과정을 소개한 바 있는데, 그때만 해도 모호하게 규정되어 있던 이 조직의 이름이 정보 보고서에 등장하기 시작했지만, 그 조직원들의 이름과 기지까지는 아직 파악할 수 없었다. 상황이 이처럼 변화하고 있다는 것을 보여준 한 가지 신호는, 1985년 아테네에서 로마로 가던 미국 항공기를 이슬람 지하드 소속의 두 시아파 테러리스트가 납치한 사건이었다. 그들은 역시 대부분 시아파로 레바논에서 붙잡힌 죄수 7백여 명을 석방할 것을 이스라엘에 요구했다. 팔레스타인해방기구와 그 조직원들은 수니파 무슬림이었지만 이들의 행동 동기는 그들의 분파적 성향이 아닌 정치적·영토적 목표였다. 레바논의 질서가 붕괴되면서 이제 이 혼합체에 분파주의─주로 시아 소수파의 공격적 역할─까지 끼어들었고, 이는 헤즈볼라로 알려지게 된 테러 조직의 핵심이 된다.

레바논인은 민족적으로 잘게 쪼개져 있을 뿐 아니라, 언제나 바깥 세계에─이스라엘을 제외하면 이 지역의 다른 나라들을 능가하는─연결고리를 가지고 있었다. 긴 이주의 역사는 기독교도, 시아파, 수니파, 기타 종파의 레바논인 디아스포라를 세계 곳곳으로 흩뿌려 놓았다. 식민지 시기에는 아프리카에 레바논인 상점 주인이 없는 나라가 없을 정도였다. 또 카를로스 메넴Carlos Menem 전 대통령을 비롯하여 아르헨티나 인구의 20퍼센트가 멀든 가깝든 레바논 계 조상을 가진 것으로 추산된다. 물론 시아파의 정치적 주춧돌인 이란이슬람공화국의 지원과 사주를 받기도 했지만, 이런 레바논인 확산의 지리학은 헤즈볼라의 해외 활동 범위에서 핵심적 요소가 되었다.

이런 지리적 징후들을 고려하면, 1980년부터 1990년까지의 테러 활동 지도들을 시간 순으로 늘어놓았을 때 반드시 나타났어야 할 법한 현상—테러 활동이 대서양 너머 아메리카 대륙으로 건너온 것—을 아무도 예측하지 못했다는 사실은 더더욱 놀랍다. 헤즈볼라는 이 지역과 그 너머에 거주하는 시아 소수파들의 지원을 받으며 1990년대 초에는 이슬람 지하드의 한 세력으로 자리잡게 된다. 아메리카 대륙에서 최초로 발생한 이슬람 테러리스트의 공격인 1992년의 부에노스아이레스 이스라엘 대사관 폭탄 테러는 이곳 이란 대사관 직원들과 공모한 레바논 헤즈볼라의 소행으로 의심되었지만, 외교 면책 특권 때문에 구체적인 증거를 수집할 수 없었다.

미국의 대테러 전문가들은 이를 미국에서의 다음번 테러 공격에 대한 사전 경고로 받아들였을까? 아직 연결 고리는 존재하지 않는 듯 보였지만, 미국은 그 목표물에 대한 경고를 받았다. 1993년 뉴욕 세계무역센터 주차장에서 트럭에 실린 초대형 폭탄이 폭발했을 때, 그 목표는 명백히 세계에서 가장 높은 두 빌딩 중 하나를 무너뜨리는 것이었다. 이 폭발로 여섯 명이 숨지고 1천 명 이상이 다쳤다. 수사관들은 한 이집트인 성직자가 이끄는 이슬람 근본주의자들의 네트워크가 미국에 존재함을 곧 밝혀냈다. 그의 목표는 미국의 도시에서 또 다른 수많은 테러 행위들을 저지르는 것이었다.

그리고 1994년 헤즈볼라는 다시 아르헨티나를 공격했다. 이번에는 수도 심장부, 부유층이 많이 모이는 플로리다 애비뉴의 유대인 공회당에서 폭탄이 터져 120명이 숨지고 수백 명이 다쳤다. 이 공격 이후 1992년과 1994년 테러 사건의 배후를 수사하고 해결하라는 압력이 높아졌지만, 전하는 바에 따르면 그 과정이 고위층의 개입으로 지체되었다고 한다. 그러나 1998년 아르헨티나의 사법·정보기관은 한 전향한 이란인 망명객에게서, 이란의 대통령, 외무장관, 정보국장뿐 아니라 아야톨라 호메이니의 아들과 당시 아르헨티나 주재 이란 대사 등 테헤란 정부 고위 인사들이 이에 연루되었다는 공식 증언을 손에 넣었다. 또 아르헨티나 정보기관은 이란 관료들이 테러 시점을 전후하여 가명으로 아르헨티나를 드나들었다는 정보도 입수했다.[2]

계속된 수사로 지금까지도 중요성을 띠고 있는 지리적 연관 관계가 밝혀졌다. 바로 아르헨티나, 브라질, 파라과이의 접경 지역인 이른바 '트리플 프론티어Triple Frontier'의 역할이다(그림 7-1). 미 국무부에서 '삼중 국경 지역Triborder Area'이라고 지칭하는 이 지역의 아랍인 인구는 2만 5천 명 이상으로, "이슬람 극단주의자와 그 동조자들이 우글거리고 있으며, 최근 이 지역에서 5천만 달러의 돈이 모금 또는 세탁되었다"[3]는 보도도 있다. 이란과 이 외딴 지역에 있다는 기지와의 조직적 연관 관계가 밝혀진 것은 이란 대사관과 헤즈볼라 멤버와의 전화 통화 기록을 통해서였다. 트리플 프론티어가 어떤 역할을 하고 있든 간에, 「뉴욕타임스」 기자 래리 로터Larry Rohter의 보도에 의하면 이곳은 무장 세력, 도주자, 여권 및 신용카드 위조범, 전화 교환 조작원, 돈 세탁업자, 폭력범들의 은신처가 되었다. 그 과정에서 모스크와 이슬람 예배소가 급증하고, 레바논, 사우디아라비아, 기타 무슬림 지역에서 24시간 설교를 방송하는 아랍어 라디오 및 텔레비전 채널이 들어오는 등 이곳의 문화 경관 또한 급속히 변모했다.

부에노스아이레스 테러 공격 이후로, 특히 카불의 알카에다 안전 가옥에서 이 지역의 지도가 발견되었을 때 트리플 프론티어는 더 광범위한 테러 활동의 잠재적 집결지로서 위협을 제기하고 있는 듯 보였다. 그러나 남아메리카에서 그 목적을 이룬 헤즈볼라는 이제 다른 목표물로 눈을 돌렸다.

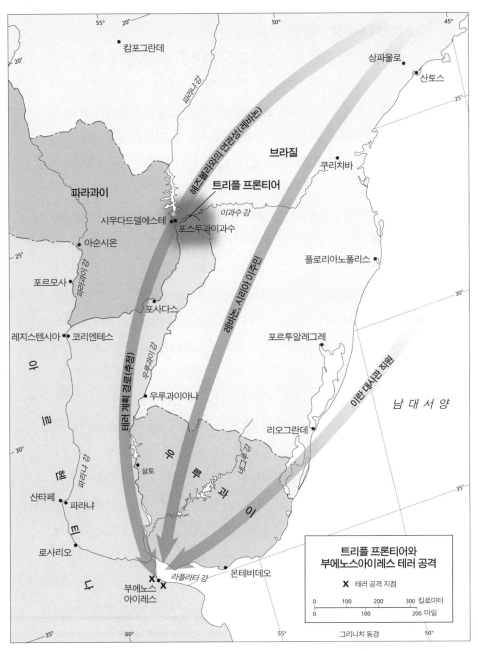

그림 7-1 남아메리카 남부의 트리플 프론티어. 서반구 최초의 이슬람 테러 공격이 모의되었던 지점으로 추정된다.

아프리카의 이슬람 전선

이슬람은 대상隊商들을 매개로 아프리카의 북부 해안을 따라, 선박을 매개로 동부 해안을 따라 전파되어, 7세기 말 이전까지 오늘날의 이집트에 자리 잡고 8세기 말 이전까지는 모로코에 다다랐다. 이 신앙이 급속히 확산되면서 우리가 오늘날 서남아시아라고 부르는 지역은 물론 북아프리카와 동아프리카까지 변화를 겪었다. 11세기에 이슬람은 탄자니아의 다르에스살람까지 이르렀는데, 이는 이슬람이 중앙아시아를 휩쓴 다음 중국으로 침투한 시기와도 일치한다. 무어인(혹은 모르인Mors, 즉 모로코인)들은 북아프리카를 교두보로 삼고 이베리아로 침입했으며, 이곳에서 꽃피운 이슬람은 이 지역의 문화 경관에 지워지지 않는 흔적을 남겼다.

무슬림은 알-안달루스를 지배하는 동안 남쪽으로도 눈을 돌려, 사하라를 건너 서아프리카로 향했다. 서쪽으로 오늘날의 세네갈에서 동쪽으로 오늘날의 나이지리아 북부에 이르는 이 지역에서는 여러 아프리카 국가들이 무역과 교통을 장악하여 번창하고 있었다. 이곳은 해안의 삼림과 내륙의 사막 사이에 낀 사바나 지역으로, 경제 지리학자들이 말하는 "이중 상보성double complementarity"의 혜택을 얻었다. 즉 북부 스텝 지대의 사람들은 남부 삼림 지대에서 나는 물자(녹말 식량, 향료, 동물 자원, 건축 자재 등)를 필요로 하고, 삼림 지대 사람들은 가죽이나 소금 같은 내륙의 물자를 필요로 했던 것이다. 이들 물자는 사바나 국가에 위치한 분주한 시장에서 거래되었고, ('낙타와 카누가 만나는') 니제르 강은 서아프리카의 미시시피 강과 같은 역할을 했다. 대량의 금과 보석이 유통되는 이 시장들은 모로코의 무슬림들을 이곳으로 유인했다.

안정되고 튼튼하고 넓은 영토와 인구를 다스리는 가나, 말리, 송가이 등의 서아프리카 국가들은 북부의 강대한 무슬림에게 매력적인 목표물이었다. 대상들은 모로코의 가죽뿐만 아니라 이슬람이라는 종교 또한 실어 날랐다. 머지않아 서아프리카 사바나 국가들의 왕과 추장들은 이슬람으로 개종하고 신하들에게도 이를 따르도록 명하기에 이르렀다. 이는 중대한 문화적 방향 전환이었다. 이로써 삼림과 사막 사이에 동서로 길게 뻗어 있는 아프리카의 사바나 지역은 메카로 이어지는 통로 구실을 하게 되었기 때문이다. 무슬림이 무력 침입했을 때 가나는 무너졌지만 말리는 살아남았다. 수만 명의 새로운 신도들을 포함한 순례객들이 매년 이곳에서 황금을 싣고 동쪽으로 출발했으며, 하르툼에서 한 번 집결한 뒤 마지막 무대인 메카로 향했다. 이로써 하르툼은 서아프리카 인들의 거류지가 되었다. 메카로 오가는 길에 들른 순례객들이 이곳에 눌러앉으면서 하르툼의 주민은 점점 불어났다.

기독교는 이슬람보다 6세기 먼저 시작되었지만, 식민지 시기가 올 때까지 서아프리카에 영향을 끼치지 못했다. 하지만 오늘날 에티오피아가 자리한 '아프리카의 뿔' 지역에서는 몇몇 아프리카 국가들이 기독교 신앙을 받아들였다. 그중에는 쿠시족, 누비아족, 악숨족 등이 있었는데 그중에서 악숨족이 세운 기독교 왕국은 오늘날의 에티오피아를 이루게 된다. 이슬람의 세력이 여기까지 뻗쳤을 때도 이들 왕국을 무너뜨리지는 못했고, 이 지역의 기독교는 말 그대로 이슬람에 포위된 채로 오늘날까지 명맥을 이어오고 있다.

남쪽으로 확산되던 이슬람은 유럽 식민 세력이 도래하면서 결국 진군을 멈추었다. 유럽 식민 세력은 동·서아프리카 해안을 따라서 교두보를 확립한 다음 내륙으로 들어가, 전통 종교를 믿는 이들은 물론 이슬람을 받아들인 이들까지 통제권 아래 두게 되었다. 현재 서아프리카의 국경선을 보면 과거 영국, 프랑스, 독일 점유지 사이의 경계선이 해안에서부터 수십·수백 마일씩 내륙으로 뻗어 있어, 이런 역사적 배경을 생생히 증언하고 있다. 영국이 점유한 나이지리아도 그 영토가 해안의 삼림 지대에서 내륙의 사막 지대까지 뻗어 있어서 무슬림과 비무슬림이 한 테두리 안에 엇비슷하게 거주하게 되었다. 식민주의자들이 피식민자들에게 기독교를 포교하면서 오늘날의 나이지리아는 무슬림이 많은 북부와 기독교도가 많은 남부(아프리카 전통 종교는 아프리카의 '기독교화된' 지역에서 명맥을 유지했다)로 나누어지게 되었는데, 이 두 세력 사이에는 심각한 긴장이 조성되어 결국에는 나라를 위험에 빠뜨릴 수도 있을 정도의 폭동과 정치적 긴장이 거듭되고 있다.

1884년 식민 열강들이 아프리카의 분할을 매듭짓기 위해 베를린에 모였을 때, 그들은 서아프리카의 기니에서 동아프리카의 케냐까지 대륙을 가로질러 그어져 있는 종교적 구분선에는 주의를 기울이지 않았다. 탈식민화가 임박했을 때 나이지리아와 기타 서아프리카 국가들, 동쪽으로 차드, 수단, 그리고 사방이 막힌 에티오피아에 이르는 아프리카 국가들은 자신들이 문제로 점철된 지역적·문화적 차이를 안고 있음을 깨닫게 되었다. 식민 열강들은 자신들이 이 지역에 만들어놓은 문제의 결과를 예측하지 못했다. 이로써 '이슬람 전선Islamic Front'은 국가들의 통합을 위협하고 테러리스트와 반군들의 행동을 부추기는 분쟁 지대가 되었다.

이슬람 전선으로 분리되어 가장 값비싼 대가를 치른 나라는 말할 것도 없이 수단이다. 수단의 무슬림 정부는 아프리카 기독교와 애니미즘 신도가 대다수를 차지하는 남부 지역을 상대로 길고 쓰라린 전쟁을 벌였다. 이 전쟁으로 발생한 사상자와 난민의 정확한 수는 앞으로도 알 수 없겠지만, 30여 년간의 분쟁 동안 아마도 수십만 명이 사망한 것으로 추정된다. 근본주의 성향의 수단 정권은 이슬람 법(샤리아)을 남부에 적용하려

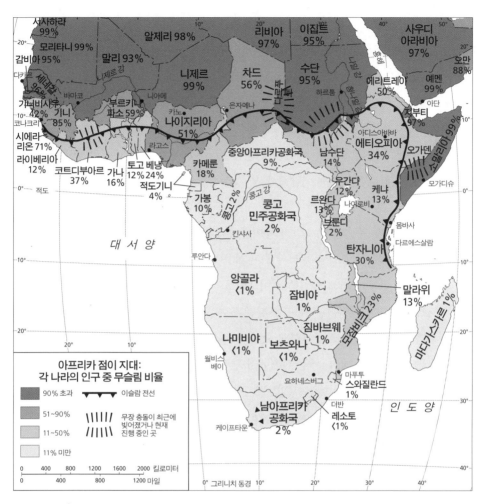

그림 7-2 아프리카 점이 지대와 아프리카의 이슬람 전선. 이 문화적 '단층선'을 따라서 간헐적으로 무슬림과 비무슬림 간의 충돌이 일어난다. 알카에다 제휴 세력들의 활동 범위는 소말리아 지역에서 나이지리아와 니제르까지 이른다.

한 반면, 남부인들은 독립을, 그것이 실패한다면 정부로부터 문화적 보호와 보장을 얻기를 원했다. 분쟁 지역에서 대량의 석유가 매장된 유전이 발견됐을 때 합의는 더더욱 멀어져 버린 듯했다. 그러나 예상을 깨는 일이 벌어졌다. 수단의 남부 지방이 국민 투표로 분리된 이후 2011년 남수단이라는 주권 국가가 된 것이다. 그림 7-2에서 보듯이, 이 신생 아프리카 국가의 북쪽 국경은 이슬람 전선과 거의 일치하고 있다.

　서아프리카에서는 코트디부아르의 이슬람 전선 접경 지역이 역시 값비싼 대가를 치렀다. 오랫동안 안정되고 비교적 번영을 누린 코트디부아르는 영토가 확정된 이래로 북부 지방에 소수의 무슬림이 거주하고 있었다. 그런데 식민지에서 독립한 이후, 북쪽에 접한 이웃 나라인 부르키나파소에서 무슬림 목축민과 농민들이 국경을 건너 대거 이주하여 코트디부아르의 시골 지방에 정착했다. 처음에는 무슬림 목축민들이 몰고 온 가축이 곡물에 피해를 입히고 이주민들이 땅을 차지하는 문제로 이따금 소규모 분쟁이 일어난 데 그쳤지만, 그후 무슬림 소수파들의 힘이 커지면서 정치 세력으로 발전하게 되었다. 그러다가 이 나라를 장기 집권해온 지도자가 죽은 뒤, 대통령 선거에서 당선된 무슬림 정치인을 남부인들이 인정하지 않으면서 내전이 발발했다. 이 내전으로 코코아에 기반한 국가 경제가 파괴되고 급기야 프랑스가 개입하게 된다. 남부인들은 프랑스 군이 북부 무슬림 편을 들었다고 비난했으며, 대규모 프랑스 이주민 사회는 군중들의 습격을 받았고, 한때 번성하던 현대적 항구 도시 아비잔까지 폭력으로 물들었다. 이 정치적 위기는 2011년까지도 해결되지 않았다. 이슬람 전선의 영향이 해안까지 미친 것이다.

　코트디부아르의 질서가 무너진 사건이 아프리카 전문가들에게 충격이었다면, 그와 같은 시기 라이베리아에서 일어난 일은 그보다 더 놀라웠다. 라이베리아는 오랫동안 인종 갈등에 시달렸었는데, 2004년 말 나라 곳곳에서 무슬림과 기독교도 사이에 심각한 충돌이 벌어지고 있다는 뉴스가 수도인 먼로비아에서 흘러나왔다. 이는 이 나라 역사상 최초의 종교 분쟁이다. 그림 7-2에서 보듯 라이베리아는 이슬람 전선의 남쪽에 놓여 있지만, 이 나라 국민 중 무슬림의 비율은 점점 증가해 이제는 12퍼센트에 이른다. 다만 라이베리아의 무슬림 소수파들은 북부 지방이 아니라 주요 도시에 흩어져 분포해 있다. 무슬림-기독교도의 충돌이 개별적인 사건인지, 아니면 보다 심각한 문제를 알리는 신호인지는 아직 불분명하다.

그러나 서아프리카에서—아니 확실히 아프리카 전체에서—가장 크고 군침 도는 목표물은 이 지역에서 가장 인구가 많은 나라인 나이지리아다. 이 나라의 주민들은 무슬림이 우세한 북부와 주로 비무슬림이 우세인 남부로 균등하게 (또 지역적으로) 분리되어 있으며, 그 역사는 분파 간 충돌로 얼룩져 있다. 또 수출 경제는 석유가 지배하고 있으며 그 대부분은 대서양 건너편의 '거대한 사탄[Great Satan, 이슬람 극단주의자들이 미국을 지칭하는 표현—옮긴이]'이 사들인다. 공포의 씨앗을 뿌리고 정부를 와해시키는 데 열중하는 극단주의자들에게 나이지리아는 매우 중요한 전리품이다.

무슬림의 남진이 이 나라의 '중간 벨트'에서 멈춘 이래로 이슬람 문제는 나이지리아 사회를 휘저어왔고, 유럽 식민주의자들은 해안에서부터 내륙의 사막까지 뻗은 경계선으로 무슬림과 비무슬림을 한데 에워쌌다. 독립 이후 나이지리아인들은 30개 주를 지정한 연방 헌법을 수립했지만, 허약하고 부패했으며 독재적인 정부가 불만의 씨앗을 뿌렸다. 1999년 민주 정부로 복귀한 이후, 남부의 지배에 불만을 품은 북부의 12개 주는 엄격한 이슬람 샤리아 법을 선포하기로 결정하면서 내분을 일으켰다(그 과정에서 카두나 주의 오래된 수도가 파괴되었다). 수천 명의 기독교도가 이 지역을 등졌고, 그림 7-2에 표시된 분파 간 단층선은 더욱 강화되었다(그림 11-3도 참조).

2009년, 알카에다와 제휴 관계로 보이는 '보코하람(Boko Haram, '서구식 교육은 죄악이다'라는 뜻)'이라는 이슬람 테러 집단이 나이지리아에서 암살, 차량 폭탄 테러, 그 밖의 폭력을 동원한 활동을 개시했다. 2010년에는 그 조직원들이 바우치 주의 연방 교도소를 습격하여 7백여 명의 죄수들을 탈출시켰는데, 그중 150명은 과거에 저지른 범죄로 수감되어 있던 보코하람 멤버들이었다. 2012년 중반에 이르자 보코하람은 나이지리아의 치안 문제에서 중요한 변수가 되었다.

피로 얼룩진 아프리카의 뿔

2000년대 들어 '아프리카의 뿔'과 그 주변 지역은 문화적 충돌과 테러 활동이 들끓는 가마솥이 되었다. 테러리스트 동맹 세력들이 소말리아를 넘어 아라비아 반도의 예멘에서도 활동하고 있기 때문에, 이 지역의 이슬람 전선은 아프리카의 경계를 뛰어넘는 의미를 띠고 있다. 아덴 만 해역이 해적 행위라는 전문화된 형태의 테러리즘 현장이 되면서, 이곳의 역사적 해상 통로는 화물 및 여객 운송을 하기에 위험해졌다. 아라비아 반도의 알카에다는 불안정한 예멘의 허약한 정부와 이곳 외딴 내륙 산악 지방의 은신처들을 오랫동안 이용해왔다. 한편 실패한 국가 소말리아에서는, 알샤바브라는 테러 조직이 우간다 캄팔라에서 월드컵 결승전을 시청하고 있던 군중들을 향해 폭탄을 던져 80여 명을 살해하는 등 나라 안팎에서 여러 치명적인 테러 공격을 벌였다. 알샤바브는 이 살인이 자신들의 소행임을 인정하며, 이는 우간다가 소말리아에 평화유지군을 파견한 데 대한 보복이라고 주장하는 성명을 발표했다.

그림 7-2를 보면 이슬람 전선은 동쪽에서 '아프리카의 뿔' 안쪽으로

구부러져, 무슬림이 주류인 에리트레아와 기독교도가 주류인 에티오피아 사이의 국경선을 대충 따라가다가 에티오피아를 다시 무슬림이 다수인 동부(오가덴)와 기독교가 다수인 서부로 갈라놓고 있다. 무슬림이 주류를 이루는 에티오피아 동부는 역사적으로 소말리족의 근거지이며, 지도에 나타나 있듯 사실상 국민의 100퍼센트가 무슬림인, 실패한 국가 소말리아와 국경을 맞대고 있다. 한편 아디스아바바를 중심으로 기독교가 주류를 이루는 에티오피아의 핵심 지역은 고지대에 위치해 있다. 이 고지대는 예부터 자연 장벽으로서 이 나라를 보호해왔는데, 에티오피아를 건국한 메넬리크 황제는 이곳을 근거지로 삼고 주위를 둘러싼 평원 지역으로 세력을 확장했다. 이 과정에서 에티오피아의 기독교 통치자들은 오가덴과 이곳의 무슬림 소말리족과 그 중심 도시인 하레르에 대한 지배권을 획득했다. 그래서 소말리족은 국경선의 양쪽으로 갈려 거주하게 되었지만, 식민 통치자들이 철수하자 이 국경선은 그들에게 아무 의미도 없었다. 그들의 생활을 지배한 것은 임의로 그어진 국경선이 아니라 씨족에 대한 충성과 씨족 간의 구분이었다. 소말리의 목축민들은 지난 수백 년간 그래왔듯이 계절이 바뀔 때마다 비를 쫓아 가축 떼를 몰고 국경선을 건너다녔고, 소말리아에서 영향력과 우위를 놓고 자기들끼리 다투었다.

소말리아가 이슬람 테러리즘의 중심지가 되기 훨씬 이전부터, 케냐는 이슬람 전선의 무슬림 쪽 지역을 근거지로 한 테러 활동의 피해를 입어왔다. 여러 해 동안 소말리아의 시프타shifta, 즉 비적 떼들이 사냥막과 고적 발굴장, 가축주와 버스 운전사 등을 겨냥해 케냐 북동부 지역을 수시로 공격해왔다. 그들은 서쪽 깊숙이 투르카나 호수 근처까지 들어왔다가는 오가덴을 거쳐 소말리아로 돌아가곤 하며, 날이 예리한 칼(팡가스)을 제작하여 총과 거래하는 등 여러모로 위협적이었다. 하지만 그들은 특정한 이데올로기적 명분을 추구하지는 않았다. 그런 성향이 1990년대에 잠깐 나타났는데, 당시에 알카에다가 나이로비와 다르에스살람의 미국 대사관을 공격하고, 이어서 몸바사 부근 해안의 관광 호텔과 몸바사에서 출발한 이스라엘 항공기를 습격하면서 동아프리카가 테러 무대로 떠오른 바 있다. 발리의 경우와 마찬가지로, 여기서도 테러리스트의 은신처와 목표물이 서로 근접해 있음을 주목할 필요가 있다. 동아프리카 도시에 위치한 서구 국가의 시설물들은, 파키스탄의 와지리스탄만큼 부족 사회의 특성을 갖춘 지역에서 가까운 거리에 위치해 있다.

분열된 이슬람 전선

'아프리카의 뿔'과 여기에 이웃한 아라비아 반도의 정치 지리는 몇 가지 이유로 점점 우려의 대상이 되고 있다. 먼저 아프리카 쪽을 보면, 소말리아 국가의 붕괴는 테러리스트 운동에 비옥한 토양을 제공해주었고 알샤바브가 소말리아계 미국인 전사들 및 알카에다와 맺고 있는 연결 고리는 미래에 암운을 드리웠다. 해외 극단주의자들이 조직 운영과 전술의 통제권을 쥐면서 알샤바브는 점점 더 과격해졌다. 해외 출신 간부 중 두드러진 인물로는 미국에 거주하는 소말리아인들에게 테러 활동에 가담할 것을 권유하는 비디오를 만든 오마르 하마미Omar Hammami가 있었다. 아덴 만 건너편에서는 역시 미국 태생의 투사인 안와르 알아울라키Anwar al-Awlaki가 알카에다 아라비아반도지부AQAP의 대변인이 되어 미국 내 목표물에 대한 공격을 선동했다. 살레 대통령이 이끄는 예멘 정부가 알카에다를 타도하고 소탕하려 노력하는 동안에도 알아울라키는 나이지리아의 테러리스트들을 훈련시키고 '속옷' 폭탄으로 무장시켰으며 다른 음모들에도 관여했다. 그는 또 나중에 텍사스 포트 후드에서 13명을 사살한 무슬림 미군 장교에게 조언을 해주기도 했다. 2010년 4월 오바마 행정부는 알아울라키를 체포·사살 대상자 명단에 올렸고, 2011년 9월 무인기 공격으로 사살했다.

물론 예멘은 일찍이 알카에다가 거둔 가장 극적인 성공의 현장이기도 했다. 바로 2000년 10월 12일 재급유를 위해 아덴 항에 정박해 있던 구축함 'USS 콜' 호가 폭탄 공격을 받아 17명이 숨지고 거의 40명이 부상당한 사건이다. 빈 라덴이 이 공격의 배후로 지목되었고, 9.11 사태 직후 미국은 '테러와의 전쟁'의 일환으로 예멘에 군대를 파견해 알카에다 멤버들을 추적했다. 그러나 예멘은 테러리스트들을 추적하기에는 여러 가지로 어려운 조건하에 있었다. 2008년, 알카에다 아라비아반도지부가 사우디와 예멘 정권을 위협하고 이슬람 칼리파 국가 수립을 촉구하는 가운데, 미 대사관에 대한 자살 테러 공격으로 다시 17명이 숨졌다. 많은 전문가들은 알카에다 아라비아반도지부가 아프가니스탄-파키스탄을 근거지로 하는 그 전신 조직보다 더 강한 전력을 갖춘 더 큰 위협이라 보고, 아라비아 반도의 이 훨씬 위험한 지역으로 우선순위를 옮겨야 한다고 제안했다.

그러나 그 분파적 맥락 때문에 잠재적으로 더 큰 여파를 미칠 수 있는 또 다른 충돌이 또 다른 방향에서 예멘을 뒤흔들었다. 2천 5백만 예멘인 중 약 42퍼센트가 시아파로, 예멘의 수니파 정권은 사우디아라비아와 국경을 접한 이 나라 북서부 산악 지역에서 여러 해 동안 시아파 알후티 반군과 싸우고 있었다. 두 세력은 2010년 평화 협정을 맺었지만 그 직후 '아랍의 봄'이 예멘을 집어삼키면서 다시 혼란이 빚어졌고, 추가로 의미심장한 상황이 전개되었다.

후티 반군의 영역은 홍해를 사이에 두고 에리트레아와 마주 보고 있다(그림 7-2 참조). 에리트레아는 6백만이 채 안 되는 인구에 레바논과 비슷하게 (주로 수니파) 무슬림, (콥트교, 가톨릭, 프로테스탄트를 포함한) 기독교도, 기타 소수 집단이 혼재된 다문화 국가다. 긴 투쟁 끝에 1993년 독립 국가로 새 출발한 이 나라는 이웃 에티오피아와의 전쟁과 독재 정치의 수렁으로 빠져들었다. 2007년 유엔 보고서는 무슬림이 지배하는 에리트레아가 소말리아의 테러리스트들을 지원하고 있다는 혐의를 제기했고, 휴먼라이트워치Human Right Watch의 2009년 보고서는 에리트레아를 세계에서 가장 폐쇄되고 억압적인 국가 중 한 곳으로 분류했다. 이 나라에 기독교도 소수자가 상당 규모로 존재하긴 하지만, '아프리카의 뿔' 지역의 이슬람 전선은 에리트레아-에티오피아 간 국경선과 사실상 일치한다.

세부적인 사실은 아직 베일에 가려 있지만 에리트레아에 헤즈볼라가 존재한다는 보고는 꾸준히 있었고, 예멘의 후티 전투원들이 에리트레아의 헤즈볼라 캠프에서 훈련받았다는 보도가 나오면서 더욱 주목을 끌게 되었다. 아라비아 반도에서 시아파가 어떤 대우를 받느냐는, 이란의 시아파 활동가들이 이스라엘에 대한 적대 다음으로 중시하는 문제다. 이란의 언론들은 (사우디아라비아의 지원을 받는) 예멘과 후티 반군의 충돌을 큰 비중으로 보도했으며, 홍해 건너편의 안전한 기지에서 시아파 대의를 지원할 수 있는 기회를 무시하기란 쉽지 않았다. 그렇다면 이 격동의 '뿔' 위에 그어진 이슬람 전선에는 한 가지 이상의 차원이 존재하는 셈이다.

이슬람 전선은 정지한 것인가, 움직이는 것인가? 코트디부아르나 케냐의 사례를 보면 답은 후자다. 하지만 이슬람 전선이 남쪽으로 이동하는 한편, 이 전선에서 멀리 떨어진 아프리카 국가들에서도 이슬람이 팽창할 수 있는 확실한 기회가 생겨나고 있다. 즉 르완다, 콩고, 기타 제 기능을 상실한 여러 아프리카 국가(혹은 지방)의 주민들이 겪었던 끔찍한 경험이 기독교적 맥락과 매우 강하게 결부되어 있어서—예컨대 많은 르완다인들이 목사들의 묵인하에 교회 안으로 끌려들어가 그 안에서 집단으로 살해되었다—이슬람이 그 희망적인 대안으로 여겨지고 있기 때문이다. 아주 믿을 만한 통계는 아니지만, 20년 전 르완다 인구의 2퍼센트가 무슬림이었던 반면에 오늘날에는 13퍼센트로 늘어났다는 보고에 주목할 필요가 있다. 가톨릭 국가 내에서 이는 대단한 신장세다.

그림 7-2에는 아프리카 국가들의 인구 중 무슬림 비율이 표시되어 있는데, 이 수치를 놓고 볼 때 이슬람 전선의 존재가 뚜렷이 드러난다. 대체로 이슬람 전선에 가까울수록 무슬림 비율은 높아진다. 케냐보다 탄자니아의 무슬림 비율이 훨씬 높은 이유는, 주민 대부분이 무슬림인 잔지바르와 합병되었기 때문이기도 하지만, 다르에스살람을 비롯한 탄자니아의 해안 지역은 무슬림이 강세이며 그래서 이슬람 전선이 여기까지 이어지는 것이다. 또 무슬림 비율이 가장 적은 국가들—콩고민주공화국, 말라위, 잠비아, 앙골라—이 대략 비슷한 위도상에 있음을 염두에 둘 필요가 있다.

이제 이슬람 전선에서 가장 멀리 떨어져 있지만 이슬람 역사에서 두드러진 위치를 차지하는 한 나라가 남았다. 바로 남아프리카공화국이다. 350년 이전부터 네덜란드는 무슬림 인도네시아인들을 노동자로 부리기 위해 케이프타운으로 이주시키기 시작했다. 이들을 흔히 '말레이인Malays'이라고 불렀는데, 이들은 남아프리카에 최초의 예배소를 짓고 신앙의 기지를 확립했다. 시간이 지나면서 말레이인들은 '케이프 유색인' 공동체라는 더 큰 집단의 일부가 되었고, 따라서 이슬람교도 이 집단 속으로 전파되었다. 이슬람교를 믿는 것은 아파르트헤이트(인종 차별 정책)가 시행되던 기간에 압제를 설교했던 교회를 거부하는 한 가지 방법이기도 했다.

한때 작고 우아한 모스크들이 케이프타운의 역사적인 흑인 지구인 '6구역District Six'의 문화 경관의 일부를 이루었으나, 유색인 주민들을 도시 중심지에서 멀리 이주시키려는 아파르트헤이트 법에 의해 헐리고 말았다.

오늘날 남아공 인구의 3퍼센트가 무슬림이고, 이 나라의 1백만 무슬림 중 일부는 남아시아인이다. 이들은 후기 이민자들의 후손으로서 현재는 콰줄루-나탈 주, 더반 시내와 그 주변 지역에 거주하고 있다. 그러나 이슬람 과격 활동 및 몇몇 테러 사건들은 케이프타운을 중심으로 일어났다. 남아프리카공화국이 민주적으로 변모해 억압적인 아파르트헤이트 정권하에서는 들어보지 못한 자유가 허용되고 난 뒤 얼마 안 되어, 한 이슬람 집단이 포르노그래피, 동성애, 마약, 그 밖에 자유의 '과잉'에 반대하는 파트와를 발표하기 시작했다. 또 해안에 새로 생긴 쇼핑센터에 입점한 '플래닛 할리우드'를 폭파하고 상업주의를 경고하는 메시지를 발표했다. 경찰은 이에 효과적으로 대처하여 테러를 저지른 집단을 색출해냈지만, 저급 테러리스트들의 협박은 계속되었다. 2004년 4월에는 유람선 퀸엘리자베스 2호를 공격하겠다는 위협이 들어왔다는, 확인되지 않은 보도가 있었다.

그러나 탈 아파르트헤이트 시기 남아프리카공화국의 무슬림 공동체를 과격화하려는 기도는 성공을 거두지 못했다. 남아프리카공화국은 저명한 말레이 성직자 셰이크 유수프Sheikh Yusuf가 17세기 후반 이곳에 도착하면서부터 시작된 긴 이슬람 전통을 지니고 있다. 그는 네덜란드 식민지 시기 이 지역 이슬람의 이정표를 마련했다. 그의 무덤은 케이프 반도를 둘러싸고 있는 이슬람 5대 묘소 중 하나이며, 절제와 자립을 강조하는 그의 가르침은 억압과 인종 차별을 당하던 힘든 시기 동안 공동체를 지탱했다. 자료에 의하면, 20세기 전환기 케이프 무슬림 공동체에서 메카로 순례를 떠난 사람들의 수는 전체 인구 대비 비율로 따져 인도네시아 자바 섬에 이어 두 번째를 차지했다.[4] 남아프리카공화국은 아프리카 국가 중 이슬람 전선에서 가장 멀리 떨어진 나라이며, 이 권역의 중요 국가 중 이처럼 이슬람의 다채로운 영향력이 나타나는 독특한 조합은 그 유례를 찾기 힘들다.

테러의 지리적 온상

9.11 이후, 세계가 이전과는 판이하게 달라지리라고 학자와 기타 전문가들이 선언했을 때 그들의 반응은 이해할 만했다. 알카에다 홍보팀이 "인류 역사상 가장 성공한 특수 작전"이라 선전한 이 공격은, 이미 다른 모든 형태의 비슷한 현상들을 무색하게 만들며 과거 20년간 성장해온 이슬람 테러리즘의 정점이었다(1995년 오클라호마시티 테러 공격 뉴스가 처음 나왔을 때 이 전문가들 대다수는 이 역시 이슬람 테러리즘이 분명하다고 생각했다). 이는 점점 불안정해지고 삶이 대규모로 붕괴되는 새로운 시대의 전조로 보였다. 여러 전문가들은 9.11 사태가 "헌팅턴이 말한 문명 충돌의 포문을 열었다."라고 말했다.

확실히 9.11 사태는 중요한 변화를 일으켰지만, 그중 일부는 보안 규제의 과잉, 공항 검색 시간의 지연, 여러 분석가들이 "과도하다"라고 표현한 필요 이상의 반응 등을 통해 자초한 것이다.[5] 이라크에서의 전쟁도 이렇게 자초한 변화 중 하나였고, 그 심리적·물질적 비용은 이루 헤아릴 수 없었다. 그러나 전문가들이 염두에 둔 것은 중국의 초강대국 부상과 기후 변화 위험이 제기하는 도전에 비견할 만한 수준의 공포 정치였다. 그로부터 10여 년이 흐른 지금 이러한 판단은 유효하지 않은 듯 보인다.

테러 공격의 성공은 일시적 혼란과 감정적 고통이라는 형태의 충격을 가하지만, 세계를 변화시킨다는 측면에서 그 영향력은 사실상 제로에 가깝다. 2004년의 지진해일이라는 단일 자연재해는 지난 20년간의 테러 공격을 모두 합친 것보다 더 많은 인명을 앗아갔다. 진짜 위험은, 핵무기가 그것을 이용할 능력이 있는 테러 조직 혹은 테러 행위의 전력이 있는 깡패 국가들의 수중에 들어가는 것이다. 이런 종류의 사건이 최초로 발생한다면 세계는 진짜로 변화하겠지만, 그 순간은 아직 도래하지 않았다.

이는 테러 조직의 소탕을 우선순위에 놓지 말아야 한다는 뜻이 아니다. 다만 초점을 소규모 조직이나 이들을 보호하는 분파가 아닌 대량살상무기에 맞춰야 한다는 것이다. 여기서 지리학의 질문—어디인가를 묻는 질문—이 제기된다. 정치 지리학적 조건과 특정한 자연환경이 테러 활동의 기회를 제공하는 것은 확실하다. 첫째로, 실패했거나 제 기능을 못하는 국가들은 이들 세력이 침투할 수 있는 절호의 기회를 제공한다. 테

지리적 경계를 초월한 '아랍의 봄'

인도차이나 전쟁 중 정치 지리학계에서는 이른바 '도미노 이론'을 놓고 숱한 논쟁이 벌어졌다. 이 이론은 베트남에서 일어난 공산 세력의 승리가 이웃한 동남아시아 국가들의 정부를 위협하고 궁극적으로 전복시킬 것이며, 이러한 확산은 미국 냉전 전략의 핵심에 놓인 공산주의 억지 정책을 위협하게 될 것이라고 예측했다.

도미노 이론은 '이론'이라고 부르기에는 부족하지만—이는 이론보다는 가설의 특성을 더 많이 지니고 있다—동남아시아부터 아프리카에 이르기까지 그 유효성을 보여주는 실례를 들기는 어렵지 않다. 가장 단순한 정의는, 한 나라가 어떤 원인으로든 불안정해지면 그 인접 국가들을 따라 연쇄적 사건들이 촉발되어 결국 이웃 나라의 질서까지 무너지게 된다는 것이다. 그 핵심은 국경을 넘어 이웃 나라들을 전염시키는—도미노를 넘어뜨리는—'스필오버spillover' 효과다.

오늘날 '아랍의 봄(혹은 아랍의 각성Arab Awakening)'이라는 운동이 이슬람 전선으로 분계된 지리 영역을 휩쓸고 있지만, 그 역학은 완전히 다르다. 이는 아프리카의 지중해 연안, 알제리와 리비

러리스트 조직들이 이런 국가의 무질서를 틈타 정부 권력의 통제를 피해, 혹은 탈레반 지배하의 아프가니스탄처럼 정권의 묵인하에 조직을 가동하고 활동할 수 있기 때문이다. 현재 이슬람 전선에 인접하거나 가까이 있는 몇몇 나라들이—소말리아가 두드러지지만 예멘, 에리트레아, 수단도—이 범주에 들어간다. 예멘은 오사마 빈 라덴의 부친의 고향이고 알카에다 아라비아반도지부의 근거지이기도 하다. 소말리아는 2011년 기준으로 알샤바브가 주도하는 테러리즘의 온상이 되었다. 서남아시아에서 레바논의 혼란과 헤즈볼라의 안착은 여전히 우려의 대상이다. 한편 서반구에서는 베네수엘라의 국가 기능 부전이 골칫거리가 되었다. 몇 년 전에는 베네수엘라 영토인 카리브 해의 마르가리타 섬에서 의심스러운 활동이 포착되었다는 정보 보고가 나오기도 했다.

둘째로, 테러 조직들은 조직망을 가동하고 공격을 준비하는 동안 지역 주민들 사이에 섞여 들어갈 수 있는, 척박하고 외딴 벽지 주변에 은신

아 사이에 낀 튀니지에서 비롯되었다. 2010년 12월 중순 격렬한 대규모 시위가 최초로 불붙고 그로부터 한 달 뒤 부패한 정권이 무너졌을 때, 항시 긴장 상태에 있던 알제리와 독재 국가 리비아에 도미노 효과가 발생하리라 예측하기는 어렵지 않았다. 하지만 그런 일은—적어도 곧바로는—벌어지지 않았다. '아랍의 봄'은 먼저 요르단을 건드렸고, 그다음에는 이집트(2011년 1월 25일), 예멘(1월 27일), 바레인(2월 14일), 리비아(2월 16일), 시리아(3월 15일)로 확산되었다. 지도를 보면 근접성이 아닌 다른 변수가 이 과정을 추동했음이 분명히 드러난다.

물론 그 다른 변수는 인터넷이었다. 수백만 명의 시위대와 그들의 조직적이고 대체로 질서 정연한 시위는 페이스북과 트위터 등 기타 젊은 세대에게 호소력을 갖춘 연결 매체에서 나온 역량의 결과였다. 인터넷은 도미노 효과로는 이루어질 수 없는 일을 실현하면서 도미노 이론을 무색하게 만들었다. 대중의 분노와 시민의 에너지를 지역 전체에 퍼뜨리고 이를 조직화해 표현한 것이다.

2012년 초 '아랍의 봄'은 엇갈리는 결과를 낳고 있다. 카이로의 타히르 광장은 새로운 시위와 사상자가 속출하는 현장이 되었다. 하지만 타히르 광장이 아랍 세계의 천안문(톈안먼)이 되더라도, 이는 지리적 장벽을 극복하는 기술의 힘을 영구히 상징하게 될 것이다.

한다. 특히 이 지역이 적당한 테러 목표물과 인접해 있다면 금상첨화다. 그 가장 중요한 사례는 파키스탄의 와지리스탄 지역과 접한 아프가니스탄 동부 변방의 산악·삼림 지대다. 이곳은 9.11 사태 이후 미국의 개입이 시작되었을 때 오사마 빈 라덴과 그의 탈레반 동맹 세력인 물라 오마르가 피신한 곳이다. 이와 비슷하게 지금은 예멘의 외딴 내륙 지역이 알카에다 아라비아반도지부의 기지로 쓰이고 있다. 비록 성공하진 못했지만, 이들은 이곳을 보루로 삼아 서구 목표물을 겨냥한 정교한 공격을 계획·실행했다.

셋째로, 이슬람 테러리스트들은 혼란스러운 대규모 도시에서 은신처를 찾는다. 이런 도시에서는 은폐된 채 익명으로 활동할 수 있을 뿐 아니라 전화, 은행, 이슬람 사원, 돈세탁 사업 등을 이용할 수 있으며, 당연히 목표물도 가까이 있기 때문이다. 언제나 격동의 장소였던 파키스탄의 해안 도시 카라치는 테러 활동의 도가니가 되었다. 2010년의 바그다드는 세계에서 가장 많은 테러 공격을 겪었다. 만약 대도시와 지형적·환경적으로 외진 은신처가 인접해 있다면 이상적인 상황이 조성된다. 소말리아 남부는 나이로비와 가깝고, 파키스탄의 페샤와르는 아프가니스탄 국경과 가까우며, 부에노스아이레스는 트리플 프론티어와 가깝다. 실제로 오사마 빈 라덴의 마지막 은신처는 산악 지역에 있는 동굴이 아니라 파키스탄의 수도 이슬라마바드에서 멀지 않은 곳의 한 빌라였다. 실제로 2009년 T. 길레스피T. Gillespie와 J. 애그뉴J. Agnew를 필두로 한 UCLA의 생태 지리학자들이 학부 수강생들과 더불어 작성한 보고서에는, 빈 라덴이 "마지막으로 알려진 그의 은신처 토라 보라로부터 반경 30킬로미터 이내의 도시에서" 발견될 것임을 예측하는 확률 모델이 포함되어 있었다. "그가 어젯밤 사살된 장소인 파키스탄의 아보타바드도 이 범위에 들어간다."[6]

빈 라덴의 제거와 그 외 테러 지도자들의 사살에 고무된 일부 서방 관료들은 이슬람 테러 운동이 무력화되었다고 단언하기도 했다. 이는 성급한 주장으로 보인다. 필리핀에서 프랑스, 러시아에서 나이지리아까지, 세계에는 테러 활동을 벌일 수많은 기회와 그들을 자극할 수많은 동기들이 있다. 그러나 그들의 기도가 문명의 충돌을 촉발하거나, 알카에다가 염원했던 식으로 세계를 바꿔놓지는 못할 것이다.

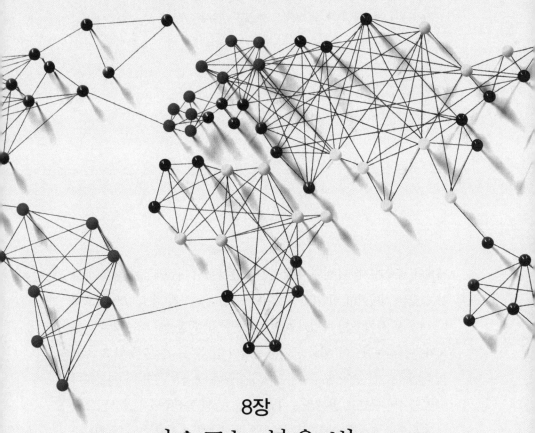

8장

떠오르는 붉은 별,
중국의 지정학적 도전

중국의 도시화율은 2012년에 50퍼센트가 되었다. 최대 도시 상하이와 수도 베이징의 인구는 세계 대다수 국가의 인구보다 많다. 중국에는 인구 1백만 명 이상의 도시가 1백 개나 있으며, 2025년에는 2백 개까지 늘어날 것이다.

세계의 제국과 제국주의에 대해 상당히 정통했던 나폴레옹은, 중국이 잠자고 있는 거인이며 이 거인을 깨우는 자는 후회하게 될 것이라 경고했다. 이후 두 세기 동안 유럽의 식민 강국들은 반쯤 잠들어 있는 중국의 통치자들을 휘둘렀으며, 일본 군대는 중국의 심장부를 흔들어놓았고, 소련의 이데올로그들은 마오주의자들과 동침했다. 중국은 식민주의자들보다 더 오래 살아남았고, 일본을 쫓아냈으며, 그들의 공산주의적 열정은 소련이 고문으로 파견한 스탈린주의자들을 능가했다. 하지만 그 동안에도 줄곧 세계 무대에 발을 들여놓지 않았다. 중국은 유럽에 복수하지 않았고, 영국이 전후에도 홍콩을 계속 점유하도록 내버려두기까지 했다. 전쟁 중에 저지른 잔학 행위로 인해 오늘날까지 중국인들의 울분을 사고 있는 일본을 향해서도 국가 차원의 폭력을 지원하지 않았다. 그리고 소련이 파견한 고문들의 '수정주의'를 혐오하면서도 그들을 제재하지 않고 순순히 돌려보냈다. 중국은 유엔의 회원국이 아니었고 세계 시장에서는 중국의 상품을 찾아볼 수 없었다. 중국은 자초한 고립 속에서 꾸벅꾸벅 졸고 있었다. 잊을 만하면 '대약진운동'이나 '문화대혁명' 같은 발작적인 악몽이 일어나 수천만의 인명을 희생시키며 중국을 휘저어놓았지만, 바깥 세계에는 아무런 영향도 미치지 않았다. 기아와 자연재해도 중국의 인구 수에는 거의 충격을 주지 못했다. 중국의 농촌 인구는 무서울 정도로 기하급수적으로 증가하여 20세기에 발생한 전 지구적 인구 폭발에 4분의 1을 기여했다.

그런데 1971년의 어느 운명적인 날, 닉슨 대통령이 중국의 수상인 저우언라이周恩來와 국가 주석인 마오쩌둥毛澤東을 만나기 위해 이 나라의 수도에 밀사를 보내 방문 일정을 잡았다고 발표했다. 대부분의 미국인에게, 미국의 대통령이 세계에서 가장 크고 악한 공산 국가의 통치자들과 한 테이블에 앉는다는 것은 생각할 수도 없는 일이었다. 더구나 중국 군대는 불과 20년 전에 한국전쟁에서 수많은 미국 군인들을 살상한 전력이 있었다. 하지만 미국은 중국을 방문하기도 전에, 유엔 총회에 중화인민공화국을 참석시키기 위한 활동을 지원할 것이라고 발표했다. 물론 미국도 유엔에서 대만을 내쫓는 데는 반대한다고 선언하기는 했지만, 중국의 가입을 인정하는 결의안에는 대만 대표단을 추방할 것이 명기되어 있었다. 중국은 분명히 세계 무대에 등장하려 하고 있었으며, 그 결과는 감히 예측할 수 없었다. 1972년 2월 21일 닉슨이 베이징에 도착했을 때, 나폴레옹의 선견지명에 찬 경고의 잔향이 들리는 듯했다.

중국의 지질학적 변수

1970년대의 중국은 1966년 마오쩌둥과 그의 파벌이 개시한 문화대혁명에 여전히 휘말려 있는 상태였다. 마오 공산주의가 소련의 '일탈주의'에 오염될 것을 두려워하고 혁명을 건설한 주역으로서 자신의 입지를 우려했던 마오쩌둥은 중국 사회에 고개 들고 있던 엘리트주의에 맞서는 운동을 일으켰다. 그는 도시에 사는 젊은이들을 동원하여 '홍위병'이라는 간부 집단으로 편성한 다음, 그들로 하여금 중국의 '부르주아적' 요소를 공격하고 공산당 관료들을 비판하며 체제에 반대하는 분자들을 뿌리 뽑을 것을 명했다. 그는 중국의 모든 학교를 폐쇄하고 지식인들을 신뢰할 수 없는 부류로 낙인찍었으며, 홍위병들에게 새로운 '혁명적 경험'에 임하라고 독려했다.

그 결과는 재앙이었다. 홍위병들은 곧 파벌로 갈라져 자기들끼리 싸우기 시작했다. 무정부 상태와 공황과 마비가 뒤따랐다. 중국의 지도적 지식인 수천 명이 살해되었고, 온건한 지도자들은 숙청되었으며, 경력이 오래된 교사, 연장자, 노혁명가들은 고문을 받고 자신이 저지르지 않은 범죄를 강제로 자백했다. 경제가 어려움을 겪으면서 식량 산출과 산업 생산이 줄어들었다. 문화대혁명이 통제 범위를 벗어나 질주하면서 폭력과 기아로 인해 3천만 명에 달하는 사람들이 죽었다.

닉슨이 방문한 기간에 중국은 이 모든 일의 여파에서 아직 벗어나지 못한 상태였지만, 그것은 그들이 나눈 대화의 주제가 아니었다. 두 나라의 내정에 대해서는 언급하지 않는다는 것이 암묵적 규약이었다. 닉슨이 떠난 뒤에도 중국은 사위어가는 문화대혁명으로 인해 계속해서 고통을 겪었지만, 공산당 의장으로서 강한 권력을 쥐고 있던 마오쩌둥은 자신의 목표를 뜻대로 추구할 수 있었으며 그를 저지할 수 있는 사람은 좀 더 온건한 저우언라이뿐이었다. 그러나 문화대혁명의 결과로 당의 지위와 명예가 상처를 입었음은 의심의 여지가 없다. 수천 년간 노인들을 존경해온 문화에서, 젊은이들이 연장자에게 터무니없이 끔찍한 행위를 저지른 데 대한 분노와 모멸은 이루 말할 수 없었다. 그로 인한 혼란의 영향을 받지 않은 사람은 드물었고 당의 지도력에 대한 신뢰는 쇠퇴했다.

그렇다면 이전에는 상상조차 할 수 없었던 마오쩌둥의 지배력 상실은 어떻게 이루어졌을까? 역사가들은 그가 건강이 쇠하면서 말년에 통제력을 상실했고, 1970년대 중반에 권력 투쟁이 일어나 당과 나라를 뒤흔들었다는 사실을 이유로 든다. 문화대혁명이 공산당과 국가 전체를 혼란 속에 몰아넣었다는 것은 의심의 여지가 없다. 하지만 지리학자들은 이 과정을 더욱 재촉한 또 다른 변수를 지적한다. 1976년 7월 28일, 베이징에서 동쪽으로 약 160킬로미터 떨어진 탕산 시에 쌍둥이 지진이 일어났다. 당시에 인구가 약 1백만에 달했던 탕산은 거의 완전히 파괴되었고, 베이징의 일부와 그 항구 도시인 톈진 또한 인명 손실과 물리적 파괴로 인해 초토화되었다. 중국 정부는 공식적인 사망자 통계를 발표하지 않았지만 그 수는 70만 명을 넘어섰을 것으로 추정된다. 이는 20세기 들어 그때까지 일어난 가장 치명적인 자연재해였다. 마오쩌둥이 문화대혁명을 일으킨 지 이미 10년째에 접어들었지만, 재해 수습 작업이 너무나 비조직적이고 무능력하고 비효율적인 데다 부패하여 중국 전체에 이에 대한 소문이 걷잡을 수 없이 퍼져 나갔다. 마오쩌둥은 탕산 지진이 일어나고 6주 후인 그해 9월 9일에 사망했다. 이것은 아마 우연이 아니었을 것이다.

닉슨이 중국에 문호를 개방한 일은 서구의(그리고 이제는 중국의 이데올로기적 조언자 노릇을 상실한 소련의) 염려를 불러일으켰지만, 중국 측의 염려도 이에 못지않았다. 마오쩌둥은 지금의 인민공화국을 만든 정치 또는 경제 체제를 변화시키는 것에 대해 완고히 반대했다. 저우언라이는 마오쩌둥의 생각을 바꿀 만한 위치에 있지 않았지만, 수상으로서 중국에 무엇이 필요한지에 대해 좀 더 실용적인 시각을 지닌 당 지도자들을 진급시킬 수는 있었다. 이 지도자들 중 한 명이 바로 마오쩌둥 이후의 중국을 잠에서 깨워 호랑이가 되도록 인도한 덩샤오핑鄧小平이다. 운명의 1976년, 나라 전체가 권력 투쟁과 자연재해에 시달리고 있을 때, 덩샤오핑은 공산 독재의 지속과 시장 경제를 혼합한 정책을 마련했다. 그로부터 채 한 세대가 지나지 않은 수십 년 뒤, 중국은 세계 무대에서 인정받는 강대국이 되었다. 그리고 금세기 전환기 무렵에는 핵 강국이자 경제적 거인으로서 우뚝 섰고, 세계 최대의 상비군과 성장하는 해군을 갖춘 군사적 괴물이자 자기 앞마당과 그 너머로 영향력을 키워가는 정치 세력이 되었다.

중국의 부상은 필연이었는가?

중국이 부상하는 것에 대해 대부분의 지리학자들은 소련이 해체했을 때보다도 더 놀라지 않았다. 세계의 지정학에서 유라시아 국가들의 위치는 이미 1세기 이상 논쟁이 되어온 주제였고, 그 과정에서 몇몇 통렬한 분석과 훌륭한 예측이 나온 바 있다. 이 생산적인 토론의 첫 번째 포성이 울린 것은 1904년 1월 런던의 어느 눈 오던 밤이었다. 스코틀랜드의 지리학자인 H.J. 매킨더H.J. Mackinder(이후 해퍼드Halford 경으로 바뀐다)는 "역사의 지리적 추축"이라는 제목으로 강연을 했다. 겨울 날씨 때문에 왕립지리학회의 주요 행사치고는 청중의 수가 다소 적었지만, 토론이 시작되자마자 참가자들은 그날의 강연에 뭔가 대단한 것이 있었음을 분명히 깨달았다. 몇 달 뒤 그 강연 원고가, 그날 뒤이어 벌어진 토론 내용과 함께 「지리학 저널Geographical Journal」에 발표되자 폭풍과 같은 반응이 일어났고, 이 글은 이후 수십 년간 지리학계에서 가장 많이 인용된 논문이 되었다.[1]

기본적으로, 매킨더는 영국이 해군력에 힘입어 당대의 초강대국이 되었지만, 앞으로는 영국과 달리 육지에 기반한 난공불락의 요새가 지정학을 지배할 것이라고 주장했다. 그는 자원과 위험 요소를 대단히 상세하게 분석하여, "추축 지역Pivot Area", 즉 유라시아 내륙이 장래에 세계의 지배권에 도전하여 성공할 수 있는 수단을 보유하고 있다는 결론을 내렸다. 이 추축 지역—나중에 그는 이 지역을 "심장 지대Heartland"라고 고쳐 불렀으며, 그의 개념은 '심장 지대 이론'이라는 이름으로 알려지게 된다—은 동유럽과 서부 러시아에 놓여 있었다. 지나치게 확장된 러시아가 동쪽 귀퉁이에서 일본과의 전쟁에서 패하여 무너지고 있던 그 시기에, 매킨더는 이 나라가 장래에 세계적 강대국으로 떠오를 것이라 예견했다. 1947년 그가 죽은 뒤, 소련이 양극화된 세계에서 두 권력 핵심 중 하나로 떠오르자 매킨더의 원래 논문은 대단한 주목을 받았다.

매킨더는 사망하던 해까지도 자신의 '심장 지대 이론'을 둘러싼 논쟁에 활발하게 참여했다. 매킨더를 가장 통찰력 있게 비판한 사람은 지리학자인 N. J. 스파이크먼N. J. Spykman이었다. 그는 1940년대에 발표한 책에서 매킨더의 '심장 지대 이론'의 유산을 '환유라시아 지대Eurasian Rimland' 이론과 비교했다.[2] 아마도 그는 유라시아의 주변 지대를 언급하면서 '환環, rim'이라는 용어를 처음 사용한 사람일 것이다. 오늘날 우리가 흔히 쓰는 '환태평양Pacific Rim'이라는 말이 여기서 파생되었다. 스파이크먼은 2차 대전 이후 소련이 얼마나 강대한 세력으로 떠오르든 간에 환유라시아 지대까지 지배를 확대하는 전략을 구사해야 한다고 결론지었다. 만약 소련이 여기에 실패한다면, 환유라시아 지대의 다른 세력이나 그 연합 세력이 궁극적으로 최강대국에 도전하여 성공을 거둘 것이라는 말이다.

유라시아에서 지난 수천 년간 일어난 일을 살펴보면 흥미로운 지리적 질서를 확인할 수 있다. 서구 문명에서는 초기의 이집트에서 크레타로, 다음에는 그리스와 로마로, 결국에는 서유럽에 이르기까지, 위도를 따라 점점 위로 올라가면서 지배 세력의 승계가 이루어졌다. 지배 세력의 영향력이 미친 범위까지 고려에 넣더라도 얼추 비슷한 순서를 따른다. 즉 북아프리카의 이집트에서 알렉산더의 그리스와 페르시아로, 다음에는 로마와 지중해 제국으로, 그리고 궁극적으로는 서유럽과 전 세계의 식민지에 이르게 된다. 그런데 그다음부터는 지배 세력의 승계가 경도 방향으로 진행되기 시작한다. 우선 섬나라인 영국은 세계 최초의 해군 초강대국이었다. 독일은 두 차례의 큰 전쟁을 일으켰으며 그중 두 번째는 세계 정복을 꿈꾸었다. 다음으로 러시아(소련)가 일어났고, '심장 지대'의 세력이 절정에 다다랐다. 그렇다면 지금은 유라시아의 서쪽 주변 지대에서 시작된 순환이 마침내 동쪽 환에 다다를 시기인 것인가?

나라 전체가 대양이라는 성벽으로 둘러싸인 미국은, 영국 식민주의를 차단한 것을 시발로 하여 이 세 세력의 경로에 중대한 영향을 미쳤다. 2차 대전과 한국전쟁에 힘입어 미국은 일본에서부터 대만, 필리핀, 베트남에 이르기까지 동아시아로 통하는 문간을 지키고 서게 되었다. 냉전으로 인해 반세기 동안 양극화된 지정학이 유지되었지만, 소련이 해체되면서 냉전이 끝나자 미국은 뚜렷한 2인자가 없는 세계에서 불균형하게 강력한 국가로 남게 되었다. 중국이 떠오르기 전까지는 말이다.

중국 주변의 지배 세력

지난 30년간 중국의 도약으로 그 경제적 잠재력이 풀려나자, 인류 역사상 가장 큰 단기간의 국지적 변화가 이루어졌다. '환태평양'은 어질어질한

속도로 진행되는 부흥, 혁신, 개혁, 현대화를 가리키는 줄임말이 되었다. 광저우에서 다롄까지, 중국의 해안 지역 전체는 하나의 거대한 건설 현장으로 탈바꿈했다. 오리와 돼지를 치는 홍콩 부근의 어촌 마을이었던 선전에는 불과 30년도 채 안 되어 9백만 인구와 마천루가 들어찼고, 세계사를 통틀어 가장 빠르게 성장한 도시가 되었다. 식민지 시대에는 상하이의 역사적인 거리인 와이탄에서 황푸 강을 건너면 시골 경관이 펼쳐져 있었는데, 지금은 완전히 쓸려 없어지고 그 자리에 푸둥의 현대적 스카이라인이 들어섰다. 번쩍이는 새 공항, 도시 간 고속도로, 도시의 다차선 순환 도로, 최신식 현수교, 수력 발전소, 광대한 공업 단지, 현대식 컨테이너 항 시설 등은 중국의 움트는 경제적 힘을 반영한다. 일본, 미국, 심지어 (간접적으로) 대만 등에서 해온 해외 투자는 이 과정에 날개를 달아주었고, 중국 상품이 먹성 좋은 미국 시장에서 예전에는 상상할 수 없을 만큼 대량으로 팔리면서 덩샤오핑 자신도 꿈꾸지 못했을 중국의 거대한 무역 흑자와 외환 보유고를 창출했다.

경제적 힘은 정치적 영향력이 되었고, 세기 전환기에 이르자 미국과 중국의 새로운 지정학적 관계를 반영한 윤곽이 가시화되었다. 2차 대전 이후 일본은 미국의 동맹국이 되었고, 한국전쟁 이후 남한은 민주주의와 경제적 성공을 동시에 이루었으며, 미국 군대는 일본과 남한에 계속해서 주둔했다. 또 미국은 중국의 손길로부터 대만을 보호하는 역할을 했고, 대만에 미군을 주둔시키지는 않았지만 긴장이 조성될 때에는 미국의 전함이 본토와 대만 사이의 바다를 순찰했다. 미국은 필리핀(지금은 철수했다)과 싱가포르에도 기지를 두었고, 베트남 전쟁에서 싸웠으며(중국은 이 전쟁에 크게 개입하지 않았다), 괌에서부터 팔라우에 이르는 서태평양 지역에서 그 존재를 유지하였다. 중국을 방문했을 때 중국 학생들이 내게 줄

곧 했던 말은, 미국은 여전히 중국의 문간에 버티고 서 있지만 중국은 그러지 못하다는 것이었다.

2001년에 공개됐듯이, 서태평양에서 미국은 국제법이 허용하는 한 중국에 가까이(분명히 그보다도 더 가까이 갈 것이다) 접근해 첩보 작전을 수행했다. 그해 4월 1일에 미국 정찰기가 12해리 한계선 바로 바깥을 날다가 이를 뒤쫓던 중국 전투기와 충돌했다. 전투기는 추락했지만 정찰기는 손상만 입은 채 하이난 섬에 불시착했고, 그 승무원들은 즉시 구금되었다. 이 일로 중국의 여론은 무척 분개했으며, 이 사건이 재빨리 마무리된 뒤에도 중국인들 사이에는 그 충격의 여진이 남아 있었다. 이 사건 외에도 코소보 위기시에 미국 전투기가 유고슬라비아의 중국 대사관을 오폭한 사건(그 실수의 원흉은 바로 오래되어 시효가 지난 지도에 있었다. 엉뚱한 주소를 폭격한 것이다) 등이 중국인을 도발하여, 중국에서 새롭게 떠오르는 민족주의적 경향—경제적 성공과 전략적 좌절의 또 다른 부산물—에 기름을 끼얹었다. 나는 25년간 거의 매해 중국을 방문하면서 이런 흐름이 고조되는 것을 지켜보고 또 경험했다. 초강대국 미국의 오만함, 주변 곳곳에 버티고 있는 미군의 존재, 대만과 결부된 미국의 역할, 중국의 인권 상황에 대한 미국의 비판, 중국 반체제 인사의 난민 인정 등등이 민족주의 감정을 자극하여, 신문의 사설, 독자 편지, 대중의 반응, 그리고 『'노'라고 말할 수 있는 중국China Can Say No』[3] 같은 악의적인 반미 민족주의 성향의 베스트셀러 등으로 표출되었다.

나는 중국에서 민족주의가 떠오르고 있음을 몇 가지 점에서 입증할 수 있다. 내가 집필한 지리학 교과서는 세계 여러 나라에서 출간되었으며 중국어로도 번역되었다. 미국 및 해외에 있는 학생과 일반 독자들에게서 책에 대한 비판적인 코멘트가 꾸준히 들어오는데, 미국 대학에 다니고 있는 중국 학생들도 자기 나라와 출신 지역을 기술한 방식에 대해 의견을 많이 보내오곤 한다. 중국 독자들은 특히 내 책에 실린 지도에 대해 불쾌해 하는 경향이 있다. 이 지도에는 대만이 중국의 한 지방으로 분명히 표시되어 있지 않으며, 인도와 카자흐스탄의 일부가 중국의 영토로 되어 있지도 않고, (한 성난 기자가 편지에 써 보냈듯이) 러시아의 태평양 연안 남동부를 "도둑맞은 땅"으로 표기하지도, 분쟁 중인 태평양의 섬들을 중국에 귀속시키지도 않았기 때문이다. 역사상 영토에 관한 관심은 중국 못지않게 대만에서도 강한 것 같다. 나는 책에서 티베트(시짱) 지역에 대해 주의를 기울여 세심하게 기술했지만, 대만 쪽에서 다음과 같은 격렬한 불만이 터져 나왔다. "청나라 때 확립된 경계선은 변경할 수 없는 중국 국경입니다. 당신은 우리의 역사적 유산을 판단할 권한이 없습니다."

미국과 중국이 앞으로 수십 년 이내에 지정학적 충돌을 빚을 것인가? 확실히 그럴 가능성은 존재한다. 이 주제를 중국에서 논의할 때마다 대만 문제가 전면에 등장하는 것을 피할 수 없다. 중국 본토인들의 절대다수는 이를—가능하면 협상을 통해 풀어야 하지만 필요하다면 무력을 써서라도 해결해야 할—국내 문제로 생각한다. 그들은 대만의 유사 독립적인 지위를 미국이 보호하는 것을 싫어하고 이에 분개한다. 안보를 보장해주는 미국의 우산 아래서 대만은 독재정에서 민주정으로 옮겨갔을 뿐아니라, 이제는 독립의 이점에 대해 논쟁을 시작했다. 심지어 중국이 미국과의 군사적 충돌을 감수하고서라도 무력으로 개입하도록 위협을 도발하자는 전망까지 나오고 있다. 2002년, 당시 중국의 부주석이었던 후진타오胡錦濤가 방문했을 때 조지 W. 부시 전 대통령은 미국이 대만의 그런 행동을 용납지 않을 것임을 재천명했으며, 오바마 행정부도 이런 입장을 유지하고 있다. 하지만 미국은 대만에 현대식 무기를 팔고 있다. 대만 문제에 관한 한 이미 소규모의 냉전이 진행 중이고, 여기에는 위험이 뒤따른다. 미국은 대만을 무력 개입으로부터 보호하는 데 매진하고 있으며, 중국은 대만 해협의 본토 쪽 해안에 대만을 겨냥한 로켓을 배치하고 있다. 대만인들의 투자가 중국 태평양 연안 지역의 경제 성장을 추동하고 대만과 중국 정부 사이에 조금씩 긍정적인 논의가 진행되는 와중에도, 여전히 정치 지도자들은 도발을 마다하지 않으며 군대는 싸울 태세를 갖추고 있다. 이는 문제의 소지가 될 수 있다.

진전을 알리는 긍정적 신호들이 나타나고 있지만—2011년 미국이 대만의 제트 전투기를 '현대화'하는 데 동의했을 때 중국은 불만을 표시했지만 보복으로 대응하지는 않았다—중국은 대만 문제만 나오면 감정이 타오르는 경향이 있다. 나의 한 강연회에서 어떤 중국 학생이 "한 무리의 테러리스트가 푸에르토리코를 접수했는데 미국이 이 섬을 봉쇄하여 수복하지 못하도록 중국에서 방해한다면 미국 정부는 어떻게 하겠느냐"라고 물은 적이 있다. 금세기 첫 십 년 동안 미국식 민주주의를 갖지 않았거나 원치 않는 국가에 이를 수출하려 했던 미국의 결의는, (아직까지 일당이 독재하는) 이 세계 최대의 비민주주의 국가에게 불안감을 심어놓았다. 1989년 톈안먼 광장에서 민주주의를 요구하는 운동을 폭력적으로 진압했던 기억은 이제 잊혀가고 있는 듯하지만 아주 사라지지는 않았다. 2011년 '아랍의 봄'이 그 영향권에 있는 여러 나라의 정권 교체로 이어졌을 때, 중국은 시리아 아사드 소수 파벌의 살인적인 독재를 저지하는 유엔 결의안에 러시아와 더불어 반대표를 던진 (그래서 거부권을 행사한) 바 있다. 이는 1989년에 잠시 엿보았던, 그리고 '아랍의 봄' 최초 시위 이후 이집트와 리비아를 휘저으며 다시 고개를 든 사회적 불안에 대한 중국 자신의 두려움이 반영된 표였다.

게다가 두 나라가 통상·재정적으로 서로 긴밀히 엮여 있음에도, 미국과 중국의 경쟁은 정치 영역에만 한정되어 있지 않다. 미국은 중국이 미국의 일자리를 해외로 유출시키고 위안화 가치를 인위적으로 억제하고 있다며 비난한다. 미국 언론의 논평가들이 미국이 처한 경제적 불이익에 대해 말하는 것을 들어 보면, 새로운 냉전이 시작되었을 뿐만 아니라 우리가 이미 패배했다는 인상을 받게 될 것이다. 2010년 중국의 경제 규모는 세계 2위에 다다랐고, 2020년에서 2030년 사이에는 중국 경제가 미국을 추월할 것이라는 예측도 나왔다. 그러나 중국도 나름의 문제들을 안고 있다. 수출 위주의 경제에서 내수가 주도하는 경제로 전환하는 일은 쉽지 않을 것이다.

중국의 경제성장과 함께, 이 나라의 원자재 및 에너지 자원 수요가 무섭게 늘어나는 현상이 나타났다. 구리와 석탄에서 '희토류'와 석유에 이르는 중국의 원자재 수요는 막대하다. 불과 몇 년 전까지만 해도 중국은 국내에서 나는 자원—특히 서부 지방에서 나는 석유와 몇몇 지역의 석탄 광산—만으로 에너지 수요를 충족할 수 있었다. 오늘날 중국은 석유를 수입해야 하며 그 수입량은 빠르게 늘어나고 있다. 중국의 수요는 전 세계의 에너지 교역에 커다란 영향을 미친다. 가장 직접적인 에너지 공급원은 카스피 해와 러시아인데, 중국 입장에서는 다행스럽게도 중국과 카스피 해 사이에는 (영토가 넓긴 하지만) 카자흐스탄 한 나라밖에 없다. 중국은 카자흐스탄 정부와 협정을 맺어 카스피 해 분지의 텡기즈 유전에서 중국 서부의 우루무치까지 파이프라인 공사를 시작할 수 있었다. 한편 중국은 러시아의 파이프라인 망을 중국 북동부까지 끌어오기 위해 러시아와 협상 중이지만, 일본 또한 러시아 동부의 석유 매장량이 미래에 중요하다고 여기고 있기에 두 나라는 경쟁에 직면하고 있다. 일본은 석유와 천연 가스에 대한 막대한 수요의 대부분을 장거리 유조선을 통해 충당하고 있는데, 최근 해외 자원 부존 지역의 정치적 불안과 테러 위협으로 공급선이 와해될 위험이 날로 커지고 있기 때문이다. 따라서 상대적으로 가까운 러시아 유전의 공급선에 접근하는 것은 일본의 경제적 미래에 매우 중요하다. 일본은 러시아가 일본 건너편 해안의 집하장에서 석유를 공급해주길 바라고 있다. 하지만 이 과정이 어떻게 진행되든 간에, 중국은 재생 불가능한 지구 자원의 거대 소비자로서 날로 성장해가고 있으며, 아직까지는 세계 최대의 자원 소비국인 미국 또한 국내 매장량에 한계가 있다. 이 점은 시간이 지남에 따라 두 나라 사이의 관계에 영향을 미칠 것이다. 문제는 이 관계가 더욱 곤란해질 것인지 여부가 아니라, 그 곤란함이 닥쳤을 때에 대비해 어떻게 준비하고 헤쳐나갈 것인가이다.

중국의 지리적 특징

이러한 문제들을 완화하기 위해서는 우선 문제가 무엇인지 잘 파악해야 한다. 미국이 성장하는 중국 경제와 이미 깊숙이 결부되어 있는데도 불구하고, 조사에 따르면 중국에 대한 미국인들의 지리 지식은 흐릿한 형편이다. 내 경험에 의하면, 우리는 중국이라는 지역의 지리에 대해 기초적인 사항만 듣고도 얼이 빠지거나 깜짝 놀라는 경우가 많다.

한 가지 예를 들어 보자. 그림 8-1은 미국 지도 위에 중국 지도를 겹쳐 놓은 것이다. 이 지도에서 두 나라는 규모만 일치하는 것이 아니라 둘 다 정확한 위도상에 놓여 있다. 많은 미국인들은 중국이 인구가 많다는 사실에 비추어 면적도 미국보다 훨씬 더 크다고 생각한다. 하지만 실제로 알래스카를 합치면 미국이 중국보다 약간 더 크다(9,629,047km² 대

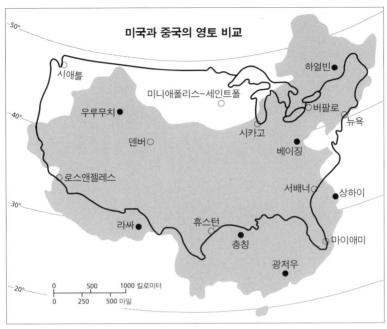

그림 8-1 중국과 미국의 지도를 겹쳐 놓고 보면 두 나라의 크기와 거리뿐만 아니라 위도상의 범위도 서로 비교할 수 있다. 중국은 남북 양쪽으로 미국보다 더 멀리 뻗어 있지만 동서 방향의 폭은 거의 일치한다.

9,573,945km^2). 그러나 동부 지방으로 가면, 중국이 위도상으로 메인 주 북부보다 훨씬 북쪽, 플로리다 남부보다 훨씬 남쪽까지 뻗어 있다. 중국의 동북부 지방은 겨울이 몹시 춥고 여름이 짧으며, 태평양으로 통하는 길이 손톱만 한 러시아 영토로 가로막힌 채 내륙에 갇혀 있다. 한편 중국 남부는 완전히 열대 지방이다. 하이난 섬은 대★ 앤틸리스 제도[쿠바, 자메이카, 푸에르토리코를 포함하는 카리브 해의 군도—옮긴이]와 얼추 비슷한 위도에 있으며, 홍콩과 광저우는 마이애미보다 훨씬 남쪽에 위치해 있다.

서쪽으로 갈수록 두 나라 모두 점점 산지가 많고 건조해지지만, 미국이 중국보다 그 정도가 덜하다. 미국 서부의 대평원은 비교적 온화한 환경인 반면, 중국 서남부에는 만년설로 덮인 험악한 산지가, 서북부에는 광활한 사막이 자연 경관을 지배하고 있으며 인간이 일군 문화적 오아시스는 상대적으로 찾아보기 힘들다. 비록 상하이에서 우루무치까지 거리가 조지아 주의 서배너에서 로스앤젤레스까지의 거리와 비슷하긴 하지만, 우루무치는 로스앤젤레스와 전혀 다르고 중국에는 서해안도 없다. 중국의 극서부는 몽골의 스텝 지방 및 투르키스탄의 산지와 인접해 있는데, 이곳은 역사적으로 중국과 비중국의 접촉이 이루어졌던 아시아 내륙의 외딴 변경 지역이다.

이로써 우리는 중국의 지리적 요소 중에서 가장 유명한 것, 바로 이 나라의 거대한 인구와 마주하게 된다. 현재 중국의 인구는 13억 명 이상으로 전체 인류의 5분의 1 이상을 차지하며, 증가율이 감소하고 있는 지금도 매년 거의 7백만 명씩을 세계 인구에 새로 보태고 있다. 이런 수치를 접하게 되면 독자 여러분은 중국 땅이 남김없이 사람으로 빽빽하게 들어차 있다고 상상하겠지만, 사실은 그 반대다. 중국 인구의 95퍼센트는 전체 영토의 3분의 1을 차지하는 동부 지방에 집중되어 있으며, 그 동부 영토 중에서도 인구 밀도가 희박한 지역이 드넓게 펼쳐져 있다. 이런 현상은 자연 경관과 큰 관계가 있지만—사람들은 눈 덮인 산지나 건조한 사막에는 잘 모여 살지 않는 경향이 있다—또한 역사 지리와 관련된 문제이기도 하다. 역사적으로 중국은 중부의 황허와 창장 강, 북부의 랴오허 강과 쑹화 강, 남부의 시장 강과 주장 강 등 대규모 하천 분지의 비옥한 농경지에서 발원했다. 5천 년도 더 전에 이 지역에서 사회 집단들이 출현해 응집된 국가로 발전했으며, 훗날 아시아 사방 먼 곳까지 뻗어나간 제국의 핵심부를 이루었다. 태평양 연안을 따라서 극적인 변화가 일어나고 있는 오늘날까지도, 수적으로 보았을 때 중국은 아직 농촌 위주의 사회다. 홍콩과 푸둥 지역의 도시적인 외관 뒤편에는 비옥한 시골 농촌의 풍경이 펼쳐져 있고, 수백만의 농민들이 지난 수천 년간 그래 왔듯이 땅에 허리를 굽혀 일하고 있다. 농민들이 바치는 생산물, 세금, 공물이 바로 이 나라를 건설한 힘이었으며, 지난 수천 년간 그들은 박해당하고 몰수당하고, 강제 이주되고, 굶주려왔다. 그러는 와중에도 그들은 중국의 대규모 하천 유역에서 삶을 이어오며 수천 년간 거의 변화하지 않은 인구학적 지도의 기반을 이루었다.

오늘날 그들의 세계는 변화하고 있지만, 오래된 습관은 쉽게 사라지지 않는 법이다. 중국의 태평양 연안 지역은 세계 그 어느 지역보다 더 광범위하고 빠르게 도시화하고 있으며 그 수치는 그야말로 놀랍다. 1978년 중국의 도시화율은 18퍼센트였는데, 1990년에는 26퍼센트, 2012년에는 50퍼센트가 되었다. 최대 도시 상하이(약 1천 7백만 명)와 수도 베이징(약 1천 3백만 명)의 인구는 세계 대다수 국가의 인구보다 많다. 중국에는 인구 1백만 이상의 도시가 1백 개나 있으며, 2025년에는 2백 개까지 늘어날 것이다. 그러나 이 모든 현란한 수치들 뒤에는 불편한 현실이 놓여 있다. '신중국'으로 부가 집중되는 한편, 수억 명에 달하는 농촌 지역의 주민들은 계속 빈곤하게 살아가고 있기 때문이다. 농촌 마을에서 일자리를 구하러 온 예비 노동자들이 걷거나 자전거를 타고 새로 솟은 마천루의 그늘 아래로 수백만 명씩 모여들기 시작하자, 결국 정부 당국은 이주를 저지하여 이 흐름을 되돌려 놓아야만 했다. 현대화를 향한 질주 속에서 중국의 경제 계획가들은 다시금 농민들을 희생양으로 삼았던 것이다. 한편 고향으로 돌아온 농민들은 공산당 권력의 촉수가 자신들의 삶에까지 침투했음을 깨달았다. 연줄이 든든한 공산당 자본가들이 공장이 (농민들이 별로 원치 않는) 개발 사업의 형태로 시장 경제를 시골 마을까지 가지고 들어온 것이다. 그러는 동안에도 동부와 서부의 소득 불평등은 계속 심해져만 갔다.

중국 특유의 부패한 환경 속에서 정치적으로 무력하고, 토지를 빼앗기고, 시골 한복판에 새로 들어선 광산과 공장이 일으키는 대기·수질 오염의 피해를 입으며, '신중국'의 무서운 질주와 격리된—여전히 중국의 대다수를 차지하는—시골의 농민들은 위험과 불확실성에 노출된 채 힘든 삶을 살고 있다. 이 상황을 개선하고 소득의 격차를 줄이며 농촌 주민들에게 정치적으로 좀 더 강한 목소리를 부여하는 과제는, 중국의 국제적 위치가 신장될수록 국내에서 직면할 가장 큰 도전이 될 것이다. 그리고 이에 실패한다면 나라 전체의 계획이 위험에 빠질 것이다.

중국은 아마 지구 상에서 가장 오래전부터 지속되고 있는 문명일 것이다(이집트 정도가 이 주장에 반기를 들 수 있겠다). 중국 왕조는 오늘날 북중국 평원에 위치한 중국의 수도와 멀지 않은, 황허와 웨이허 강이 합류하는 지점에서 시작되었다. 그 이후로 왕조는 여럿으로 쪼개졌다가 다시 통일되고, 외부 민족을 흡수·동화했다가 이웃 나라를 정복하기를 번갈아 했지만, 결국은 한대(BCE. 206~ACE. 220)에 전성기에 다다랐다. 유라시아의 반대편 끝에서 로마 제국이 융성하고 있던 당시에 시안은 바로 '중국의 로마'였고, 실크로드가 무역로로 번창했다. 중국인들은 오늘날까지도 자신들을 일컬어 "한족"이라고 한다. 명(1368~1644) 또한 중국을 형성한 왕조 중 하나이지만, 마지막 전통 왕조인 만주족의 청나라 때 이르러 가장 대규모의 제국을 이루게 된다. 1644년 창건하여 1911년 혼돈 속에 막을 내린 청나라의 통치자들은 인도차이나의 상당 부분, 미얀마, 티베트(시짱), 신장, 카자흐스탄, 몽골, 시베리아 동부, 한반도, 사할린 섬과 대만까지 정복했다(그림 8-2). 현재 중국이 대만과 티베트를 자신의 영토로 간

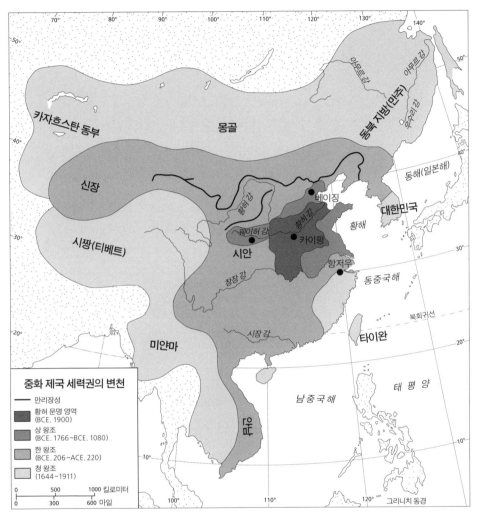

지도 내 레이블:

70° 80° 90° 100° 110° 120° 130° 140°

50°

카자흐스탄 동부

몽골

아무르 강 아무르 강

동북 지방(만주)

우수리 강

40°

신장

베이징

동해(일본해)

대한민국

황허 강

웨이허 강

황허 강

시안

카이펑

시짱(티베트)

30°

황해

창장 강

항저우

동중국해

미얀마

시장 강

북회귀선

20°

타이완

태 평 양

남 중 국 해

베트남

10°

10°

중화 제국 세력권의 변천

── 만리장성

황허 문명 영역
(BCE. 1900)

상 왕조
(BCE. 1766~BCE. 1080)

한 왕조
(BCE. 206~ACE. 220)

청 왕조
(1644~1911)

0   500   1000 킬로미터
0   300   600 마일

100° 110° 120°
그리니치 동경

그림 8-2 중화 제국 세력권의 변천의 변천과 성장. 내 책을 읽은 중국 독자들은 이 지도에 표시된 청나라의 최대 범위를 바탕으로, 중국이 티베트(시짱), 몽골, 심지어 카자흐스탄과 러시아의 일부까지 지배해야한다는 주장을 정당화하곤 한다. [역자주] 이 책 원서의 지도에는 한과 청의 최대 범위에 한반도 전체가 포함되는 것으로 표시되어 있다. 하지만 이 지도에서 청나라의 범위는 근대적 국민국가의 주권이 미치는 '영토'와 같은 개념이 아니라, 다층적 정치구조를 지닌 제국이었던 청의 '세력권'을 표시한 것으로 이해해야 한다. 조선은 중국의 '영토'는 아니었지만 조공국으로서 이러한 중국적 세계질서, 즉 중화질서의 일부였기 때문이다.(자문에 응해 주신 한양대 강진아, 성공회대 이남주 교수님께 감사드린다. 하지만 역주 내용은 이를 작성한 옮긴이에게 책임이 있다.) 한의 최대 범위는, 한사군의 위치를 참고하여 원서의 출판사인 옥스퍼드대학 출판부의 허락을 받아 한국어판의 지도를 수정했다.

주하고 러시아의 극동 지역과 인도의 북동부까지도 영토권을 주장할 낌새를 보이는 것은 바로 전성기 청 제국의 국경선을 근거로 한 것이다. 하지만 청나라의 전성기에도 암운이 닥쳤다. 19세기 중국은 과중한 세금, 유럽의 식민 침략, 일본의 간섭 등으로 국력이 쇠약해졌다. 영국의 상인들은 중국 경제의 싹을 잘라 버렸고, 인도에서 중국으로 아편이 흘러 들어와서 중국의 사회 조직 자체를 파괴해버렸다. 청나라의 통치자들은 영국에서 수입품이 들어오는 것을 막으려고 했지만 1차 아편전쟁(1839~1842)에서 패배하면서 중국의 주권은 와해의 길을 걸었다. 1911년 청나라가 멸망했을 때 이 제국은 이미 광대한 영토를 잃은 상태였으며, 설상가상으로 민족주의자, 공산주의자, 그리고 일본인들이 서로 전쟁을 벌이면서 나라가 황폐화되었다.

2차 대전에서 일본이 패전한 이후 중국에서는 내전이 재개되었다. 마오쩌둥이 이끄는 공산주의자들은 장제스蔣介石가 이끄는 민족주의자들을 본토에서 대만으로 몰아낸 뒤, 본토인들을 제압하고 '중화공화국'을 설립했다. 1949년 10월 1일 베이징에서 마오쩌둥은 중화인민공화국의 탄생을 선포했다.

마오쩌둥과 중국의 변화

20세기 중국의 격동기는 원나라가 등장하기 직전의 시기와 다르지 않았다. 질서가 무너지면서 왕조가 혼돈 속에 막을 내린 뒤 수십 년간 지역 분열과 내전과 외세의 간섭이 계속되다가, 다시금 강력한 새로운 지도자가 권력을 장악하면서 경쟁의 시기가 끝나게 된 것이다. 실제로, 학자들은 마오쩌둥의 지배 이후 불과 몇 년 만에 이 새로운 공산주의 왕조를 이전

왕조들의 연장선상에서 비교하기 시작했다. 마오쩌둥의 왕위를 계승하려 줄 서 있는 자손들만 없었다뿐이지, 그의 공산주의 통치와 그 승계를 둘러싼 음모와 모략은 과거 왕조의 궁정에서 있었던 것에 못지않았다.

마오쩌둥은 쇠약해진 중국을 물려받았다. 중국은 대만을 잃었고, 영국과 포르투갈이 홍콩과 마카오에 버티고 있었으며, 강대한 이웃 나라들이 강요한 국경선을 내키지 않지만 받아들여야 했고, 나라의 변방에 미치는 중앙 정부의 영향력은 미미했다. 훗날 중국은 이 모든 불리한 조건들을 바로잡으러 나서게 되지만, 당시 공산주의 정권은 우선 땅을 가지지 못한 수백만 농노들의 운명을 바로잡고자 했다. 웅대한 역사와 찬란한 문화를 가졌음에도, 그때까지 중국은 농촌 지방에서 홍수, 기근, 질병으로 주민 전체가 죽어나가도 중앙 정부에서 아무런 지원도 하지 않으며, 지역 유지들이 아무런 제재 없이 주민들을 억압할 수 있고(또 흔히 실제로 그랬고), 아이들을 내다 팔고 신부를 돈 주고 사오는 그런 나라였다.

이런 끔찍한 현실을 타개하기 위해, 마오쩌둥은 말 그대로 몸이 성한 국민 전체를 동원했다. 부자는 물론 소규모 자작농까지 토지를 빼앗겼다. 농장은 집단화되었으며, 수천 명의 인력이 맨손으로 댐과 제방을 지었다. 식량 배급은 사정이 나아졌고, 공공 보건이 개선되었으며, 아동 노동도 확연히 줄어들었다. 그러나 이 과정에서 중국의 공산주의 계획가들은 치명적인 실수 또한 저질렀다. 1958년에 중국 사회를 궁극적으로 변화시키기 위한 '대약진운동'이 시작되었는데, 이는 농민들을 군대와 유사한 공동 조직으로 재편성하여 농업 생산성의 증대와 지역의 산업화를 결합시키려는 운동이었다. 농민들은 강제로 집단 마을에 수용됐고, 가족들은 산산이 찢어졌으며, 오랜 역사를 이어온 농촌 생활의 리듬이 완전히 붕괴되었다. 결국 대약진운동이 폐기된 1962년까지 총 4천만 명에서 5천만 명에 이르는

사람들이 굶주림과 가혹한 노동으로 목숨을 잃었다.[4]

한편 마오쩌둥은 중국의 가장 외딴 변경 지역에까지 한족의 영향력을 재천명했다. 이로써 청나라 말기에 잃은 주요 영토는 복구할 수 없었지만, 더 이상의 손실은 막을 수 있었다. 마오쩌둥이 베이징에서 권력을 장악하고 머지않아 중국 군대는 티베트(시짱)의 산악 지역으로 쳐들어갔다. 1959년 티베트인들은 중국에 맞서 일어섰지만 그들의 저항은 무자비하게 짓밟혔고, 티베트 불교의 최고 지도자인 달라이 라마는 추방되었다. 티베트인들의 삶의 중심이었던 유서 깊은 성벽 수도원은 텅 빈 채 방치됐으며, 이 연약한 사회의 문화적 유산 상당수가 파괴되었다. 또 신장의 사막 지방에는 위구르인과 기타 무슬림 집단이 투르키스탄 지역과 긴밀한 연관을 맺고 살아가고 있었는데, 이곳에서 마오쩌둥은 한족의 지배와 규범을 강제하는 강력한 중국화 프로그램에 착수했다. 1950년에 중국인은 신장 인구의 5퍼센트에 불과했지만 50년 뒤 그 비율은 (약 2천만 명 중에서) 50퍼센트까지 늘어났다. 여기서도 중국인들은 식민지 소수자들의 저항에 부딪쳤지만, 최근 들어 이 저항은 전 지구적인 이슬람 테러리즘 문제에 묻히고 있다.

중국의 사회 지리에 미친 영향력이 특히 두드러지는 마오쩌둥의 정책이 두 가지 더 있다. 첫째는 인구 정책이다. 마오쩌둥은 인구 증가에 대한 그 어떤 통제도 공산주의 사회를 약화시키기 위한 자본주의자들의 음모라고 말하곤 했으며, 소련의 통치자들과 비슷하게(1960년대 소련에서는 자녀를 열 명 이상 낳은 여성들을 '국가 영웅'으로 지정했다) 자녀를 많이 낳도록 장려했다. 그 결과, 대약진운동이 끝나고 난 뒤 1960년대와 1970년대 중국의 인구 증가율은 3퍼센트까지 이르렀고, 공식 통계를 믿을 수는 없지만 매년 세계 인구에 2천만 명씩을 새로 보태며 전체 인구가 10억에 육박했다. 마오쩌둥이 죽고 덩샤오핑이 이끄는 실용주의자 그룹이 권력을 장악하자 이 걷잡을 수 없는 소용돌이를 통제하는 것이 우선순위가 되었으며, 이를 달성하기 위해 악명 높은 '한 자녀 가족' 정책을 수립하게 된다. 오늘날 중국의 공식적 인구 증가율은 0.5퍼센트다. 하지만 총 인구가 13억 6천만 명 이상이므로 아직도 매년 7백만 명씩 증가하고 있는 셈이다.

마오쩌둥의 두 번째 정책은 중국 역사상 가장 영향력 있는 유학자인 공자의 유산을 말살하려는 시도였다. B.C.E. 551년에 태어난 공자의 가르침은 중국의 삶을 지난 2천 년간이나 지배해왔다. 그는 서민들이 겪는 고통에 연민을 품고 빈곤한 자들을 격려하고 가르쳤으며, 세습 귀족 통치자들의 조상이 신에서 유래한다는 주장에 의문을 제기했다. 그가 남긴 수많은 철학적 언행은 한대(B.C.E. 206~A.C.E. 220)에 들어서 삶의 지침으로 확립되었다. 세월이 흐르면서 공자의 문헌이 매우 많이 나왔고, 이 중 다수는 공자가 직접 쓰지는 않았더라도 그가 승인한 것이라고 전해진다. 그 중심에 있는 것이 바로 유교의 고전으로서 2천 년간 중국 교육의 근본이 된 13경[十三經, 남송 대에 정립된 유교의 가장 중요한 경서 13종의 총칭. 『주역』, 『서경』, 『시경』, 『주례』, 『예기』, 『의례』, 『춘추좌씨전』, 『춘추공양전』, 『춘추곡량전』, 『논어』, 『효경』, 『이아』, 『맹자』를 말한다.—옮긴이]이다. 이 경전들은 통치에서 도덕, 법률에서 종교에 이르기까지 중국 문명의 근본이 되었다. 국가의 문관 시험 또한 이들 고전을 기본으로 했으며, 이런 과거 시험을 통해서 권력자는 물론 가난한 사람들도 영향력 있는 자리에 접근할 수 있었다.

공자는 중국 문화의 기반으로서 가족을 그 으뜸으로 꼽았는데, 이는 대약진운동의 근본과 합치하지 않았다. 또 그는 연장자를 존경할 것을 권하여 이것이 중국 사회의 특징으로 자리잡았지만, 이는 프롤레타리아 문화대혁명의 교의와 모순되었다. 공산주의 정부는 공자를 모든 면에서 공격했지만 이는 오판이었다. 2천 년간 이어져 내려온 문화적 환경을 불과 수십 년 안에 말소하기란 불가능하다는 사실이 판명됐기 때문이다. 공산주의자들이 교육을 근대화했음에도 불구하고, 마오쩌둥이 죽자 공자에 대한 관심이 다시금 끓어 넘쳤다. 오늘날 중국의 서점에 들어가 보면 『논어』 및 기타 유교 경전들의 무게로 서가가 축 늘어져 있는 모습을 볼 수 있다. 서구인들도 여기에 새롭게 주목하고 있다. 홍콩의 마지막 총독이었던 크리스토퍼 패튼Christopher Patten의 회고록을 보면, 한 장을 뺀 모든 장을 『논어』의 인용 구절로 시작하고 있다.[5] 공자의 정신은 앞으로 다가올 세대에도 중국의 물질적·정신적 경관에 고루 침투할 것이며, 이를 이해하는 것이야말로 중국 문화와 상호 작용하는 열쇠다.

중국의 역동적 변화

잊어서는 안 되는 건, 중국이 오늘날까지 제국을 유지하고 있다는 점이다. 소련이 붕괴했을 때 수많은 학자들이(내가 아는 한, 그중 지리학자는 한 명도 없었다) "마지막 제국"의 몰락을 예견하는 논문을 썼다. 좀 더 최근에는 내 동료 중 한 명이 미국이 세계 최후의 제국이라고 주장하는 『신제국주의The New Imperialism』라는 책을 썼다.[6] 그러나 중국이야말로 불후의 제국이다. 비록 청이 해체되는 동안과 그 이후에 상당한 영토를 손실하긴 했지만, 북한 국경에서부터 투르키스탄까지, 몽골의 스텝에서부터 티베트의 계곡까지 뻗은 제국의 영역이 아직 건재하다. 처음에는 공산주의자들이, 다음으로는 덩샤오핑 휘하의 실용주의자들이 이 수많은 소수 민족을 거느린 광활한 제국을 자기들의 목적에 맞는 공간적 틀로 조직했다.

최근 들어 중국의 행정 지도는 계속해서 바뀌어왔으며, 앞으로도 분명히 바뀔 것이다. 마오쩌둥 정부 이후에 이루어진 몇몇 변화는 국가의 중요 지역을 수도에서 직접 통제하고자 하는 욕구를 반영하고 있다. 또 공산주의 정치와 자본주의 경제의 결합을 원활히 하려는 의도로 이루어진 변화도 있다. 과거의 유럽 식민지가 본토로 다시 흡수되면서 그 지위가 변화한 경우도 있다. 만약 대만 문제가 뜻밖에 해결된다면 지도는 다시금 바뀔 것이다. 한편 선전, 푸둥, 샹강(홍콩을 가리킴) 등 새로운 지명이 등장하기도 했다. 중국의 지리는 아직도 변화 중이다.

그림 8-3에 나타나 있듯, 현대 중국의 정치적 틀은 네 개의 행정 구역으로 이루어져 있다. 그 최상층에는 중국 문화와 권력의 도가니라 할 수 있는, 중앙 정부가 직접 관할하는 네 개의 직할시가 있다. 바로 수도인 베이징과 그 항구 도시인 톈진, 창장 강 하구에 있는 상하이, 삼협 댐 근방의 상류에 위치한 충칭이다. 지도에서 보면 충칭이 나머지 세 도시보다 훨씬 더 커 보이며, 실제로도 그렇다. 하지만 여기에 지리적 뒷이야기가 숨어 있다. 사실 충칭 자체는 그렇게 거대한 도시가 아니지만, 그 배후지인 쓰촨 분지의 동부 지역은 1억이 넘는 인구가 조밀하게 모여 있어 심지어 소축척으로 그린 중국의 인구 지도에서도 뚜렷이 드러날 정도다. 그런데 충칭을 직할시로 지정했을 때 이 시의 경계를 그 배후지까지 포함되도록 넓게 그어서, 2천만 명이 추가로 '도시' 인구로 편입되어 베이징의 직접 관할권에 놓이게 되었다. 그래서 충칭은 시 홍보물에서 자랑스럽게 주장하는 대로 별안간 '세계에서 가장 큰 도시'가 되어 버렸지만, 이 말은 곧이곧대로 받아들이면 안 된다. 충칭의 교외에서 도심으로 출퇴근하는 교통량은 그 정도로 많지 않기 때문이다.

그다음으로 중국에는 22개의 성省이 있다. 동부와 북동부에 작은 성들이 몰려 있고, 서부로 갈수록 성의 영토가 커진다는 점에서 미국과 비슷하다. 하지만 비슷한 점은 여기서 끝이다. 동부의 이른바 '작은' 성들의 인구를 보게 되면, 작다는 생각은 눈 녹듯 사라지고 말 것이다. 보하이 만에 면한 네 개의 성에 거주하는 인구가 미국 전체의 인구보다 많기 때문이다. 그러므로 중국의 몇몇 중요한 성의 위치와 인구를 언급해둘 가치가 있다(중국의 해안 지방에 사는 사람들 모두가 뉴욕과 텍사스와 캘리포니아에 대해 알고 있는 것 같으니까). 우선 쓰촨 성은 창장長江이라는 이름으로 시작해서 양쯔라는 이름으로 끝나는 강에 걸쳐 있는데, 충칭 시에 2천만 인구를 '빼앗기고도' 거의 독일 인구와 맞먹는 9천만 명이 살고 있다. 중국의 곡창 지대 중 하나로서, 현재 세계에서 가장 큰 수력 발전 프로젝트가 진행되고 있는 장소이기도 하다. 양쯔 강을 통해 해안과 연결되며 중국의 네 직할시 중 하나를 옆에 끼고 있는 쓰촨 성은 태평양 연안 지방의 경제적 성공을 중국의 내륙으로 실어 나르는 쐐기 머리에 위치하고 있다. 이 지역의 발전은 중국 내륙의 변화를 예고하며, 급속히 성장하는 해안 지방과 뒤처진 중부 지방 간의 지역적 괴리를 줄이는 첫걸음이라는 점에서 중요하다.

　　육지로 둘러싸인 허난 성과 그에 인접한 산둥 반도의 인구 또한 2012년 기준 각각 1억에 육박하여 쓰촨 성에 맞먹는다(이는 캘리포니아, 텍사스, 뉴욕, 플로리다의 인구를 합친 것보다 많다!). 이웃한 후베이 성(7천만 명)과 더불어, 이들 지방은 수도와 톈진 항이라는 중국의 핵심 지역을 떠받치고 있다. 그러나 중국 태평양 연안의 경제 부흥을 상징하는 지방들은 따로 있다. 우선 상하이의 남북에 인접하여 해안에 면한 장쑤 성과 저장 성이 있다. 그리고 대만을 바로 마주 보고 있는 푸젠 성은 몇 세기 전부터 동남아시아로 이주한 '해외 화교'들의 주된 출신지였으며, 그들이 축적한 부

그림 8-3 네 개의 층위로 이루어진 복잡한 중국의 정치·행정 지도. 이 중 이른바 자치구들은 한족화되고 있다. 소수 민족들이 한족에게 적용되는 몇몇 규제에서 면제되긴 하지만 이들의 자치권은 명목에 불과하다. 칭하이 성에는 상당한 규모의 티베트 불교 소수 집단이 존재한다.

가 다시 흘러들어와 현대 중국 경제의 원동력이 되고 있는 지역이기도 하다. 그 남쪽에 인접한 광둥 성의 주장 강 어귀는 홍콩, 선전, 광둥, 주하이 Zhuhai, 마카오를 합쳐 세계 최대의 도시-산업 복합체로 진화 중이다.

새로운 경제 정책을 이 해안 지방에 적용하여, 중국의 나머지 지방을 오염시키지 않은 채로 시장 경제와 공산 정치를 공존시키는 것이 바로 덩샤오핑의 구상이었다. 이를 위해서 정부는 이른바 경제특별구역SEZs이라는 복잡하지만 효율적인 시스템을 도입했다. 그리고 경제특별구역으로 지정한 몇몇 항구 도시와 해안 지역에는 해외 기술과 투자를 기꺼이 받아들이고, 투자자들에게 자본주의식 인센티브를 제공했다. 이 지역에서는 저임금 노동력을 이용할 수 있고, 세금이 낮으며, 임차가 손쉽고, 생산품을 국내 시장은 물론 해외에 내다 팔 수 있었다. 심지어 대만 기업체들도 일부 제한이 있긴 하지만 여기에서 활동할 수 있었다.

그 결과는 눈이 부실 정도였다. 미국을 비롯한 외국 기업들이 중국의 태평양 연안으로 몰려들었고, 수백만 개의 일자리가 생겼으며, 새로 지은 공장에서 상품이 쏟아져 나왔다. 그리고 상하이, 샤먼, 산터우, 심지어 하이난 섬의 하이커우에 이르기까지 오랫동안 잠들어 있던 해안 도시들이, 현대식 오피스 빌딩, 고층 아파트, 비즈니스 단지, 공업 단지 들이 들어서면서 변모하기 시작했다. 그중에서도 홍콩에 인접한 선전 경제특별구역이 성장과 생산 면에서 앞서 가긴 했지만, 주장 강 어귀의 전 지역이 전례 없는 도시화를 경험했다. 1980년대 이후로 중국을 보지 못한 방문객들은 초현대식 다리, 터널, 고속도로, 철도, 공항 등 성큼 솟아오른 경제력을 상징하는 경관을 보고 놀란 숨을 들이켰다. 우리는 이러한 변화 중 상당수가 중국의 열대 지방에서 벌어진 일임을 기억할 필요가 있다. 일부 경제학자들이 열대 환경을 '저발전'과 고집스레 동일시하고 있기 때문이다.

마오쩌둥은 이 지역의 놀라운 성장을 예견하지 못했고—일부 중국의 역사 지리학자들이 옳다면—좋아하지도 않았을 것이다. 그는 (청나라를 이끌었던 만주족의 역사적 발상지인) 중국의 동북부가 인민공화국의 산업 심장부가 되길 원했다. 1930년대에 일본이 이 지역을 점령하고 만주국이라는 꼭두각시 국가를 세운 바 있지만, 중국은 그중 (러시아가 청나라에게서 빼앗아 끝까지 내놓지 않은 넓은 지역을 제외하고) 대부분 지역을 수

복했다. 그리고 마오쩌둥은 이 동북 삼성 지역을 중국의 계획 경제에 긴밀히 통합시킬 계획을 세웠다. 이 동북부 지역은 석탄 매장량이 많은 데다 꽤 큰 유전이 있으며 철, 알루미늄, 망간, 구리, 몰리브덴, 마그네사이트, 납, 아연 등 광물 자원이 풍부하고, 북부의 사면에 광대한 삼림이 개발을 기다리고 있었다. 또 일본인들이 이곳에 상당한 기반 시설을 만들어 놓았고, 수도와 가까운 데다 노동력도 풍부했다.

동북 삼성 중에서 제일 남쪽에 위치한 랴오닝 성은 모든 면에서 가장 타고난 입지를 갖추었으며, 랴오허 강 분지의 농업 생산성도 높았다. 그리고 랴오닝 성의 항구인 다롄은 동북부 지방 전체가 바깥세상으로 통하는 출구였다. 안산, 푸순, 선양, 하얼빈 등을 거대 산업 도시로 육성하기 위해, 1950년대 말까지 광산, 공장, 교통 기반 시설에 대한 대규모 국가적 투자가 이루어졌다. 그리고 랴오닝 성, 지린 성, 헤이룽장 성의 제조 공장에 수십만 명의 노동자들을 배치했다.

그러나 기관차에서부터 장난감, 가정용품에서 가구에 이르기까지, 이 지역에서 생산해낸 물품 중에 세계 시장에 도달하거나 거기서 경쟁할 수 있는 상품은 사실상 하나도 없었다. 소련의 관료들과 마찬가지로, 중국의 공산주의 계획가들은 광산과 공장에 비용이 얼마나 들든 일정한 생산 할당량을 부과했다. 일례로, 캐나다에서 기관차를 반값에 들여올 수 있더라도 철도 장비는 랴오닝 성에서 계속 제조했다. 중국은 폐쇄 사회였고, 거의 폐쇄된 체제였다. 공업 생산은 국가 정책과 관련된 일이었고, 노동자들은 고용을 보장받았다.

중국의 경제적 변모가 본격적으로 시작되었을 때 동북부 지방은 낙오되었다. 마오쩌둥의 죽음 이후 정권을 이어받고 중국의 경제적 잠재력을 세계에 내보인 개혁가들은, 만성 적자 산업에 대한 국가 지원과 시장 경제를 결합하는 데 곤란을 겪었다. 1990년대쯤에 베이징-톈진 지역에서 북쪽으로 여행하다 보면, 미국의 대서양 연안과 동북부 주의 일부 지역들을 연상시키는 '러스트 벨트rust-belt[미국 중서부·동북부의 쇠락해가는 공업 지대를 일컫는 말—옮긴이]'의 풍경을 목격할 수 있었다. 정부 보조가 줄어들자 일부 공장들은 이에 적응하고 새로운 경제 질서에서 경쟁을 시작했지만, 대부분은 그러지 못하고 줄줄이 문을 닫았으며 고용 보장과 정년 퇴직을 기대했던 노동자들은 실직해 대부분 절망적 빈곤에 시달리게 되었다. 중국 정부는 사회복지 정책과 지속적 보조금으로 이 상황을 타개해보려 했지만 이는 너무 크고 지난한 문제였다. 혹자는 이 노동자들이 왜 급속히 발전하는 남부의 태평양 연안 지역으로 이주하지 않았는지 의문을 품을 수도 있지만, 그랬다 하더라도 이들은 서부에서 온 절박한 농민공들과 저임금 일자리를 놓고 경쟁해야 했을 것이다. 이에 대비하지 못한 수천 명의 북부인들은 대신 보따리 무역상이나 건설 노동자가 되어 (소련의 붕괴로 건설 프로젝트들이 중단되기까지) 러시아 국경을 건너는 편을 택했다.

2000년 초에는 항구 도시 다롄과 그 주변부터 시작해서 점차 그보다 더 북쪽 지방도 사정이 나아지기 시작했다. 호황을 맞은 남부 지방의 인건비가 상승하면서, 동북부 노동자들의 저임금이 광저우와 선전 같은 지역의 기업들을 유인하기 시작한 것이다. 2010년 대만의 거대 전자기기 제조회사 훙하이의 자회사인 폭스콘이 남부의 광둥 성에서 북동부의 허난 성으로 공장을 이전했고, 다른 기술 관련 기업들도 그 뒤를 이었다. 마침내 동북부에도 태평양 연안의 '기적'이 다다른 듯 보였다.

중국의 혜성 같은 경제성장은 몇몇 놀라운 통계들을 만들어냈다. 2011년 재산이 1억 달러(미 달러 기준)가 넘는 부자는 130명 이상으로 추정된다. 반면 13억이 넘는 중국 인민 여섯 명 중 한 명—총 2억 2천 5백 만 명—은 하루에 1.25달러, 혹은 1년에 450달러에 해당하는 돈으로 살 아가고 있는 형편이다. 이들에게 기적은 신기루일 따름이다.

　　세 번째 정치-행정 층위는 이른바 특별행정구SAR로서, 비교적 최근 에 생겨났다. 이는 1997년 홍콩이 영국 조계에서 중국 정부로 이관되고, 1999년 중국 정부가 포르투갈에게서 마카오를 이양받기로 되어 있던 특 수한 조건을 반영해 지정된 것이다(중국의 일부 낙관적인 평자들은 이것이 미래의 어느 시점에 대만의 재합병으로까지 이어질 것이라고 보기도 했다). 홍 콩의 반환을 전후하여 '일국양제一國兩制'라는 개념이 유행하게 되었다. 이 는 비록 홍콩이 중국의 일부가 되지만, 중국 본토 국민에게는 허용되지 않는 민주주의의 외관을 유지한다는 것이다. 나는 반환 시점을 앞두고 있 던 홍콩에서 ABC 텔레비전 방송의 제작진 자격으로 몇몇 영국인과 중 국인 관료들을 인터뷰한 적이 있는데, 내가 보기에는 이 구호가 양 편에 제각기 다른 의미를 띠고 있음이 분명했다. 영국 정치가들은 자신들의 과 거 식민지가 항구적인 민주주의 체제를 유지하리라 상상했다(하지만 영국 인들 스스로도 홍콩에 끝까지 온전한 민주주의 체제를 육성하지 않았다. 홍콩이 헌법인 이른바 '기본법'을 갖게 된 것은 중국 반환 시점부터였다). 그들은 처음 에는 중국 정부에서 이 지역의 행정장관을 임명하지만 궁극적으로는 홍 콩 유권자들이 직접 선출하게 될 것이라고 말했다. 한편 중국 관료들은 '일국양제'를 장기적 전망이 아니라 이양을 수월하게 하는 수단으로서 보 고 있는 듯했다. 인민들은 삶에서 민주 정치보다 더 중요한 것이 있음을 깨닫게 되리라는 것이 그들의 말이었다. 2004년 9월 12일에 치러진 선거 는 그들의 견해가 옳았음을 입증하는 듯했다. 중국 정부는 특별행정구의 행정장관에 대해 직접 선거를 치르지 않을 계획임을 분명히 했으며, 홍콩의 친중파 활동가들은 민주파 후보들의 평판을 깎아내리려 유치한 공작을 벌였고, 사람들은 친중국 정당에 표를 던졌다. 이는 정치적 자유보다 경제적 조건에 더 관심 있는 유권자들이 많다는 것을 시사했다.

그림 8-3을 다시 한 번 보면, 중국 제국의 광활한 영역이 '자치구AR'로 분류되어 있는 것을 확인할 수 있는데 이것이 바로 중국의 네 번째 행정적 층위이다. 과거 소련 내에 자치 영역으로 간주되는 '소비에트 사회주의 공화국'이 있었듯이 중국은 이른바 자치구를 지니고 있는 셈이다. 이 용어는 좋은 의도의 역사를 반영하는 것일지 모르지만, 현실은 이와 조금 다르다. 다섯 개의 자치구는 원래 중국의 지배 아래 살고 있는 한족 이외의 소수 민족을 인정하여 수립한 것으로서, 일부 법률에서 면제되지만(예컨대 소수 민족은 덩샤오핑 정부가 실시한 '한 자녀 정책'의 규제를 받지 않는다) 실질적인 의미의 자치권을 지니고 있지는 않다. 1965년 공식적으로 합병된 시짱(티베트) 자치구는 사실상 중국의 식민지이며, 1976년 이후 중국 정부의 가혹한 통치가 다소 풀어지고 약탈한 문화재 중 상당수가 돌아오기는 했어도 독립 의사 표시는 여전히 용인되지 않는다. 신장웨이우얼(위구르) 자치구는 아직까지 중국의 중요한 원유 매장지이며 핵무기, 로켓, 우주 기지가 위치한 곳이기도 한데, 위구르족과 기타 무슬림 소수 민족을 면밀한 통제하에 묶어둔 채 빠른 속도로 중국화되고 있다.

소수의 독립 운동 세력이 이따금 사보타주 행동을 하기도 하는데, 여기에 대해 중국은 무력으로 대응하고 있다. 전통적 무슬림 도시인 서부 변경의 카스(카슈가르)까지 새로 철길을 놓은 것은 자치구를 확실히 통제하려는 중국 정부의 의지를 상징한다. 내몽골 자치구로도 대규모 이주가 행해져 민족의 구성이 변화했다. 내몽골 자치구는 원래 몽골 국경 바깥의 중국 쪽 영토에 살고 있던 수백만 몽골인들의 권리를 인정하여 수립되었지만, 현재 이곳의 문화 경관에서는 중국이 우세한 위치를 차지하게 되었다. 국경 근처의 몽골인들은 여전히 천막과 염소 떼를 데리고 스텝 평원을 횡단하며 살고 있지만, 그 외 지역은 이제 농촌 마을이나 산업 도시로 변모했다. 그리고 중국인의 수가 몽골인의 수를 거의 4대 1의 비율로 압도하고 있다.

지도에서 볼 수 있듯이, 이 외에도 중국에는 자치구가 두 개 더 있다. 내몽골 자치구에 인접한 닝샤후이족 자치구와, 남쪽 끝의 베트남 국경과 광둥 성 사이에 위치한 광시좡족 자치구다. 닝샤후이족 자치구는 독특한 지역이다. 7세기와 8세기, 중국 서부 지역에 이슬람이 침투했을 때 개종한 중국인의 후손인 후이족의 역사적 근거지이기 때문이다. 거의 5천만 명이 거주하는 광시좡족 자치구는 다섯 개 자치구 중에서 가장 인구가 많다. 이 혀가 꼬이는 지명에서 광시廣西는 동부의 중국인을, 좡壯은 서부 내륙에 우세한 타이족과 민족적으로 연관 관계에 있는 좡족을 가리킨다. 야오족, 먀오족, 둥족 등 이 지역에 흩어진 수많은 소수 민족들은 각자의 고유 언어를 계속 사용하고 있다.

중국 주변을 띠처럼 둘러싼 이 자치구들이 제국 전체에 존재하는 소수 민족의 범위나 분포를 제대로 반영하지 않는다는 것은 확실하다. 지린 성의 조선족부터 하이난 섬의 리족과 먀오족, 윈난 성의 이족과 다이족, 칭하이 성의 티베트족까지, 총 50여 개의 종족언어 집단을 대표하는 소수 민족들이 대개 중국의 국경 너머와 역사적 연관 관계를 맺은 채 중국 정부의 지배하에서 살고 있다. 공식적으로 지정된 자치구 바깥의 소수 민족에게는 그들의 권리가 인정되는 자치주와 자치현이 따로 마련되어 있지만, 대개의 자치주는 빈곤하고 퇴락하고 있다. 중국 전통의 역사적 힘과 최근의 경제 발전에 힘입어 수백 만의 소수 민족이 한족의 생활양식에 동화되었지만, 한편으로는 수백 만의 소수 민족이 문화적 동화에 저항하며 불교, 이슬람, 기타 다른 생활양식을 유지하고 있다.

　수치로 따지면 확실히 중국 제국이 유리하다. 위구르나 티베트족처럼 문화적으로 뚜렷이 구분되는 소수 민족은 그리 많지 않으며, 한족 이외의 종족언어 집단 대다수가 위치한 중국 남부의 상당 지역에서는 소수 민족과 중국화된 민족의 문화적 경계가 희미하고 유동적이다. 일부 추정치에 따르면, 중국 인구의 대략 8.5퍼센트가 소수 민족으로 분류된다고 한다. 이는 소수 민족의 비율이 19퍼센트인 러시아의 절반에 불과하다. 하지만 여기서도 중국의 인구를 염두에 두어야 한다. 13억 명의 8.5퍼센트면 1억 1천만 명이 넘기 때문이다. 실제적인 견지에서 보았을 때 이는 러시아가 그 광대한 영토에서 지배하는 소수 민족 숫자의 거의 네 배에 달한다. 소련과 중국의 공산주의 지도자들은 다 같이 선대로부터 제국을 물려받았지만, 중국의 제국적 정신은 변화를 이기고 살아남았다.

중국과 주변국들의 잠재적 마찰

초강대국들은 제국의 야심을 품는다. 역사학자, 역사 지리학자, 정치학자, 기타 분야의 학자들은 이런 야심이 식민 시대부터 세계화 시대까지 어떻게 변화해왔는지를 분석해왔다. 식민지 획득과 통제의 시대는 끝났지만, 다른 방식으로 지배하고자 하는 열망은 여전히 존재한다. 세계 주변부에 있는 수십억 명의 사람들 눈에 세계화는 곧 경제·정치·문화적 침입의 악어다. 중심부 도시의 고급 금융가에서부터 교외의 빗장 공동체에 이르기까지, 그 발현되는 양태는 옛날 식민지 시대의 규범이 새로운 형태로 나타난 것처럼 보인다. 이는 특정 민족과 관계가 없으며, 그보다는 권력 및 특권과 결부된 문제다.

　유럽의 식민주의와 서구의 신식민주의가 세계를 변화시킨 것은 분명하지만, 그것이 이러한 현상을 드러낸 유일한 사례는 아니었다. 2004년 7월 25일자 「뉴욕타임스 북 리뷰」에 제국주의에 대한 논의가 실렸는데, 여기에 기고한 저명한 필자들은 제국주의가 서구의 현상이라고 주장했다(중국은 물론이고 일본도 그들의 지리적 레이더에는 잡히지 않았던 모양이다). 존 루이스 개디스John Lewis Gaddis는 미국을 일컬어 '지구상에 남은 유일한 제국'이라 칭했다. 이 논의에 참여한 사람들 중에 지리학자는 분명히 한 명도 없었지만, 이러한 의견이 통용된다는 것 자체가 등골이 서늘해지는 일이었다. 그들 중 15년 전에 또 다른 '서구' 제국인 소련의 붕괴를 공식적으로 예측한 사람은 한 명도 없었고, 중국은 제국적 특성이나 야심을 갖추지 않았다는 데 대해 모두의 의견이 일치하는 듯했다.

　로스 테릴Ross Terrill이 그의 책 『새로운 제국 중국』[7]에서 지적했듯이, 현대의 중국은 제국의 산물일 뿐만 아니라 현재의 국경선 너머까지 자신들의 영향권으로 간주하고 있으며 여기서 입은 손실을 국가 차원에서 예민하게 의식하고 있다. 현재 중국의 지도자들은 중국 제국의 마지막 왕조가 극히 약해졌을 때 해외 열강들이 강제로 맺은 국경 조약들을 부인하고 있다. 예를 들어 중국에서 나온 지도들에는 인도 아루나찰프라데시 주의 일부가 중국 영토로 표시되어 있다. 최근에는 부탄 바로 동쪽의 타왕이라는 조그만 지역이 중국 팽창주의의 목표물이 되었는데, 그 정당화 논리가 인상적이다. 이 지역 주민들은 불교도인데, 중국은 티베트(시짱)와 더불어 칭하이에 있는 티베트 불교도들의 자치주도 지배하고 있으므로 이 고립된 불교 지역 역시—분명 인도 영토에 속하더라도—지배해야 마땅하다는 것이다. 현재 러시아 통제하에 있는 '빼앗긴 땅'과 아직도 확정되지 않은 카슈미르 지역의 국경선, 그리고 동·남중국해의 섬들과 수역에 이르기까지, 중국은 청나라 강역(그림 8-2 참조)과 관련해 아직 마무리 짓지 못한 문제들을 안고 있다. 몽골인들은 내몽골 자치구에서 몽골족과 한족의 충돌 소식이 들려올 때마다 동남부 국경을 경계의 눈으로 주시하곤 한다.

이 모두는 전혀 놀라운 일이 아니다. 티베트, 신장, 내몽골에서의 실정에 반대하여 일어나는 저항을 용인하지 않는 경향이 있긴 하지만, 중국은 자신들에게 제국의 야심이 없다고 자주 말하곤 한다. 2011년 중국은 남중국해 군도의 영유권 문제를 협상하기로 베트남과 합의함으로써 충돌을 피하려는 의사를 분명히 했다. 또 오랫동안 미얀마를 사실상의 중국 식민지로 간주하며 막대한 투자를 해왔음에도, 2011년 말 미얀마의 '민간' 정부를 이양받은 장군들이 독립을 지향하는 정책을 폈을 때 중국은 이를 수용하려는 의향을 보였다. 비록 몽골인들은 경계하고 있지만, 중국은 몽골이 청나라의 속국이었음을 명시적으로 주장하지 않고 있다. 현재의 정책 기조가 유지되고 중국 국내의 인구·경제적 도전이 심화된다면, 영토확장주의가 지금보다 더 큰 쟁점으로 부상할 가능성은 낮아 보인다.

많은 나라들이 이웃 나라와 영토 문제를 안고 있지만, 영토권을 주장하는 국가가 이미 대국이면 이 문제는 더 큰 중요성을 띠는 경향이 있다. 여러 해 동안 미국은 일본에서 호주, 필리핀에서 미얀마에 이르는 서태평양의 장기적 안정 세력으로 존재해왔다. 전후 미국이 일본과 맺은 관계는 이곳에 민주주의를 육성하는 한편 20세기 최대의 경제적 성공 스토리를 창출하는 기틀을 닦았다. 또 미 주둔군은 남한을 보호하고, 대만을 둘러싼 상황이 격화되지 않도록 예방하고, 소규모 섬들의 영유권을 둘러싼 감정적 충돌을 완화했으며 북한의 핵 개발 야심을 억제하는 데 기여했다.

그리고—피나투보 화산이 폭발해서 루손 섬의 공군·해군 기지가 파괴되고, 때마침 필리핀 정부도 주둔 정책의 지속 여부를 재검토하면서 1991년 철수하기까지—필리핀에 주둔한 미군은 남중국해 해상에서의 충돌을 완화하는 역할을 했다. 미국 정부와 싱가포르의 긴밀한 관계 또한 이 지정학적 틀의 한 요소다.

그러나 시대는 변화하며 이 변화는 점점 더 빨라지고 있다. 중국 주변 지역이 상대적으로 조용하며 미국의 지도자들은 일본과 남한의 미군을 재배치하고 부분적으로 철수하는 안을 논의하고 있지만(2012년 오바마 대통령은 미군 1만 명을 오키나와에서 철수시킨다는 계획을 발표했다), 또 다른 문제들이 침투하는 중이다. 미국이 세계적으로 필적할 자가 없는 군사적 초강대국의 지위를 유지하고 있긴 하지만, 중국의 군사력은 빠르게 확대·현대화되고 있다. 미중 간 고위급 군사 회담들은 양국 대표의 시각과 견해에 현격한 차이가 있음을 드러냈다. 중국은 일본이 북한의 핵 개발과 미사일 테스트에 대응하여 미사일 방어 능력을 강화하는 것을 경계하며 주시하고 있다. 또 중국 지도자들은 동아시아에 미군이 주둔해 있는 반면 중국은 미국의 태평양 연안 지역에 교두보를 갖지 못했다고 자주 불평해왔는데, 이런 상황 역시 변화하고 있다. 그리고 그 변화 과정에서, 미·중 간 충돌은 자칫 통제 불가능한 상황으로 비화될 수 있기 때문에, 이를 무슨 수를 써서라도 피하는 것이 태평양 양쪽의 외교 정책 목표에서 최우선이 되어야 할 것이다.

더 큰 세계 속의 중국

여러분이 중국을 잠깐 떠났다가 다시 방문한다면, 인류 역사상 최대의 공공 개발 사업으로 일컬어지곤 하는 그 변화의 속도와 규모에 놀랄 것이다. 이 모든 다리, 터널, 고속도로, 공항, 발전소, 급행 철도, 댐들에 우리는 깜짝 놀라고 때로는 압도당하기도 한다. 확실히 중국인들은 자신들이 기술과 초대형 프로젝트를 통해 모든 장애물을 극복할 수 있다고 믿고 있는 듯 보인다. 삼협댐은 그중 한 가지 사례, 이제는 중국인들이 판에 박힌 듯 일컫는 '세계 최대'의 업적(우리 모두의 기억에 의하면 이는 주로 미국인들의 것이었다) 중 하나일 뿐이다. 2012년 중국은 상상을 초월한 또 다른 프로젝트를 계획 중인데, 바로 중국의 4대 강 중 한 곳의 상류를 끌어와서 다른 강의 집수지와 연결하는 사업이다. 베이징 부근의 연안에서 바다와 만나는 황허 강은 수량이 줄고 있는 반면, 상하이를 관통하는 창장 강의 수량은 풍부하다. 그렇다면 양쯔 강(상류 지역에서는 창장 강이라고 부른다)의 상류 물줄기를 돌려 이를 황허 강에 공급하지 못할 이유가 없지 않은가?

자연·환경 지리학자들에게 이는 너무나 믿기 힘들고 심지어 상상을 초월한 발상일 것이다. 알려지지 않은 불확실한 변수들이 너무 많아서 진지하게 받아들이기 힘든 계획이다. 그러나 중국에서는 그 어떤 초대형 사업에도 불가능이란 없는 듯하다. 물론 반대가 전혀 없지는 않지만—일부 과학자들은 삼협댐 프로젝트를 반대한 바 있다—중앙 정부의 기획자들이 바라는 일은 웬만하면 실현되곤 한다. 그러니 예의 주시하도록 하자. 이 기후 변화의 시대에 이는 궁극적인 도박이 될 수도 있다.

여기서 얻을 수 있는 교훈은 다음과 같다. 중국은 그들의 태평양 연안을 변신시켰고, '대약진'이라는 개념에 (마오주의가 초래했던 사상자를 내지 않고도) 새로운 의미를 부여했으며, 이제는 세계를 손아귀에 넣고 있다. 중국은 이제 태평양의 미국 쪽 연안에서도 존재감을 드러내고 있다.

이들은 파나마 운하 양안의 항구를 운영하고 현대화하는 사업을 수주했으며, 페루 카야오 항의 화물 처리 시설을 건조하고 있다. 이 시설이 완공되면 브라질에서 터널과 다리들을 통해 운송되는 화물들을 처리하게 될 것이다. 또 중국은 칠레의 주요 무역 상대국이고, 과거 대만을 지지했던 카리브 해 국가들의 환심을 사고 있으며, 베네수엘라와 유대를 구축하는 한편 캐나다 석유를 수입하면서 브리티시컬럼비아 주 해안에 수출 터미널 건설을 제안하고 있다. 중국이 약진하는 동안 중국인들은 전 세계로 퍼져 나가 원자재와 광산을 사들이고 철도와 도로를 건설했다. 또한 이들은 방대한 땅을 구입하고 파이프라인을 깔고 전략적 연결 고리를 구축했다.

식민주의 경제 지리학을 공부한 사람에게는 이런 이야기가 익숙하게 들릴 것이다. 실제로 많은 평자들은 중국의 전 지구적 활동을 유럽 식민 열강들의 활동과 비교하고 있다. 아프리카에서 중국인들은 때때로 '신식민주의자'로 일컬어지곤 한다. 식민 열강들이 그랬듯이 중국은 원자재를 사들여 이를 자기 나라로 싣고 간다. 예를 들어 중국은 과거 포르투갈 식민지였던 앙골라의 최대 무역 상대국인데, 이는 많은 부분 중국이 수입하는 석유 때문이다. 중국은 구리가 중요한 자원인 잠비아 경제의 큰손이기도 하며, 탄자니아에서는 (역시 중국이 건설한) 탄잠 철도 보수 공사를 하고 있다. 또 수단의 주요 고객(역시 석유)이고, 남아프리카공화국의 수출과 수입 양쪽에서 두드러진 비중을 차지하고 있으며, 콩고민주공화국 수출액의 절반을 충당하고 있다. 독립한 지 오래된 국가들도 여기서 예외가 아니다. 중국은 호주의 주요 무역 상대국이다—실제로 중국은 현재 호주의 경제 붐을 이끌고 있는 주된 동력이다. 또 중국은 브라질의 최대 수입국인 동시에 최대 수출국이 되었다.

석유와 원자재뿐만이 아니다. 중국의 투자자들은 막대한 자금력을 동원하여 토지를 매입·장기 임대하거나, 생산자와 농민들을 오랜 기간 묶어 놓는 장기 공급 계약을 맺고 있다. 중국인들이 너무 공격적이어서 몇몇 나라에서는 외국인의 토지 취득이나 장기 임대권 확보를 더 어렵게 만들기 시작했다. 필리핀에서 중국인들은 총 1백 2십만 헥타르[필리핀 농토의 10분의 1에 해당한다―옮긴이]에 달하는 양질의 농지를 장기 임대하는 식의 '토지 강탈'로 전 세계의 이목을 끌었다. 또 아르헨티나와 브라질을 비롯한 많은 나라들은 임대만 허용하고 매입을 제한하기 시작했다. 2010년 한 중국 기업은 아르헨티나에서 2십만 헥타르의 농지를 매입하려다 실패하고 결국 임대하기도 했다. 그러나 마다가스카르에서 라오스, 카자흐스탄에서 콜롬비아까지, 수백만 헥타르의 농지가 중국의 통제하에 들어가고 있다.

그 결과는 엇갈린다. 일부 경제 지리학자들은 브라질과 중국의 관계를 신식민주의의 뚜렷한 사례로 본다. 2010년 브라질이 중국에 수출한 품목의 80퍼센트 이상이 원자재였고 브라질이 중국에서 수입한 품목의 거의 전부가 공산품이었는데, 이는 브라질 경제에 크나큰 부정적 영향을 미치고 있다. 그런가 하면 대두 거래가 증가하면서 수십만 명의 농민들이 빈곤에서 벗어나기도 했다.

중국인 방문객 및 정착민과 현지인 간의 관계 역시 신식민주의의 양상을 띤다. 거래 조건은 중국인 기업가들이 조정하고 노동은 현지인들이 한다. 중국 기업들은 조건만 맞으면 중국인 노동자들을 대규모로 파견하기도 한다. 예를 들어 아프가니스탄에 있는 세계 최대의 구리 광산에서는 수백 명의 중국인 노동자들이 미군의 경비를 받으며 일하고 있다. 중국인 노동자들이 잠비아의 구리 광산에 일하러 갔을 때는 심각한 마찰이 빚어져 폭력과 사보타주가 행해지기도 했다. 실제로 중국인 노동자와 투자자들은 아프리카, 남아메리카, 혹은 그 어느 곳에서도 유럽 식민주의자들이 했던 식으로 현지인들과 섞이지 않는 경향이 있다. 베트남이나 미얀마, 탄자니아나 브라질에서도 중국인들은 현지인들과 거리를 두고 자기들 구역 내에서만 머무는 편을 선호한다.

바다든 육지든, 도시든 시골이든, 광산이든 농장이든, 그 어디를 보건 중국의 전 세계적 존재감은 뚜렷하다. 중국이 젖소를 먹일 초지를 찾아 헤매면서 뉴질랜드의 목양 산업은 축소되고 있다. 이렇게 생산된 우유는 분유로 가공되어 중국 시장에 대규모로 수출된다. 2011년 중순에는 한 중국인 사업가가 아이슬란드 영토의 0.3퍼센트를 매입하려 시도한 일이 뉴스에 오르기도 했다. 조그만 땅조각처럼 느껴지지만 미국으로 치면 매사추세츠 주에 이르는 크기다.

몇몇 학자들은 이런 중국인의 부지런함을, 앞으로 닥칠 중국의 세계 지배를 예고하는 신호로 해석하기도 한다. 『중국이 세계를 지배하면When China Rules the World』이라는 책을 쓴 마틴 자크Martin Jacque는, 세계를 주도하는 이 "문명국가"가 (이 책의 영문판 부제의 표현을 빌리면) "서구 세계의 종말과 신세계 질서의 탄생"을 열 것이라고 주장한다.[8] 남은 문제는 그 시점과 방식뿐이다. 전쟁을 피한다고 가정한다 해도, 중국의 멈출 수 없는 부상은 이라크와 아프가니스탄에서 누렸던 식의 행동의 자유에 익숙해져 있던 미국(과 서구)을 억제하고 방해할 것이다. 물론 이런 변화가 아직 냉전을 뜻하는 것은 아니다. 그러나 21세기 미국의 일방주의적·충동적·독선적 경향은 냉전 출현에 기여하는 조건을 만들고 있다. 20세기의 냉전기에 양 진영은 상대방의 사악한 음모를 믿어 의심치 않았고, 상대방이 부도덕하다고 생각했다. 공산주의는 자본주의의 불평등을, 자본주의는

'악의 제국'의 무신론과 억압을 각각 비난했다. 그래서 한때 전 세계의 안정을 보장해주었던 미국이 이제 태평양 지역 냉전의 주역으로 비치고 있다는 사실은 많은 미국인들을 우려하게 만든다.

미국과 중국은 충돌할 것인가?

미국과 중국은 충돌 수순을 밟고 있는가? 만약 그렇다면, 충돌을 일으키는 변수와 완화하는 변수는 각각 무엇인가? 중국의 정치적 지리를 다시 한 번 살펴보도록 하자. 우선 위험한 측면을 보면, 중국은 과거부터 팽창을 추구하며 제국적 면모를 지녔고, 현재 공산주의-권위주의 정부가 지배하고 있다. 그리고 인권 상황은 참담하며. 인구 구성에도 문제가 있다(한 자녀 정책의 부작용으로 남성이 여성보다 수천 만 명을 초과한다). 게다가 세계 최대의 군사 대국이고, 민족주의가 급속히 고개를 들고 있으며, 석유를 비롯한 지구 상의 원자재를 빠른 속도로 집어삼키고 있다. 또 일본과의 관계가 불안하고 대만에 대해 흑심을 품고 있으며, 테러 전력과 핵개발 야심을 가진 공산주의 이웃 북한과 관련해 문제적 역할을 하고 있다. 한편 긍정적인 측면을 보면, 중국은 과거의 소련과 달리 공산 체제나 이데올로기를 (특별행정구역과 대만을 제외하고는) 해외에 노골적으로 수출하려 들지 않는다. 또 세속적인 사회를 엄격히 유지하고 있으며, 이슬람의 테러리즘에 대해 미국과 더불어 우려하는 입장이다. 그리고 경제 개발을 위해 문호를 개방했으며, 이웃 나라와의 영토 문제를 일부 해결했고, 먼 바다에 대한 영해권 주장을 철회한 바 있다.

현재 세계를 지배하고 있는 유일 초강대국인 미국은 과거의 적에 대해 비길 데 없는 자비심을 과시하면서 동시에 설명하기 힘든 냉전적 대외 정책을 구사하고 있으며, 그 가운데 중국이 새로운 세력으로 떠오르고 있다. 비록 미국이 (서부) 독일과 일본에 민주주의를 심었고 유럽을 대대적으로 원조했으며, 핵무장한 소련을 저지하고 중국이 세계 무대에 재등장하도록 문을 열어주긴 했지만, (소련이 그랬듯이) 미국 정부는 미얀마의 장성들이 민주주의자로 보일 만큼 극히 억압적인 중앙아메리카와 아시아의 독재 정권들을 지원한 전력이 있다. 냉전의 종식과 더불어 이 독재 정권들 또한 상당수가 종말을 맞았지만, 과거 미국이 아프가니스탄에서 저지른 대외 정책 실수의 직접적 결과로 이슬람 테러리즘이라는 새로운 위협이 떠올랐으며, 이로 인해 조성되고 있는 새로운 환경은 아직 그 일부만 윤곽을 드러냈을 뿐이다.

오늘날 미국 정책에서 일방주의가 새롭게 대두했다고 하여 우려가 많지만, 이는 전혀 새로운 현상이 아니다. 미국이 최근 교토 의정서를 비롯한 여러 조약에 서명하지 않기는 했지만, 미국은 그보다 훨씬 예전에 수립된 '유엔해양법협약UNCLOS'은 물론 2000년대 이전의 수많은 국제 협약들도 비준하지 않은 전력이 있다. 새로운 현상은 2001년의 뉴욕과 워싱턴 테러 공격에 대응한 미국의 전 세계적 개입이며, 그 부산물이 바로 권위주의 정권이 통치하는 나라에 민주주의를 심거나 제창하려는 모순된 캠페인이다(모순된 이유는 여기에서 중국 같은 강대국이나, 사우디아라비아 등 미국 경제에 중요한 자원을 보유한 국가들은 제외되기 때문이다).

이러한 맥락에서, 2003년 이라크의 무자비한 독재자를 몰아내고 민주 정부를 수립하기 위해 미국이 군사적으로 개입한 행동은 광범위한 영향을 끼쳤다. 미얀마의 장성들과 북한의 독재자들에게, 아시아에서 중국의 지정학적 부상은 때마침 반가운 현상이다. 인권 통계나 민주 제도가 미국의 기준에 미치지 못하는 국가들 입장에서는, 중국의 경제적 관여가 깊어질수록 미국의 압력을 막아줄 평형추가 마련되는 셈이다.

이 모든 것이 냉전을 불러오는 데 충분한 변수가 될까? 아직은 아니다. 하지만 대학 강의실, 신문, 인터넷에서 들려오는 소리가 중국인들의 여론을 반영한다면, 그러한 전망은 바로 중국인의 의식 속에서 떠오르고 있다. 미국이 중국의 인권 상황에 대해 비판하면 그들은 격앙된 목소리로 미국의 인종 문제를 고발하며, 미국이 중국의 비민주적인 정부 체제에 대해 논평하면 그들은 미국 민주주의의 단점에 대해 비판적으로 분석하며 맞서고 있다. 중국 여론은 미국이 아프가니스탄에 개입하는 것은 지지했지만 이라크를 침공하는 데는 전반적으로 반대 입장으로 돌아섰고, 내 경험으로 볼 때 중국인들은 남한이 이 군사 행동에 참여하는 데도 거의 대부분 반대하고 있다. 이 과정에서 정치가 주된 논의와 논쟁의 주제로서 경제를 대체하기 시작했으며, 이는 미래의 좋은 징조가 아니다.

지구 상에서 가장 인구가 많은 나라이자, 위대한 제국의 후계자이고 가장 오랫동안 이어져 내려온 문화의 후견인이 이제 초강대국 미국이 지배하는 세계에서 자신의 자리를 주장하고 있다. 중국은 세계 질서에 도전해 새로운 지정학적 조건을 창출하고 있는 최초의 비서구 세력이다. 미국과 소련이 냉전에 갇혀 핵 충돌 위험을 여러 차례 감수했던 20세기에도 아마겟돈은 일어나지 않았다. 이 두 초강대국이 비록 이데올로기적으로 적대하긴 했지만 서로를 비교적 잘 이해하고 있었기 때문이다. 정치가와 군사 전략가들이 음모를 도모하는 동안에도 두 나라 사이의 문화적인 통로는 닫히지 않았다. 미국의 관객들은 프로코피예프와 쇼스타코비치의 음악을 듣고, 러시아의 발레를 감상하고, 톨스토이와 파스테르나크를 읽었다. 심지어 소련인들도 밴 클라이번[Van Cliburn, 1934~2013, 미국의 피아니스트로, 1958년 제1회 차이코프스키 국제 콩쿠르에서 우승했다—옮긴이]에 환호했고, 헤밍웨이를 읽었으며, 미국의 반정부 인사들을 치켜세웠다. 요컨대 이는 한 문화권 내부에서 일어난 냉전이었기에 재앙의 위험도 그만큼 줄어들었던 것이다. 중국과 미국 사이에는 공통된 기반이 그보다 훨씬 적으며, 두 나라가 적대한다면 이는 최초의 이문화 간 냉전으로서, 치명적인 오해가 발생할 위험이 지난번에 비해 비교할 수 없이 커질 것이다.

어떻게 하면 이러한 냉전을 피할 수 있을까? 교역과 과학·문화·교육의 유대 및 교류야말로 확실한 해결책이다. 둘 사이의 상호 유대가 강해질수록 충돌의 소지는 그만큼 줄어든다. 우리 미국인들은 중국에 대해 가능한 한 많이 배워야 한다. 그래서 미국과 서구에 대한 중국의 시각 근저에 놓인 그들의 역사 및 문화 지리를 이해하고, 그들의 경험을 헤아려야 한다. 오늘날의 중국은 이미 세계 무대에 참여한 대표 주자이다. 이 힘이 미국과 중국의 전 지구적인 세력 경쟁으로 이어지지 않도록 조절하는 것이야말로 21세기의 전략 지정학적 도전의 핵심이 될 것이다.

9장

잘나가던 유럽,
종이호랑이가
될 것인가

수백 년 동안 유럽은 세계의 중심에 있었다. 유럽의 제국들은 전 세계로 뻗어나갔고, 멀고 가까운 여러 지역의 사회를 변모시켰다. 수백만 유럽인들은 모국을 떠나 신세계와 구세계에 새로운 사회를 건설했다. 당시, 세계화는 곧 유럽화를 의미했다.

최근 들어 많은 미국인들은 유럽에 대해 복잡한 감정을 품고 있다. 2차 대전 당시 영국, 프랑스, 기타 유럽 연합국들과 더불어 싸웠던 '가장 위대한 세대'가 역사의 뒤안길로 저물면서, 보다 젊은 유권자들은 예전 같아 보이지 않는 유럽에 경계의 눈길을 보내고 있다. 특히 프랑스는 이라크 전쟁에서 부시-체니가 주도한 개입에 지원을 거부해, 이에 실망한 일부 미국인들은 '프리덤 프라이[당시 프랑스가 이라크 전쟁을 반대하자 이에 반감을 가진 미 하원의원들이 의사당 구내식당의 메뉴 중 하나인 '프렌치 프라이'를 '프리덤 프라이'로 바꾸어 부른 데서 유래했다―편집자]'를 주문해 먹기도 했다. 독일은 유고슬라비아가 붕괴할 때 제 구실을 하지 못했던 전력이 있다(하지만 미국에서 독일 맥주의 인기는 시들지 않았다). 미국의 한 국방장관은 '신' 유럽―이탈리아, 프랑스, 네덜란드, 독일과는 거리가 먼 동부 유럽―의 밝은 미래를 내다보면서 '구' 유럽의 흠결을 공개적으로 나무라기도 했다. 미국의 군사 지도자들은 유럽이 아프가니스탄 전쟁에 파견한 부대의 규모가 작고 유럽 정부들이 임무 수행 범위에 제약을 둔 데 대해 유감을 표시했다. 또 2011년 유럽에 불만을 품은 또 다른 국방장관은, 유럽 회원국들이 북대서양조약기구NATO에 더 강력한 재정·군수 지원을 하지 않는다면 이 동맹은 무능한 기구로 전락할 수도 있다고 경고했다. 한편 영국에서 불가리아까지 우익 정당들이 득세하는 현상을 진보주의자들이 비판하는 동안에도 미국의 보수적 유권자들은 유럽이 '사회주의적'이라고 생각했다. 또 그리스가 무능한 정부와 비대한 공공 부문의 상징이 되어 예산이 불안정해지고 거리가 혼란에 빠지고 그 부채가 대서양 양안에 위험을 초래했을 때, 지금까지의 동맹에 대한 미국인들의 의구심은 더욱 커져만 갔다.

사실 많은 유럽인들도 유럽에 대해 모순된 감정을 품고 있다. 그러나 이는 다른 요인들과 관련이 있다. 거의 3세대 동안 유럽인들은 그들을 통합하기도, 또 동시에 분열시키기도 하는 사회·정치·경제적 힘의 결합에 휘말려 있었다. 더 큰 수준으로의 유럽 통합은 '인민'의 소리를 무시하는 엘리트 관료와 정부들의 희망일 뿐이라고 유럽인들은 말할 것이다. 납부한 세금이 의심스러운 실험과 목표에 쓰이는 것을 싫어하는 노동자들과 통일을 꿈꾸는 이들 사이에는 더 큰 적대에 찬 간극이 존재한다. 아마 유럽연합EU에 대해 가장 회의적일 이들은 자신을 유럽인으로 생각하지 않는 상당수 영국인들이겠지만, 비관론자들은 유럽 어느 나라에나 있다. 그 과정에서 유럽을 지리적으로 정의하기가 어려워졌다. 유럽은 통일 유럽의 산하로 통합된 나라들의 집단인가? 러시아 서쪽에 놓인 모든 나라들인가? 아니면 **러시아를 포함한** 유럽 나라들인가?

세계의 심장으로서의 유럽

수백 년 동안 유럽은 인간 세계의 중심에 있었다. 유럽의 제국들은 전 세계로 뻗어나갔고, 멀고 가까운 여러 지역의 사회를 좋은 쪽으로든 나쁜 쪽으로든 변모시켰다. 유럽의 수도들은 멀리 떨어진 자원을 통제하는 무역망의 접점이었다. 수백만 유럽인들은 모국을 떠나 신세계와 구세계로 이주했으며, 미국에서 호주에 이르기까지 새로운 사회를 건설했다. 세계화가 미국화와 동일시되기 훨씬 이전에 이는 유럽화 과정을 의미했다.

농업과 산업과 정치 분야에서 유럽은 혁명을 이룩했고, 이 혁명을 전 세계로 수출해 유럽의 우월성을 확고히 하였다. 그러나 20세기 들어 유럽은 전 세계를 두 번이나 전쟁으로 몰아넣었다. 2차 대전(1939~1945) 이후 유럽은 힘을 잃고 그토록 오랫동안 부와 영향력을 제공했던 식민지를 상실하게 된다. 유럽 여러 나라들은 공산당과 공산주의 운동의 위협을 받았고, 발트 해부터 아드리아 해까지 드리운 이데올로기적 철의 장막이 대륙을 둘로 갈라놓았다. 대륙의 동쪽은 모스크바의 본부에서 소비에트 공산주의가 지배했다. 대륙의 서쪽은 자유민주주의와 시장 자본주의가 우세했지만, 미국의 결정적인 도움을 받고 몇몇 무서운 독재자들이 무대에서 퇴장한 다음에야 비로소 안정되었다.[1]

서유럽이 경제를 회복하고 동유럽이 결국 공산주의를 포기한 것은 지난 반세기 동안 이 지역에서 일어난 가장 두드러진 사건들이지만, 또 다른 중요한 이야기가 여전히 계속되고 있다. 유럽 나라들이 전례 없는 초국가적 실험—경제와 정치를 비롯해 셀 수 없는 부문의 국제적 통합 및 협력 과정—에 참여하고 있는 것이다. 몇몇 지도자들은 이 실험이 궁극적으로 미합중국의 세계 지배와 균형을 맞출 수 있는 유럽 합중국, 즉 연방 초강대국을 형성하는 데까지 이르기를 희망한다.

평범한 사람들(아마 유럽인의 대다수일)이 항상 이런 통일에 대한 흥분을 공유하는 것은 아니다. 하지만 이 과정은 이미 60년 전에 상상했던 것보다 훨씬 더 멀리 나아갔다. 이제 유럽인들은 국경에서 여권을 내보이지 않고 리스본에서 리투아니아까지 차로 내달릴 수 있다. 또 (2011년 말 기준) 총 17개국에서 공동 통화인 유로화를 쓸 수 있다. 그리고 유럽연합은 계속해서 팽창 중이다. 2004년 유럽연합은 기존 15개 회원국에 10개국이 새로 가입해 총 25개국의 조직이 되면서 가장 큰 성장을 기록했다. 2007년에는 루마니아와 불가리아의 가입을 허가하면서 유럽연합이 흑해에 다다랐다. 그리고 이 과정은 아직도 끝나려면 멀었다. 2012년에 크로아티아가 가입했고, 붕괴된 유고슬라비아에서 출현한 다른 나라들도 후보로 대기 중이다. 유럽연합은 갖가지 약점들을 안고 있지만 그럼에도 회원 지망국들을 계속해서 끌어들이고 있다.

유럽 국가의 형성

유럽은 그 지도자들이 품고 있는 초국적 슈퍼 파워의 야망을 실현할 것인가? 지도를 보면 유럽은 유라시아의 거대한 땅덩어리에서 서쪽으로 돌출하여 뻗어 나온 반도에 불과해 보인다. 축척을 읽어 보면 유럽의 영토가 얼마나 작은지 알 수 있다. 유럽 전체를 합해도 미시시피를 기준으로 한 미국 서부 지역보다 크지 않다(텍사스는 독일의 거의 두 배이며, 영국은 오리건 주 정도의 크기이다). 그리고 유럽의 영토는 전혀 압축된 형태가 아니어서 크고 작은 반도와 섬들이 넓고 좁은 바다에 면해 있다. 유럽인들은 이 지역에 정착했던 그날부터 해협과 만과 강을 사이에 두고 서로를 마주 보았다.

최초의 유럽인들은 위스콘신 빙기 중간의 잠시 온난해진 시기에 동쪽에서 이주하여 정착했다. 이때 비로소 최초의 현생 인류가 유럽의 변화무쌍하고 혹독한 기후를 견디고 생존할 수 있게 된 것이다. 이 침입은 처음에 천천히 시작되었지만 호모 사피엔스는 먼저 온 네안데르탈인들이 하지 못했던 일을 할 수 있었다. 즉 수렵-채집 생활과 이동하는 순록 떼를 쫓아다니는 생활을 결합하여, 기후가 추워졌을 때 적응할 수 있게 된 것이다. 현생 인류는 유럽에 4만 년 넘게 거주하면서, 추운 시절에는 이베리아 반도와 이탈리아로 들어가고 다시 따뜻해지면 북쪽으로 퍼져 나갔다.

하지만 진정한 인구 팽창은 현재의 따뜻한 간빙기에 들어서 일어났다. 1만 2천 년 전부터 인구가 늘기 시작하여, 잠시 찾아온 신드리아스 한랭기 때만 빼고 꾸준히 증가한 것이다. 유라시아 내륙으로부터 서쪽의 따뜻한 기후를 찾아 이주민들이 끝없이 밀어닥쳤고, 이들은 해안을 따라서 고립되어 비교적 안전한 반도와 섬에 정착했다. 이들은 또 다양한 문화와 다양한 언어를 가지고 들어왔는데, 그 가장 오래된 유산이 오늘날 영국과 아일랜드의 서부 해안을 따라 남아 있다. 이 초기 정착민들이 어떤 경로로 들어왔는지는 아직까지 확실치 않다. 예를 들어 바스크어는 어느 언어와도 친연 관계가 없기 때문에, 바스크인들이 스페인-프랑스 국경 지대에 위치한 현재의 근거지로 어떻게 해서 들어오게 되었는지는 아무도 모른다. 헝가리인, 에스토니아인, 핀란드인들 역시 아직 알려지지 않은 곳으로부터 와서 유럽에 자신들의 언어를 심었다. 이들의 혈연적 관계는 적어도 그보다는 분명하다. 최근 연구에 따르면 이들 우랄계 언어와—믿기지 않지만— 일본어 사이의 관련성이 시사되고 있기는 하지만 말이다.

오늘날 유럽의 주요 언어인 영어와 독일어, 스페인어, 프랑스어, 폴란드어, 우크라이나어 등은 인도-유럽어족의 몇몇 지류에 속해 있으며,

현재 이들 언어의 분포를 통해 그들의 기원을 추론해볼 수 있다. 오늘날의 네덜란드어와 스칸디나비아어 등이 속한 게르만어를 구사하는 주민들은 북유럽 저지대North European Lowland를 거쳐 서쪽으로 퍼져 나갔다. 북유럽 저지대는 북해 연안에서 러시아까지 뻗어 있는 광활한 평원으로, 남쪽으로는 알프스, 북쪽으로는 발트 해 사이에 끼어 있다. 그들은 영국과 아일랜드로 쳐들어가 켈트어를 사용하던 원주민들을 쫓아냈으며, 유럽이 따뜻해지자 스칸디나비아와 아이슬란드에까지 정착했다. 오늘날의 이탈리아어와 루마니아어 등이 속한 로만어는 티베르 계곡의 주민들이 말하던 라틴어에서 진화했다. 이들은 지중해를 둘러싼 로마 제국을 창건하고 발전시켰으며, 자신들의 언어를 로마 제국 각 지방의 방언으로 만들었다. 그리고 체코어와 불가리아어 등이 속한 슬라브어는 나중에 동쪽에서 로마-지중해권으로 이주한 주민들의 언어로서, 이웃한 러시아에는 이미 오래전부터 정착했다.

유럽의 언어 지도를 유럽의 자연 경관을 표시한 지도 위에 겹쳐 놓으면, 이들 언어 영역이 저마다 바벨탑으로 남은 주된 이유를 알 수 있다. (영국까지 뻗어 있는) 북유럽 저지대는 기복이 완만하여 이동과 상호 작용이 용이했고, 이 지역에 역사적으로 중요한 세력이자 현대의 경제 강대국인 세 나라가 위치해 있다. 바로 영국, 프랑스, 독일이다. 하지만 여기에서도 실제 현실은 지도에 나타난 것보다 더 복잡하다. 주요 언어들끼리는 서로 통하지 않으며 (프리슬란트어 같은) 군소 언어와 방언들 때문에 상호 이해와 소통이 단절되어 있다. 기복이 더 심한 지역, 특히 알프스 산맥이 솟은 곳은 교류를 막는 물리적 장벽 때문에 고립되고 문화적으로 파편화되었다. 처참하게 붕괴되기 이전의 유고슬라비아는 와이오밍 주 정도의 크기에 인구도 2천 4백만에 불과했지만 주요 언어가 7개, 군소 언어가 17

개나 되었다. 바로 인접한 계곡에 사는 사람들 사이에도 서로 실질적인 접촉이 없는 경우가 허다했고, 산맥, 언어, 전통으로 제각기 분리되어 있었다.

이런 맥락에서 볼 때, 유럽 통합이 여기까지 진전된 것만 해도 놀라운 일이다. 하지만 유럽의 자연적 다양성에 비하면 문화적 다양성은 견줄 바가 못 된다. 문화적 다양성이 유럽에 도전을 제기했다면, 자연적 다양성은 기회를 제공했다. 북해의 평탄한 해안에서부터 웅장한 알프스까지, 대서양 연안의 축축한 삼림 지대와 습지에서부터 흑해 북부의 반건조 초원에 이르기까지, 유럽 대륙은 거의 무한대의 자연환경을 품고 있다. 섬과 반도로 이루어진 서부는 대륙적 특성을 지닌 내륙의 동부와 대조를 이룬다. 여름이 건조한 남부의 지중해성 기후가 있는가 하면 일 년 내내 습한 북유럽 평원이 있고, 추운 겨울이 지배하는 스칸디나비아도 있다. 작물 또한 지역에 따라 오렌지와 올리브에서 과일과 채소로, 그리고 곡물과 감자로 바뀐다. 대서양의 온난 습윤한 기후는 내륙으로 들어가면 그 힘을 잃고, 그에 따라서 작물 패턴도 변한다. 그래서 유럽인들은 수천 년간 교역을 하면서 살아왔다. 예컨대 로마인들은 지중해를 통상 무대로 삼았다.

여기서 끝이 아니다. 유럽은 작지만 광물과 에너지 자원이 풍부하다. 자원이 묻힌 광맥이 영국의 탄전에서부터 슐레지엔의 철광석 광산에 이르기까지 중부 유럽을 가로질러 뻗어 있으며, 때가 되자 이는 산업혁명의 원동력이 되었다(그림 9-1). 그리고 스페인에서 스칸디나비아까지 닿는 고지대와 산맥에 구리나 황금 등의 값비싼 광물들이 묻힌 광맥이 존재한다는 사실은 고대 로마인들도 익히 알고 있었다. 수백 년간 유럽 지도에 등장하는 지방들은 주로 그 지역에서만 나는 특산물로 널리 알려지곤 했다. 예컨대 뉴캐슬산 석탄은 여전히 관용적으로 입에 오르내리며, 고급스

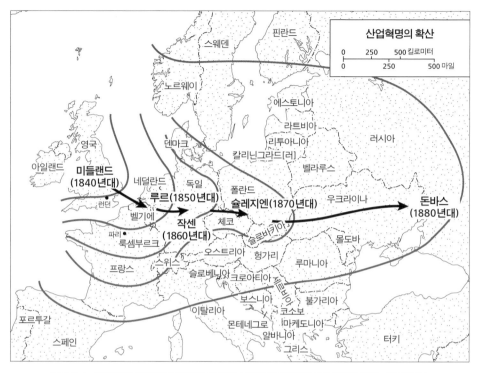

그림 9-1 산업혁명은 1840년대 영국 미들랜드에서 동쪽으로 확산되어 거의 반세기 뒤에는 우크라이나와 러시아 경계의 돈바스 지방에까지 이르렀다. 이는 유럽과 세계의 경제 지리를 바꾸어놓았다.

러운 주택의 광고 문구에는 이탈리아산 대리석이 빠지지 않는다. 디트로이트가 자동차로 유명한 것처럼 셰필드는 오랫동안 강철로 유명했다. 유럽인들은 땅속에서부터 산꼭대기까지 묻힌 온갖 자원을 가지고 세계 시장에서 대적할 바 없는 생산물을 만들어냈다. 스위스 시계, 네덜란드 치즈, 아일랜드 리넨, 프랑스 와인, 스웨덴 가구, 핀란드 전자 제품 등이 그것이다. 또 유럽 각국의 중공업은 기차와 선박, 자동차와 비행기, 트럭과 탱크를 생산했다.

이 모든 일들이 일어난 유럽이라는 무대 자체는 작을지 모르지만, 이곳은 사람들이 매우 붐비는 대륙이다. 수백만 명이 새로운 대륙으로 이주하고 난 뒤에도 그 사실은 바뀌지 않았다. 유럽의 총 인구가 미국의 거의 두 배—2012년 기준 거의 6억 명—라는 사실을 알면 미국인들은 놀라곤 한다. 유럽은 사람이 붐빌 뿐 아니라 세계에서 가장 고도로 도시화된 지역 중 하나이기도 하다. 특히 서부의 몇몇 국가들은 인구의 90퍼센트 이상이 도시나 소도시에 거주하고 있다. 런던, 로마, 파리, 아테네 같은 유럽 대도시들의 역사적 중심지, 공간을 아끼기 위해 집들이 빽빽이 들어찬 동네, 이주민들이 포진한 변두리 등에는 과거 유럽의 격동과 현대 유럽의 동요가 고스란히 새겨져 있다. 이들은 미국 도시처럼 난잡하게 교외로 뻗어나가지 않고 팽창이 비교적 제한되어 있으며, 대중교통도 좀 더 효율적이다. 하지만 오래되고 비효율적인 가로 형태와 좁은 도로 때문에 도시 내부의 교통 흐름이 방해를 받는다. 그 결과 주요 도시 중심지들을 연결하는 고속도로는 세계에서 가장 긴 교통 체증이 일어나는 장소가 되었다. 특히 현대적 고속도로가 오래된 도시의 꽉 막힌 간선도로와 만나는 지점에서는, 고속도로를 빠져나가는 차량들이 느릿느릿 분산되면서 수십 킬로미터씩 교통 흐름을 정체시키기도 한다.

유럽의 주민들은 고도로 도시화되었을 뿐만 아니라 그만큼 늙기도 했다. 유럽 국가 중 거의 절반의 국가에서 인구가 줄고 있으며, 그렇지 않은 나라들에서도 인구가 매우 느린 속도로 늘고 있다. 붐비는 도시에 사는 사람들이 농촌 사람들보다 아이를 적게 갖는 경향이 있기도 하지만, 다른 변수들도 유럽의 인구 정체를 거들었다. 늦은 결혼, 높은 실업률, 자녀 양육에 드는 비용과 기타 경제적 불확실성, 가족계획에 대한 종교적 영향력의 붕괴 등이 모두 한몫을 하고 있다(특히 이탈리아는 현재 제로 성장률을 기록하고 있다). 이 현상이 유럽의 미래에 갖는 함의는 근심스럽다. 노인들에게 필요한 사회보장에 젊은 납세자들이 돈을 지불해야 하는데, 이 납세자 기반이 줄어들면서 유럽 정부들은 힘든 선택지에 직면하고 있다. 이를 전 세계에서 유럽으로 이민자들이 계속 유입되고 있는 현상과 나란히 놓고 보면, 왜 유럽의 미래에 명암이 엇갈리는지를 알 수 있을 것이다.

유럽의 범위는 어디까지인가?

이것은 어리석은 질문처럼 들릴지도 모른다. 당연히 유럽은 영국 제도와 스칸디나비아와 그리스와 폴란드이다. 그런데 몰도바와 벨라루스는 아니고……?

길고 (아마도) 끝이 없을 지리적 논쟁에 발을 들여 놓은 것을 환영한다. 유럽의 동쪽 경계선이 어디에 있는가는 여러 해 동안 논쟁의 주제였다. 여기서 핵심 쟁점은 항상 러시아가 유럽의 일부냐 아니냐였다. 소련이 동유럽 여러 나라를 위성국가로 만들었을 때, 많은 유럽인들의 눈에 러시아는 외부의 식민주의자로 보였다. 특히 공산 유럽과 비공산 유럽이 정치적으로나 경제적으로나 완전히 다른 길을 가고 있을 때는 더더욱 그랬다. 그런데 소련이 붕괴하고 러시아가 민주주의의 신참내기로 등장하자, 마드리드에서 모스크바, 아니 그 너머까지 포괄하는 곳이 유럽으로 포함되리라는 전망이 떠올랐다.

하지만 바로 그것이 문제이다. 만약 러시아가 유럽 국가라면, 대서양에서 태평양까지, 런던에서 블라디보스토크까지가 전부 유럽이 되는가?『내셔널지오그래픽 아틀라스 오브 더 월드National Geographic Atlas of the world』[2]의 제8판을 만든 지도 제작자들의 견해에 따르면 그렇지 않다. 이 책의 71쪽에 나온 아시아 지도를 보면 초록색 선(주석을 보면 "통상 인정되는" 경계선이라고 써 있다)이 그어져 있다. 이 선은 우랄 산맥을 따라 가다가 카자흐스탄 서부를 가로질러, 카스피 해를 건넌 다음 캅카스 산맥을 따라 서쪽으로 갔다가, 흑해를 건너 보스포루스 해협에 이른다. 이 복잡한 해석에 따르면 유럽의 동쪽 경계선은 대강 우랄 산맥과 일치하며, 러시아를 유럽계 러시아와 비유럽계 러시아로 나눈다. 만약 우랄 산맥 서편 기슭에 있는 도시 우파Ufa의 시민들이 이 설명을 듣는다면, 자기들은 유럽에 살고 길 바로 저편에 있는 첼랴빈스크의 동포들은 아시아에 살고 있다는 말이 이상하게 들릴 것이다.

내셔널지오그래픽이 발행하는 「아틀라스」는 지리적 영향력이 커서 수백만 독자들이 이 해석을 진지하게 받아들이지만, 이것은 말이 되지 않는다. 만약 러시아가 유럽의 일부라면, 유럽의 범위는 태평양까지 이어져서 스코틀랜드부터 사할린까지가 될 것이다. 그리고 만약 그렇지 않다면, 유럽의 동쪽 경계선은 러시아의 서쪽 경계선과 일치해야 한다.

이 중 마지막 안을 채택해야 할 이유는 많다. 러시아의 지리적 특성을 꼽은 다음 러시아와 유럽 이웃 나라 사이의 차이점을 열거한다면 아마 지면이 모자랄 정도일 것이다. 러시아의 영토는 평균적인 유럽 국가의 크기보다 1백 배나 크며, 러시아의 인구는 유럽에서 인구가 가장 많은 나라보다도 거의 두 배나 많다. 주로 에너지 수출에 의존하는 러시아의 경제도 유럽의 경제와 다르다(여러분이 구매한 물건 중에서 러시아에서 특별히 생산되는 공산품을 찾기란 힘들 것이다). 러시아의 민주주의는 아직 허약하며, 러시아 정부가 아직 영향력을 완전히 잃지 않은 두 나라인 우크라이나와 벨라루스 또한 권위주의적 성격을 고수하고 있다(그중 우크라이나는 새로운 방향으로 전환하려는 신호를 보이고 있기는 하다). 또 러시아는 유럽 연합의 잠재적 일원으로서 언급조차 되지 않고 있다. 러시아의 도시와 문화 경관은 확실히 유럽적인 색채를 띠고 있지만, 러시아를 유럽이라는 지리 영역의 기능적 일원으로 받아들일 만큼 충분치는 않다.

지리적 경계선에 대해 이야기하던 참이니, 그럼 유럽의 남쪽 경계선은 어떨까? 지중해를 유럽의 남쪽 경계로 보는 것이 논리적인 것 같지만, 이는 오로지 로마 시대 이후에 일어난 일들 때문이다. 고대에 서쪽으로 이동하여 이 지역에 온 이주민들은 남쪽으로 지중해를 돌아 오늘날의 북아프리카에 정착했다. 이들이 로마에 정복되고(혹은 쫓겨나고) 난 뒤, 로마의 행정관들은 이 지역을 변모시켜 유럽의 세력권에 통합시켰다. 로마가 붕괴한 이후에도 북아프리카의 유럽화는 속도만 느려졌을 뿐 꾸준히 진행되었는데, 여기에 이슬람이 도래하여 북아프리카가 메카를 향해 방향을 전환하는 중대한 사건이 일어난다. 그 이후 프랑스, 스페인, 이탈리아가 북아프리카에 상륙하여 식민화하기 이전까지, 한때 로마의 내해였던 지중해에는 서로 다리를 놓을 수 없는 문화적 간극이 벌어지게 된다.

이 모든 것이 과연 중요한 일인가? 두말하면 잔소리다. 유럽의 일부가 된다는 것은 그 나라가 유럽의 여러 국제 경제 및 금융 조직에 접근할 수 있고, 브뤼셀과 스트라스부르에 대표를 파견하며, 상호 안보와 이웃 나라와의 협력을 통한 이점을 누릴 수 있다는 것을 의미한다. 오늘날 유럽이란 단순히 하나의 대륙이나 지리 영역을 가리키는 명칭이 아니며 국제적인 기회와 진보를 상징한다. 부디 오해는 말자. 유럽은 익히 알려진 문제점들을 안고 있으며, 그 야심적인 통일 프로그램은 경제적 어려움과 정치적 불협화음 아래 삐걱대고 있다. 그러나 묶어 놓고 봤을 때, 유럽 50개국은 사회적으로 진보하고 경제적으로 두드러지며 정치적으로 성숙한 안

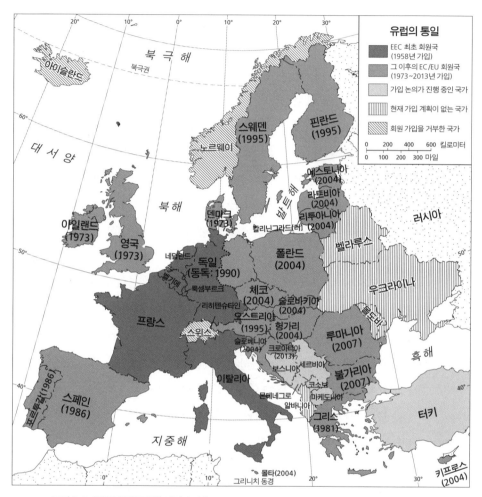

그림 9-2 유럽연합의 안과 밖, 과거와 미래

정된 국가군을 대표한다. 유럽 전체의 생산성 순위는 세계 3위 안에 들고,
(벨라루스만 제외하고) 대의제 정부를 지니고 있으며, 생활 수준은 세계 최
고를 자랑한다. 유럽연합에 가입할 기회를 포기할 나라는 거의 없을 것이
다(아이슬란드, 노르웨이, 스위스는 그런 극소수에 포함되며, 이들도 그러한 입

장을 재고하고 있다). 물론 현재(2012년)의 전 세계적 경제 위기가 이 과정에 차질을 초래하고 있는 것은 사실이나, 가입 희망국들의 목록은 계속 늘어나고 있으므로(그림 9-2) 대 유럽연합의 실험은 앞으로도 계속될 것이다. 2012년 28번째 회원국이 된 크로아티아 다음으로, 세르비아와 그 이웃 나라들, 우크라이나, 그리고 지리적으로 유럽의 일부가 아닌 몇몇 국가들—조지아와 터키—도 회원 가입을 열망하고 있다.

전후의 격변에 찬 재건 과정에서 유럽은 다시 정의되었다. 오늘날에는 유럽연합 공통 화폐뿐만 아니라 유럽연합 여권도 존재한다. 여행객이 유럽연합 국가의 한 공항에 도착하면 그들은 영국이나 프랑스나 독일의 출입국 관리소가 아닌 유럽연합 국가(혹은 비유럽연합 국가) 대기줄로 안내된다. 그 어느 회원국에 가도 짙푸른 배경에 12개의 노란 별이 박힌 유럽연합 깃발이 그 나라 국기와 나란히 게양되어 있다. 모든 회원국에 존재하는 민족주의자들에게는 거슬리는 일이겠지만, 유럽은 이 실험이 시작되었을 때만 해도 상상하지 못했던 수준의 다국적 통합을 이루었다. 어떻게 해서 여기까지 다다랐는가가 바로 이 장의 이야기다.

분쟁의 도가니, 유럽

2003년 나는 영국 사우샘프턴에서 열린 한 유람선 진수식의 일환으로 유럽에 대해 발표해 달라는 요청을 받았다. 이 자리에 초대된 수백 명의 다국적 청중들 중에는 유럽인과 미국인이 반반 정도씩 섞여 있었다. 나는 당시 심각했던 독일의 경제적 문제, 이라크 문제를 둘러싼 프랑스와 미국의 갈등, 유로화와 유럽연합 확대의 전망, 또 당시 한창 준비 중이었고 유럽연합 역사상 중대한 사건으로 뉴스에서 크게 다뤄지고 있던 유럽 헌법의 쟁점 등에 대해 이야기했다. 발표가 너무 길어져서 질의응답을 할 시간이 없었지만, 대신 할 말이 있는 사람은 발표가 끝나고 연단으로 나와 달라고 부탁했다. 이내 십여 명의 청중들이 내 주변에 모여들었는데, 그중에 몇몇은 아주 화가 난 모습이었다. "선생의 강연은 독일 정부에 대해 공정하지 못했어요!" 가운데 있던 한 남자가 소리쳤다. 여기에 내가 미처 대답하기도 전에 누군가가 프랑스에 대한 내 견해에 신랄하게 불만을 토하기 시작했다. 그러자 아까 그 목소리 컸던 독일인이 말했다. "아니, 저 선생이 프랑스에 대해서 한 말은 다 맞아요. 당신들은 유럽연합을 좌지우지하고 싶겠지만 영국이 두고 보지 않을 거요." 그리고 얼마 안 되어 한 무리의 유럽인들은 이제 나와의 토론은 안중에도 없고 자기들끼리 목소리를 높이며 싸우기 시작했다. 내가 그 방을 나온 다음에도 언쟁은 잦아들지 않았다.

조각조각 갈라진 유럽의 정치 지도를 볼 때마다 나는 그때의 일화가 떠오른다. (모나코, 안도라, 산마리노 같은) 군소 국가와 지브롤터와 그린란드 같은 비국가 영토를 제외한다고 해도, 유럽에는 40여 개의 나라가 있다. 국가들이 뒤범벅이 되어 세계 그 어느 곳보다도 복잡한 정치적 모자이크를 이루고 있는 것이다. 예컨대 네덜란드-벨기에 국경 부근 같은 지역은, 어느 한 나라의 영토가 작게 따로 떨어져서 이웃 나라의 영토에 완전히 둘러싸여 있기도 하다. 유럽의 정치 지도는 수백 년간에 걸친 분쟁과 조정의 유산이다.

그리고 그 분쟁은 아직도 끝나지 않았다. 스페인의 바스크 극단주의자들은 불과 얼마 전까지도 독립을 요구하면서 정부 요인, 판사, 경찰들을 살해했다. 1990년대에는 기독교도와 무슬림, 세르비아인과 크로아티아인이 유고슬라비아의 역사적 유산을 상당 부분 파괴했고 수십만 명이 목숨을 잃었다. 북아일랜드에서는 불과 몇 년 전까지만 해도 가톨릭교도와 프로테스탄트교도들이 아직도 16세기에 사는 것처럼 서로 싸우고 죽였다. 코르시카인들은 프랑스에 대항한다는 명분을 실현하기 위해 테러를 동원했다. 그 밖에도 분쟁을 초래할 가능성이 있는 여러 국지적인 움직임들이 존재한다. 2005년 2월 몬테네그로는 세르비아와의 분리 교섭을 시작하여 결국 성공했지만, 2008년 코소보가 세르비아에서 분리되는 과정에서는 소요와 일부 폭력이 수반되었다. 아직도 여러 유럽 국가들은 정치적 지위, 문화적 쟁점, 역사적 불평등 등을 둘러싼(혹은 이런 것들이 복합된) 긴장으로 골치를 앓고 있다(그림 9-1).

오랫동안 유럽은 문화의 도가니였지만, 또한 분쟁의 도가니이기도 했다. 유럽은 20세기 들어 두 번이나 전 세계를 전쟁으로 몰아넣었고, 두 번 모두 앞장서서 대량 살상 무기를 사용했다(첫 번째는 가스, 두 번째는 원자폭탄). 가까스로 분쟁을 헤쳐 나온 이들은 "절대 다시는 이런 일이 없을 것"이라고 재차 다짐했다. 하지만 1990년대에 유고슬라비아가 해체되었을 때, 유럽인들은 그들의 다짐을 입증할 기회가 있었음에도 끝내 그러지 못했다. 유럽에서 '절대'라는 말은 절대 하면 안 된다.

이런 배경을 고려할 때, 유럽이 그 역사적 장벽과 불화를 극복하는 데 성공한 것은 유럽만이 아니라 전 세계의 국가와 민족을 위해서도 고무적인 일이다. 지금껏 수십 년 동안 유럽인들은 협력의 장애물을 낮추고 사람과 상품과 돈의 자유로운 흐름을 촉진하려고 노력해왔다. 이 세계 최대의 초국가적 실험에서 국가들은 공동의 이익을 위해 자발적으로 주권의 일부를 양보하였고, 다른 지역에서도 유럽인들이 배운 교훈을 적용하려 열성적으로 노력했다. 오늘날 전 세계 약 2백 개국 가운데 (서로 겹치는 것까지 합해서) 약 40개의 초국가 기구가 존재하며, 그중에서 나프타 같은 일부 기구는 매우 영향력이 크다. 한편 이제는 거의 잊혀진 러시아의 독립국가연합CIS이나, 아프리카의 '아프리카 연합'처럼 거의 영향력이 없는 기구도 있다. 북미자유무역협정이 미국인들에게 가져다 준 교훈은 초국가적 협력에는 이익도 있지만 거기에 대가도 따른다는 것이다. 미국이 멕시코에 일자리를 빼앗기는 현상은 나프타 출범 직후부터 뜨거운 선거 쟁점이 되었다. 게다가 북미자유무역협정은 유럽연합에 댈 것이 아니다. 유럽인들은 연합을 이루기 위해서 직업 안정성보다도 훨씬 많은 것들을 포기했다.

마셜플랜과 유럽

잊지 않기 위해(유럽인들은 이를 기억 못할 때도 있지만) 첨언하자면, 유럽 통합 운동이 이룩할 수 있었던 것은 미국의 도움 덕분이었다. 해리 트루먼 대통령 직속 국무장관이었던 조지 C. 마셜George C. Marshall은 1947년 6월 5일 하버드 대학 연설에서, 미국이 유럽의 복구에 대규모 투자를 할 것을 제안했다. 분명히 이는 순수한 이타심에서 나온 제안은 아니었다. 미국 행정부는 철의 장막 서쪽의 유럽 국가에서 공산당이 통제권을 잡을까봐 두려워하고 있었던 것이다. 따라서 유럽을 경제적으로 돕는 것은 정치적으로도 큰 이익이었다. 그래서 마셜플랜(트루먼 플랜이라고 부를 수도 있다)이 시작됐고, 미국은 (철의 장막 뒤에 있던 나라까지 포함한) 유럽 국가들을 대상으로, 대규모 복구 프로그램을 제안하면 여기에 자금을 대주겠다고 약속했다. 그래서 유럽의 16개국이 "유럽경제협력기구OEEC"라는 이름하에 제안서를 제출했고, 패전국인 서독도 여기에 뒤늦게 합류했다. 한편 소련은 동유럽 위성 국가들이 여기에 참여하는 것을 막았다. 그래서 미국 의회는 유럽경제협력기구에 1백 20억 달러(요즘 화폐 가치로 환산하면 1천 4백억 달러)라는 거금을 지원했으며 그 전부가 서유럽으로 갔다.

유럽은 마셜플랜의 경제적 이점은 물론 정치적 중요성을 깨닫고 여기에 열성적으로 임했다. 유럽의 주요 국가 전부가 하나의 다국적 전략망으로 묶이게 되면 3차 대전의 위험을 최소화할 수 있었고, 유럽은 북대서양조약기구의 보호하에 복구 작업을 진행할 수 있었다. 마셜플랜은 1948년 시작됐으며 북대서양조약기구의 보호막은 1949년부터 효력을 발휘하기 시작했다. 이제 그들에게 찾아온 행운을 영구한 협력으로 발전시키고 (서)독일의 재활을 그 사명의 일부로 받아들이는 일은 유럽인들의 몫이 되었다.

마셜플랜은 4년 동안(1948~1952) 계속됐고, 이를 기반으로 유럽은 가장 낙관적인 지도자들조차 예측하지 못한 발전을 이룩했다.[3] 1949년 설립된 유럽회의Council of Europe는 단순한 심의체로 출발했지만 오늘날 유럽의회의 전신이 되었다. 중대한 경제적 일보는 1951년 '유럽석탄철강공동체European Coal and Steel Community'를 설립하여, 6개 회원국 간에 교역 장벽을 없애고 석탄과 철강을 거래하는 공동의 시장을 수립한 것이다. 마셜플랜이 끝나갈 즈음인 1952년에도 유럽 통합을 향한 움직임은 그 힘을 잃지 않았다. 1957년에는 17개 수혜국 중에서 6개국이 로마조약을 비준할 준비를 마쳤다. 이 협약은 그 이듬해부터 유럽경제공동체EEC—이른바 공동시장Common Market 또는 '역내 6개국Inner Six'—를 출범한다는 내용이었다.

6개국에서 9개국, 다시 12개국으로

왜 겨우 6개국인가? 이렇게 된 배경에는 유럽의 분열과 관련된 해묵은 사연이 있다. 프랑스, 이탈리아, (서)독일, 베네룩스 3국은 다음 단계로 나아갈 준비가 되어 있었지만, 영국은 자신들의 미래가 영연방과 더 긴밀히 연결되어 있다고 판단했기 때문에 유럽경제공동체에 가입하는 위험을 감수하고 싶지 않았다. 하지만 영국은 한편으로는 유럽에 한 발을 걸치고 싶어 했으므로 이와 유사한 조직을 설립했는데, 여기에는 영국과 스칸디나비아 3국과 두 산악 국가(오스트리아와 스위스, 특히 스위스는 좀처럼 국제 기구에 참여하지 않는 나라다)와 포르투갈이 가입했다. 이 그룹의 이름은 '유럽자유무역연합EFTA'이었고, '역외 7개국Outer Seven'이라는 별칭이 붙었지만 공동 시장의 막강한 6개국에는 적수가 못 되었다. 유럽경제공동체의 지도자들은 이런 움직임을 (순화해서 표현하자면) 그리 달가워하지 않았고, 나중에 영국이 마음을 바꾸어 유럽경제공동체에 가입을 신청하자 프랑스가 거부권을 행사했다. 유럽 국가들끼리 하는 일이 (겉보기에는) 대개가 그런 식이다.

이런 술수와 책략들이 진행되는 와중에도 몇몇 유럽 지도자들은 유럽경제공동체의 명칭에서 '경제'라는 요소를 삭제하고자 했다. 유럽은 국가들의 경제 공동체 이상을 추구해야 했으며, 다른 영역들도 통합하길 바랐다. 그래서 1967년 이 조직은 '유럽공동체EC'라는 두 번째 이름을 갖게 되었다. 1968년 유럽공동체의 6개 회원국들은 역내의 모든 관세를 폐지하고 공동의 역외 관세를 도입했다. 이 조치는 유럽자유무역연합의 예전 회원국들의 주목을 끌어, 영국을 필두로 하여 그중 대부분이 다시 유럽공동체에 가입을 신청하게 된다. 이번에는 프랑스도 속내를 감추어 1973년에 영국, 아일랜드, 덴마크가 가입하게 되었다. 다만 노르웨이 국민들은 국민 투표에서 가입을 거부했다. 그래서 '역내 6개국'은 '9개국'이 되었다.

무대 뒤편에서는 유럽공동체가 한층 복잡한 짜임새를 갖게 되었다. 구 유럽경제협력기구는 더욱 확장되어 유럽 국가뿐만 아니라 미국, 캐나다, 일본, 호주, 뉴질랜드까지 포함하는 더욱 광범위한 국제 조직—경제협력개발기구OECD—으로 사실상 대체되었다. 유럽공동체 회원국 사이에는 농업 정책에서부터 인권, 통화 정책, 노동 규제에 이르기까지 광범위한 협약이 맺어졌다. 이 중에서 가장 중요하고 미래에 마찰의 씨앗이 된 협약 중 하나가 보조금에 대한 것이다. 이는 유럽공동체 내부의 불평등을 줄이기 위해 기금을 조성해서, 부유한 회원국들이 여기에 돈을 기부하여 상대적으로 빈곤한 회원국을 의무적으로 돕는 것이다. 정치적인 차원으로는 1979년에 첫 유럽의회 선거가 치러졌으며, 이 해에 410명의 의원이 입법 및 자문 역할을 하게 된다. 2012년 그 숫자는 유럽연합의 행정 비용에 대한 숱한 비판 가운데서도 754명으로 불어났고, 이듬해에는 여기에 크로아티아 대표들의 의석이 추가되었다.

그리고 유럽공동체는 계속해서 성장했다. 1981년 그리스, 1986년 스페인과 포르투갈이 가입하면서 '12개국'이 된 것은 이 통일 운동의 역사에서 여러 모로 중요한 순간이었다. 우선 1990년대에 좀 더 통합된 '유럽연합EU'을 목표로 한 유럽통합법Single European Act의 비준이 다가왔고, 이로써 이 조직은 수십 년 만에 그 세 번째 명칭을 얻게 되었다. 두 번째로 유럽통화연합EMU을 통해 단일 통화를 향한 진전이 가속화되었다. 세 번째로 1991년 마스트리히트 회담에서 유럽연합을 더욱 통합·확대시킬 기초 작업을 위한 계획을 수립했다. 네 번째로 유럽 헌법의 필요성이 인정되고 선언되었다. 그리고 다섯 번째로, 향후 몇 개국이 유럽연합에 가입하든 간에 이제 친숙해진 유럽연합의 깃발에 원형으로 늘어선 별의 숫자

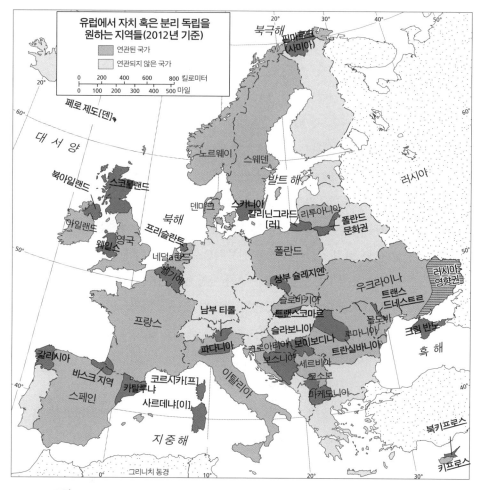

그림 9-3 유럽의 역사적 분열상을 고려할 때 유럽연합을 이룩한 것은 놀라운 성과지만, 분권화를 요구하는 압력은 상존하고 있으며 때때로 끓어오르곤 한다. 독립을 원하는 스코틀랜드(이는 아직도 상당수 스코틀랜드인들이 염두에 두고 있는 목표다)부터 세르비아에서 격렬히 분리돼 나온 코소보에 이르기까지, 유럽의 소수 세력들은 중앙 정부가 더 강력한 통일로 향하는 와중에도 그 반대 방향으로 움직이고 있다.

는 12개로 유지하는 데 합의했다.

많은 평자와 분석가들은 유럽 나라들이 자국의 역사적·상징적 통화―프랑, 마르크, 리라, 길더―를 흔쾌히 버리고 유로화라는 것을 받아들일지에 대해 의구심을 품었다. 영국인들은 확실히 자기들의 파운드화를 포기하지 않을 것 아닌가? 그러나 회의론자들의 생각은 틀렸다. 영국은 파운드화를 고수했지만, 독일, 프랑스, 이탈리아, 네덜란드, 기타 8개국은 2002년 자국 통화를 유럽연합의 유로화로 전환했다. 그리고 이 모든 일들이 진행되는 동안에도, 이미 15개국으로 성장한 유럽연합은 10개국을 새로 가입시키고(그림 9-2 참조), 급히 기초한 유럽 헌법을 토론에 부쳤으며(이는 2005년 프랑스와 네덜란드에서 부결되었다), 2007년 두 회원국을 추가로 받아들이고, 몇몇 가입 희망국들과의 협의를 진행했다. 이쯤 되면 서두르다 일을 그르친다는 격언이 떠오를지도 모르겠는데, 아니나 다를까 머잖아 일을 그르치게 되었다. 2010년 일부 유럽통화동맹EMU 회원국들에 재정 위기가 닥쳐 유럽연합이 대대적인 구제 금융을 필요로 하게 된 것이다. 이제는 좀 더 점진적인 성장과 엄격한 규제를 옹호하는 이들의 말이 옳게 들리게 되었다.

유럽연합은 너무 멀리, 너무 빨리 달려왔는가?

크기와 인구는 물론이고 부와 소득의 편차가 날로 커지고 있는 현 상황에서, 초국가 기구가 팽창하려면 회원 자격을 완화할 필요가 있음을 깨닫기란 그리 어렵지 않다. 과거 공동 시장을 구성한 6개국(정확히 말해서 5개국과 나머지 1개국의 반쪽)은 서로 상당히 유사한 사회를 이루고 있었고, 그다음 세 회원국이 입회할 때도 매우 협소한 기준을 유지했다. 하지만 그리스, 포르투갈, 스페인이 가입할 때는 상황이 급변했다. 유럽연합의 주요 회원국 모두가 달가워한 것은 아니지만, 곧 상대적으로 빈곤한 국가와 지역을 돕고 기반 시설을 개선하기 위한 유럽연합 프로그램의 약정에 따라 브뤼셀에서 아테네, 리스본, 마드리드로 돈이 흘러 들어갔다. 포르투갈은 다리와 고속도로를 지었고, 스페인은 마드리드와 빈곤에 시달리는 안달루시아의 세비야를 잇는 고속 전철을 건설했다. 그리스는 수도 부근에 새로 공항을 세웠다.

그러는 와중에도 유럽연합에서는 지원의 깊이가 우선인지 범위가 우선인지를 놓고 어지러운 논의가 행해졌다. 이 기구의 장기적인 목표는 경제적 통합을 초월하여 외교와 국방에서까지 공동의 정책을 취하는 것인데, 규모가 커지면서 이런 목표는 위태로워졌다. 현실적인 관점에서 보았을 때, 애초의 의사 결정 절차를 불과 6개국으로 구성된 기구에 맞도록 고안해서 그 이후로 약간 변경했을 뿐인데 이것이 어떻게 28개국 이상의 연합체에서 적절하게 기능할 수 있을 것인가? 발트 해 연안국 같은 빈국들이 부국들의 사교 모임에 가입해서 어떻게 유럽연합 회원국이 부담해야 할 책임과 비용을 감당하리라 기대할 수 있겠는가? 현재의 경제 성장률로 따졌을 때 신규 회원국이 기존 회원국을 따라잡으려면 과연 몇십 년이 걸릴까? 예전보다 훨씬 많은 목소리(그리고 표)를 반영하고 염두에 두어야 하는 상황에서, 과연 유럽이 국제 사회에서 하나의 정치체로서 목소리를 내고 행동한다는 것이 가능할까?

2004년에 규모를 크게 불린 이후 유럽연합이 직면한 핵심 이슈는 바로 국력의 차이를 해결하는 방식이다. 2004년에 10개국 7천 5백만 명의 주민이 유럽연합에 새로 가입했는데, 그중에서 폴란드는 인구가 거의 4천만 명에 이르는 반면 몰타는 룩셈부르크보다도 적은 40만 명에 불과하다. 문제는 가장 큰 국가의 인구가 가장 적은 국가의 2백 배에 달하는 상황에서 유럽이사회European Council의 투표권을 어떻게 배정할 것인가이다. 규모가 크고 오래된 회원국들은 자신의 힘과 영향력을 규모가 작은 신입 회원에게 양보하길 꺼려 하지만, 모두를 만족시킬 수 있는 방법을 찾아야 한다. 니스에서 합의를 본 초기의 안에 따르면, (유럽연합의 핵심 지배체인) 유럽이사회에서 중간 크기의 국가인 스페인과 폴란드에게 인구가 거의 두 배에 달하는 독일과 같은 수의 투표권을 배정하기로 되어 있었다. 그런데 2003년 유럽 헌법의 초안을 작성하는 과정에서 이 안이 폐기되고, 대신 '이중 다수결double majority' 안이 채택되었다. 이 안에 따르면 인구가 많은 국가에 더 많은 표를 배정하되, (1) 과반수 득표와 (2) 회원국 중 과반수—2007년까지는 13개국, 루마니아와 불가리아가 가입한 이후에는 14개국 이상—의 찬성을 동시에 얻어야 비로소 입법이 가능하다. 이 제안이 또다시 반대에 부딪치자, 회원국의 최소 55퍼센트 이상이 합의하고 이들 국가들이 다시 유럽연합 인구의 65퍼센트 이상을 대표하는 조건으로 과반수를 다시 정의하였다. 이 모델은 유럽연합이 앞으로 더 팽창하더라도(혹은 줄어들더라도) 적용 가능하며, 회원국 모두가 이에 만족했다.

하지만 유럽 헌법 전체를 놓고 보면 같은 말을 적용할 수 없다. 2001년 말, 당시 15개국이었던 유럽연합의 지도자들은, 2004년의 대대적 성장이라는 중요한 분기점이 다가오는 가운데 유럽연합이 역사의 결정적 갈림길에 서 있으므로 유럽 헌법을 제정하는 것이 바람직하다고 선언했다. 미국의 논평가들은 헌법처럼 거창하고 원대한 것에 대해 합의를 이루려는 유럽연합의 노력을 큰 관심을 가지고 지켜보았다. 미국 헌법은 미국인의 삶에서 특별한 지위를 점하고 있기에, 미국의 오랜 동맹 세력이 현대에 들어서 그런 식의 합의에 도달하려 애쓰는 모습을 지켜보는 것은 흥미진진한 일이었다. 실용적인 측면—팽창 중인 유럽연합이 제대로 기

유럽과 결별한 그린란드

잡학 지식 하나. 현재 28개 국가가 유럽연합의 회원국이고, 많은 국가들이 여기에 끼려고 애쓰고 있으며, 일부 국가는 가입을 고려 중이다. 그런데 누구나 동경하는 이 클럽에서 **탈퇴한** 이들도 있을까?

답을 말하자면 있다. 다만 유럽연합을 거부한 그들은 엄밀히 말해 국가가 아니고, 당시는 유럽연합이 아직 유럽공동체일 때였다. 여러분이 '칼라알릿누나앗Kalaallit Nunaat'이라는 지명을 들어본 적이 없다면 이는 여러분이 이 덴마크 영토를 '그린란드'라고 부르기 때문일 것이다. 이 땅은 옛날부터 덴마크-노르웨이 왕국의 지배를 받다가 1814년부터는 덴마크의 속령이 되었다. 원주민들의 요구와 바람을 민감하게 받아들인 덴마크는 1953년 이곳을 식민지에서 지방으로 편입했고, 1979년에는 독특한 이누이트식 지명하에 자치권을 부여했다.

하지만 그 무렵(1973년) 덴마크는 유럽공동체에 가입하게 된다. 이는 "칼라알릿누나앗"의 주민들이 어업 제한을 비롯한 유럽공동체의 규제를 준수해야 한다는 뜻이었다. 지역 주민들은 유럽공동체에서 탈퇴하겠다고 선언하여 그들의 자치권을 시험해보기로 했다. 그리고 1985년 정말로 탈퇴했다.

이 지리적 이야기는 아직도 끝나지 않았다. 믿기 힘든 일이지만, 이제 칼라알릿누나앗은 독립을 향해 움직이고 있다. 만약 이것이 실현된다면, 우리는 세계지도와 유엔에서 또 하나의 (인구적으로) 초소형 국가를 보게 될 것이다(이곳의 인구는 약 6만 명이다). 연안에 유전이 발견될 가능성과 지구 온난화로 인한 만년설의 축소는, 브뤼셀의 관료 집단에 굴복하지 않은 이누이트에게 부와 번영의 기대를 선사하고 있다.

능하기 위해 필요로 하는 관료적 장치—과는 완전히 별개로, 유럽 헌법은 "유럽 문명"의 특징에서부터 유럽의 "종교적 유산"에 이르는 예민하고 논쟁적인 이슈까지도 언급하고 있다. 초안 텍스트에서는 "유럽 문명"이 "인간의 평등, 자유, 이성에 대한 존중 등 인본주의의 기초를 이루는 가치들을 점차로 발전시켰다"라고 기술하였는데, 큰 논란을 불러일으킬 만한 문구는 아니다.

하지만 유럽의 종교적 유산을 언급한 부분은 상당히 격렬한 논의를 불러일으켰다. 그 이전의 초안에서는 기독교는 물론 그리스·로마 문명, 심지어 계몽주의를 구체적으로 언급하는 부분까지 전부 삭제했는데, 이는 유럽 문명의 종교적·세속적 기반에 대한 암시를 모두 제거하는 타협안이었다. 그랬다가 나중에는 문장 중간에 "종교적"이라는 단어를 삽입하여 유럽의 "문화적, 종교적, 인본주의적 유산"에 대해 기술했다. 하지만 구 회원국 중 이탈리아, 아일랜드, 스페인, 그리고 신규 회원국 중 폴란드, 리투아니아, 체코공화국 대표들이 보기에 이 정도로는 충분치 않았다. 그들은 헌법 전문에 유럽의 기독교(혹은 유대-기독교) 유산에 대해 어느 정도라도 언급이 되기를 바랐다. 하지만 유럽—유럽연합의 견지에서 보았을 때 특히 구 유럽—이 날이 갈수록 세속화되어 가고 있는 것은 엄연한 현실이다. 교회에 출석하는 신자 수는 날로 줄어들고, 유럽을 다룬 글에는 "탈기독교화된 유럽"에 대한 언급이 자주 등장하곤 한다. 유럽 헌법을 기초한 이들 중 일부는, 오늘날 이슬람이 유럽에서 세력을 넓히고 있는 현상과 과거 이슬람이 유럽의 이베리아와 발칸 반도에 침투했던 역사를 고려할 때, 정 종교에 대한 언급을 넣을 요량이면 "유대-기독교-이슬람 유산"을 유럽 문화를 규정하는 특징으로서 기술하는 것이 정당한 처사라고 주장하기도 했다.

프랑스와 네덜란드의 유권자들이 헌법 초안을 부결시켰을 때 이 프로젝트 전체는 완전히 실패한 것으로 여겨졌다. 그중에서도 영국은 헌법을 국민 투표에 부치는 것마저 주저했는데 여론 조사에서도 부정적인 반응이 나왔기 때문이었다. 그럼에도 이 계획을 지지하는 이들은 포기하지 않고, 중요 직책을 규정하고 공동의 목표를 명확히 선언한 유럽 헌법이 유럽연합의 세계적 위상을 강화해줄 것이라고 주장했다.

유럽의 거버넌스

오늘날의 유럽연합은 5억 이상의 인구를 거느리고 전 세계 수출의 40퍼센트 이상을 감당하며, 단일 통화와 북대서양조약기구로 규정되는 군사적 보호막과 (지나치게 복잡하긴 해도) 일정한 기능을 갖춘 정부 구조를 지닌 다국적 정치체다. 이는 아직 유럽합중국은 아니지만, 문화적으로 다양한 국가들의 느슨한 결합체보다는 훨씬 더 나아간 것이다.

또 여기에는 '대통령'도 있고, 미국으로 치면 국무장관에 해당하는 직위도 있다. 그 세계적 중요성을 고려할 때, 여러분은 이 두 유럽 지도자의 이름이 우리 대부분에게 익숙할 것이라고 상상할지도 모르겠다. 그런데 여러분은 헤르만 반 롬파위Herman van Rompuy 대통령이나 '공통외교안보정책 고위대표' 캐서린 애슈턴Catherine Ashton의 이름을 들어본 적이 있는지?

반 롬파위와 애슈턴은 일반 국민이 아닌 (당시) 27개 유럽연합 회원국 지도자들에 의해 선출되었다. 이는 유럽연합 정부 체제의 틀을 수정하여 2009년 12월 1일 발효된 리스본 조약에 의해 신설된 직책이다. 그러나 버락 오바마 대통령이 반 롬파위 대통령과 정책을 협의하는 모습을 여러분이 보게 될 것 같지는 않다. 중대한 협의에는 유럽연합 관료들이 아닌 주요 유럽연합 회원국 지도자들이 참여하게 된다. 유럽연합의 정부 시스템은 시간이 흐르면서 복잡하고 중첩된 구조로 진화했는데 이 구조를 '4주 체제'(때로는 이보다 경의의 뜻이 덜 함유된 다른 명칭)로 일컫곤 한다. 이 유럽연합집행위원회European Commission, 각료이사회Council of Ministers, 유럽이사회European Council, 유럽의회European Parliament의 역할에 대해서는 규정과 재규정이 거듭되고 있으며, 가장 최근에 이를 규정한 것이 2007년 기초되고 2009년 발효된 리스본 조약이다. 그러나 유럽연합의 수도 브뤼셀에서 이루어지는 온갖 논의와 숙의에도 불구하고, 중요한 결정들은 각 회원국에서 선출된 지도자들이 만난 자리에서 내려진다. 유럽의회는 의원 수가 창설 당시의 4백여 명에서 2012년에는 거의 8백 명에 가까운 숫자로 늘어났음에도, 아직 실질적이라기보다는 상징적인 기구이며 진정한 입법 기관이라 할 수 없다.

각국의 국내법 및 규제와 유럽연합 법규의 충돌이 시스템 전체에 끊임없는 긴장을 빚어내리라 예상하기란 어렵지 않다. 경작 관행과 동물권에서부터 이주 및 재정 법규에 이르기까지, 여론은 제각각이고 본국의 유권자들은 브뤼셀에서 만들어진 규정에 저항하는 경향이 있다. 유럽연합 관료들은 이를 좀 더 개선시키기 위해 시스템을 끊임없이 수정하고 있으며, 유럽연합의 거버넌스는 아직 명백히 미완성이다. 그러나 유럽의 사회·문화적 분열과 유럽인들의 끝없는 까탈스러움을 생각하면, 이 초국적 프로젝트가 이만큼 멀고도 깊게 진전되었다는 것 자체가 기적이다.

지리적 역설

유럽 국가들이 이 역사적이고 초국가적인 여정을 함께하면서 수렴하고 협력하며 통일을 굳건히 할 구심적 기반을 찾고 있기는 하지만, 한편으로는 그들을 따로 떼어 놓는 원심력이 존재한다. 일곱 가지 층위라는 견지에서 유럽 정치체의 위계를 살펴보면 여전히 유럽의 앞길에 놓인 도전의 크기를 가늠하는 데 도움이 될 것이다(표 9-1). 물론 이 정치 지리적 사다리의 맨 꼭대기에는 28개국을 거느리고 있으며 여전히 팽창 중인 유럽연합이 있다. 그리고 지브롤터, 칼리닌그라드, 키프로스 북부, 세우타, 멜리야 등 아직까지 골치 아픈 문제를 안고 있는 정치체들이 사다리의 맨 밑바닥을 차지한다. 이 성공과 실패의 두 극단 사이에는 다섯 가지 층위의 공식·비공식적 세력 및 관할권이 존재하며, 유럽연합은 궁극적으로 이들 모두와 타협을 보아야 한다.

현재 유럽연합을 구성하는 국가들의 규모와 다양성은 그 어느 때보다도 크다. 아일랜드부터 키프로스, 에스토니아부터 포르투갈까지 포괄하는 '새로운' 유럽을 표시한 그 어떤 지도도, 이제 유럽연합의 깃발 아래 통합된 경제적·사회적·정치적 조건들이 얼마나 복잡다단한지 제대로 담아 내지 못한다. 상황이 이렇다면 선도적인 '내부 집단'과 이를 따라가는 '외부 집단', 즉 협력이 멀리까지 진전된 초기 핵심 회원국(두 번째 층위: 표 9-1에서 두 번째 줄에 있는 국가들)과 그에 상응하는 기준을 충족하지 못하는 주변국(세 번째 층위)로 나누어지는 것이 불가피하다.[4] 하지만 이 핵심 국가들 사이에도 나름대로 균열이 존재한다. 지도에는 프랑스, 독일, 베네룩스 3국, 영국이 이 내부 집단의 전부 혹은 대부분을 이룬다고

표 9-1 **유럽의 정치체들**

정치체	주요 구성원	기타 구성원
유럽연합	25개국	
핵심 회원국	프랑스, 독일	영국, 스페인
주변 회원국	폴란드, 슬로베니아, 헝가리, 체코	발트 해3국, 몰타, 키프로스
비회원국	노르웨이, 스위스, 아이슬란드	우크라이나, 세르비아
지방	바덴뷔르템베르크, 롬바르디아, 론알프	안달루시아, 브르타뉴, 작센, 토스카나
분리 독립하려는 지방	카탈루냐, 바스크, 코르시카, 코소보	스코틀랜드, 플랑드르, 몬테네그로
역사의 파편들	지브롤터, 칼리닌그라드	안도라, 산마리노, 리히텐슈타인, 모나코, 세우타와 멜리야

표시되어 있지만, 사실 영국은 유럽연합 참여에 대해 불분명한 입장을 취해왔고 프랑스와 독일이야말로 유럽연합의 추진력이었다. 예를 들어 초기 5개국이 맺은 다자간 협정으로서 국경 절차를 간소화하고 여행 제한을 완화한 쉥겐 협정Schengen Agreement에는 독일과 프랑스가 참여했지만 영국은 참여하지 않았다.

신참 국가와 핵심 국가의 권력 차이는 2003년과 2004년에 분명히 드러났다. 당시 독일과 프랑스 모두 유럽연합의 경제 규범—국가 채무를 국민총생산GDP의 3퍼센트 이내로 제한하는 내용의 "성장 및 안정 조약Growth and Stability Pact"—을 준수하지 못했는데도 그에 대한 패널티를 피해 간—사실상 그냥 무효로 해버린—것이다. 여기에 대해 신참 회원국들은 물론, 네덜란드처럼 상대적으로 규모가 작고 힘이 약한 창립 회원국들도 분개했다. 막강한 내부자들이 유럽연합을 주도하고 있다는 것에는 의심의 여지가 없다.[5]

네 번째 층위는 유럽연합 회원국이 아닌 국가들로 이루어져 있다. 이 중 몇몇 나라는 유럽연합과 강한 연결 고리를 가지고 있고 또 몇몇은 연결 고리가 약하다. 전자인 스위스, 노르웨이, 아이슬란드는 모두 회원국으로서 자격 요건을 갖추고 있으며 유럽연합의 (전부가 아닌) 일부 규제를 준수하며 여러모로 이 프로젝트에 참여하고 있다. 후자는 경직된 벨라루스와 몰도바부터 가입을 염원하는 세르비아와 보스니아까지, 유럽의 바깥쪽 주변부를 이루는 나라들이다.

그림 9-3에 나온 것처럼, (유럽연합 회원국이든 비회원국이든) 유럽 여러 나라들은 지방으로의 분권을 요구하는 움직임에 직면하고 있다. 그중 일부는 평화적이지만 일부는 간혹 폭력적일 때도 있다. 유럽연합 정책에 대한 반대도 이러한 움직임이 특히 강한 지역에서 더욱 심하게 나타나

곤 한다. 이러한 알력에 시달리는 수도의 대응은 바로 지역에 권한을 '이양'하는 것이다. 예컨대 프랑스는 나폴레옹 시대부터 이어져온 유서 깊은 행정 구역 체제를 역사적으로 중요한 22개 지방—공식 명칭은 레지옹region—으로 분권화하는 중이다. 이 주(예컨대 리옹을 주도로 한 론알프 주)들은 여전히 파리의 중앙 정부에 대표를 파견하지만, 자체 정부를 갖고 경제 정책과 세금 징수 등의 영역에서 상당한 자율권을 가지고 있다. 중요한 부분은 이들 지방이 유럽연합의 승인 또한 받았다는 점이다. 스페인의 17개 지역은 '자치 지방autonomous community'이라고 부르는데, 적어도 그중 하나인 (바르셀로나를 주도로 하는) 카탈루냐는 자체 언어인 카탈루냐어를 사용하고 어느 정도 독립 국가의 외양을 갖추고 있다. 독일은 현재 16개의 '란트Land', 즉 주로 이루어져 있다. 이탈리아의 20개 주는 부유한 북부와 빈곤한 남부 사이에 분리주의 정서가 존재한다. 영국의 지리적 상황은 특히 흥미롭다. 이 나라에는 유럽연합의 승인을 받은 12개 지역(region, 런던 포함)이 존재하는데, 이들은 저마다 자체 의회를 보유할 수 있다. 하지만 잉글랜드, 웨일스, 스코틀랜드, 북아일랜드로 나뉘는 영국의 유서 깊은 지역 구분이 이런 '현대적' 구조를 압도하고 있다.

유럽 지도에 나타난 행정 체계의 분권화가 단순한 정치·행정 문제를 넘어서는 것은 확실하다. 중앙 정부가 지역, 주, 혹은 '자치 지방' 같은 국가 하부의 정치체들을 인정할 때, 중앙 정부는 조세 징수권을 비롯한 일정한 권한을 이 정치체들에 양도한다. 그리고 이 지역들에서 지역 공공 서비스와 프로젝트에 대한 무절제한 지출 등으로 적자와 부채가 발생했을 때, 이는 곧 지역에서 수도로 보내는 돈이 줄어든다는 뜻이고, 결과적으로 이 부채는 수도가 부담하게 된다. 스페인의 경우, 급증하는 국가 부채와 확대되는 적자 폭은 상당 부분 지방 정부들이 쌓아올린 '숨겨진 부채'로 인해 초래된 것이지만, 중앙 정부는 '자치 지방'들의 재정을 적절히 통제하여 고삐를 죄지 못하고 있다. 그러면 유럽연합은 국가 부채에 대한 감독을 강화할 수밖에 없고, 결국 돈을 물 쓰듯 하는 지방과 지역들의 '자치'가 감소된다. 그러면 또다시 지역으로 분권하라는 압력이 심해지고, 심지어는 노골적인 분리 운동으로 이어지기도 한다. 2012년 초 기준 스코틀랜드의 유권자들은 곧 독립을 묻는 주민 투표를 치르게 될 듯하다. 이렇게 된 상황의 이면에는 예산 및 재정적 요소를 훨씬 뛰어넘는 변수들이 존재하지만, 유럽연합의 입장에서는 시기가 좋지 않다. 스코틀랜드가 영국으로부터 독립한다면 잠복 중인 또 다른 분리 운동들을 부활시킬 가능성이 있기 때문이다[스코틀랜드 분리 독립을 위한 주민 투표는 2014년 9월 18일에 실시되었고 결국 부결되었다—옮긴이].

그러므로 표 9-1에서 유럽연합 국가들 내부의 '순수한' 행정 구역(다섯 번째 층위)과, 중앙 정부가 대처해야 할 분권 압력을 가하고 있는 지역(여섯 번째 층위)을 구분하는 편이 합리적일 것이다. 지리적 역설은 유럽이 한 방향으로 통일되는 와중에도 다른 방향으로는 더욱 잘게 분리되고 있으며, 이렇게 두 개의 반대되는 움직임이 또 다른 긴장을 유발하고 있다는 사실에서 나타난다. 게다가 유럽의 독특한 역사적 파편들(일곱 번째 층위) 또한 존재한다. 과거 세계 열강들의 고립된 영토나, 역사와 지리의 독특한 결합으로 탄생한 초소형 국가들이 그에 해당한다. 이들 모두는 유럽연합의 성숙한 일원으로서 어떤 방식으로든 체제에 적응해야 할 것이다. 이들이 유럽의 통합 프로젝트를 위협하지는 못하겠지만 그중 일부는 협력에 저항할 수도 있다. 리스본 조약이 유럽연합 건설의 최종 합의는 아닐 것이다.

유럽의 미래

유럽은 세계적 슈퍼 파워가 될 것인가, 종이호랑이가 될 것인가? 서로 너무 모순되는 신호들이 엇갈리고 있어 그 어떤 예측도 위험하다. 2011년 미국이 한 발 물러난 상태에서 북대서양조약기구가 수행한 군사 행동은 리비아의 독재정을 종식시키는 데 결정적으로 기여했지만, 다른 한편으로 아프가니스탄에서 이들이 수행한 역할은 기대에 미치지 못했다. 표면적으로 유럽연합은 타의 추종을 불허하는 경제적 성공을 거두었으며 현재까지 미국의 최대 무역 파트너다. 그러나 깊숙이 들여다보면 문제점들이 발견된다. 정치 스펙트럼의 한쪽 극단에서 유럽연합 모델은 민족주의자들의 조소거리가 되고, 또 다른 쪽 극단에서는 회원국 내 집권 정당들의 의구심을 사고 있다. 고질적 문제는 풀뿌리에서 본 유럽연합 정책이 저 높은 곳의 엘리트, 즉 일반 시민과 유리된 저 잘난 관료들에 의해 추진되는 것처럼 비친다는 점이다.

경제 상황만 괜찮다면 일자리, 풍족한 임금, 복지 혜택 등의 복리적 측면을 증거로 들어 이런 의구심을 해소할 수 있을 것이다. 그러나 아일랜드, 아이슬란드, 그리스의 심각한 재정 문제와 더불어 스페인, 포르투갈, 이탈리아에도 암운을 드리운 경제위기는 2008년부터 시작되어 2011년 현재 더욱 심화되고 있는 중이다. 유럽은 인구뿐만 아니라 경제 면에서도 쇠퇴하는 듯 보이게 되었다. 세수는 불충분하고 연금을 지급할 여력이 없으며, 복지 비용은 통제를 벗어났고 취약한 회원국들의 대외 부채는 증가하고 있다. 유로화를 쓰는 국가들이 유로존 가입 규칙을 위반하면서, 이제 유럽연합은 (이미 존재하는) 중앙은행 이상의 것을 필요로 하게 되었다. 즉 각국의 예산에 개입하고 이에 대해 최종 결정할 권한을 가진 재무 장관이 필요해졌다.

2011년 말경, 유럽연합과 유로화 프로젝트에 가해지는 스트레스는 지난 20세기 하반기에 이룩한 많은 성과들을 무위로 돌릴 만큼 큰 위협이 되기에 이르렀다. 마스트리히트 조약에 서명한 지 20년, 유로화를 도입한 지는 채 10년도 안 되어, 유럽 지도자들은 붕괴 직전의 유로화와 구조 조정이 시급한 유럽연합 체제를 구해낼 또 다른 조약의 초안을 잡기 위해 브뤼셀에 모였다. 최소한 그들에게는 현실 감각이 있었다. 이는 더 이상 유럽위원회에서 다룰 문제가 아니었다. 유럽의 진짜 권력은 여전히 각 회원국에서 선출된 수반들의 손에 있고, 새로운 협약을 논의한 이들도 그들이었다. 그리고 가장 큰 힘은 독일과 프랑스 지도자에게 있었다. 당시 이들은 긴축을 선호한 앙겔라 메르켈Angela Merkel과, '진짜' 권력자(각국 정부 수반)들로 이루어진 유럽 '경제 정부'를 제안한 니콜라 사르코지Nicola Sarkozy였다.

그러나 영국의 이해관계를 대표하는 데이비드 캐머런David Cameron 수상이, 영국의 중요한 금융 산업에 대한 안전장치가 담기지 않았다며 유럽연합 조약의 개정안을 거부했다. 그는 금융거래세를 비롯한 유럽연합의 규제가 '시티 오브 런던[City of London, 런던의 금융 중심지—옮긴이]'의 지위를 위태롭게 할 것이라고 보았다. 유럽 금융거래세에 대해 영국 언론들은 "런던의 심장을 겨냥한 총탄"이라고 표현하기도 했다. 캐머런이 밤샘 토론 끝에 거부권을 행사하고 귀국하자 영국의 여론은 그의 결정을 환영했다. 나머지 26개국은 새로운 조약에 대한 협상을 영국의 참여 없이 계속하기로 합의했다. 물론 영국은 유로화를 도입하지 않았으므로 그 점에서 영국의 부재는 그리 크게 느껴지지 않을 수도 있다. 그러나 전 유럽의 많은 논평가들은, 유로화 구제를 위한 기민한 집단적 행동을 지금 즉시 취하지 않는다면 유럽연합 프로젝트 자체가 붕괴될 수도 있다고 경고했다.

　사실 유럽연합은 유로화 구제 이상의 것, 즉 설득력 있고 효과적인 초국적 리더십을 필요로 하고 있다. 여론 조사에 따르면 영국의 유권자 대다수는 만약 유럽연합 가입을 유지할지 여부를 국민 투표에 부친다면 탈퇴하는 쪽에 표를 던질 것이라고 한다. 유럽연합에 친화적이었던 전 노동당 정부도 이들의 마음을 돌려놓진 못했다. 다른 유럽연합 회원국들 내의 주요 소수 집단들도 브뤼셀에 반대 목소리를 높이고 있다. 2011년에 터진 위기는 단순히 금융뿐만이 아니라 거버넌스의 위기이기도 했다. 프랑스와 네덜란드의 유권자들이 헌법 초안을 부결시켰을 때부터 불길한 조짐은 무너진 '마스트리히트 장벽' 위에 이미 새겨지고 있었지만, 지도자들은 이 경고에 주의를 기울이지 않았다.

　오늘날, 너무나 많은 유럽인들이 유럽연합 프로젝트를 양의 탈을 쓴 세계화이자 각 나라(그리고 지역)의 생활 방식에 대한 달갑잖은 개입으로 보고 있다. 하지만 유럽연합 회원국의 국민이든 아니든, 이제 공동의 불가피한 희생 없이는 유럽인들도 조기에 은퇴하고, 구시대의 재정 모델에 의거한 연금 및 복지 혜택을 받고, 짧은 노동일과 긴 휴가를 누리기 힘들어질 것이다. 지도자와 시민들 사이에는 지나간 성장과 번영의 시대에 유럽인들이 보았던 것보다 훨씬 더 강도 높은 의사소통과 설명이 필요해질 것이다. 그런 면에서 볼 때 유럽은 종이호랑이다.

10장
골치 아픈 땅,
러시아

> 그토록 광활하고 고립된 영토를 구석구석 조직적으로 관리하는 일은 러시아의 차르, 공산주의자, 민주적으로 선출된 지도자들에게 차례로 역사적인 도전이었다. 영토를 확장하는 일과 확장한 영토를 통합하는 일은 완전히 다른 문제였다.

빠르게 변화하는 이 세계에서, 10년이라는 시간이 만드는 변화는 놀라울 정도다. 1980년대 후반까지만 해도 소련은 아직 세계 양대 초강대국 중 하나였고, 발트 해부터 중앙아시아까지 아우르는 식민 제국이었다. 또 동유럽 대부분을 통제하는 공산 종주국인 동시에 핵무기로 무장하고 전 세계를 파괴할 능력을 지닌 거인이었다. 그런데 그로부터 불과 10년 뒤 제국은 해체되었고, 그 이데올로기는 가치가 떨어졌으며, 군대는 무질서의 수렁에 빠졌다. 그리고 제국의 초석이었던 러시아는 민주국가로서 질서를 재편하고 세계의 지정학적 무대에서 중요한 위치를 재정립하려 분투했다. 그러나 2000년대 중반 러시아의 주된 전쟁 상대는 세계 무대의 다른 거인들이 아니라, 바로 자기 영토 내에 있는 자그마한 국가 체첸이었다. 러시아 군대는 멀리 떨어진 아시아의 전선이 아니라 러시아 내에서 싸우고 있었던 것이다. 수천 명의 러시아인이 폭력으로 목숨을 잃었고, 그중 다수는 수도인 모스크바에서 일어난 테러 공격으로 사망했다. 러시아는 이 비극으로 인해 인명 피해와 재정 손실을 훨씬 초월하는 대가를 치러야 했다. 민주주의, 개방, 법치를 향해 나아가려는 러시아의 노력이 손상되고, 과거 그토록 오랫동안 이 지역을 지배해 왔던 권위주의가 다시금 복귀할지 모른다는 공포가 널리 확산된 것이다. 그러나 대의 정부가 확립되고 군대가 민간의 통제하에 놓이며 법이 효과적으로 기능하기만 한다면, 러시아는 장래 유라시아의 안정과 경제·정치적 통합의 핵심이 될 것이다.

거대한 영토가 품은 지리적 문제들

러시아는 세계에서 영토가 가장 큰 나라일 뿐만 아니라, 가장 많은 국가와 국경을 맞대고 있는 나라이기도 하다. 지리학자의 눈으로 보았을 때 러시아에는 도대체 단순한 것이 없으며 그 이웃 나라의 배치 또한 마찬가지이다(그림 10-1). 러시아는 칼리닌그라드라는 고립된 영토 덕분에 폴란드와 리투아니아라는 유럽 국가들과 이웃하고 있으며, 그 외에도 핀란드, 에스토니아, 라트비아, 벨라루스, 우크라이나와 국경을 맞대고 있다. 이로써 유럽에서만 이웃 나라가 7개국인데, 러시아는 이들 거의 모두와 문제가 걸려 있다. 리투아니아의 경우, 러시아는 칼리닌그라드까지 러시아의 화물과 군사 물자를 무상으로 (그리고 통관 검사 없이) 운송할 수 있는 통로를 원하고 있다. 또 리투아니아처럼 구 소련 제국의 일부였던 에스토니아와 라트비아에는 러시아어에 공식적 지위를 부여하라고 압력을 넣고 있다. 이 나라들에서는 공산 정권 시절에 러시아에서 이주한 다수의 주민들이 러시아어를 사용하고 있다.

벨라루스는 상황이 유별나다. 이 나라를 다스리는 소련식 권위주의 통치자는 두 나라 사이에 좀 더 긴밀한 관계, 나아가 공식적 연합을 맺자고 러시아 정부에 거듭 요구했지만 러시아는 이를 받아들이는 데 더뎠다. 또 우크라이나는 러시아계 주민이 많으며 인구로나 경제적 생산 규모로 보나 과거 소련의 제2의 속국이었는데, 러시아 정부는 이 크고 문화적으로 분열된 나라의 내정에 위험할 정도로 간섭해왔다. 오늘날 우크라이나의 여러 지도자들은 유럽연합에 가입하길 바라고 있지만, 장래에 러시아와 좀 더 긴밀한 관계를 맺어야 한다고 보는 이들도 있다.

흑해와 카스피 해 사이를 잇는 남쪽 국경으로는 조지아와 아제르바이잔이라는 과거의 두 속국과 인접하고 있다(그림 10-1). 하지만 이런 간단한 진술만으로는 오늘날 러시아에서 가장 위험한 문제들의 근원에 있는 복잡한 지리적 상황을 제대로 전달할 수 없다. 좀 더 상세한 지도를 보면 알 수 있듯이, 사실 이 변경 지대에는 주민이 주로 비러시아계 민족으로 구성된 러시아 내부의 '자치 공화국'들이 줄지어 늘어서 있다. 조지아와 아제르바이잔과 국경을 맞대고 있는 것은 다름 아닌 이 공화국들인데 체첸도 그중 하나다(그림 10-2). 러시아인들이 남캅카스라고 일컫는 이 지역에서는 여러 소수 민족들이 러시아에 종속되고 억압받았던 기억을 품은 채 살아가고 있는데, 소련이 붕괴했을 때 그들도 조지아와 아제르바이잔(과 그 이웃 나라인 아르메니아)처럼 독립하길 바랐을 것이다. 하지만 이들은 그렇게 되지 않았고, 그 결과 이 지역은 러시아 정부에 반기를 든 체첸의 무슬림은 물론, 중립을 지키려고 하는 잉구셰티야, 대체로 러시아에 협조적인 북오세티야, 2차 대전 시기 나치에 동조했다는 죄목으로 스탈린의 박해를 받고 대거 유배되었던 카바르디노발카리야의 발카르 인들, 그밖에 격동의 역사를 거쳐온 수십 개의 민족 집단들이 한데 얽힌 분쟁의 가마솥이 되었다.

그런가 하면 러시아는 조지아 영토 내에 있는 압하스와 남오세티야의 독립을 승인하고 군대를 파견해 조지아 정부로부터 남오세티야를 보호했다. 또 아제르바이잔에서는 아직까지도 흑해의 러시아 쪽 기착지를 향해 석유가 운송되고 있지만, 이 중 상당량을 아르메니아를 거쳐 터키의 지중해 연안 쪽으로 돌리기 위한 파이프라인이 건설되고 있다. 남캅카스 지역에 비하면 러시아의 다른 변방 지역은 비교적 골치가 덜 아파 보일 지경이다.

아시아 쪽의 네 이웃 나라들—카자흐스탄, 몽골, 중국, 북한—또한 러시아와 다툼의 소지가 있는 그룹이다(그림 10-1). 소련이 붕괴하고 카자흐스탄이 독립 국가가 되자, 수백만 명의 러시아인이 국경 바깥의 카자흐스탄 북부 지방에 남게 되었다. 또 러시아의 우주 기지와 발사 시설도 이곳에 위치해 있었다. 새로 들어선 카자흐스탄 정부는 러시아가 이들 시설을 계속 사용할 수 있도록 허락한다는 내용의 협약을 맺었지만, 북부 지방은 (지도에 표시된 철도 체계로도 확인할 수 있듯이) 사실상 러시아 권역의 일부가 된 상태였기 때문에 그보다 훨씬 어려운 문제를 안고 있었다. 러시아인들 중 상당수가 러시아로 이주해 돌아갔지만 남은 사람들 중 일부가 분리를 선동했던 것이다. 이에 카자흐스탄 정부는 수도를 남동쪽 중심부에서 러시아화된 북부의 아스타나로 옮겨 나라 전체를 확실히 통제하에 두려는 의도를 분명히 했다. 그 바로 동쪽에 위치한 몽골은 공산 시절 소련의 위성국이었고 1990년 이후로도 러시아와 긴밀한 관계를 유지했지만(이곳의 제1외국어는 러시아어였다), 현재는 중국 쪽으로 방향을 틀고 있으며 최대 교역 파트너 또한 단연 중국이다.

그와 더불어 러시아-몽골 국경의 중요성도 바뀌었다. 한때 이는 단순한 행정적 장치였지만, 이제는 러시아의 영향권과 중국의 영향권을 표시

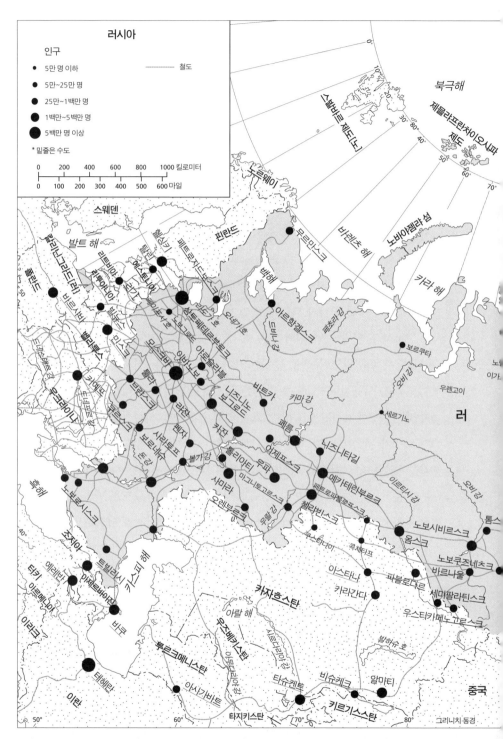

그림 10-1 러시아는 지금까지 세계 최대의 영토를 보유한 국가지만, 주거 지역은 모스크바를 중심으로 한 서부에 극심하게 편중되어 있다. 러시아 지도자들은 인구가 줄고 있는 동부 지역이 거의 통치 불가능한 상태에 놓이게 될 것을 우려하고 있다.

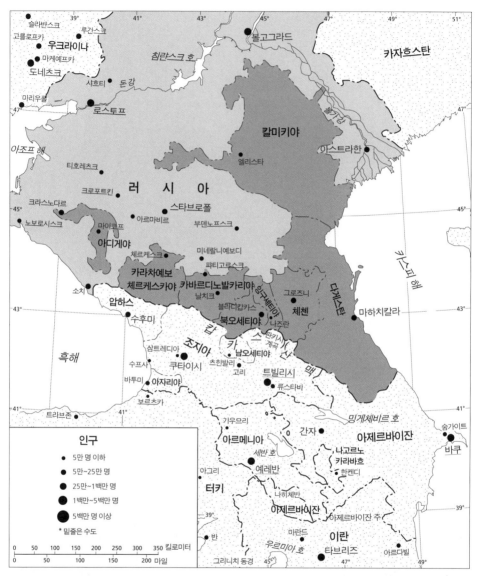

그림 10-2 러시아 남부에 위치한 이 분쟁의 가마솥은 소수 민족 공화국들이 모자이크를 이루고 있다. 이곳의 무슬림 극단 세력들은 중앙 정부의 합병에 계속해서 저항하고 있으며, 서로 다른 관습과 신앙이 얽힌 문화적 차이는 끝없는 갈등을 초래하고 있다. 러시아의 남쪽 국경 너머에는 과거 소비에트 사회주의 공화국이었던 세 나라가 있는데, 이 중 조지아는 친러시아 성향의 소수 민족 지역 남오세티야를 지원하는 러시아의 침공을 받았다. 흑해 연안에 위치한 조지아의 압하스 지역도 러시아가 조지아에서 강제로 분리시켜 독립국으로 승인했다.

하는 잠재적 경계선이 된 것이다. 그보다 더 동쪽으로는 중국과의 국경이 길게 놓여 있는데, 영토 분쟁 및 충돌이 벌어진 현장으로서 역사적으로 다툼이 잦았다. 이 문제는 최근에 두 나라 정부 사이의 협상을 통해 해결을 보아 현재는 상황이 나아졌지만, 이제는 중국 상인과 노동자들이 국경을 넘어 러시아 극동으로 대거 이주하는 또 다른 문제가 떠오르고 있다.[1]

마지막으로, 러시아는 동쪽 변경의 맨 끝에서 북한과 짧지만 중요한 국경선을 맞대고 있다. 북한 사람들은 폭정을 피해 국경을 넘어 중국으로 도주하고 있는데, 그중 일부는 러시아 영토로 들어오기도 한다. 앞으로도 보겠지만 러시아의 극동 지방은 인구가 줄고 있기 때문에, 이곳의 지방 정부는 내심 이들의 이주를 장려하고 싶어 한다. 하지만 한때 북한의 이데올로기적 동맹이었던 러시아에게는 또 다른 걱정거리가 있다. 북한의 로켓과 (잠재적인) 핵무기의 사정권에 놓여 있기 때문이다. 그래서 러시아는 북한의 핵 야심을 잠재우기 위한 회담을 벌이고 있는 6개국 중의 하나이기도 하다.

러시아는 이렇게 긴 국경선으로 둘러싸여 있어, 대륙에 버금가는 크기를 가지고도 거의 내륙에 갇혀 있다. 그래서 과거 차르들은 러시아의 경계를 바다 쪽으로 확장하려 부단히 애를 썼다. 표트르 대제는 러시아가 육상의 지배권뿐만 아니라 제해권까지 장악하기를 원하여, 핀란드와 에스토니아 사이의 발트 해 쪽 지역에 새로운 수도인 상트페테르부르크를 건설했다. 예카테리나 여제는 흑해 연안과 남캅카스에 군대를 파견했지만, 그녀의 진짜 목적은 바로 인도양 연안으로 통하는 출구였다. 하지만 영국과 터키가 저항하는 바람에 이 계획은 실패로 돌아갔고, 러시아의 우랄 산맥 서쪽에서 바다로 통하려면 매년 얼어붙는 발트 해 아니면 터키의 통제 아래 있는 비좁은 보스포루스와 다르다넬스 해협에 의존할 수밖에 없게 되었다. 물론 러시아가 태평양을 향해 동쪽으로 팽창하여 블라디보스토크라는 중요한 항구를 얻은 것은 사실이지만, 러시아의 핵심 지역은 그로부터 서쪽으로 시베리아를 건너 수천 마일이나 떨어져 있었기에 이는 실용적인 대안이 될 수 없었다. 그리고 지도를 보면 명백히 드러나듯이, 러시아의 국경은 또 다른 문제를 안고 있다. 거대한 땅덩어리에도 불구하고, 이 나라는 영토의 거의 전부가 연중 상당 기간 북극의 영향권에 들어가는 추운 고위도에 속해 있는 것이다(그림 5-4 참조). 소련 시절의 공산주의 계획가들은 관개를 통해 농장 생산을 확대하는 대규모 프로젝트를 각 자치 공화국 단위로 추진했지만, 그래도 곡물이 부족하여 모스크바마저도 서구의 값비싼 수입 농산물에 의존해야 했다. 과거 소련의 곡창 지대였던 우크라이나가 이제 독립 국가가 되면서, 러시아는 불리한 기후 때문에 더욱 큰 곤란을 겪게 되었다. 한 러시아 지리학자는 내게 이렇게 말한 적이 있다. "우리 나라의 국경은 한 번도 우리 편이었던 적이 없답니다."

소련 시절 육로로 이들 국경을 건너는 일은 섬뜩한 경험이었다. 나는 1964년 6월 헬싱키에서 버스를 타고 (당시의) 레닌그라드까지 갈 일이 있었다. 그것이 내가 소련으로 처음 떠난 현지 여행이었고, 그때 나는 지도에 그어진 경계선이 사실은 꽤 넓은 지역이라는 사실을 알게 되었다. 우리는 막 어둑해지기 전에 핀란드 국경에 다다랐는데, 통과 절차는 신속하고 친절했다. 우리는 다시 버스에 올라타고 황량한 길을 나아갔다. 제복을 입고 무장한 경비원들이 차를 타고 나타나 몇 마일 가량 우리를 호위했다. 멀리서 밝은 불빛이 보였다. 불빛이 너무 밝아서 우리가 거기 다다르자 버스가 마치 수술실로 들어가는 것 같았다. 거기서 우리는 버스에서 내리고 짐과 화물까지 다 내리라는 지시를 받았다. 승객들은 소련인, 유럽인(나는 네덜란드 여권을 가지고 여행 중이었다), 그리고 캐나다와 미국인 학자들을 포함한 기타 국적의 세 그룹으로 나누어졌다. 그들은 짐 하나하나를 세밀히 검사하고 우리 몸을 샅샅이 조사했는데, 그에 비하면 요즘의 공항 보안 절차는 차라리 약식으로 보일 정도였다. 그다음 우리는 책과 '문서'에서부터 무기와 '선전물' 따위의 물건을 소지하지 않았음을 서약하는 문서에 서명해야 했다. 이 전체 과정에 세 시간 정도 걸렸고, 차량이 길게 줄을 늘어서기라도 하면 도대체 얼마나 더 오래 기다려야 할지 의심스러웠다. 북아메리카인 담당 경비원이 영어로 말했다. "줄 설 일이 없습니다. 하루에 버스 세 대와 승용차 다섯 대만 통과할 수 있거든요." 마침내 철갑을 두른 문이 열리고 운전사가 비보르그로 이어진 길의 어둠 속으로 전진할 때, 나는 그 말에 대해 생각해봤다. 이웃 나라의 수도와 러시아 제일의 항구를 잇는 간선 도로의 교통량이 하루에 열 대가 채 안 된다니. 소련의 국경은 진정 장벽이었다.

광활한 영토와 기후

속국이 14개나 떨어져 나간 뒤에도 러시아는 여전히 세계에서 영토가 가장 넓은 거대한 나라로서, 2위인 캐나다의 거의 두 배 크기이며 총 13개 국과 이웃하고 있다(2위인 캐나다와 이웃한 나라는 단 하나뿐이다). 화산이 흩어져 있는 극동의 캄차카 반도에서부터 서쪽의 큰 항구도시 상트페테르부르크까지, 러시아는 거의 11개의 시간대에 걸쳐 있었다(2009년 인위적으로 축소해서 9개가 되었다). 만약 〈굿모닝 러시아〉라는 텔레비전 프로그램을 모스크바 시각으로 아침 7시에 방송한다면 블라디보스토크에서는 거의 저녁 먹을 시간일 것이다. 러시아 최북단의 북극해에 떠 있는 섬들은 위도 80도에 위치해 있으며, 아제르바이잔과 인접한 캅카스 최남단의 비좁은 땅도 위도가 40도가 넘는다. 이를 북아메리카에 가져다 놓고 보면, 러시아 영토 전체가 대략 보스턴의 위도보다 북쪽에 위치해 있는 셈이다.

러시아가 정말로 얼마나 추운가를 알려면, 잠시 짬을 내어 세계 기후 지도(216~217쪽)를 다시 한 번 들여다볼 필요가 있다. 러시아는 북극과 인접해 있고 그 사이를 막아 줄 산맥도 없어서 북극의 찬 공기가 엄습하는 데 무방비로 노출되어 있다. 영토 거의 전체를 냉대 기후가 뒤덮고 있으며, 서쪽은 짧고 따뜻한 여름이 있지만 동쪽으로 갈수록 그나마도 줄어들어 혹한의 시베리아 날씨가 이어진다. 시베리아의 환경은 바다의 영향으로 기후가 온화해지는 태평양 연안에 가서야 누그러진다. 세계의 인구 분포를 표시한 지도를 보면(128~129쪽), 1억 4천만이 넘는 러시아 인구의 대부분이 온화한 서부의 한 귀퉁이에서부터 시베리아 남단을 따라 리본처럼 길게 밀집되어 있음을 알 수 있다. 이 시베리아 남단을 따라서 깔린 시베리아 횡단 열차는 도시와 마을을 잇고 인구가 많은 서쪽과 인구가 희박한 극동을 연결한다.

지구 온난화는 러시아에게 청신호인가?

그림 10-1에 나타난 것처럼, 러시아의 해안선 전체는 한대 기후인 북극권 안쪽에 놓여 있다. 이 길고 긴 해안선은 러시아에게 별다른 이점을 가져다주지 못했다. 북극해의 대부분은 연중 상당 기간 얼어붙어 있으며, 무르만스크와 아르한겔스크 항을 몇 주일 더 개방할 수 있게 해주는 것은 스칸디나비아 북부와 핀란드를 돌아 흐르는 따뜻한 북대서양 해류뿐

이다.

하지만 러시아는 기후 변화의 도움을 받을 수 있을지도 모른다. 만약 현재의 지구 온난화 주기가 계속된다면, 그로 인한 몇몇 결정적 환경 변화가 러시아에만큼은 유리하게 작용하여 새로운 시대를 열어줄 것으로 예상된다. 우선 북극해의 겨울철 얼음이 줄어들어 항구를 더 오랫동안 개방할 수 있게 되고, 북부 해안을 따라 '러시아 항로'가 개통되어 전 세계의 해상 운송 노선을 바꾸어 놓을 것이다. 둘째로 얼음이 계속 녹으면 북극해 해저에 묻혀 있다고 알려진 막대한 에너지 자원의 개발이 가능해질 것이다. 이미 러시아는 북극해 대륙붕의 소유권을 주장하고 있으며, 2007년에는 소형 잠수함을 보내 얼음 밑에 잠긴 북극점에 금속제 러시아 국기를 세우는 극적인 제스처로 러시아의 의도를 선언하기도 했다. 셋째로, 고위도 지방이 온난화되면 북쪽 극단에 놓인 영구 동토층의 상당 부분이 녹아 삼림이 북쪽으로 확대되고 황량한 툰드라 지대가 줄어들 가능성도 있다.

또 좀 더 온난하고 습윤한 기단이 러시아 평원의 농업 생산을 높여줄 것이라는 낙관적인 예측도 나왔지만, 자연은 인간의 예측을 무위로 만드는 재주가 있다. 2010년 러시아는 기상 관측 사상 가장 더운 여름을 겪었는데 이 폭염은 습기가 아닌 가뭄을 동반했다. 남서부 전역에 산불이 나서 수천 개의 마을을 파괴하고 거의 60명의 목숨을 앗아갔으며 농작물을 망쳐 놓았다. 2009년 1억 톤이던 곡물 수확량이 2010년에는 6천만 톤으로 줄어들었다. 곡물 가격이 급등했고, 정부는 국내 가격을 낮추기 위해 곡물 수출을 금지했다. 한편 모스크바는 몇 주일 동안 독성 스모그로 뒤덮여, 전문가들을 당혹스럽게 만드는 자연의 힘을 매일 되새겨야 했다.

러시아의 지리적 특징

미국인들이 '중서부'라든지 '대평원' 같은 지명을 사용하는 것처럼, 러시아인들도 자기 나라의 광활한 자연 지리 영역을 부르는 명칭이 있다. 러시아는 우랄 산맥을 기준으로 크게 둘로 나뉜다. 우랄 산맥은 이를테면 러시아의 애팔래치아 산맥이라 할 수 있지만 그보다 훨씬 더 내륙으로 들어가 있다(그림 10-3). 이 산맥은 북극해에서 노바야젬랴 섬이라는 형태로 빙하를 이고 해수면 위로 솟아올라 있으며, 거기서부터 카자흐스탄과의 국경이 있는 사막 지대(그리고 그 너머)까지 뻗어 있다. 우랄 산맥의 서쪽에 있는 땅은 '유럽계 러시아'라고 많은 사람들이 생각하므로—비록 우랄 산맥 동쪽 러시아 마을들의 문화 경관이 서쪽과 놀랄 만큼 비슷하긴 하지만—그 동쪽에는 뭔가 다른 것이 있을 것이다. 어쨌든 러시아의 중심부, 지리학 용어로 핵심 영역에는 러시아 평원이 놓여 있다. 러시아 평원은 북유럽 저지대의 연장으로서, 그보다 좀 더 한랭하고 건조하지만 농업 생산성은 여전히 높다. 이 평원의 한가운데 모스크바가 있고, 이 평원이 발트 해와 면한 짧은 해안에 상트페테르부르크가 있다. 또 이 평원의 한복판에 볼가 강이 흐르며 그 유역을 따라 산업 도시들이 줄지어 있다.

시베리아는 우랄 산맥의 동쪽 사면에서부터 시작하여 베링 해 연안까지 죽 이어지지만, 서쪽에서 동쪽으로 갈수록 그 기복이 변화한다(그림 10-3). 시베리아의 가장 서쪽, 즉 지도의 ③번 지역은 기복이 별로 심하지 않고 오브 강과 그 지류인 이르티시 강 등 대규모 하천이 흐르고 있다. 이 지대는 경사가 거의 없어서 소련 시절 엔지니어들은 강줄기의 흐름을 거꾸로 돌려 남부의 경작지에 물을 대는 계획을 논의하기도 했다.[2] 접근하기가 힘들고 춥고 삼림이 무성한 이곳의 오지에는 소련의 악명 높은 '굴락gulag' 수용소들이 많이 있었다. 역사학자들은 70여 년의 공산 통치 기

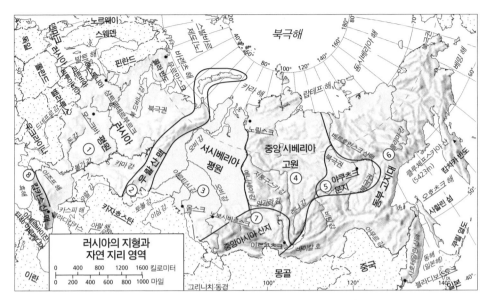

그림 10-3 러시아의 광대하고 다양한 지형을 단순화한 지도. 우랄 산맥은 동서를 가른다. 동부는 시베리아가 차지하며, 주거 지역은 남부의 산악 지대를 따라 불연속적인 리본 형태를 이루고 있다.

간에 3천만에서 6천만 명의 죄수들이 이곳에서 목숨을 잃었다고 추정한다.[3] 그보다 좀 더 살 만한 시베리아의 남단에는 옴스크나 노보시비르스크 같은 도시들이 있는데, 이들은 2차 대전 시기에 전략적으로 중요한 거점이었다. 당시 소련이 나치의 전진을 피해서 산업 단지를 우랄 산맥 너머 동쪽으로 대거 이동시켰던 것이다.

서시베리아 평원의 서쪽 변경에 이르면 기복이 급격히 변화하는데, 남쪽은 산맥들이 평원 위로 삐죽삐죽 솟아올라 있으며 북쪽은 거친 고원으로 돌변한다. 여기서 시베리아 횡단 열차는 협곡과 깎아지른 골짜기의 절벽을 감아 돌아, 거친 땅을 뚫고 마침내 이 지역의 핵심 도시인 이르쿠츠크에 이른다. 이르쿠츠크는 바이칼 호의 관문이다. 이 담수호는 동아프리카의 대호大湖와 비슷하게 열곡裂谷 안에 놓여 있지만, 길이가 거의 640킬로미터, 폭이 평균 50킬로미터에 달하고 수심이 1,620미터 이상으로 훨씬 깊다. 몇몇 계산에 따르면 바이칼 호는 지표면의 담수 중 5분의 1을 품고 있다고 하며, 생태계가 독특해 이곳을 조사하려는 연구자들의 발걸음이 전 세계에서 끊이지 않는다.

이제 광활하고 삼림이 우거진 동부의 산악 지대 쪽을 보자. 이 지역은 지도에서 ⑥번에 해당하는데, 야쿠츠크 분지에서는 지대가 낮고, 이 나라에서 지질적으로 가장 활발한 영역인 캄차카 반도의 장관에 이르면 지대가 높아진다(아이러니하게도, 러시아 북동부는 지질학적으로 보았을 때 북아메리카 판의 일부분이다). 지진이 잦은 이 화산판 지대까지 차를 타고 갈 생각은 버려야 한다. 여기까지 연결하는 도로 자체가 없기 때문이다. 20여 개의 활화산과 100여 개의 휴화산이 뒤덮고 있는 이 반도는 섬처럼 외따로 떨어져 있다. 이곳에서 살아가는 사람들은 낚시로 생계를 유지하며, 부득이 본토로 가야 할 때는 배나 비행기를 탄다.

그림 10-3에서 보듯이 러시아의 극동 지방에 섬이랄 만한 것은 사할린 하나뿐인데, 이 섬은 이 지역의 자연 지리는 물론 문화 지리에서도 중요한 장소이다. 러시아와 일본은 19세기 중반부터 사할린 섬을 놓고 거듭해서 싸움을 벌였는데 소련이 이 섬을 완전히 수중에 넣은 것은 2차 대전이 끝난 이후이다. 러시아가 사할린을 차지한 시기에 그들은 이곳을 유형지로 사용했지만(위대한 작가인 안톤 체호프는 당시 죄수들이 살았던 혹독한 환경에 대해 책에서 묘사한 바 있다), 소련 시절의 사할린은 북부의 석유에서 남부의 석탄에 이르기까지 중요한 자원의 보고가 되었다. 소련 시절 이후 석유 매장지가 추가로 발견되면서, 사할린 섬은 천연자원에 기반한 러시아 경제의 핵심 지역으로 자리 잡았다.

러시아는 그 거대한 크기 덕분에 천연자원 또한 풍부한데, 그중에서도 석유와 천연가스는 1991년 이후 들어 핵심적인 현금 제조기 역할을 하고 있다. 소련 최초의 독재자인 블라디미르 레닌Vladimir Lenin이 러시아의 산업화를 특히 중공업 분야에서 가속화하기로 결정했을 때, 소련은 석탄과 철광석, 금속과 비금속 등 이를 위해 필요한 모든 것을 갖추고 있었다. 이들 자원 기지 덕분에 소련은 2차 대전이 시작되는 기미가 보일 때부터 자체적으로 무기를 제조하여 그것을 가지고 독일 침략군을 쳐부술 수 있었다. 이후로도 러시아의 공장에서는 자동차에서 철도 차량, 트랙터에서 여객기까지 국내에서 필요한 물품 대부분을 생산했다. 1950년대 러시아가 최초로 지구 궤도를 도는 인공위성을 쏘아올리고 러시아 우주인이 최초로 우주에 발을 디뎠을 때도, 이는 외부의 도움을 빌리지 않은 자생적인 프로젝트로서 (당시에 보기에는) 소련 체제의 우월성을 입증해 전세계를 놀라게 했다.

하지만 그 거대한 면적과 인구(소련이 유지되는 동안은 세계에서 세 번째로 인구가 많았다)에도 불구하고, 세계 다른 나라와의 경제적 교류는 매우 제한되어 있었다. 소련의 생산품은 세계 시장에 모습을 드러내지 않았으며, 러시아의 자동차는 단순한 구경거리가 아니고서는 타국의 거리에서 찾아볼 수 없었다. 계획 경제에 기반한 국영 기업은 생산 비용이 큰 데다 품질 수준도 경쟁력이 떨어져서, 소련 정부가 그 동맹국들에게 가장 많이 수출한 품목은 소비재가 아닌 무기류였다.

소련의 경제 지리는 효율이 아니라 할당의 산물이었다. 비용이 아닌 다른 기준에 의거하여 특정한 도시와 마을에 특정한 물품을 생산하는 임무가 할당되었다. 이러한 시스템에서 부패가 발생할 가능성이 얼마나 큰지는 상상에 맡기겠다. 소련이 붕괴하고 러시아가 세계 경제에 통합되는 상황에 직면하자, 러시아는 대량의 물자—석유와 천연가스—를 팔아서 절실히 필요한 대외 수익을 충당하게 되었다. 다행히 러시아는 서부의 카스피 해 분지에서부터 동부의 사할린 섬에 이르기까지 상당한 에너지 자원을 보유하고 있었으며, 유럽, 일본, 중국 등 당장 자원에 목마른 소비 시장이 가까이에 있었다. 하지만 단일 품목에 과도하게 의존하면 위험이 따르며 발전이 왜곡되기 마련이다. 이는 '연고 자본주의'로 가는 길을 터 놓았다. 고위급 간부들이 국영 기업을 좌지우지했고, 세금 징수는 순조롭지 못했으며 공장들은 도산했다. 1998년 정부는 마침내 채무 불이행을 선언했다. 경제가 무너졌고 최초의 투자자들은 멀리 달아났다. 이 나라의—아니 어느 나라를 막론하고—번영을 보장하려면 풍부한 천연자원만 가지고는 충분치 않다.

그럼에도 러시아는 '페트로-루블petro-ruble 국가'라고 자주 불리곤 한다. '페트로-리얄petro-riyal 국가'인 사우디아라비아에 버금갈 정도로 에너지 자원 수출에 크게 의존하고 있기 때문이다. 물론 여기에도 사기업, 사유 재산, 외국인 투자, 주식 시장 같은 현대 시장 경제의 덫들이 존재한다. 초부유층은 마천루를 짓고 저택에서 살며 (축구 클럽 같은) 해외 자산을 사들이고 자녀들을 사립학교에 보낸다. 그러나 사회 제도가 제 기능을 못하고, 법체계가 불안정하고, 부패가 만연하고, 조직범죄가 기승을 부리고, (에너지 산업과 연관되지 않은) 국내 경제가 허우적거리는 가운데 평범한 수백만 시민들은 고통스러운 과도기를 겪고 있다. 러시아가 그 광대한 규모, 문화적으로 다양하고 분산된 인구, 공산주의의 경제·행정적 유산 때문에 이례적인 문제들을 안고 있는 것은 사실이다. 그러나 러시아는 대의를 제대로 반영하지 못하는 정치와 리더십의 실패로도 고통받고 있다. 불충분한 민주주의는 푸틴-메드베데프의 사전 합의된 '정권 교체'를 통해 비극적으로 나타났다. 러시아인들은 인물이 아니라 쟁점이 지배하는 자유로운 경쟁 선거를 영원히 가질 수 없단 말인가?

소련의 유산, 러시아의 도전

정치 지리 영역에서도 러시아가 직면한 문제는 역시 만만치 않다. 그토록 광활하고 고립되고 외딴 영토를 구석구석까지 조직적으로 관리하는 일은 러시아의 차르, 공산주의자, 민주적으로 선출된 지도자들에게 차례로 역사적인 도전이었다. 영토를 확장하는 일과—러시아 군대는 중앙아시아 깊숙이까지 뚫고 들어갔으며, 러시아 식민주의자들은 알래스카를 러시아 영토로 선언하고 그 최남단 요새를 샌프란시스코 만 근처에 지었다—확장한 영토를 견고히 통합하는 일은 완전히 다른 문제였다. 1867년 미 국무장관인 윌리엄 수어드William Seward가 러시아의 알래스카 소유권을 사겠다고 제안했을 때 러시아 정부는 기다렸다는 듯이 동의했다. 이 외딴 식민지가 그 가치에 비해서 날이 갈수록 골칫거리가 되어 가고 있었기 때문이다. 사실 역대 차르 통치자들은 자신들이 다스리는 수많은 러시아-비러시아계 주민들에 대해 한 번도 만족스런 관리 체계를 수립하지 못했다. 유럽의 민주주의 혁명은 러시아를 그냥 지나쳐 갔고, 유럽의 경제 혁명은 차르의 영토를 살짝 건드리고 지나갔을 뿐이다. 차르 지배하에 있던 러시아인 대다수와 수천만 명의 비러시아인들은 착취와 부패와 종속과 굶주림에 직면했다. 1905년 절망적인 폭동이 일어나고 1917년 전면적인 혁명이 발생했을 때도 이 나라를 하나로 유지할 정치적 틀은 부재했다.[4]

그래서 소련을 구성하는 지역적 틀을 설계하는 작업은 혁명에서 승리한 공산주의 볼셰비키의 몫이 되었다. 소련의 기본 구조는 총 15개의 '소비에트 사회주의 공화국Soviet Socialist Republics, SSRs'으로 이루어졌고, 그중에서도 '러시아 소비에트 연방 사회주의 공화국Russian Soviet Federative Socialist Republic, RSFSR'이 수위를 차지했다. 그리고 발트 해에 면한 에스토니아 공화국부터 아프가니스탄과 인접한 타지키스탄에 이르기까지 나머지 14개 공화국은, 차르 시대에 러시아 지배하에 떨어진 비러시아계 주민들에게 제각기 할당되었다. 물론 이 체제는 소련이 붕괴하자 곧 해체되고 만다. 한편 공산주의 계획가들이 러시아 내부에 설계한 틀은 그보다는 내구성이 있었다. 소련 이후의 지도자들이 이를 계승했고, 그것을 가지고 이 광활한 나라를 공산주의 독재에서 민주주의적 합의로 이끌어야 했기 때문이다.

우리는 이 복잡한 소련 체제를 한 번 살펴볼 필요가 있다. 여기에 바로 1991년 소련 붕괴 이후의 러시아가 직면한 문제의 씨앗이 들어 있기 때문이다. 언제나 지위와 위계를 염두에 두었던 소련은 '러시아 공화국'을 다시금 내부의 공화국, 자치구(오크루크okrug), 주(오블라스트oblast), 지방(크라이kray)으로 나누었다. '공화국'은 러시아 경계 바깥의 공화국들과 마찬가지로, 러시아 내부에 존재하는 대규모 소수 민족을 의식하여 수립되었다. 이 행정적 위계는 중요성의 정도와 (아주 대체적으로) 수도로부터의 거리를 반영했지만, 지방 지도자가 강한 개인적 영향력을 발휘하여 이 위계를 바꾸어 놓을 수도 있었다. 크렘린의 인사들은, 어느 외딴 크라이의 이름이 귀에 자주 들리기 시작하면 그건 곧 그곳 출신의 당 지도자가 정치적 사다리를 올라가 모스크바에서 영향력을 얻었다는 뜻임을 알고 있었다. 정의상 모든 크라이가 중요성이 떨어지는 것도 아니었다. 예컨대 모스크바에서 가장 멀리 떨어진 프리모르스키 크라이의 블라디보스토크는 대규모 소련 해군 기지가 있는 전략 도시로서 바깥 세계에 굳게 잠겨 있었고, 그 국경은 나라 전체를 통틀어 가장 엄격히 통제되는 곳이었다.

물론 러시아 '연방'은 이름뿐인 연방 국가였다. 소련 전체와 마찬가지로 러시아 공화국도 중앙 집권화된 단일 국가로서 기능하였으며, 모든 실질적 권력은 모스크바에 집중되어 있었다. 비록 지도에는 '공화국'으로 표시되어 있었지만 소수 민족들의 권리는 엄격히 제한되었고, 2차 대전 기간에는 소수 민족들에게 독일군의 잠재적 동맹 세력이라는 혐의를 씌우곤 했다. 무슬림 체첸에 벌어진 이야기는 그중에서도 최악이다. 스탈린은 그들이 나치에 협력했다고 하여 1944년 주민 전체를 기차에 실어서 중앙아시아로 강제 이주시켰다. 가는 길에 수만 명이 목숨을 잃었고, 그들의 시신은 기차 밖으로 내던져졌다. 또 이 참사에서 살아남은 이들 중 다수는 도착한 지역의 혹독하고 낯선 환경을 이기지 못하고 죽어갔다. 그중 샤밀 바사예프Shamil Basayev라는 사람은 이 대학살에서 친척을 40명이나 잃었다고 주장했는데, 이는 개인이 감당하기에는 너무 치명적이고 무서운 재앙이다. 1957년 스탈린의 후임자가 그들을 사면하고 고향으로 돌아가도록 허락했지만 남은 체첸인들은 러시아가 자기들에게 한 짓을 잊지 않았다. 1991년 소련이 붕괴했을 때 그들은 기회를 놓치지 않고 독립을 선언했다. 이로써—체첸뿐만이 아니라 모스크바와 다른 지역에서까지—수천 명이 더 죽고 오늘날까지 계속되고 있는 폭력의 악순환이 시작된 것이다.

소련이 난파한 잔해물 속에서 러시아가 지리적으로 재규정된 하나의 국가로서 출현하여 민주 정부와 진정한 연방 체제로 가는 여정에 착수했을 때, 러시아가 안고 있는 문제는 비단 체첸뿐만이 아니었다. 보리스 옐친Boris Yeltsin이 이끄는 새로운 러시아 행정부는 소련이 건설한 구조적 유산을 간단히 쓸어버릴 수 없었다. 그것이 소련이 물려준 유산 중에서 유일하게 신경 쓸 가치가 있는 것이었기 때문이다. 그래서 러시아의 지도부는 소련 지도를 재검토하고 그것을 수정하는 힘든 개편을 시작했다. (그 위계를 막론하고) 소련 체제 안에 들어 있던 모든 행정적 실체들을 합산하면 러시아는 89개의 지역을 이어받은 셈이 되며 그중 21개는 소수 민족들의 자치 공화국이다. 새로운 정부는 모든 지역이 중앙 정부에서 동등한 목소리를 낼 수 있게 해주기로 결정했다. 하지만 몇몇 자치 공화국들은 이 정도로 만족하지 않았다. 일찍이 체첸의 무슬림 주민들은 자결권을 갖고자 하는 열망을 선언했고, 모스크바 동쪽 볼가 강 양안에 걸쳐 있는 무슬림 자치 공화국 타타르스탄도 독자적인 국기를 내걸고 자체 항공사를 출범시키는가 하면 (체첸이 그랬듯) 러시아 연방 조약에 서명하기를 거부했다.

남캅카스의 분쟁

시간이 흘러 대부분의 잠재적 반란 지역들은 러시아의 우산 안으로 들어왔다. 하지만 체첸은 그러지 않았다. 옛 소련 시절에 체첸은 이웃한 무슬림 지역인 잉구셰티야와 하나의 자치 공화국을 이루었지만 두 집단은 사이가 그리 좋지 않았다. 그래서 1992년 러시아 의회는 공화국을 둘로 분리하는 안을 승인하여, 잉구셰티야는 비교적 협조적인 잉구셰티야인들의, 체첸은 호전적인 체첸인들의 보금자리가 되었다(그림 10-2). 하지만 체첸의 지도자들은 그 즉시 독립을 선언했고, 그로부터 점점 증폭되어 모스크바에까지 울려 퍼지게 된 폭력의 악순환이 시작되었다.

혹해와 카스피 해 사이, 캅카스 산맥의 북쪽 사면에 기대 있으며 미국 뉴잉글랜드 지방 정도로 조그만 크기의 체첸은 세 가지 경관을 지니고 있다. 체첸 반군의 유서 깊은 은신처인 남부의 캅카스 산맥, 주민의 30퍼센트를 차지하는 러시아인들이 대를 이어 농사를 지으며 살아가고 있는 테레크 강 북부의 평원 지대, 그리고 이 두 지역 사이의 도시-산업화된 중간 지대(그림 10-4). 이 중간 지대에는 수도인 그로즈니 및 여러 도

그림 10-4 캅카스 산맥 북사면에 위치한 체첸

시들과 석유 설비들이 위치해 있는데, 이 지역을 장악한다는 것은 곧 체첸 영토 전체를 통제한다는 뜻이다. 1994년 이래로 시작된 분쟁 또한 대부분 이 지역에서 일어났다. 이 분쟁에서 러시아군이 많게는 8만 명 이상까지 투입되어 반란군과 교전을 벌이기도 했는데, 아프가니스탄 혹은 이라크의 기억을 떠올리게 할 정도였다. 수도는 완전히 파괴되었고 다른 도시들도 심각한 피해를 입었으며, 교착 상태 이후 협상이 이루어지는가 하면 다시 전쟁이 재개되면서 양측 모두 큰 사상자를 냈다. 한편 독립을 요구하는 민족주의 운동은 이슬람의 대의와 연관된 더욱 광범위한 전쟁으로 변질됐고, 아프가니스탄과 사우디아라비아에서 무슬림 체첸을 지원하기 위해 투사와 자금이 속속 도착했다.[5]

그러나 체첸은 동쪽의 반항적이고 폭발성을 띤 다게스탄부터 비교

적 조용한 서쪽의 아디게야에 이르기까지, 캅카스 산맥의 북쪽 사면을 따라 줄줄이 위치한 일곱 개 민족 집단 중 하나에 불과하다(그림 10-2). 이 파편화된 지역에 위치한 이들 자치 공화국들은 저마다 특수한 문화적·정치적·경제적 문제를 안고 있다. 우선 다게스탄의 2백만 주민들은 얼추 30개의 민족 집단으로 분리돼 있다. 무슬림이 주류를 이루는 잉구셰티야는 주민들이 친러시아파와 친체첸파로 양분되어 있다. 또 전반적으로 친러시아 성향인 북오세티야는 국경 너머 조지아 안에 있는 남오세티야와 통일을 원하고 있다. 카바르디노발카리야의 무슬림 발카르인들은 2차 대전 시기 러시아에게 당한 학대를 기억하고 있다. 그리고 카라차예보체르케스카야 공화국의 많은 무슬림 카라차이인들도 전쟁 기간에 강제 이주를 당한 바 있다. 민족 갈등이 잠복되어 있지 않은 곳은 아디게야뿐이다. 테러리스트들이 체첸은 물론 다른 지역까지 분쟁을 확대시켰음에도, 체첸의 대의에 대한 공감은 체첸 경계 너머로까지 확산되었다.

테러 활동은 곧 모스크바까지 이르렀고, 러시아의 정치·경제적 전망에 수치로 환산할 수 없는 피해를 입혔다. 체첸인들이 중앙아시아로 강제 이주되었을 당시에 수많은 가족을 잃은 샤밀 바사예프는, 옐친을 체첸에 자치를 가져다 줄 유일한 희망으로 보고 1990년대에 모스크바에서 옐친 대통령을 지지하는 활동에 참여했다. 하지만 1994년 러시아군이 개입하면서 그 희망이 무너지자 바사예프는 테러리스트로 방향을 전환했다. 1995년에 러시아의 공격으로 그의 집이 파괴되고 아내와 두 딸과 형제를 비롯해 11명의 가족을 잃은 후, 그는 러시아의 오사마 빈 라덴이 되었다. 그는 그로부터 10년이 넘게 테러 활동을 계속했으며, 그로 인해 체첸 주변 지역은 물론 모스크바까지 혼란의 소용돌이로 휩쓸려 들어갔다.

바사예프가 처음으로 명확한 행동을 취한 것은 그의 가족들이 사망하고 한 달 뒤에, 이웃한 다게스탄의 한 병원을 공격한 일이었다. 이곳에서 그가 이끄는 투사들은 1천 5백 명의 인질을 붙잡고 그중 1백 명 이상을 살해했다. 1996년에 그의 세력은 러시아군을 그로즈니에서 철수시켜 러시아 정부가 거부했던 자치를 사실상 획득하게 된다. 이어진 '대통령' 선거에서 바사예프가 얻은 표는 전체의 4분의 1을 넘지 못했지만, 그는 '이케리아 공화국'이라고 새로 이름 붙인 체첸 분리주의 정부의 부총리직에 올랐다. 그러나 당시의 체첸은 사실상 국가로서 제 기능을 못하는 상태였고, 이슬람 지하드 전사들과 아랍의 자금이 국내로 흘러들어왔다. 러시아가 정치적 혼란에 빠지고 옐친이 대통령직에서 사임하려 하자, 바사예프 휘하의 테러리스트들은 다게스탄을 침공하고 모스크바의 아파트 건물 두 채를 폭파했다.

새로 대통령이 된 블라디미르 푸틴Vladimir Putin이 1999년 말 러시아군에 다시금 체첸 공격을 명하면서 2차 전쟁을 개시했을 때 러시아인들은 이를 대대적으로 지지했다. 당시 러시아의 공격 대상이 되었던 체첸 정부를 인정한 나라는 아프가니스탄의 탈레반 하나뿐이었다. 2000년의 한겨울에 체첸군은 쑥대밭이 된 그로즈니에서 밀려나 산악 지방에 은신했고, 그 이후 바사예프의 활동은 잇따른 테러 공격을 계획하고 명령하는 선에 머물렀다. 그중에서 가장 극적이었던 것은 아마도 2002년 10월에 41명의 체첸인과 그 동맹군들이 모스크바의 한 극장을 접수한 사건일 것이다. 극장에는 관객이 꽉 들어찬 가운데 공연이 진행 중이었다. 인질극은 교착 상태에 빠져 오랫동안 질질 끌었고, 구조 작업은 서툴렀으며, 관객 130명이 사망했다.

이런 테러가 2004년 한 해 동안에만 러시아에 얼마나 큰 충격을 미쳤는지 살펴보자. 이 해 2월 모스크바의 지하철에 폭탄이 터져 41명이 죽고 1백 명 이상이 부상당했다. 5월에는 그로즈니의 한 경기장 좌석 밑에 폭탄이 설치되어, 러시아 정부가 새로 승인한 아흐마드 카디로프Akhmad Kadyrov 대통령이 피살되었다. 6월에는 이웃한 잉구셰티야의 경찰 시설이 공격을 받아 거의 1백 명이, 8월에는 그로즈니의 경찰 시설이 공격을 받아 50명 이상이 사망했다. 9월에는 일단의 테러리스트들이 북오세티야의 베슬란에 있는 한 학교에서 1천 명이 넘는 어린 학생, 학부모, 교사들을 붙잡고 인질극을 벌였으며, 그 결과 최소한 370명의 어린이와 어른들이 목숨을 잃었다. 역시 9월에는 자살 폭탄 테러로 모스크바 공항에서 이륙 중이던 항공기 두 대가 동시에 폭발해 90명이 죽었다. 이러한 행동으로 역사의 경로를 바꿀 가능성은 불투명하다. 체첸은 공화국을 잃었고, 동맹군 중 다수는 이라크의 이교도들과 싸우기 위해 떠난 상태다. 현재 그들은 시기를 보아 가며 보복을 감행하면서 자신들의 명분이 중심 무대에 복귀할 때를 기다리고 있다.

푸틴 시대

2004년은 러시아가 중요한 문턱을 넘은 해였다. 2000년 처음 선출된 블라디미르 푸틴 대통령이 재선되어 4년 연임이 확정되고, 중요한 여러 가지 측면으로 권력을 강화하기 시작한 것이다. 임기 첫해에 푸틴은 체첸에서의 군사 행동을 강화하여, 대부분의 무슬림 극단 세력을 체첸의 중간 지대에서 산악 지대로 몰아내는 성과를 거둔 바 있었다. 이제 그는 베슬란 학교 학살 사건에 대한 대중의 분노를 이용하여 표면적으로 테러 위협에 맞서 러시아를 강화하는 일련의 조치들을 제안했는데, 사실상 이는 국내 정치에서 자신의 입지를 강화하기 위한 조치였다. 예를 들어 그는 지방 주지사를 그 지방 주민들이 선출하기보다 대통령이 임명하도록 했다. 본질적으로 이는, 이름뿐인 연방이었던 공산주의 시절의 시스템으로부터 민주적인 진짜 연방을 만들려 한 보리스 옐친의 노력에 종지부를 찍은 것이었다.

이를 비롯하여 푸틴이 취한 여러 조치들은 자신의 개인적 권력을 강화하기 위한 것이었지만, 여론 조사에서 그는 폭넓은 대중의 지지를 받았다. 그는 계속되는 테러 행위에 대한 우려를 자주 표시했다. 2005년에는 테러가 다게스탄과 그 너머까지 확산됐고, 카바르디노발카리야 공화국의 수도인 날치크에서는 무슬림 광신도들의 용의주도한 공격으로 1백 명 이상이 사망하기도 했다. 푸틴의 정책은 체첸의 분쟁을 '체첸화'시키는 것이었다. 이 정책은 현지의 친러시아 민병대를 완강한 반군과 맞붙여, 테러 활동을 공화국 내부에 가둬 놓는 데 어느 정도 효과를 발휘했다. (폭탄을 설치해서 친러시아 성향의 아흐마드 카디로프 체첸 대통령을 살해한 것을 비롯해) 체첸뿐 아니라 러시아에 대단히 큰 피해를 입혔던 테러 지도자 샤밀 바사예프는 2006년 7월 잉구셰티아에 테러 공격을 하기 위해 다이너마이트를 싣고 가던 중 트럭이 폭발해 사망했다. 바사예프의 죽음을 푸틴의 직접적 공으로 돌릴 수는 없지만, 이 사건은 그의 재임기에 일어났고 체첸의 평화에 이정표가 되었다.

그러나 테러는 계속해서 러시아를 괴롭혔다. 남캅카스에서는 주로 무슬림과 비무슬림 현지인들이 연루된 공격들이 행해졌지만, 테러 공격은 러시아 본토에서도 계속되었다. 2009년 11월에는 모스크바와 상트페테르부르크 사이를 오가는 급행열차가 폭발해 30명 이상이 숨졌다. 2010년 3월에는 남캅카스 출신의 자살 폭탄 테러범들이 모스크바의 지하철역 두 곳에서 폭발물을 터뜨려 40명을 살해했다. 2011년 1월 25일에는 모스크바 도모데도보 공항의 입국 터미널에서 폭탄이 터져 35명이 숨졌다. 러시아에서 테러 위협은 아직도 끝나지 않은 현실이며, 곳곳에 공포와 분노를 심으며 러시아인과 비러시아계 주민들 사이의 깨지기 쉬운 평화를 위협하고 있다.

러시아의 심각한 인구 문제

러시아의 정치적·경제적·전략적 몸부림이 계속되는 배경에는, 인구학자들이 끊임없이 재앙이라고 경고하는 대단히 심각한 사회적 문제가 존재한다.[6] 1991년 소련이 해체되고 러시아가 재편되어 출현했을 때 그 인구는 대략 1억 4천 8백만이었다. 그런데 그 동안에 이웃한 과거의 여러 소비에트 공화국에서 러시아 민족이 수백만이나 이주해 들어왔는데도, 2012년 초까지 인구가 오히려 1억 4천 1백만으로 줄어들었다. 인구 문제를 연구하는 지리학자들의 계산에 따르면, 공산주의가 종식된 이래로 러시아에서 발생한 사망자 수가 출생자 수보다 1천만 명이나 더 많다고 한다. 대개의 경우 이런 대규모 인구 감소는 큰 전쟁이 오래 계속되거나 대량 이주가 발생했을 때 일어난다. 하지만 러시아의 경우 문제는 전쟁도 이주민의 대량 유출도 아니다. 이 상황은 심각한 사회적 혼란의 징후다.

소련이 붕괴한 시기와 그 이후에 러시아의 출생률이 현격히 떨어진 것은 놀라운 일이 아니다. 불확실성이 만연하는 때에는 가족들이 아기를 적게 가지는 경향이 있기 때문이다. 실제로 출생률은 1천 명당 9명 바로 아래 수준에서 어느 정도 안정됐지만, 사망률이 1천 명당 16명 이상으로 치솟았기 때문에 그 결과 매년 0.7퍼센트 이상, 다시 말해 거의 1백만 명씩 인구가 감소한 것이다. 인구학자들이 입을 모아 재앙이라고 말하는 이런 심각한 감소세는, 이곳으로 유입되는 이주민들 덕분에 그나마 둔화되었다. 지난 20년간 러시아의 인구는 급감했다.

무엇 때문에 이런 재난이 초래됐을까? 출생률이 억제된 것은 낙태 관행과 성병이 널리 퍼져 있기 때문이지만, 진짜 문제는 사망률, 특히 남성의 사망률이 증가한 것이 원인이다. 우선 결핵, 심장병, 그리고 통계에 잡히지 않는 에이즈 같은 질병들이 만연해 있다. 또 러시아 특유의 알코올 중독은 보드카나 (최근에는) 맥주를 폭음하는 문화의 산물로서, 이런 질병들과 밀접히 연관되어 있다. 그 외에도 (특히 젊은 남성들의) 심한 흡연, 교통사고와 산업 재해, 자살, 살인 등이 주된 사망 원인으로 꼽힌다. 평균적인 러시아 남성은 폭력으로 죽음을 맞이하거나 사고사할 확률이 유럽연합의 다른 나라에 비해 9배나 높다. 러시아 남성의 기대 수명은 1991년 71세에서 2004년에는 59세로 뚝 떨어졌다(여성의 기대 수명 또한 떨어졌지만 72세로 그렇게 심하지는 않다). 오늘날 러시아의 십대 남성 중에서 60세까지 생존할 사람은 절반 이하이다.

이 위기에 어떻게 대응할 것인가? 러시아 의회인 두마Duma는 급속도로 성장하는 맥주 산업에 광고를 제한하도록 압력을 넣고, 길거리에서 맥주를 마시는 것을 금지하는 법률을 제정하려는 움직임을 보였다. 그러나 보드카를 소비하는 문화는 너무나 뿌리 깊이 박혀 있어서 이 운동이 소기의 효과를 거두기는 힘들어 보인다. 하지만 이런 심각한 인구 감소가 계속된다면, 2050년경에 러시아의 인구는 1억 명 혹은 그 이하로 떨어질 것이다. 러시아의 광활한 영토를 고려했을 때, 존속이 힘들만큼 나라가 쇠약해질 수도 있다. 1990년부터 2010년 사이에 극동 지방은 인구가 17퍼센트나 감소했고, 남부 지방은 12퍼센트, 북서부 지방은 8퍼센트 이상, 시베리아는 5퍼센트 가까이 줄어들었다(그림 10-5). 극동 지역은 면

그림 10-5 러시아의 8개 연방 관구와 그 수도(2000년 5월 지정, 2009년 수정). 푸틴 대통령이 새로 지정하여, 총 80개가 넘는 역사적 지역들로 구성된 러시아의 기존 행정 구역 위에 설치했다[러시아는 2014년 3월 21일 크림 반도를 병합하면서 크림 연방 관구를 신설했지만 국제적으로 인정받지 못하고 있다—옮긴이]. 지난 20년간의 인구 감소율이 관구별로 표시되어 있다.

적이 미국 본토와 맞먹는데 거주하는 주민의 수는 6천 7백만 명으로, 만성적으로 노동력이 부족하고 발전이 대부분 정체되어 있다.[7] 유일한 해결책은 대규모로 이주민을 받는 것인데, 이미 북한사람들과 중국인 이민자들이 러시아로 넘어올 준비가 되어 있다. 하지만 모스크바의 중앙 정부가 25만 명에 이르는 동아시아 이주자들의 이민을 허락할지 여부는 또 다른 문제다. 극동 지역에 거주하는 러시아인의 비율은 이미 희박한 수준인데, 여기에 북한 사람들과 중국인이 대규모로 이주한다면 경제적인 문제는 해결될지 몰라도 새로운 사회 문제가 발생할 수도 있다. 러시아는 인구학적 문제를 겪고 있으며, 여기서 헤어 나올 길은 좀처럼 보이지 않는다.

2010년 러시아 정부는 인구 감소세가 안정됐으며 지난해에 약 2만 5

천 명이 늘었다고 발표했다. 메드베데프 행정부는 사회적 조건을 개선하려는 노력들을 들며 최악의 국면은 지나갔다고 말했다. 또 대통령 당선자 푸틴은 인구적으로 새로운, 긍정적 시대를 주도하겠다고 서약했다. 별로 신뢰가 가는 말은 아니다.

새로운 시대, 해묵은 문제들

2000년, 러시아는 10년 전만 해도 상상할 수 없었던 위업을 달성했다. 대통령을 민주적으로 교체하는 데 성공한 것이다. 거의 10년 가까이 대통령을 지낸 보리스 옐친의 뒤를 이은 사람은 블라디미르 푸틴이었다. 더 젊고 더 정력적이며 러시아를 새로운 길로 인도할 결의가 확고했던 그는, 전임자와 결탁했던 과두 재벌들과 맞서고 경제를 부흥시키고 군대 개혁에 착수했다. 그는 러시아가 안정된 정치 체제를 갖추고 세계 수준의 경제 강국이 되며, 1990년대에 잃어버린 국제적인 존경을 회복하고 이를 강화하겠다고 대중에게 확실히 표명했다. 또 그는 법치를 준수하겠다고 선언했으며, 이 원칙을 이용하여 옐친과 유착했던 몇몇 과두 재벌들을 잡아서 감옥에 보냈다. 하지만 푸틴 대통령이 말하는 법치란 하원 의회인 두마에서 통과된 규칙이라기보다는 자신의 독단적인 권력을 의미하는 듯이 보였다.

러시아는 수백 년을 거슬러 올라가는 권위주의 정부의 역사를 가지고 있다. 옐친 대통령 시기에 혼란스럽고 왜곡된 민주주의와 자본주의를 경험한 러시아인들은 다소 권위주의적이더라도 강한 지도자를 갈망했다.[8] 따라서 이는 러시아인들이 어느 정도는 원하던 것이었고, 계속되는 체첸 분쟁과 테러의 확대는 오히려 그런 기회를 마련해주었다. 베슬란 참사 직후에 푸틴 대통령은 "민주주의는 안정보다는 불안정을 (……) 또 통일보다는 분열을 낳는다"[9]라고 말했다. 문화적으로 분열된 지역에서 민족적·종교적 긴장은 '위로부터의 철권'으로만 통제할 수 있다는 것이다. 러시아인 대다수는 그의 말에 동의하는 듯 보였고, 많은 이들은 이를 위해 개인의 자유까지도 양보할 의향을 보였다. 공포 속에서 살아가는 사람들은 개인의 권리나 자유에 대해서는 그만큼 덜 걱정하게 되고, 정치 지도자들은 그런 분위기를 교묘히 이용해 자신들에게 권력을 집중시킬 수 있다. 푸틴 대통령은 소련 시절에는 체첸 분쟁 같은 일이 일어나지 않았으며, '지배 이데올로기'로 그런 소요를 '엄하게 억눌렀다'고 만족스럽게 지적했다. 기회를 포착한 대통령은 당시만 해도 독립적이었던 텔레비전, 라디오, 기타 미디어를 통제하기 시작했고, 지역·지방 선거를 재편하는 데 착수했다.

여전히 예측할 수 없는 상태에 놓여 있던 러시아의 89개 지방을 좀더 효과적으로 통제하려는 전략은 그 몇 년 전부터 전조를 드러내기 시작했다. 당시 푸틴 행정부는 연방 전역을 일곱 개의 행정 구역으로 새롭게 구분했는데, 이는 중앙 정부에 대한 각 지역의 영향력을 높이기 위한 것이 아니라 거꾸로 중앙 정부의 권위를 각 지역에 확대하기 위한 조치였다(그림 10-5에―나중에 추가된 북캅카스 관구를 포함하여―이 행정 단위들이 표시되어 있다). 이 일곱 개의 '연방' 관구에는 각기 수도가 지정되었고, 이 수도는 중앙 정부의 '지침'을 전달하는 통로 구실을 했다. 그리고 2004년에 마침내 올 것이 왔다. 푸틴 대통령이 89개 지방 정부가 수반을 스스로 선출할 수 있는 권한을 박탈하는 내용의 법률을 도입한 것이다. 이는 지방마다 대표를 세울 수 있는, 헌법에 보장된 민주적 기본권에 역행하는 조치였다. 기존의 대표들은 러시아의 상원인 연방 이사회에 참석할 자격을 상실했고, 이후로 각 지방의 대표자는 그 지역의 주민이 선출하는 것이 아니라 대통령이 임명하게 되었다. 또 이와 더불어 대통령은 무소속 의원을 없애고 정당이 지명한 후보만 출마할 수 있게 두마의 선거 체제를 개편할 계획을 발표했다. 대통령에 충성하는 정당이 압도적인 다수를 차지하는 두마에서는 이 모든 조치를 수용하였고, 심지어 일부 선출된 대표들도 이를 지지했다. 한 러시아인 동료가 중국의 경제 노선을 빗대어 한 말을 빌리면, 이는 "러시아식 민주주의"로의 후퇴였다. 그러나 서구 정부들은 강한 의구심을 표했다.

러시아가 새로운 권위주의를 향해 표류하는 데 대한 우려는 2004년 푸틴이 재선된 이후 발표한 성명으로 더욱 심화되었다. 2005년 G. W. 부시 대통령과의 회담에서 푸틴 대통령은 민주주의에 대한 의구심을 다시 제기했다. 러시아의 민주주의가 미국의 마음에 안 들지 모르지만 미국의 민주주의도 나름의 모순을 지니고 있다는 증거로 미국의 선거인단을 거론하기도 했다. 또 러시아의 언론 규제와 비슷한 것이 (그렇게 민주적이지만은 않은) '민주주의' 국가에도 있다고 주장했다.

푸틴은 2008년에는 후보에 출마할 수 없었지만 이미 후계자를 점찍어 놓은 후였다. 바로 푸틴의 조력자이자 보좌관으로, 이전에는 한 번도 선거에 출마한 적이 없었던 드미트리 메드베데프Dmitry Medvedev였다. 푸틴의 승인은 메드베데프가 대통령직에 오르는 보증수표였으며, 푸틴은 총리 자리를 차지하고 막후의 권력으로 존재했다. 그 즉시 러시아 안팎에서는, 이것이 러시아 헌법의 3선 연임 금지 조항을 회피하면서 푸틴의 2012년 대통령직 복귀를 노린 포석이라는 의심이 제기되었다. 그리고 이는 곧 맞아떨어졌다. 2011년 가을 푸틴은 메드베데프와 2012년 (결론이 이미 정해진) 대통령 '선거' 때에 서로 자리를 바꾸기로 '합의했다'라고 발표했다. 이쯤 되면 민주주의는 관두는 편이 낫겠다.

물론 재임시에 푸틴은 매우 인기 있는 대통령이었고, 2012년 대선이 자유롭고 개방적으로 치러진다 해도 아마 승리할 수 있을 것이다[푸틴은 2012년 3월 대선에서 승리하여 2015년 현재 세 번째 대통령 임기를 맡고 있다―옮긴이]. 그는 1990년대 러시아를 경제 붕괴에서 구해냈고, 체첸 문제를 단호하게 정면 돌파했으며, 첫 두 임기 동안 세계 에너지 가격의 급등으로 이득을 취했다. 또 국내에서 러시아인들의 자신감을 회복하고 오랫동안 잠들어 있던 민족주의를 부흥시키는 데 큰 몫을 했다. 러시아는 다시금 무시할 수 없는 강국이 되었고, 그렇게 만든 것은 푸틴이었다.

오늘날의 세계와 러시아

러시아는 과거 소련이 지녔던 세계적 강대국의 지위를 다시 회복할 능력은 없을지 몰라도, 현대 세계의 주축 세력 중 하나임은 분명하다. 그 현황과 운용 실태가 불분명하기는 해도 핵무기를 보유하고 있으며, 병력도 1990년대에 그랬던 것처럼 무질서하지 않다. 러시아는 이권이 위협받자 이웃한 조지아와 전쟁을 벌였다. 또 서구의 안보 계획에 대해, 유럽의 탄도 미사일 방어 기지를 겨냥하여 칼리닌그라드에 미사일을 배치하겠다는 위협으로 대응했다. 러시아는 과거 14개 소비에트 동맹국 중 9개국에 아직도 군사 기지를 보유하고 있다. 지금도 속속 발견되고 있는 러시아의 풍부한 에너지원은 이미 유럽에 없어서는 안 될 자원이며, 중국과 일본에서도 점점 중요성이 커지고 있다. 그리고 러시아는 국제 전략 문제에서 때때로 방해자가 될 수 있는 독자적인 위치를 점하고 있다.

2011년 유엔 안보리에서 러시아는 시리아의 살인적인 바샤르 알아

사드 정권을 제재하는 결의안에 중국과 더불어 거부권을 행사했다. 또 이란의 핵 야심을 지원하고, 코소보의 독립에 반대하는 세르비아를 지원하기도 했다(2012년 기준으로 러시아는 코소보의 주권을 인정하지 않는 소수 국가들 중 하나다). 2011년 11월 당시 러시아의 대통령이던 메드베데프는, 미국이 동유럽에 미사일 방어 체제를 설치하는 계획을 진행하면 자국 미사일을 배치하고 뉴스타트 핵무기 감축 조약에서 탈퇴하겠다고 경고했다. 이 체제는 이란의 잠재적 미사일 공격을 방어하기 위해 설계되어 루마니아에 요격 미사일, 터키에 레이더 기지를 설치할 예정이었지만, 모스크바는 이를 자국의 전략적 억지력에 대한 위협으로 해석한 것이다. 러시아가 이 쟁점을 방금 비준된 뉴스타트 조약과 연결시킨 것은, 이 조약에 대한 새로운 의구심 또는 크렘린 내부의 견해 차이를 드러내는 것일 수 있다. 이런 식으로 전술을 조합한 것은 이데올로기적이라기보다는 기회주의적인 행보로 보이지만, 국제 사회의 논의에서 러시아를 좀 더 영향력 있는 변수로 만들려는 모스크바의 열망이 반영되어 있음은 분명하다. 이는 또 선거에 관한 한 언제나 유리하게 작용하는 러시아 민족주의를 자극하기 위해 고안된 것이기도 하다.

그러나 2011년 12월 4일 치러진 총선은 뜻밖의 결과로 모두를 놀라게 하며 러시아의 정치 지리적 지형을—대단히 갑작스럽게—바꾸어놓은 듯 보였다. 푸틴의 러시아에서 선거 부정은 일상이 되어 있었고, 국영 텔레비전은 사실상 (푸틴과 메드베데프가 속한) 통합러시아당의 선전 도구였으며, 정치적 독점은 안정과 번영을 위해 치러야 할 대가였다. 하지만 이때는 상황이 달라졌다. 지난 선거에서 3분의 2 가까이 득표했다고 선언했던 통합러시아당의 공식 득표율이 50퍼센트 미만으로 하락한 것이다. 그러나 광범위한 부정이 행해졌다는 주장을 감안하면 실제 득표율은 이

무엇이 잘못되었나?

20여 년 전 소련이 해체되었을 때, 전 세계는 이 잔해에서 출현한 새로운 러시아가 서구적 가치를 받아들이고 급속히 변화하는 국제 사회에서 핵심적 역할을 하리라는 희망으로 부풀어 올랐다.

그러나 머잖아 무질서와 불확실성에 대한 공포와 함께 옛 체제에 대한 향수가 밀어닥치면서 희망은 산산이 부서졌고, 옛 소련 시절을 연상시키는 권위주의, 부패, 관료적 독점이 되돌아왔다. 대체 무슨 일이 일어난 것일까?

공산주의의 제도적 잔재는 끈질기게 살아남았고, 러시아의 허약한 제도는 관료적 권력이 힘을 키우는 데 일조했다. 경찰, 법원, 언론, 학교, 은행, 군대, 이 모두가 옐친 시절에는 자산가나 에너지 산업 거물로서 부를 축적한 공직자 및 과두 재벌의 수중에, 그리고 푸틴 시절에는 포상을 노리고 과두 재벌과 공직자 출신 기업가들을 물어뜯은 관료들의 수중에 들어갔다. 2010년 『이코노미스트』는 "스탈린이 탄압과 몰살로 이룩한 일을, 오늘날의 러시아는 부패와 국가 폭력으로 실현해냈다"라고 비꼬았다.

여전히 러시아 사람들은 사유화된 국가 권력과 강압에 의한 사회 안정을 크렘린이 양극 체제의 한 축을 담당하던 시절과 결부시킨다. '마피아 국가'에 대한 이들의 관용이 지속되는 이유는 일정 부분 국가적 에너지 수출로 인한 소득 증가 때문이다. 그러나 심판의 징후는 임박한 듯 보인다.

보다도 훨씬 적을 것으로 여겨졌다. 언론은 푸틴이 투표한 투표소와 다른 곳들보다 감시가 철저했던 투표소에서는 통합러시아당의 득표율이 24퍼센트 미만으로 나와, 득표율이 26퍼센트를 넘긴 공산당에 패배했다고 보도했다.

진정한 민주적 야당이 부재한 상황에서, 유권자들은 공산당에 투표하거나, '야블로코[러시아어로 '사과'라는 뜻으로, 경제학자 출신인 그리고리 야블린스키가 이끄는 친서방, 자유주의 성향의 정당이다—옮긴이]'의 경우처럼 심지어 원외 정당에 투표하는 식으로 불만을 표시했다. 이들은 유례없는 수준의 분노를 표시하면서 거리를 점거하고 시위를 벌이다가 기동 경찰에 의해 무참히 해산되었다. 한편 정권은 규탄과 행동을 촉구하는 내용이 담긴 온라인 소셜 네트워크의 검열을 시도했다. 푸틴이 깊은 인상을 남기려고 그토록 공을 들였던 국제 사회의 언론들은 푸틴의 부정 선거를 비판하고 조롱했다(「뉴스위크」는 러시아가 별 볼일 없는 나라로 전락 중인 "줄어드는 초강대국Incredible Shrinking Superpower"이라 비웃었고, 「이코노미스트」는 푸틴에게 "크렘린을 청소하고 경제를 현대화하라"고 주문했다). 러시아인들이 역사적으로 안정을 선호해왔음을 지적하며 연쇄 시위가 금방 끝날 것으로 예상한 이들은, 선거 3주 뒤 모스크바에서 약 10만 명이 거리로 쏟아져 나오고 그 이후로도 모스크바와 다른 지역에서 간헐적인 데모가 계속 이어진 데 놀라움을 금치 못했다. 시위 지도자들과 크렘린 간의 대화를 위해 시작한 협상은 1월 16일 결렬되었고, 한겨울에 이르자 푸틴이 익숙한 전략을 구사하고 있음이 명백해졌다. 시간을 끌면서 자잘한 부분을 양보하고 대대적인 뇌물을 풀어 사회적 상처를 달래는 것이었다.

그 양보 중 한 가지는 언뜻 의미심장해 보였다. 2012년 1월 중순 레임덕 상태에 있던 메드베데프 대통령이 러시아 의원들에게 지방 정부 수반의 직선제 복귀안을 제시한 것이다. 처음에 이는 시위대의 요구에 대한 직접적이고 긍정적인 반응처럼 보였지만, 그 구체적인 제안 내용은 (실현된다 해도) 보기보다 덜 민주적이었다. 정당들은 지방 선거 후보를 지명할 권한을 가지지만 그 전에 대통령과 협의를 거쳐야 하고, "협의 절차는 대통령이 정하도록" 되어 있었기 때문이다. 이쯤 되면 민주 정부라고 할 수가 없다. 한편 차기 대통령 푸틴은 '외래적 요소들'이 러시아 안팎의 불안을 부채질했다며 비난하기 시작했다. 특히 '강제적·군사적 수단을 동원해 민주주의를 수출하려 하는 국가들'을 지목한 것을 보면, 그가 어떤 외래적 요소를 염두에 두었는지는 명백하다.

푸틴 러시아의 전망

2012년 초 기준, 푸틴 대통령과 그가 이끄는 통합러시아당이 선거의 격랑을 뚫고 2012년 3월 대권을 쥐게 될 것은 분명해 보인다. 미국에서 오바마 대통령의 정책 입안자와 그 고문들은 동아시아 전략과 아랍 세계 문제에 정신이 팔려 있다. 그들은 이 두 가지를 예산 삭감에 발목이 잡혀 그 포부를 제한해야 하는 미군이 장래에 집중해야 할 핵심적인 문제로 판단한 듯하다. 러시아 총선 이후 국내에 불어닥친 격변으로 인해, 미사일 방어 체제를 둘러싼 미국과 러시아 간의 다툼은 잠시 뒤로 밀려났다. 새로운 푸틴 시대, 러시아 장래의 더 큰 쟁점들은 미국의 레이더에 잡히지 않고 있는 듯 보인다. 그러나 러시아를 옐친 이후의 붕괴 국면에서 스스로 구해냈다고 자부하는 푸틴은, 이 나라에 대한 자신의 구상을 그간의 연설과 성명을 통해 분명히 밝혀왔다.

이 구상에 따르면 푸틴은 칼리닌그라드에서 하바로프스크까지, 백해에서 카스피 해까지 이르는 유라시아의 정치·경제 지리를 바꾸어놓을 계획이다. 막대한 페트로루블과 러시아 주변 국가들의 무기력을 고려할 때, 푸틴의 프로젝트는 소련 붕괴 이후 독립국가연합CIS의 실패를 반복하지 않을 것 같다. 러시아의 지도자로서 푸틴은 권력과 자원을 손에 쥘 것이고, 제국의 죽음을 공개적으로 자주 한탄해온 만큼 그 제국의 새로운 외피를 부활시킬 청사진을 그릴 것이다.

그 증거는 여러 가지 형태로 축적되고 있다. 2002년 푸틴이 처음 취임한 직후 러시아 군대가 키르기스스탄에 도착하기 시작했다. 이슬람 테러리즘을 방어한다는 명목이었지만 그보다는 이곳의 미 주둔군을 견제하기 위한 것이었다. 2008년 이웃 나라 조지아에 대한 러시아의 군사 개입 및 분할은 메드베데프 대통령의 임기 중에 발생한 일이지만 푸틴의 재가가 없었다면 일어나지 않았을 것이다. 이 사건은 러시아의 '근외 지역Near Abroad'에 충격파를 일으켰다. 2011년 후반 모스크바는 나토의 아프가니스탄 군사 작전에서 중대한 역할을 하고 있던 키르기스스탄 마나스의 미군 기지를 선거 쟁점으로 부상시켜 그 폐쇄를 요구하기도 했다.

경제 영역에서 푸틴은 새로운 '공동경제구역CES'을 구상하고 있다. 이는 원래 러시아, 벨라루스, 카자흐스탄을 엮는 관세 동맹인데, 러시아는 이를 난국에 빠진 유로화와 경쟁할 단일 통화를 도입하는 등 더 깊숙한 경제적 통합을 추구하는 더 광범위한 동맹의 전신으로서 내세우고 있다. 2012년 1월 1일 벨라루스의 가입과 더불어 공식 출범한 공동경제구역은 푸틴이 러시아의 국제무역기구WTO 가입에 오랫동안 미지근한 태도를 보였던 이유를 설명해주며, 메드베데프가 러시아의 국제무역기구 가입을 적극적으로 추진했던 것을 감안할 때 푸틴-메드베데프 동맹의 명백한 균열을 드러낸다.

대러시아를 세계 열강으로 부상시키려는 푸틴의 노력은, 모스크바의 세력권을 확장하고 러시아를 벼랑 끝에서 돌려 세운 공식—권력을 집중시키고, 권위주의적 정부를 만들고, 필요한 경우 국내외에 군사적으로 개입하고, 에너지 자원을 국가 수입 증대뿐 아니라 (벨라루스의 경우처럼) 강압적 용도에 활용하고, 러시아의 핵무기 및 미사일 능력을 전략적 협상의 변수로 동원하는—을 확대하는 데 있다. 공동경제구역의 확대를 통해 러시아는 (주로 카자흐스탄 북부에 있는) 러시아계 소수 민족의 재편입, 투르크메니스탄의 유전과 가스전 같은 주요 에너지원의 재통합, 아직까지 소련 시절 공화국의 특징들을 보유한 우즈베키스탄 같은 '근외 지역' 정부와 정권들의 순응 등을 얻어낼 수 있다. 미래의 푸틴주의는 중앙아시아의 정치 민주화에 그리 좋은 징조가 아니다.

그러나 푸틴이 구상하는 대전략의 성패는 한 가지 결정적 요소에 달려 있다. 균열되어 있어 다루기 힘든 우크라이나다. 이곳은 러시아계 소수 민족이 많고 지리적으로 밀집되어 있으며, 흑해에 접해 있고 석유와 천연가스 파이프라인이 통과하며, 산업·농업 생산량과 잠재력이 크다. 그리고 러시아의 주요 무역 상대국이기 때문에 과거 공산 제국에서도 그랬듯 모스크바를 중심으로 한 공동경제구역은 중요한 위치를 차지할 것이다. 우크라이나의 혼란스러운 민주주의에 대한 러시아의 고압적 개입이나, 2008~2009년 겨울 천연가스 가격 분쟁이 빚어졌을 때 모스크바가 우크라이나로(그리고 우크라이나를 통해서) 가는 가스 공급을 중단한 사건은 우크라이나의 미래가 러시아가 아닌 유럽연합과 함께 가야 함을 시사한다고 볼 수도 있다. 그러나 2010년 친러시아 성향인 빅토르 야누코비치Victor Yanukovych 대통령의 취임으로 상황은 푸틴에게 유리한 쪽으로 전환된 듯하다. 야누코비치가 당선된 직후 우크라이나 정부는 흑해 연안 세바스토폴에 있는 러시아 해군 기지의 임대 기간을 25년 더 연장하는 데 동의하고, 그 대가로 러시아에서 수입하는 천연가스 가격을 할인받았다. 그리고 우크라이나의 수도 키이우(키예프)에서는 오래된 습관이 다시 모습을 드러냈다. 언론이 통제되고, 이전 행정부에서 추진했던 민주적 개혁이 후퇴했으며, 1932~1933년 대기근이 사실상 소련의 학살이나 다름 없었다는 것을 공공연히 논의하는 것이 금지되었다. 유럽이 어지럽고 푸틴이 권좌로 복귀한 지금, 유라시아의 새로운 지도와 세계 속에서 점점 커지고 있는 러시아의 역할을 상상하기란 어렵지 않다.

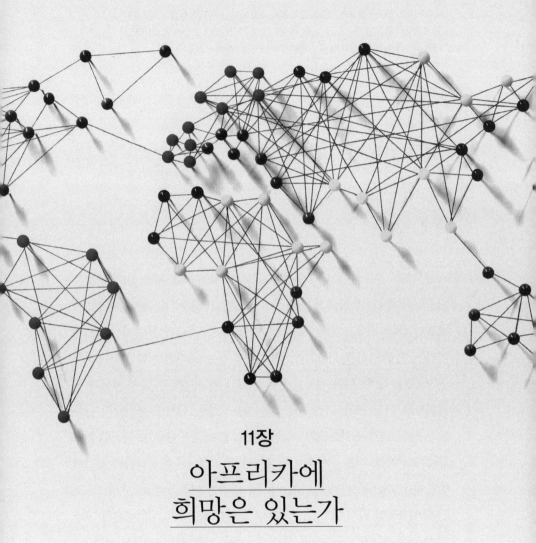

11장

<u>아프리카에</u>
<u>희망은 있는가</u>

아프리카는 잇따른 불행에 시달리고 있으며, 그중 일부는 지리적 성격을 띠고 있다. 이 불행들은 좀처럼 끝나지 않아, 전 세계에 혜택이 되는 일이 오히려 아프리카가 다른 나라들을 따라잡을 기회를 방해하게 되는 지경에까지 이르렀다.

비공식적이지만 설득력 있는 조사에 따르면, 세계의 지리 영역 중에서 미국인의 관심이 가장 덜 미치는 지역이 바로 아프리카이다. 여기서 아프리카란, 광활한 사하라 사막 이남에 놓인 '진짜' 아프리카를 말한다. 호전적인 아샨티, 짐바브웨를 건설한 신비에 싸인 이들, 강력한 줄루 제국과 잔지바르의 석조 도시, 다카르의 북적이는 시장들, 니제르 삼각주의 석유 시추 시설, 비트바테르스란트의 금광이 있으며, 광활한 콩고 분지와 위대한 킬리만자로, 빅토리아 폭포와 테이블 산, 대호大湖와 칼라하리 사막이 놓인 바로 그 아프리카 말이다. 이처럼 다양한 민족과 변화무쌍한 문화, 인류의 거울인 멸종 위기의 영장류들, 신생대 제3기 초기와의 연결 고리인 사라져 가는 야생동물들을 볼 수 있는 곳은 전 세계 어디에도 없다.

우리에게 아프리카는 '미지의 땅terra incognita'이다. 아프리카가 세계의 주목을 받는 것은 주로 내전, 보건상의 위기, 자연재해, 테러 공격이 일어났을 때이며, 다른 지역처럼 긍정적인 발전으로 주목받는 경우는 혼치 않다. 살인 독재자인 사니 아바차Sani Abacha가 나이지리아를 통치했을 때 그의 잔학 행위는 언론에 심심찮게 오르내리는 소재였지만, 이 나라가 놀랍게도 서서히 민주주의로 이행하고 오바산조Obasanjo 대통령이 선출되었을 때, 아프리카에서 가장 인구가 많고 종교적으로 분열된 이 국가를 다스리는 수고는 별다른 주목을 끌지 못했다. 물론 남아프리카공화국이 아파르트헤이트에서 민주주의로 극적으로 이행하면서 단기간 관심이 치솟고 넬슨 만델라Nelson Mandela 대통령이 저명인사의 반열에 오르기는 했다. 하지만 아프리카에서 여러모로 가장 중요한 이 나라에 대해 미국의 언론들은 과연 얼마나 주의를 기울이고 있는가?

2009년 오바마 대통령이 가나를 방문해 이 나라에 새로 출범한 민주 정부의 중요성을 인정하면서 그러했듯, 미국의 지도자들은 아프리카가 처한 곤경을 인식하고 있다는 제스처를 이따금 보여주고 이를 영향력 있는 위치로 진출하는 데 이용하곤 한다. 조지 W. 부시 대통령도 첫 번째 임기 때 에이즈와 싸우는 데(아울러 가족계획에 대한 그의 지지자들의 견해를 홍보하는 데) 150억 달러를 지원하겠다고 공언한 바 있다. 콜린 파월Colin Powell이 부시 행정부 최초의 국무장관으로 임명되었을 때, 그는 자기 임기 중에 아프리카를 최우선 순위 중 하나로 놓겠다고 말해 많은 이들을 희망에 부풀게 했다. 하지만 2001년 9월 11일의 사건과 그 이후에 벌어진 일들로 인해 이러한 계획은 시작하기도 전에 무산돼 버렸다.

사하라 이남 아프리카는 호미닌hominin의 고향이자 인류의 요람이며, 인류 최초의 공동체가 출현한 무대이자 최초의 문화가 꽃핀 현장이다. 또 인류가 최초의 도구를 만들고 최초의 언어를 말한 장소이며, 인류 최초의 예술이 표현된 극장이기도 하다. 바로 이곳에서 플라이스토세의 변이가 일어나 우리 조상들이 유라시아와 세계로 퍼져 나간 것이다. 하지만 그런 의미의 아프리카는 대중의 뇌리에서 대부분 잊혀져 있다. 우리 모두는 본래 아프리카인이며, 우리 자신을 더 잘 알기 위해서는 우리의 근원과의 연결을 회복해야 한다. 영토나 환경에 대해 우리가 지닌 관념들은 먼 옛날 아프리카의 경험에서 비롯되었다. 아프리카를 난생처음으로 대면한 현대인들 중 일부는 에피파니[epiphany, 직관적인 통찰이나 현현의 순간—옮긴이]를 경험하곤 하는데, 여기에는 과학적인 함의가 있다. 생물학자인 에드워드 O. 윌슨Edward O. Wilson은 한 연구에서 학생(및 일반인)들에게 자신이 생각하는 이상적인 자연 경관을 그려 보게 했다. 그렇게 모인 수천 장의 그림 중에서 공통된 요소를 추출한 결과는 바로 동아프리카의 사바나를 닮은 경관이었다고 한다[1]. 우리는 아프리카를 떠났을지 몰라도, 아프리카는 우리를 떠나지 않은 것이다.

따라서 우리의 지리학적 여정을 아프리카에서 끝맺는 것이 적절하리라. 이곳은 인류의 무용담이 시작된 곳인 동시에 오늘날 세계의 많은 (실제로 대부분의) 문제가 수렴되는 곳이기 때문이다. 러시아의 블라디미르 푸틴 대통령과 남아프리카공화국의 타보 음베키Thabo Mbeki 전 대통령은, 극단적인 빈곤이 인간의 행동에 미치는 영향을 알고 있다는 점에서 공통점이 있다. 테러리스트의 타겟이 된 베슬란의 학교를 방문한 후 푸틴은 민주주의의 '과잉'을 비난하기도 했지만, 너무 가난해서 잃을 것도 없는 사람들에게 자기 운명을 무조건 수용하기를 기대할 수는 없다는 말도 했다. 음베키는 남아프리카공화국에 유행하는 에이즈의 원흉은 바이러스가 아니라 빈곤이라고 말했다. 그의 말은 의학적으로는 틀렸지만 (그리고 그 덕분에 남아프리카공화국은 비싼 대가를 치렀지만) 사회적으로는 옳았다.[타보 음베키 전 남아프리카공화국 대통령은 HIV가 에이즈를 일으키는 병원체임을 부인하고 항바이러스제 대신 식생활 개선으로 에이즈 문제를 해결하려 했다. 이런 정책의 결과로 남아프리카공화국에서는 2000~2005년 사이 약 33만 명이 추가로 사망했다고 추정된다—옮긴이] 세계가 하나의 마을이라면, 아프리카는 가장 가난한 이웃일 것이다. 그리고 마을에서 가장 가난한 이웃이 도움을 받는다면 공동체 모두가 혜택을 입는 셈이다. 유럽연합이 부유한 회원국들에게서 돈을 걷어 덜 부유한 나라를 원조하고 있는 마당에, 전 세계적 차원이라면 아프리카의 가장 궁핍한 이들에게 도움을 줄 길을 당연히 찾을 수 있다.

불행하게도 아프리카 국가들은 부패의 사다리에서 상위권을 차지하고 있으며, 핀란드나 뉴질랜드는 물론 칠레 정도 수준에도 미치지 못한다. 따라서 돈을 주어 봤자 낭비일 뿐이라고 주장할 수 있다. 그러나 앞으로도 보겠지만, 아프리카를 돕는 다른 길도 있다. 그리고 기회만 주어진다면 아프리카의 농부, 가구 장인, 다이아몬드 연마 기술자, 의사들이 세계 어디에 내놓아도 손색이 없다는 증거가 많이 있다. 다만 그들이 필요로 하는 것은 세계에서 자신의 능력을 입증할 기회뿐인데, 세계는 그들과 아프리카에 여러모로 등을 돌리고 있다. 2004년 말 경제학자인 제프리 색스는, 사하라 이남 아프리카에 대한 대규모 원조 프로그램에 전 세계에서 대중적 지원을 모으려 노력했다. 그는 잇달아 대중 강연을 열고 『이코노미스트』를 비롯한 저널에 기사를 기고하여, 아프리카의 가장 긴급한 병폐를 다루는 '아프리카를 위한 전 세계적 마셜플랜'을 개시하자고 제안했다. 또 그러한 원조를 적소에 할당하는 방법 또한 제시했다. 유럽연합의 보조금처럼, 세계에서 가장 부유한 나라들이 수백억 달러를 기부하여 아프리카 경제의 가장 절실한 부문에 직접 전달하는 것이다. 그의 주장에 따르면, 이제는 아프리카에 투자함으로써 더 나은 세계를 위해 투자할 때이다. 그 비용은 이라크 전쟁에 1년간 들어간 돈보다 적다.

아프리카는 잇따른 불행에 시달리고 있으며, 이는 너무도 심각한 수준이어서 복합적이고 영구적으로 작용해 아프리카인들에게 헤아릴 수 없는 피해를 입히고 있다. 그리고 그중 일부는 지리적 성격을 띠고 있다. 이 불행들은 좀처럼 끝나지 않으며—에이즈는 그중 겨우 하나가 가장 최근에 발현한 것일 뿐이다—전 세계에 혜택이 되는 일이 오히려 아프리카가 다른 나라들을 따라잡을 기회를 방해하게 되는 지경까지 이르렀다. 남아프리카공화국이 민주 정부로 훌륭하게 이행한 직후 나는 호주에 있었는데, 만델라 대통령과 손잡고 이 놀라운 과정을 이끈 아프리카너[Afrikaner, 남아프리카 태생의 네덜란드계 백인을 일컫는 말—옮긴이] 정치가 F.W. 데 클레르크F.W. de Klerk의 연설을 들을 기회가 있었다. 이 연설은 미국 언론에는 보도되지 않았는데, 여기서 그는, 전 세계를 위해서는 지금 태평양 연안에서 일어나고 있는 현상이 인도양 연안에서도 일어나야 한다고 주장했다. 남아프리카공화국, 호주, 타이, 인도 서부 등이 자리 잡고 있는 인도양 연안은 남반구의 경제 지리를 변모시키고 '아프리카를 21세기로 인도'할 것이다. 하지만 이런 전망에서 다소라도 혜택을 얻을 수 있는 지역은 아프리카 전체에서 아마도 남아프리카공화국과 모잠비크 남부뿐일 것이다. 호주와 동남아시아는 이미 일본-중국 경제 권역 안으로 진입했으며, 그들과 달리 아프리카 국가들은 세계에서 경제·정치적 영향력을 거의 갖추지 못했다. 이 지역에 오랜 기간 누적된 장애물들을 극복하려면 (어차피 아프리카의 대다수 생산자들에게는 자유롭지 않은) 자유 시장 경제 이상의 것이 필요할 것이다.

여덟 가지 근본적인 재앙

현재 아프리카가 처해 있는 상황은 통계 수치로 알 수 있다. 소득 수준부터 식생활, 영아 사망률, 기대 수명, 보건, 문해율까지 여러 기준을 조합해 보았을 때, 사하라 이남 아프리카는 세계에서 가장 궁핍한 지리 영역이다. 홀로세가 시작되었을 때 아프리카는 이미 인류의 시련과 성취를 수만 년간 지켜봐왔으며, 아프리카인의 대다수는 지구 상을 걸었던 최초의 인류로부터 내려온 직계 자손이다. 그러나 오늘날 아프리카와 아프리카인들은, 지구 다른 곳에 닥친 재난과는 달리 수천 년 전부터 시작된 재난이 장기간 엎치고 덮치며 그 여파로 인해 고통받고 있다. 비아프리카인들이 이 지역에서 눈길을 돌리는 이유는 여기서 희망을 볼 수가 없으며, 미래가 좋아지기는커녕 더욱 나빠질 것이 두렵기 때문이다. 소위 국제 공동체(다시 말해 강하고 부유한 국가들을 의미한다)를 비롯해 변화를 일으킬 수 있는 주체들은, 아프리카를 비참한 수렁에 내버려둔 채 이따금 엉뚱하게 희생자들을 비난하고 있다. 이는 최소한의 보조금을 주는 문제가 아니라, 카카오에서 면화에 이르는 갖가지 상품에 대해 세계 시장에서 아프리카인에게 공정한 조치를 마련해주는 문제와 관련된다. 자유 무역의 승자들은 세계 시장에서 아프리카 농부들의 기회를 차단하고 있다. 만약 그들이 자국 농민에게 지급하는 보조금을 끊는다면 아프리카 경작민들에게 수천억 달러가 돌아갈 수 있다.

그러나 아프리카는 과거의 양극 세계 질서에서도, 새롭게 단극화된 세계에서도 마찬가지로 무력한 처지이다. 아프리카가 처한 이런 조건은 지난 1만 년 동안 필적할 바가 없는 재난이 잇달아 발생한 결과다. 재난이 연속적으로 발생해 사하라 이남 아프리카를 세계의 다른 지리 영역과 완전히 갈라놓은 것이다. 물론 개별적인 차원에서 아프리카에 일어난 것을 능가하는 재앙에 시달린 지역들도 몇몇 있지만, 아프리카를 오늘날의 불리한 위치에 놓은 것처럼 복합적인 재난을 경험한 지역은 없다. 그리고 이는 기대 수명에서부터 소득, 식량 사정, 영아 사망률, 질병 발생률, 교육에 이르는 갖가지 지표에 반영되어 있다. 아프리카가 처한 곤경의 원인은 다음 여덟 가지로 정리된다.

기후 변화

이 행성이 약 1만 8천 년 전부터 시작된 위스콘신 빙기 후반의 극단적인 추위에서 벗어나, 다시 1만 2천 년 전 시작된 신드리아스기의 짧고 혹독한 추위를 거친 후 비로소 홀로세에 접어들었을 때, 빙하의 바깥쪽 가장자리와 열대 위도 사이에 몰려 있던 기후·식생 지대가 극지대 쪽으로 이동하기 시작했다. 이 이동은 아프리카에 중대한 영향을 끼쳤다. 유럽이 꽁꽁 얼어 있는 동안 온난 습윤한 기후가 오늘날의 사하라 지역으로 밀려 내려와 이 지역에 숲이 우거지고 개울이 흘렀기 때문이다. 적도 아프리카는 지금보다 상당히 서늘했고 적도 열대 우림 대신에 사바나가 펼쳐져 있었지만, 이제 기후가 온난해지면서 열대 우림이 팽창하기 시작했다.

세월이 흘러 나일 강 하류의 분지에서 이집트 문명이 발생했고, 사하라 지역은 점점 건조해져서 지금으로부터 5천 년 전에는 지중해와 열대 아프리카 사이에 광활한 자연 장벽을 형성하기에 이른다. 비록 이집트인과 아프리카인들을 잇는 나일 강 통로는 계속해서 존재했지만, 대륙 북부 전체의 환경이 변모하면서 북부와 남부 사이에 혁신의 교류가 끊기게 되었고, 그 결과 '사하라 이남' 아프리카는 영구적으로 고립되고 만다. 결국 이집트와 에티오피아, 모로코와 가나는 수천 마일에 걸쳐 사람이 살 수 없는 바위와 모래로 분리된 별개의 세계가 되었다. 두 세계를 연결하는 것은 가뭄에 콩나듯 있는 (서쪽의) 육로와 (동쪽의) 수로뿐이었다. 물이 풍부하고 인구가 많고 생산력이 높은 아프리카가 유럽 바로 건너편 지중해 연안까지 뻗쳐 있다고 상상해보자. 아프리카를 종단하는 고속도로와 도로 체계가 카이로와 케이프타운, 알제와 아크라, 카사블랑카와 킨샤사를 잇는다고 상상해보면 어떠한가.

　가공할 사하라 사막이 장벽을 이루고, 그 변두리의 사헬 지역이 인접한 허약한 생태계로 주기적으로 침투해오면서, 아프리카는 지역적으로 파편화되고 인구 변화로 인한 위기에 취약해졌다. 그리고 '북부' 아프리카와 '사하라 이남' 아프리카로 분리되었다.

생태적 충격

홀로세에 기후가 온난해지며 생물군이 낮은 위도에서 높은 위도로 이동하기만 한 것은 아니었다. 콩고 분지와 그 너머에 위치한 저위도·저지대 아프리카의 적도 기후가 한층 강해진 것이다. 이렇게 적도 기후가 강해지면서 온도와 습도가 높아지고, 울창한 열대 우림이 성장하고 팽창했으며, 삼림 지대에서 사바나까지 동물이 번성했다. 호수와 늪지가 형성되고 물이 채워졌으며, 과거 플라이스토세의 수많은 환경 변동을 이기고 살아남은 대형 유인원들의 자연 서식지가 마지막으로 확대되었다.

　이 지구 온난화는 사하라 이남의 인구에 치명적인 결과를 몰고 왔다. 호모 사피엔스는 9만 년 전에서 8만 5천 년 전 사이에 홍해 남단을 거쳐 아프리카로부터 이주하기 시작했다(초기에 시나이 반도를 거쳐 바깥으로 나가려 한 시도가 있었지만, 별안간 위스콘신 빙기가 시작되는 바람에 실패로 돌아갔다). 하지만 대륙에 남아 있던 이들은 환경의 도전에 직면했고, 이 때문에 다른 지역에서 농경과 목축이 시작되었을 때 불리한 처지에 놓이게 되었다[2]. 서아프리카와 '아프리카의 뿔' 지역에서 농부들이 곡물을 작물로 재배한 것은 분명하지만, 동물을 가축화하는 것은 문제가 달랐다. 아프리카의 야생 동물을 번식시키는 일은 인간의 생존에 기회라기보다는 위협에 가까웠다. 서남아시아와 유라시아에서는 소와 염소와 기타 동물들을 가축화했지만, 아프리카의 동물상은 가축으로 길들이기에 너무 사나웠던 것이다. 재러드 다이아몬드가 보고한 바에 따르면, 사하라 이남 아프리카에서 가축화하기에 적합하다고 알려진 동물은 호로호로새 하나뿐이었다.[3]

아프리카 적도 저지대의 열기와 습기는 아프리카인의 삶에 또 다른 위협을 제기하였다. 바로 말라리아, 빌하르츠 주혈 흡충증, 황열병, 수면병 같은 수많은 질병들이었다. 질병 발생률은 홀로세 내내 증가했으며, 심지어 오늘날에도 매년 새로 말라리아에 희생되는 약 1백만 명 중 대부분이 아프리카인이다. 적도 환경에서는 모기(말라리아, 황열병)와 파리(수면병, 사상충증), 벌레와 달팽이(주혈흡충) 등 수많은 숙주 동물이 번성한다. 야생동물과 가까이 살거나 이를 섭취하는 사람들은 병에 걸릴 위험이 훨씬 커진다. 아프리카의 질병은 단순히 오랜 과거의 문제가 아니다. 수면병은 비교적 최근인 14세기경에 서아프리카에서 기원한 것으로 보이며, 가장 최근에 아프리카에 발생한 에이즈는 20세기 중반 이후에야 시작되었다. 2011년 현재 전 세계에서 보고된 에이즈 발병 사례의 70퍼센트, 그리고 사망자의 75퍼센트가 사하라 이남 아프리카에 존재한다. 이 지역 전체에서 기대 수명이 떨어지고 있으며, 연구에 따르면 에이즈로 인해 2010년까지 아프리카에서 2천만 명의 고아가 발생할 것이라고 한다.[4]

하지만 장기적 관점에서 볼 때, 에이즈는 가장 최근에 아프리카를 강타한 환경-보건 재앙일 뿐이다. 아프리카 주민들의 전반적인 건강 상태가 세계 다른 지역에 비해 뒤떨어지는 현상은 어제오늘의 일이 아니며 과거 무수한 세대 동안 죽 그랬다. 아프리카의 질병은 세계 다른 지역의 질병에 비해 치료법이 적극적으로 연구되지 않았다. 그리고 치료법이 존재한다 해도 아프리카인들은 그 비용을 감당하기에는 너무나 가난하다. 이러한 위험과 방치 상태가 공존하는 것은 사하라 이남 주민들에게 재앙이나 다름없다.[5]

이슬람으로 인한 분열

세계 어느 지역에서도, 위대한 보편 종교가 도래하는 것을 재난이라고는 볼 수 없지 않을까? 아프리카의 경우에 무슬림 신앙은 통일을 이루고 국지적 신앙 체계를 일소하며 아프리카인의 시선을 메카로 돌려놓았다. 하지만 이슬람의 침투가 부분적이고 불완전했기에, '이슬람 전선'을 따라 아프리카를 분열시키는 결과도 초래했다. 이 전선은 실제로 보면 비좁은 점이 지대로서, 서아프리카의 기니에서부터 동아프리카의 에티오피아와 소말리아-케냐 국경까지 뻗어 있다. 또한 코트디부아르의 한가운데를 둘로 가르고, 나이지리아를 거의 절반으로 분리하며, 차드와 수단을 파편내고, 에티오피아의 오가덴 지방을 가로질러 잘라 버린다. 이런 상황은 사회·정치적으로 중대한 함의를 띤다. 이 선은 아랍과 아프리카 사이, 아랍화된(이슬람화된) 아프리카와 기독교 혹은 애니미즘을 믿는 아프리카 사이를 전쟁으로 몰아넣어 수백만의 인명을 희생시켰다.

이슬람은 대상을 통해 서아프리카에, 배를 통해 동아프리카에 도착했다. 서아프리카의 토착 국가들은 해안 삼림 지대와 건조한 내륙 지대 사이의 교역을 통해 번성하고 있었는데, 이슬람교도들은 크고 안정을 이룬 이 토착 국가의 왕들을 개종시켰다. 안달루시아를 이슬람화하는 데 성공한 무슬림들은 사하라 아프리카로 눈길을 돌렸고, 14세기경에는 그들이 7세기 전 아라비아에서 성취한 업적을 사하라 지역에서 이루었다. 서아프리카의 통치자들은 이슬람을 국교로 지정했으며, 니제르 강 연안의 여러 나라에서 부유한 순례객들이 대규모로 길을 떠나, 사바나 통로를 따라 홍해 건너의 성지로 향했다. 이 순례에는 매년 수만 명이 참가했는데, 그들이 이 지역의 종족 지도를 바꾸는 데 중요한 구실을 했다. 많은 이들이 메카로 가는 길 혹은 돌아오는 길에 주저앉아 정착했고, 나이지리아부터 수단에 이르는 넓은 지역에 자신들의 문화를 심었다.

그러나 남쪽으로 진군하던 이슬람은 아프리카인의 저항과 기독교 유럽의 간섭으로 주춤하고 말았고, 이슬람 전선은 북아프리카와 사하라 이남 아프리카 사이의 분열을 강화하게 되었다. 현재 이 대륙의 분열은 사막뿐 아니라 신앙에 의해 심화된다. 신앙은 두 지역 사이를 더욱 갈라놓는 장벽인 동시에 궁극적으로는 처참한 분쟁의 근원이다.

노예 무역으로 인한 인구 감소

사람을 속박해 죽을 때까지 일을 시키는 것은 전 세계적인 관행이었다('노예'라는 뜻의 영어 단어 '슬레이브slave'는 민족 이름인 '슬라브Slav'에서 왔다. 이는 무슬림 투르크인들이 노예로 삼은 동유럽인들을 가리킨다). 고대 그리스와 로마인들도 노예를 부렸고, 전부는 아니더라도 상당수의 문화권에서 강한 편이 약하거나 패배한 편을 노예로 삼곤 했다. 그러나 세계 그 어느 곳의

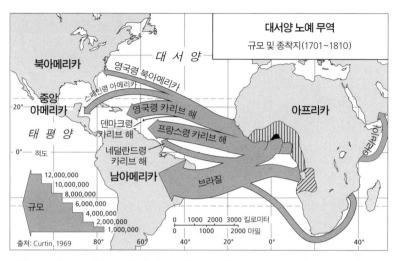

그림 11-1 대서양 노예 무역의 충격은 수치로 가늠할 수 있지만, 이것이 장기간에 걸쳐 사하라 이남 아프리카에 미친 인구·문화적 충격은 도저히 가늠할 수 없다.

노예제도 유럽인들이 아프리카에 도착했을 때 했던 일에 비견될 수는 없다. 그들은 아프리카인을 노예로 삼기만 한 것이 아니라, 붙잡아서 운반하여 바다 건너로 내다 팔았다. 물론 유럽인들이 서아프리카 등지에서 노예무역을 시작하기 이전에도 아랍인들이 동아프리카에서 수백 년 동안 노예를 교역한 것은 사실이다. 그러나 유럽의 노예 무역은 그 규모의 측면에서 볼 때 다른 형태의 노예 교역 관습을 무색케 한다.[6]

아프리카에서 노예로 잡힌 뒤 상상하기조차 힘든 대서양 항해에서 생존한 이들의 숫자, 또 그들이 향한 신세계의 목적지와 그들이 받은 처참한 대우 등에 대해서는 많은 기록이 남아 있다. 1700년부터 1810년까지 교역이 이루어진 노예의 수는 1천 2백만 명에서 그 두 배 이상까지로 추정되는데, 그 정확한 수치는 아무도 모른다.[7] 노예사냥이 아프리카에 미친 결과에 대해서도 아직 별로 알려진 바가 없다. 18세기 초 사하라 이남 아프리카의 인구는 아마 9천만 명을 넘지 않았을 것이다(1700년 당시 세계 인구는 6억 5천만 명으로 추산된다). 따라서 강제 이주민의 수가 1천 5백만 명이라고 가정하더라도, 이는 아프리카 전체 인구의 6분의 1이 아메리카 대륙으로 끌려갔다는 말이 된다(그림 11-1).

인류학자들은 아프리카의 문화 경관에서 아직까지도 이 무시무시한 재앙의 충격을 읽을 수 있다고 말한다. 노예 사냥꾼의 습격이나 그에 뒤따른 전투로 인해 지역 전체가 초토화되었음은 물론이고, 사람의 목에 현상금을 붙여 아프리카인들끼리 서로 반목하게 만들고 종족 간 적개심에 불을 지폈다. 아이들은 고아가 되어 수만 명씩 버려지고, 농작물은 추수도 못한 채 방치되고, 마을들은 불타거나 황폐화되었다. 또 사막과 삼림 사이를 오가던 서아프리카 무역은 붕괴됐고, 내륙의 이슬람 왕국들은 무너졌으며, 모든 곳에서 사회 질서가 해체되었다. 사슬에 묶인 아프리카인들의 행렬이 깊은 내륙의 '공급원'으로부터 해안의 적재 기지로 향했으며, 그들은 다시는 고향을 보지 못했다.

어떤 문화 영역이라도 이런 거대한 규모의 재난이 일어난다면 그것 자체만으로도 항구적인 상처를 남기겠지만, 아프리카에서 노예 무역은 잇따른 여러 재난 중 하나에 불과했다. 노예 무역이 중단되고, 이제 도덕적으로 우월한 위치를 점한 유럽인들이 동아프리카에 마지막 남은 아랍 노예 시장을 폐쇄했을 때, 노예 무역이 아프리카 사회에 미친 피해는 이미 헤아릴 수 없는 수준에 다다라 있었다. 그러나 이를 자행했던 외세는 계속 아프리카에 남아서 또 다른 목표를 추구했다.

식민주의

유럽인들은 노예 무역을 개시하기 오래전부터 아프리카의 형편을 살피고 있었고, 노예 무역이 끝나고 나서도 오랫동안 점령자로 군림했다. 1500년대에 그들은 서아프리카 해안을 따라서 무역 기지를 건설하여, 높은 이윤을 가져다주는 대규모 황금 무역을 비롯해서 당시까지 해안 국가들과 사바나 제국과 사하라 대상들을 연결하고 있던 교역 활동을 포위했다. 포르투갈 선박들은 희망봉을 돌아 인도양으로 들어갔고, 네덜란드는 케이프타운에 동인도 무역을 지원하는 공급 기지를 세웠다. 다음으로 영국과 프랑스가 들어왔고, 나중에 벨기에, 독일, 이탈리아가 차례로 도착하여 아프리카 제국들을 자기네 영토로 선언했다.

하지만 이런 활동은 대부분 아프리카의 해안 지역에 집중되어 있었다. 19세기에 들어서도 내륙 지역은 오랫동안 탐험가와 선교사, 노예 사냥꾼들과 이따금씩 들어오는 무역상들만이 오가는 미지의 영역이었다. 영토 문제가 수면 위로 떠오르면서 서로 경쟁하는 식민 열강들끼리 갈등을 해결하고 아프리카를 분할하기 위해 1884년 운명적인 베를린 회의가 소집되었을 때에도, 식민 열강들은 아프리카 대륙의 광활하고 외딴 내륙 지역에 대해서는 거의 아는 바가 없었다. 각국의 영향력이 미치는 범위를 규정하기 위해 경계선이 그어지긴 했지만, 많은 지역에서는 이들 식민 경계선이 현지 주민들에게 어떤 영향을 미칠지를 판단할 충분한 정보가 없는 상태였다. 그 결과 어떤 곳에서는 하나의 종족 집단이 서로 다른 관할 구역으로 쪼개졌고, 어떤 곳에서는 예로부터 서로 적대하는 집단끼리 한데 묶이기도 했다. 베를린 회의에서 확정된 경계선이 적용되자 일부 지역에서는 계절에 따라 이주하며 살아가는 사람들의 이동 경로가 차단되어 버렸고, 목축민들은 가축 떼를 먹일 물과 초지를 하루아침에 빼앗기기도

했다.[8]

식민화는 착취를 의미하며, 착취는 공포와 필연적으로 맺어져 있다. 테러리즘의 시대를 살고 있는 우리는 한 세기 전에 유럽 식민주의자들이 아프리카인들을 공포로 위협했음을 기억할 필요가 있다. 이 소수의 침입자들은 '문명화의 사명'을 수행하여 한 문화 영역 전체를 종속시켰으며, 이들이 통제를 유지하는 주된 수단은 다름 아닌 공포였다. 유럽인들의 공통된 목표는 사하라 이남 아프리카의 천연자원을 착취하는 것이었다. 이를 위해 그들은 행정 본부와 운송로와 항구를 건설했고, 이는 아프리카의 파편화된 근대적 기반 시설의 시초를 이루었다. 식민 열강들이 취한 방법은 나라마다 분명히 차이가 있었다. 프랑스나 포르투갈에 비해 영국의 식민 관행은 대체로 온건한 편이었고, 독일과 벨기에가 가장 무자비했다. 유럽의 신문들은 독일이 아프리카의 네 영토를 점령한 짧은 시기를 일컬어 "모제르 총Mauser에 의한 식민지화"라고 불렀다. 수만 명에 달하는 아프리카인들이 이 성능 좋은 총에 목숨을 잃었기 때문이다. 또 벨기에 왕 레오폴드의 '콩고 자유국Congo Free State'에서 벌어진 일은 19세기 말에서 20세기 초 사이에 일어난 인류 최악의 재앙 중 하나로 기록된다.

세계는 베를린 회의에서 레오폴드 왕에게 수여된 이 영토의 대략 2천만 주민들이 당시 어떤 일을 겪었는지를 반추해보아야 한다. 그 여파가 아직까지도 이 황폐화된 나라를 배회하고 있기 때문이다.

"레오폴드 2세는 (……) 무자비한 착취 행동에 착수했다. 그의 수하들은 콩고 주민 거의 전부를 동원하여 고무를 채취하고, 상아를 얻기 위해 코끼리를 죽이고, 수출용 도로를 내기 위해 토목 공사를 벌였다. 생산량이 할당액에 미치지 못했다는 이유로 주민 전체가 학살되기도 했다. 식민지에서는 사람을 죽이고 불구로 만드는 일이 일상이 되었으며, 공포만이 이들을 묶는 유일한 공통분모였다. 레오폴드의 공포 정치는 노예 무역의 충격 이후 아프리카 최악의 인구 재앙을 초래했다. 전 세계의 항의가 날로 거세져서 결국 공포 정치가 끝날 때까지, 총 1천만 명에 달하는 콩고인이 살해되었다".[9]

제국주의의 착취가 아프리카에 미친 파괴적인 영향은 더 이상 자세히 설명하지 않아도 오늘날 충분히 잘 알려져 있다. 식민주의는 그와 똑같이 지속적이면서도 좀 더 미묘한 영향을 끼치기도 했다. 식민지 시대의 사하라 이남 아프리카는 문화적으로 대단히 다채로운 지리 영역이었다. 아프리카의 종족 영역을 표시한 '머독 지도Murdok Map'를 보면 그 점을 한눈에 알 수 있다. 이 지도가 발표된 지 벌써 반세기가 지났지만 그 명성은 여전하다.[10] 하지만 아프리카 종족 집단들의 전통적 영역을 경계선으로 한정한다는 것 자체가 기만적인 측면이 있다. 물론 세계 다른 지역이 그렇듯이 아프리카에도 명확한 종족 간 경계선이 존재하는 것은 사실이다. 그러나 '머독 지도'에 표시된 선은 선이라기보다는, 서로 다른 문화 전통을 지닌 여러 집단들이 공존하는 점이 지대를 나타낼 때가 더 많다(그림 11-2). 많은 지역에서는 이미 한 '부족'의 전형을 다른 부족의 전형과 구분하기가 힘들어졌다. 예를 들어 유목민인 투치족이 정착민인 후투족 농부들을 침략한 바 있는 르완다와 부룬디에서는, 현재 일부 후투족들이 투치 전통 안에서 지주이자 가축 소유주가 되는 등[르완다에서는 주로 투치족이 가축을 소유한 대지주였다—옮긴이] 문화적 수렴 과정이 진행 중이다.

존 리더John Reader의 설명에 따르면, 식민 열강들이 취한 정책은 저마다 달랐지만 한 가지 공통된 관행이 있었다. 바로 아프리카의 식민 주민 전체를 종족이라는 기준에 따라서 분류한 것이다. 그 목적이 무엇이 되었

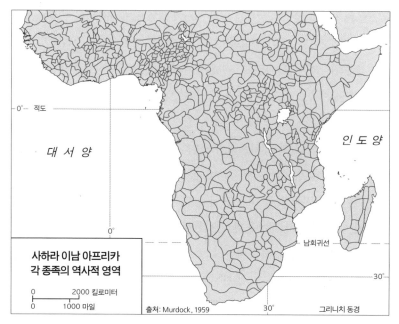

대 서 양

0° 적도

인 도 양

0°

남회귀선

사하라 이남 아프리카
각 종족의 역사적 영역

| 0   2000 킬로미터 |
| 0   1000 마일 |

출처: Murdock, 1959

30°

30°

그리니치 동경

그림 11-2 많은 노고가 들어간 이 지도는 연구자이자 지도 제작자인 제임스 머독의 이름을 따서 '머독 지도'라고 알려져 있다. 그는 유럽 식민 침략이 시작되기 이전 아프리카의 종족적 모자이크를 재구성하고자 했다. 머독이 강조했듯이, 종족 영역들 사이를 가르는 가는 선은 뚜렷한 구분선이 아니라 점이 지대일 때가 많다. 토지 소유권과 영토 간 경계에 대한 아프리카인들의 시각은 유럽 식민주의자들의 시각과 현격한 차이가 있었다.

든(영국 보호령의 '간접 지배'를 강화하기 위해서든, 포르투갈 농장의 강제 노동을 조직화하기 위해서든, 혹은 모든 식민지를 막론하고 세금을 걷기 위해서든), 이 정책은 식민지 시기 이후까지 아프리카를 분열시키는 결과를 가져왔다. 이 재부족화retribalization 현상은 일부 사람들의 지위와 권력을 향상시키고 다른 사람들의 그것을 깎아내렸으며, 복잡한 종족적 배경을 지닌 아프리카인들을 낯선 사회적 지위에 던져 놓았고, 식민지 이후 국가에서 분쟁이 일어날 토대를 마련했다.[11] 이러한 정책은 남아프리카공화국의 아파르트헤이트(이는 유럽 식민주의의 변종인 국내 식민주의domestic colonialism로 볼 수 있다)에서 정점에 이르렀으며, 이 다민족 국가는 그 여파로 아직까지도 고통받고 있다.

아프리카에 식민 지배가 없었고, 식민화에 수반되는 경계선 구획, 토지의 유용, 도시화 등도 일어나지 않았으며, 기타 (사하라 이남 아프리카가 경험한 사실상 최초의) 세계화의 영향이 미치지 않았다면 오늘날 과연 어떤 모습의 아프리카가 출현했을지 상상해보고픈 유혹을 느낀다. 그러나 아프리카인들은 이미 다민족 국가를 건설하고 장기간 유지하는 역량을 입증했으며, 대도시를 건설하고 광범위한 국제 무역에 참여한 바도 있다.[12] 우리는 식민주의가 없는 아프리카가 어떠했을지 절대 알 수 없겠지만, 다음 한 가지는 의심의 여지가 없다. 식민지배는 아프리카에 잇따라 닥친 전대미문의 근본적 재난 중 하나에 불과했다는 사실이다.

냉전

2차 대전 이후 아프리카의 전망은 나아지는 듯 보였다. 식민 열강들은 서로 전쟁을 벌여 해외에 제국을 유지할 역량이 쇠퇴했고(동남아시아에서 프랑스와 네덜란드, 남아시아에서 영국), 초강대국 소련은 스스로 반식민주의의 보루를 자임했다. 1950년대에 이르자 아프리카인들의 저항은 날로 거세졌고, 영국과 프랑스에서 가나, 나이지리아, 세네갈로 권력을 이양하기 위한 협상이 시작되었다. 케냐, 콩고, 앙골라 등의 영토에선 반란과 대규모 충돌이 일어나 아프리카인과 유럽인이 맞붙었으며, (당시의) 로디지아에서는 백인 정착민들이 탈식민화 과정을 방해하기도 했다. 그러나 1957년 골드코스트(나중에 가나로 국명을 바꾸었다)를 시발로 하여 아프리카의 식민 시대는 그로부터 20년 남짓한 기간 안에 종말을 맞았고, 수십 개의 신생 독립국들이 지도에 등장했다.

이렇게 식민지에서 독립국으로 급속히 이행하는 과정에서 피치 못할 위기와 갈등이 생겨났다. 일부 식민 열강들은 식민지에 주권국으로 이행할 준비를 시키기 위해 고등 교육이나 민간 정부 같은 부문에 비교적 많은 신경을 썼다. 영국은 가나에 웨스트민스터 모델[영국 정치 체제를 본떠 민주적 의회 정부 시스템. 영국 의사당이 위치한 웨스트민스터 궁전에서 따온 이름이다.—옮긴이]을 본뜬 정부와 탄탄한 경제를 남기고 나왔고, 나이지리아에서는 지역 분파들을 효과적으로 다룰 수 있는 연방 체제를 발전시키도록 도움을 주었다. 아프리카와 영국의 대학에서 배출된 수많은 아프리카인 졸업생들이 이 새로운 정부에 참여하여 권위와 진정성을 더해 주었다. 한편 벨기에는 독립이 불가피하다는 사실을 알고는 있었지만 대학 교육을 받은 콩고인 엘리트를 양성하는 데 거의 신경을 쓰지 않았고, 그 결과는 곧 혼란으로 이어졌다. 게다가 식민지 시기에 상대적으로 권력과 특권을 누렸던 민족과, 독립을 통해 새로이 입지를 높일 기회를 노리는 민족들 사이에 곧바로 갈등이 빚어졌다. 아프리카의 여러 민족들은 케냐의 키쿠유, 우간다의 바간다, 나이지리아의 요루바 등 각국의 주류 민족들에게 도전장을 내밀었고, 그러면서 정치는 이내 '부족적' 색채를 띠게 되었다.

그런데 이런 이행기 특유의 갈등이 일어난 시기는 아프리카 입장에서 볼 때 최악이었다. 냉전을 벌이며 경쟁하는 초강대국의 틈바구니에 끼여 이런 갈등 중 상당수가 크게 확대되었기 때문이다. 식민 제국이었던 소련은, 좌파 성향을 보이는 아프리카의 집단들을 지원함으로써 자신이 내세우는 반식민주의 명분을 정당화할 기회를 엿보았다. 또 아프리카의 독립을 열심히 지지한 미국은, 국무부에 아프리카 문제를 전담하는 차관보를 임명하고 사하라 이남에 수천 명의 평화봉사단을 파견하는 한편 소련의 구상을 방해하는 활동을 벌였다. CIA^{미국중앙정보부}는 콩고의 초대 수상 암살 사건에 관여했다. 에티오피아에서 앙골라에 이르기까지 냉전의 대리전이 휘몰아치며 수십만 명의 아프리카 민간인들이 전쟁, 굶주림, 혼란으로 목숨을 잃었다.

냉전 중이던 미국은, 아프리카 통치자들이 공산주의에 반대하는 것만 확실하다면 폭정을 자행하더라도 눈감아 주었다. 콩고의 모부투 세세 세코Mobutu Sese Seko, 에티오피아의 하일레 셀라시에Haile Selassie 등이 그 좋은 예이다. 과거 식민 열강들이 그랬듯이, 미국은 우간다의 이디 아민Idi Amin이나 중앙아프리카 '제국'의 장-베델 보카사Jean-Bedel Bokassa 같은 살인적인 폭군들을 묵인했으며, 소련 역시 에티오피아의 맹기스투 하일레 마리암Mengistu Haile Mariam이나 앙골라의 아고스티노 네토Agostinho Neto 같은 비슷한 부류의 독재자들을 뒤에서 부추겼다. 수백만의 아프리카인들은 해외의 제국주의 통치자를 (역시 외세의 입김 아래 있는) 국내의 독재자로 맞바꾼 꼴이 되었다. 일이 이렇게 돌아가면서 안 그래도 세계 다른 곳보다 훨씬 뒤처져 있던 아프리카는 더더욱 막심한 피해를 입게 되었다.

세계화

식민지 시대와 20세기 양차 대전기에 그랬듯이, 세계는 다시금 극적으로 변화하고 있다. 오늘날 이 변화는 세계화라고 하는 상호 연관된 잇따른 과정을 통해 진행 중이다. 세계화는 국제 무역의 장벽을 부수고 상거래를 활성화하며, 오랫동안 잠들어 있던 경제를 부흥시키고, 사회·문화·정치적 교류를 촉진하는 과정이다. 부유하고 강한 나라에서는 세계화를—물론 이에 소리 높여 반대하는 소수의 사람들도 있지만—열성적으로 지지하고 있다. 그러나 그런 특권을 갖지 못한 지역에서는 이 과정에 쉽게 참여하기가 힘들며, 많은 이들이 세계화를 기회가 아닌 위협으로 보고 있다.

　세계화가 전 세계적으로 미치는 충격을 분석했을 때, 이 과정은 사하라 이남 아프리카 대부분 국가에 부정적인 영향을 끼친다. 이미 비교적 부유하거나 상대적으로 빠르게 발전하고 있는 나라는 나름대로 다양한 방식으로 세계화를 받아들이는 것이 분명히 유리한 반면, 무분별한 관세와 기타 무역 장벽으로 허약한 경제를 간신히 지탱하는 빈곤한 나라(그중 대다수가 아프리카에 있다)는 세계화를 받아들일 경우 오히려 더더욱 뒤처지게 된다. 따라서 세계화는 빈곤한 나라와 부유한 나라 사이의 격차를 줄이는 것이 아니라 더욱 벌려 놓는다. 이들 최빈국의 몇 안 되는 국유 자산을 민영화하거나, 모잠비크와 탄자니아 등지에 글로벌 기업이 해안 카지노와 화려한 호텔, 해변 리조트를 건설한 사례는 곧 현대화를 의미하며 '발전' 수치에 반영될는지는 몰라도, 국가의 근본적인 조건을 변화시키는 데는 전혀 기여한 것이 없다. 지리학자인 로버트 스토크Robert Stock는 빈곤에 찌든 사하라 이남 아프리카 도시들의 환경을 기술했는데, 현재 그 도시들 중 상당수는 식민지 시대가 끝났을 때보다 오히려 더 나쁜 조건에 놓여 있다[13]. 아프리카의 도시 경관을 보면, 산티아고부터 서울에 이르기까지 세계 곳곳의 도시 중심부를 변모시키고 있는 변화의 힘으로부터 멀찍이 떨어져 있음을 알 수 있다.

　아프리카에게 세계화는 여기에 열거한 다른 일곱 가지 재앙과 맞먹는 수준의 재난일까? 세계화는 아프리카의 바깥에서 비롯되어 아프리카의 내부 조건과 대외적 위상에 깊고도 장기적인 충격을 끼치는 또 다른 과정이다. (남아프리카공화국을 제외한) 아프리카에 불완전하게 침투한 세계화는 부패를 더욱 부추기고 연약한 문화와 생태계를 위협하고 있다. 아파르트헤이트 시대가 끝난 뒤 세계화의 충격에 노출된 남아프리카공화국은 불과 10년 만에 세계에서 가장 불평등한 사회의 반열에 오르게 되었다. 분석가들은, 세계화가 이 지역에 서서히 진입하면서 생겨나는 기회를 붙잡지 못하는 것은 아프리카인들 스스로의 잘못이라고 말하기도 한다. 그러나 세계화는 힘의 대결이며, 아프리카는 세계 무대에서 힘이라는 자산을 갖추지 못했다. 그것이 누적된 결과는 아프리카에 무서운 불행을 가져올 것이다.

리더십의 실패

1960년대에 유럽의 아프리카 식민지들이 가나를 선두로 하여 독립을 향해 전진했을 때, 아프리카의 지도자들은 전 세계의 존경을 한 몸에 받았다. 이들 지도자 중 다수는 식민 열강들이 권력 이양을 고려하기 훨씬 전부터 독립운동의 선봉에 섰으며, 몇몇은 무장 봉기를 이끌었고 많은 이들이 감옥에서 복역했다. 가나의 대통령 콰메 은크루마Kwame Nkrumah의 발언은 아프리카 전역의 민족주의자들에게 영감을 주었고, 마우마우단의 봉기로 케냐의 조모 케냐타[Jomo Kenyatta, 1894~1978, 케냐의 정치가·대통령—옮긴이]가 수감된 사건은 모든 아프리카인의 투쟁을 상징했다. 프랑스가 적도·서아프리카 식민지에 조건부로 주권을 양허하겠다고 제안했을 때 기니가 유일하게 선견지명을 발휘하여 이 제안을 거절하자, 기니의 초대 대통령인 세쿠 투레Sekou Touré는 다카르에서 더반까지 두루 칭송하는 영웅이 되었다. 독립 직후의 초기에 이들 아프리카의 '국부國父'들은 식민주의자들이 분별없이 억눌렀던 아프리카인의 진정한 역량을 설득력 있게 입증하는 듯 보였다. 탄자니아의 줄리어스 니에레레[Julius Nyerere, 탄자니아의 독립운동가이자 초대 대통령—옮긴이]는 셰익스피어를 스와힐리어로 번역했고, 세네갈의 정치가이자 시인인 레오폴 상고르Leopold Senghor는 프랑스 국립과학아카데미 회원으로 선출되었다. 아프리카의 지도자들은 유엔 총회와 냉전 중의 비동맹국 회담에서 능변을 구사했다.

그러나 국부에서 국민의 압제자로 이어지는 길은 멀지 않았다. 짧았던 민주주의 실험이 군사 쿠데타로 막을 내리고 선출된 지도자가 쫓겨나기도 했으며, 건국 지도자를 합법적으로 계승한 인물이 전임자의 원칙을 이어받지 못한 경우도 있었다. 아민(우간다), 보카사(중앙아프리카 '제국'), 아바차(나이지리아), 모부투(콩고), 도(라이베리아) 같은 살인적인 정권들은 폭정으로 전 세계를 충격에 빠뜨렸지만, 그보다 안정된 아프리카 국가들 또한 세계에서 가장 부패한 나라의 순위에 오르기 시작했다. 대니얼 아랍 모이Daniel arap Moi가 조모 케냐타를 승계한 케냐는 이 침울한 명부에서 수위를 차지했다.

남아프리카공화국에서는 오랫동안 감옥에 갇혔던 넬슨 만델라가 아파르트헤이트에서 민주주의로 거의 상상할 수 없었던 평화적 이행을 이룩함으로써, 아프리카 리더십의 빛나는 결정적 모범과 해방의 시대에 걸맞은 경륜을 제시했다. 그러나 남아프리카공화국의 이웃 나라인 짐바브웨에서는 혁명 영웅이었던 로버트 무가베Robert Mugabe가 파괴적인 폭군 중 한 명으로 변신했고, 그 과정에서 아프리카 대륙에서 가장 유망한 축에 들었던 이 나라의 경제가 황폐화되었다. 그러나 무가베는 과거 남아프리카공화국의 아파르트헤이트 반대 운동을 강력히 지지한 동지였기에, 넬슨 만델라를 민주적으로 계승한 타보 음베키 남아프리카공화국 대통령은 전임자에게서 물려받은 윤리 기준을 짐바브웨에 선뜻 강제하지 못했다. 음베키의 후임자인 제이컵 주마Jacob Juma는 그보다 더 허약한 모습을 보이고 있다.

아프리카에서 아프리카의 리더십은 실패했고, '국제 공동체'의 리더들 역시 아프리카를 저버린 것은 마찬가지이다. 유럽의 과거 식민 국가들은 자기들과 거래하는 국가를 통치하는 독재자들의 비행을 모른 척했다. 또 무자비한 폭군이라도 자기편에만 붙는다면 원칙보다 냉전 정치를 우선시했다. 그리고 좀 더 최근에 콩고와 그 동쪽 이웃 나라들에서 변란이 일어나 5백만이 넘는 인명이 희생되었을 때도 세계는 이에 별로 관심을 보이지 않았다. 과거사를 돌아볼 때, 국제 사회는 분명히 콩고에 대규모 개입을 해서라도 이런 참변을 막아야 할 빚을 지고 있었는데도 말이다.

최근 들어 몇몇 밝은 전망들이 보이고 있다. 나이지리아가 민주 정부로 복귀했고, 케냐에서는 비록 문제점이 있고 폭력이 수반되었지만 본질적으로 민주적인 선거가 치러졌다. 그리고 앙골라가 평화와 재건을 향해 나아가는 중이고, 세네갈, 가나, 잠비아가 안정과 진보를 이룩하는 등 새로운 시대를 알리는 징후들이 있다. 그러나 반세기에 걸친 광범위한 실패로 입은 타격은 앞으로도 오랫동안 아프리카 지도에 각인되어 있을 것이다.

아프리카의 중국

지리적으로 각인된 요소들은 대개 끈질기고 오래 간다. 앞에서 우리는 중국이 경제적 변화와 극적인 근대화에도 불구하고 여전히 그 인구사적 특징을 보이고—전체 영토의 3분의 1에 해당하는 동부 지방의 4대강 유역에 인구가 집중되어—있음을 확인했다. 유럽은 그 모든 통일과 통합 노력에도 불구하고, 아직도 강력한 몇몇 국가들이 더 작고 영향력이 덜한 다른 국가들을 좌지우지하고 있다. 아프리카도 마찬가지다. 북부에 밀어닥친 이슬람의 물결부터 유럽 식민 열강들이 임의로 그은 경계선, 대서양·아랍 노예 무역, 천연자원 착취에 이르기까지, 이 장에서 열거한 사건과 배경들의 영향력은 아프리카의 지도에 아직까지도 그 흔적을 남겨 놓았다.

이제 새로운 시대가 진행 중이다. 세계화는 신식민주의부터 신자유주의에 이르기까지 다양한 외피를 쓰고 여러 형태를 취한다. 사하라 이남 아프리카는 뒤처진 영역을 따라잡기 위해 새로운 무역 상대국을 받아들였다. 바로 중국이다. 아프리카 어디에 가도 중국은 그 구석구석까지 스며들어 있다. 그들의 목표는 원자재 구입(및 통제)에서부터 문화적 아이콘의 주입에까지 이르며, 그들의 투자는 광산에서 농지까지 아우른다. 그들의 목적은 다양하지만 현지의 정치에 개입하지는 않는다. 아프리카에서 중국의 존재감이 커짐으로써 부정적이기보다 긍정적인 결과가 궁극적으로 더 많이 축적될지 여부를 판단하기는 아직 이르지만, 새로운 시대가 도래한 것만은 분명하다. 사하라 이남 아프리카는 에너지 자원뿐만 아니라 금속과 광물 등 중국에 필요한 자원을 가지고 있고, 중국은 자원 개발은 물론 기반 시설 및 관련 프로젝트에 투자할 돈이 있다. 항구에서 철도, 다리, 부동산에 이르기까지 중국은 아프리카의 경제 지리를 바꾸고 있다.

중국이 일부 분석가들의 우려처럼 아프리카의 새로운 식민 종주국이 되려고 하는 것은 아니다. 하지만 착각해선 안 된다. 세계 다른 곳에서도 그렇지만, (국영이든 민간이든) 중국의 기업들은 '구' 열강들이 하지 못했던 일을 실현할 수 있는 세계적 강대국으로서 중국의 위치를 말 또는 행동으로 선언하고 싶어 한다. 그들은 원자재를 구매하지만 중국 제품을 위한 아프리카 시장의 창출 또한 원하며, 중국인 이주자들의 아프리카 정착을 장려하고, 중국 문화와 중국 발전 모델의 미덕을 (서구의 것과 대비시켜서) 선전한다. 또 국제 무대에서 대만 문제나 유엔 표결 등의 쟁점과 관련해 아프리카 정부와 정권들의 지지를 얻는다. (러시아처럼 중국도 2011년 시리아 정권 제재안에 반대표를 던졌다. '아랍의 봄'을 거치면서 시리아 시민 3천 명 이상이 '치안' 병력에 의해 살해되었는데도 말이다.) 분명히 민주화나 정권 교체는 중국의 관심사가 아니다. 중국은 통제만 가능하다면 그 누구와도 거래하며, 여기에는 민주적으로 선출된 대통령들뿐만 아니라 짐바브웨의 로버트 무가베나 적도기니의 테오도르 오비앙Teodore Obiang 같은 부류도 포함된다.

　여기에는 결과가 따른다. 아프리카에서 중국 기업의 노사 관계는 때때로 난항을 겪고 심지어 폭력이 수반되기도 한다. 잠비아의 이른바 '구리 벨트'는 사고와 보복의 현장이다. 예를 들어 2005년 4월 중국인이 소유한 폭발물 제조 공장에서 폭발이 일어나 50명 이상의 현지인 노동자들이 숨졌다. 이미 중국인 십장들이 노동자들을 학대한다는 주장이 제기되면서 납치와 파업이 벌어진 뒤였다. 중국인이 소유한 광산에서 노동자들을 아무런 안전 장비 없이 청바지와 셔츠 차림으로 승강기에 태워 갱도로 내려 보낸다는 사실이 현지 언론에 보도되면서, 다시금 비난과 불신이 고조되어 중국 국가주석의 방문 계획이 취소되기도 했다. 잠비아에서 커지고 있는 중국의 영향력은 잠비아 대선의 핵심 쟁점으로 떠오르기도 했다. 한 후보자가 반중국 공약을 내세우고 나왔는데, 중국 대사는 만약 그가 당선되면 중국과 잠비아의 외교 관계를 끊겠다고 위협한 것이다. 이는 베이징이 스스로 선언한 불간섭 원칙에 위배되는 행동으로 여겨졌고, 아프리카 대륙 전체를 두려움에 떨게 만들었다.

중국이 추진하는 개발 사업에서 흔히 나타나는 열악한 노동 조건과 저임금 때문에 아프리카의 몇몇 정부들은 자국 노동자를 보호하기 위해 법적 수단을 강구하기도 하지만, 현실적으로 노동자들의 선택지가 거의 없는 상황에서 이런 규제들은 쉽게 우회할 수 있다.

한편 중국의 영향력은 점점 더 커지고 있다. 중국수출입은행은 아프리카 지역의 최대 자금 공여 기관이며, 중국이 농지를 확보하는 과정에서 1만 명의 농업 '전문가'를 아프리카에 파견했다는 보고도 있다.[14] 중국은 잠비아에서 앙골라를 거쳐 대서양 연안의 로비토 항구(이곳 역시 새로 보수되었다)에 닿는 벵겔라 철도의 복구 자금을 대고 있다. 케냐 정부가 케냐 북부 해안의 라무 인근에 총 60억 달러를 들여 항구를 건설하고 운영하는 개발 사업을 중국에 제안했다는 보도도 나왔다. 이 항구가 완공되면 신생 독립국인 남수단산 석유의 수출항 구실을 할 것으로 보인다. 광물이 풍부하고 잠비아의 구리 벨트와도 가까운 콩고 남부 카탕가 지방의 카미나에 중국이 군사 기지를 짓고 있다는 루머도 있다.

오늘날 중국이 들어가 있지 않은 아프리카 국가는 사실상 한 곳도 없으며, 이 떠오르는 초강대국과 세계 최후의 주변부 사이의 관계가 어디로 향할 것인지는 아직 판단하기 이르다. 앞에서 지적했듯이 중국의 목표 중 하나는 아프리카에 중국 제품의 시장을 창출하는 것이고, 벌써 이는 아직 영세한 아프리카의 제조업에 큰 충격을 주고 있다. 일례로 탄자니아의 신발 제조업자들은 값싼 중국 수입품에 밀려 거의 사업을 접은 상태다. 파드레그 카모디Padraig Carmody에 의하면 카메룬의 수도 두알라에서도 값싼 중국산 도넛 때문에 현지 빵집들이 문을 닫고 있다고 한다. 중국인 상점 주인들은 여러 곳에서 현지 상인들의 미움을 사고 있다.

그러나 사회 계층의 반대쪽 *끄*트머리에서는 상황이 다르다. 서구 정부들은 독재적인 정부를 가진 아프리카 국가와 거래하는 기업들에게 불이익을 주려고 하며, 수도에서 열리는 회담에 그런 나라의 수반을 초청하지 않는다. 반면 중국은 좀 더 유연하게 접근하여, 그 나라의 인권이나 민주주의 수준과 상관없이 아프리카 엘리트들을 융숭히 접대해준다. 최근 (2009년) 중국과 아프리카 지도자들의 회담을 위해 아프리카 41개국 정상들이 베이징에 모였는데, 보도된 바에 따르면 이런 종류의 회담 중에서는 사상 최대 규모였다. 이렇게 다져진 유대와 여기서 중요 안건으로 다뤄진 장기적 목표는 중국 정상의 아프리카 공식 방문을 통해 한층 더 강화된다.

아프리카가 제공하는 것에 대한 중국의 수요 증가와 지불 능력, 지구화하는 세계에서 아프리카가 갖춰야 할 요건, 세계 경제 권력 균형의 변화 등을 고려할 때, 중국의 아프리카 침투는 냉전의 대리전이 끝난 이후이 대륙에 발생한 가장 불길한 사건이라고 주장할 수도 있다. 이것이 아프리카의 승리로 이어질지 아프리카의 또 다른 재앙이 될지는, 오직 시간만이 말해줄 수 있을 것이다.

왜 아프리카가 중요한가

"아프리카에서는 항상 새로운 것이 나온다"라고 2천 년 전의 한 로마 황제는 말한 바 있다. 콩고 북동부의 열대 우림에서, 노동자들은 저임금을 받으며 휴대폰 제조에 쓰이는 원료인 콜탄을 채굴하고 있다. 원자 시대의 우라늄에서부터 화석 연료 시대의 석유에 이르기까지, 아프리카는 전 세계가 필요로 하는 것들을 보유하고 있다.

그러나 아프리카의 복지에 대한 관심이 생산물의 획득에만 집중되어서는 안 된다. 아프리카의 문제와 세계의 관심이 일치하는 이유는 세계가 기능적으로 축소되고 있기 때문이다. 즉 '지구 마을'의 한 이웃이 복합적인 병폐로 인해 남보다 고통받고 있다면, 그 치료의 혜택은 모두에게 돌아간다. 그러므로 사하라 이남 아프리카를 돕는 일은 단순한 이타주의가 아니라, 나머지 세계—특히 미국—의 이익과 관련된 문제이다.

우선 (다른 지역도 마찬가지지만) 아프리카의 사회적 안정은 진보를 위한 선결 조건이다. 최근에 적도와 서아프리카에서 일어난 일들은 두려움을 불러일으켰다. 로버트 카플란[15]이 잘 표현했듯이, 시에라리온과 라이베리아의 내전은 국경 밖으로 퍼져 나가 "지역적 무정부상태"를 초래할 수도 있었다.[15] 하지만 1990년대 후반에 소규모 영국군이 파견되어 시에라리온에서 폭력을 진압하고 내란의 주모자인 포다이 산코Ferdie Sankoh를 체포했다. 그리고 미군이 라이베리아에 개입하는 데 실패하자, 2003년 나이지리아 군 소속 평화유지군이 이 나라의 통치자인 찰스 테일러Charles Taylor를 권좌에서 몰아내고 추방했다(그는 종족 분쟁을 일으켜 30만명 이상을 죽음으로 몰아넣은 책임이 있다. 이 분쟁은 라이베리아에서 시에라리온으로까지 번졌다). 적도 아프리카에서는, 르완다에서 일어난 투치-후투족 충돌의 일환으로 시작된 분쟁이 콩고 동부로 번져나갔다. 이 과정에서 두려움의 대상이던 모부투의 통치가 결국 종식되기는 했지만, 이 혼돈 속에서 경제적 기회를 엿본 온갖 지역 모리배들이 몰려들기도 했다.

아프리카의 안정을 노리는 가장 큰 위험은 앞서 언급한 '이슬람 전선'을 따라 놓여 있다(그림 7-2). 몇몇 탈식민 국가들이 이 문화적 점이 지대를 사이에 두고 양분되어 위험을 안고 있다. 예를 들어 코트디부아르에서는 최근에 남부인들과 북부 무슬림 사이에 심한 충돌이 일어났고, 나이

그림 11-3 나이지리아는 이슬람 전선에 걸쳐 있다. 나이지리아 연방 북부의 12개 주는 샤리아 법을 채택했다. 문화적으로 분열된 경계선을 따라 빚어지는 무슬림과 비무슬림 간의 마찰은 이 나라에 상당한 타격을 주고 있다.

지리아는 연방의 36개 주 중에서 12개 주가 이슬람의 샤리아 법을 채택했다(그림 11-3). 나이지리아 북부와 남부 사이의 분열은 위험을 품고 있으며, 특히 북부에 살던 수십만 명의 남부인들이 지난 십 년에 걸쳐 이주해 나가면서 문화적 대비가 점점 선명해지고 있다. 나이지리아의 안정은 아프리카의 역사·문화적 핵심에 놓인 초석이기에 아프리카의 미래에 필수적이다. 그러므로 필요한 기반 시설에 대한 상당한 국제적 원조를 통해 이 나라가 민주주의로 순조롭게 복귀할 수 있도록 뒷받침해 주어야 한다.

케이프타운처럼 멀리 떨어진 곳에도 이슬람의 전진기지가 형성되어 있는 것을 보면, 사하라 이남 아프리카가 종교적으로나 정치적으로 이슬람에 경도되기 쉬운 상태에 있음을 확인할 수 있다. 빈민들의 취약성, (실제로 존재하는, 혹은 존재한다고 믿는) 신식민주의로 인한 좌절, 기독교 신앙과 제국주의 역사의 관련성, 세계화의 공포, 영향력을 얻을 수 있으리라는 기대 등이 아프리카의 이슬람 옹호자들에게 기회로 작용하고 있으며, 이는 세계의 이데올로기 지도를 바꾸어놓을 수도 있다. 이러한 전망에 맞서려면 서구는 사하라 이남 아프리카에 대한 참여를 급격히 늘려 민주주의를 지원하고 기반 시설을 건설하며, 시장을 개방하고 유대를 강화해야 한다.

그다음으로 생산물과 상품의 문제라는 세 번째 사항을 고려할 수 있다. 아프리카에 대한 서구의 참여는 단순히 석유와 광물을 구매하는 것 이상이어야 하며, 서구와 비서구를 막론하고 모든 부유한 국가들의 희생이 필요하다. 이 범주에서 수위를 차지하는 것은 바로 농업 보조금 문제다. 오늘날 대부분의 아프리카인들은 자급농으로든 상업농으로든 여전히 농사를 지어서 살아가고 있다. 그리고 상업농의 경우, 만약 '자유' 시장에서 불공정 경쟁이 벌어지게 되면 그 결과는 처참하다. 하지만 바로 이것이 현재 아프리카 농민들이 처한 상황이다. 아프리카 농민들의 시간당 임금은 매우 낮기 때문에, 자신들이 생산한 차, 면화, 카카오, 바나나를 매우 낮은 가격에 내다 팔 수 있다. 하지만 그들은 생산물을 파종, 추수, 수출, 판매하는 과정에서 국가로부터 보조금을 받는 프랑스, 일본, 미국의 농민들과 경쟁할 수가 없다. 부유한 나라들이 스스로의 입으로 말하는 자유무역의 수사를 정말로 믿는다면, 이들 보조금을 점진적으로 폐지하고 아프리카 농민들에게 기회를 주는 일은 그들의 손에 달려 있다. 최근 세계은 행의 추정치에 따르면 아프리카의 농업은 연간 2천억 달러 이상의 거대한 수익을 벌어들일 수 있으며, 이는 현재 각국에서 아프리카에 전달되는 재정 지원액의 20배에 달하는 액수이다.

현재 아프리카의 농업은 취약한 상태에 놓여 있으며, 이렇게 된 데에는 부유한 나라들의 정책 말고도 다른 원인이 확실히 존재한다. 아프리카의 정부들 스스로가 자국 농민들을 지원하는 데 몇 가지 점에서 실패한 것이다. 우선 주곡의 가격을 인위적으로 낮게 책정하여 도시 거주민들에게 혜택을 주고 농민들에게 비싼 비용을 떠넘겼다. 또 농민들이 대출 담보를 세우기 힘들게 만들었고, 경제에서 중요한 농업 부문이 아닌 잘못 구상된 산업 프로젝트에 많은 비용을 투자했다. 그리고 들판에서 실제로 많은 일을 하는 여성들이 스스로 농장이나 사업을 시작하고 건사할 수 있게끔 대출 기회를 주지 않았다. 여기에 더하여 아프리카의 날씨는 계절에 따라 기복이 극심하고 아프리카의 토양 중 상당수가 생산성이 최저한도에 머물고 있으므로, 왜 아프리카의 1인당 농업 생산성이 지난 20년이 넘도록 감소세에 있는지는 분명하다.

부유한 나라에서 아프리카 농민들의 사정을 봐주어야 할 동기가 희박하다 해도, 아프리카 대륙의 에너지 자원 및 광물과 관련해서라면 아프리카의 정부들을 더욱 공정하고 투명하게 다루어야 할 이유는 넘치고도 남는다. 생산물의 시장 가격은 부침이 심하고, 과거 식민 열강들이 열을 올려 채굴했던 금속을 팔아 얻는 수입이 줄어들면서 아프리카 국가들의 경제는 타격을 받았다. 내륙 국가인 잠비아는 구리에 크게 의존하고 있는데, 시장 가격도 떨어졌지만 이웃한 앙골라에서 내전이 오래 끄는 바람에 해안으로 통하는 운송로가 파괴되어 큰 피해를 입었다. 남아프리카공화국의 경제는 금 가격이 떨어지고 인건비가 늘어나 어려움을 겪었다. 하지만 앓는 나라가 있는가 하면 번성하는 나라도 있다. 보츠와나는 다이아몬드로 얻는 수입이 치솟아 올랐을 뿐 아니라, 민주적인 정부와 적절한 경제 정책이 어우러져 소득이 아프리카 국가 중 중진국 범주에 들게 되었다. 아직까지 이는 드문 현상이다.

그러나 탈식민화 이후 가장 큰 발전을 거둔 분야는 바로 에너지 자원의 채굴이다. 아프리카에는 30년 전의 추정치보다 훨씬 많은 석유가 매장되어 있음이 입증되었다. 현재 나이지리아(미국 연간 총 석유 수입량의 12퍼센트를 공급하고 있다)와 앙골라는 물론, 가봉, 차드, 적도기니, 수단,

중국은 아프리카의 아홉 번째 재앙이 될 것인가?

앙골라가 중국의 주요 석유 공급국이 되면서 수도인 루안다에는 전례 없는 붐이 일어났다. 「이코노미스트」의 보도에 따르면 앙골라 사업가들은 중국 기업가들과 연합하여 투자펀드(신디케이트)를 결성하고 있는데, 이들의 비밀 거래는 세계에서 가장 빈곤한 민중들에게서 그들에게 절실히 필요한 수입을 박탈할 뿐만 아니라 아프리카 다른 지역의 폭력적 갈등을 영구화시킬 가능성이 있다.

중국의 민간 기업들은 아프리카 시장에 들어갈 때 채굴권을 따는 대가로 소정의 의무를 진다. 이 의무들 중에는 저렴한 주택, 상수도 공급 체계, 도로, 철도, 수력 발전소 같은 기반 기설 개발도 포함된다. 하지만 이런 개발 사업에 투자되는 총액은 석유로 거두는 수익에 비해 적은 경우가 태반이므로 아프리카 국가들 입장에서는 불리한 거래다. 아예 이런 투자조차 이루어지지 않는 경우도 있다. 앙골라에서 투자펀드가 출범한 지 6년이 흘렀지만, 급성장 중인 루안다의 시민 중 90퍼센트 이상이 수도를 갖추지 못한 상태다. 한편 이 보도에 의하면 "석유 계약은 국가 기밀로 취급된다 (……) 개인적 축재 혐의는 국가 구조의 최상부까지 스며들어 있다 (……) 2006년에는 원래 기반 시설에 투자될 예정이었던 중국의 자금 2억 달러가 홍콩에 있는 고위 관료들의 개인 계좌로 송금되었[다는 주장이 있다.]"고 한다.

이 기사는 이렇게 끝맺는다. "중국 기업가와 아프리카의 지배 엘리트들은 아프리카의 부족한 인프라를 확충하기보다, 발전 모델의 차용을 구실 삼아 약탈을 모의하고 있는 듯 보인다." 중국과의 연계는 아프리카의 아홉 번째 재앙이 될 것인가?
— 「이코노미스트」 2011년 8월 13일자, "퀸즈웨이 신디케이트와 아프리카 무역 The Queensway Syndicate and the Africa Trade"에서 인용.

남수단 등도 중요한 산유국들이다.

서남아시아의 혼란이라는 불씨를 안고 있는 이 전략적으로 불확실한 시대에, 아프리카가 산유 지역으로 부상하는 현상은 분명한 함의를 띤다. 적도와 서아프리카의 석유 매장지는 세계에서 가장 게걸스런 석유 소비국과 대서양을 사이에 두고 바로 건너편에 있으며, 그 사이에는 다른 지역처럼 위험한 관문이나 취약한 파이프라인도 없다. 따라서 미국과 아프리카 산유국 사이에 안정된 정치·교역 관계를 창출하고 유지하는 일은 바로 미국의 이익과 직결된다.

그러나 이것이 산유국의 국민들에게 띠는 의미는 사뭇 다르다. 예를 들어 석유가 풍부한 니제르 삼각주에 대대로 살아온 사람들은, 탐욕스러운 정권과 게걸스런 기업들에게 수익의 더 많은 몫을 받을 권리를 요구하며 수십 년간 투쟁해왔다. 1995년 아바차 정권은 이 운동의 선봉에 선 오고니 지역 환경 단체의 지도부 아홉 명을 교수형에 처했고, 대통령 당선자를 감옥에 가두었다. 그러나 교역 상대국 정부도 석유 기업들도, 감히 이 문제를 건드려서 나이지리아 독재 파벌과의 관계가 끊길 위험을 감수하려 들지 않았다. 과거를 기억할 만큼 나이가 든 나이지리아인들에게 이는 너무도 익숙한 일이었다.

니제르 삼각주, 전쟁으로 찢긴 앙골라(석유와 다이아몬드가 분쟁의 불씨가 되었다), 수단(남수단이 투표로 분리되기 이전, 북부인들이 남부에서 석유가 발견된 지역 인근의 주민들을 무자비하게 쫓아냈다) 등지에서 벌어진 일들을 볼 때, 우리는 정부와 석유 기업들의 행위를 좀 더 면밀히 감시할 필요가 있다.

이러한 계획이 어떤 결과를 낳든지 간에, 세계가 아프리카의 생산물을 필요로 한다는 것은 분명하다. 그리고 아프리카 권역에는 원자재를 폭식하는 중국이라는 새로운 무역국이 등장했다. 호주 경제는 이미 중국의 막대한 원자재 수입으로 호황을 맞고 있다. 그러나 호주는 아프리카가 절실히 필요로 하는 것, 바로 자체적으로 번영을 누리는 경제를 지니고 있다. 이런 측면에서, 아프리카의 생산물을 소비하는 국가들은 생산국들을 돕기 위해 뭔가를 더 해야 한다.

아프리카는 전염성 질병으로 가장 극심한 고통을 겪는 지리 영역이라는 측면에서도 세계 다른 국가들에 중요하다. 사하라 이남 지방은 대규모의 의료적 개입을 필요로 하며, 이 역시 이타주의의 문제가 아니다. 세계에서 가장 아픈 지역의 건강을 개선하는 것은 바로 세계 전체의 이익인 것이다.

한때 아프리카만의 문제였던 것—온난화로 인해 아프리카의 열대 지방이 질병의 숙주를 번식시키는 광활한 인큐베이터로 변해버린 일—은 이제 전 세계의 문제가 되었다.[16] 아프리카가 다른 지역에 비해 바깥 세계와의 연결 고리가 약하다고는 해도, 제트 항공기, 승객과 화물, 기타 운송 수단들이 인간 및 동물 매개체를 통해 단 몇 시간 만에 아프리카의 질병을 전 세계로 실어 나르고 있다(북아메리카에서 최초로 발생한 에이즈는 한 감염된 개인이 제트기를 타고 킨샤사에서 브뤼셀을 거쳐 시카고로 여행하여 옮긴 것이다). 다행히도 에이즈보다 훨씬 전염성이 높은 질병이 아프리카에서 퍼져 나와 단기간에 수백만 명이 죽는 일은 아직 벌어지지 않았지만, 의료 지리학자들은 집중적인 노력을 대규모로 투여하여 육반구의 심장부에 위치한 이곳의 공공복지를 개선하지 않는다면 앞으로 그런 날이 오리라고 예견하고 있다.

이런 문제를 연구하는 내 동료들은, 오랫동안 아프리카에만 한정되어 발생해온 질병보다 부유한 국가에 발생하는 위험한 질병들이 훨씬 더 많은 주목을 받았음을 지적하고 있다. 예컨대 말라리아가 중위도 지방에 발생하는 질병이었다면 이미 오래전에 퇴치되었으리라는 것이다. 소아마비와 천연두 등 부유한 국가에서 발생했던 질병들은 이미 정복되었다. 미국에서 에이즈가 심각한 차원으로 대두하면서 여기에 의학적인 투자와 심혈을 기울여, 오늘날에는 HIV 바이러스를 거의 무제한 억제할 수 있게 되었다. 만약 에이즈가 열대 아프리카에만 한정되어 발병했다면 이런 성과가 이루어졌을 가능성은 낮다.

오늘날 우리는 아프리카의 풍토병과 전염병에 대해 전보다 많이 알고 있다. 연구를 통해 그 질병들의 윤곽이 밝혀졌고, 국제기구들이 그 유행 상황을 보고하고 있으며, 에볼라 열병 같은 질병이 국지적으로 심각하게 유행할 때 이를 언론이 생생히 보도하고 있기 때문이다. 아프리카의 전염병이 에이즈처럼 전 세계적인 유행병으로 퍼져 나가는 일은 드물기 때문에, 아프리카의 전염성 질병이 아프리카 너머로 전파될 위험에 대한 인식은 낮다. 하지만 그런 위험은 엄연히 존재하며 점점 커지고 있다. 그리고 이를 막는 최선의 길은 아프리카 전역의 복지 수준을 높이는 것이다. 이미 세계보건기구WHO에서 유엔의 후원을 받아 수백만 아프리카 아동들에게 광범위한 질병의 예방 접종을 하고 있지만, 꼭 필요한 보호를 받지 못하는 어린이들의 수가 그보다 훨씬 많다. 그래서 여러 아프리카 국가의 영유아 사망률은 세계에서 가장 높은 수준이다. 살아남은 어린이들도 아직까지 보호 조치가 충분히 취해지지 않은 풍토병에 시달릴 가능성이 높다.

하지만 아프리카의 질병에 대항하는 일과(예컨대 사상충증과 관련해서는 상당한 진보가 이루어졌다) 의약품을 값싸게 만드는 일은 또 다른 문제다. 에이즈의 재앙에서 볼 수 있듯, 서구의 제약회사에서 바이러스를 억제하는 치료법을 개발했어도 그 비용이 (비록 줄어들고 있다고는 하지만) 너무 높아서 아프리카인들 대부분은 이를 감당할 수가 없다. 이곳 주민들의 연 평균 수입은 8백 달러에도 훨씬 못 미치는데—2011년 모잠비크의 추정치다—필요한 약값이 매달 총 3백 달러가 든다면, 이는 따져볼 것도 없이 불가능한 일이다. 상당량의 1인당 보조금도 가장 절실한 지역에 에이즈 약품이 쓰일 수 있게 하기 위한 첫걸음일 뿐이다.

　사하라 이남 아프리카의 공공 보건 상황을 개선하는 일은 아프리카에만 혜택이 돌아가는 것이 아니라, 아프리카의 의료 상황이 전 세계에 끼치는 위험을 줄이는 거대한 국제적 프로젝트가 되어야 한다. 더불어 이는 아프리카의 경제 회복에도 필수불가결한 요소이다. 투입 비용도 크지만 그것이 가져올 잠재적인 이익은 이루 헤아릴 수 없을 정도다.

　미국 같은 다문화 국가의 입장에서 아프리카는 또 다른 측면으로도 중요성을 띤다. 미국은 아프리카에 식민지를 가진 적이 없지만(미국에 강제로 끌려온 아프리카인들이 라이베리아로 귀환하면서 이 나라와 특수한 관계가 맺어지기는 했다), 미국에 거주하는 아프리카계 미국인의 수를 사하라 이남 아프리카 각국의 인구와 비교하면 여섯 번째로 많다. 사실상 아프리카는 유럽 다음으로 미국의 제2의 문화적 고향이다. 그러나 아프리카계 소수민들이 미국화되면서 아프리카와 미국 내 아프리카계 이주민 사이의 유대가 약해졌다. 최근의 언론 보도에 따르면, 아프리카계 미국인들이 사하라 이남 아프리카보다 유럽에서 더 휴가를 많이 보내며, 아프리카계 미국인이 아프리카에 대해 지닌 지식은 백인보다 더 나을 것이 없다고 한다.

　이는 우리 앞에 아직도 많은 기회가 놓여 있다는 뜻이기도 하다. 아프리카의 흔적이 미국보다 훨씬 강한 브라질에서는, 노예 무역 시대에 많은 아프리카인들이 서아프리카의 베냉(예전의 다호메이)에서 브라질의 바이아 주(주도는 살바도르)로 실려 왔다는 사실이 밝혀지자 베냉과 바이아 사이에 쌍방향 왕래가 활발해졌을 정도로 아프리카에 대한 관심이 강하다. 바이아에 아직도 아프리카의 문화적 특질이 살아남아 있는 데다 베냉을 선조들의 고향으로 인식하게 되면서, 대서양을 가로지른 놀라운 문화적 부흥이 일어난 것이다. 미국의 아프리카계 미국인들에게는 연결 고리가 그렇게까지 뚜렷하지는 않지만, 아프리카의 회복과 안녕은 확실히 모두의 관심사이며, 아프리카계 미국인의 헌신과 참여야말로 이 과정에서 핵심적인 요소일 것이다.

오늘날의 아프리카는 변화하고 있다. 현재는 주로 원자재 수출이 주된 경제 동력이기는 하지만, 2009년 세계에서 가장 빠르게 성장하는 경제 중 네 곳—앙골라, 에티오피아, 르완다, 적도기니(이 중 두 나라는 석유 수출국이 아니다)—이 아프리카 국가였으며 2010년 사하라 이남의 10여 개 나라들이 세계은행이 분류한 중상위-중하위 소득 국가 그룹 안에 들었다는 사실은 주목할 만하다. 실제로 2010년 아프리카 7개국의 1인당 국민총소득은, 그들의 무역 상대국이자 급성장 중인 국가인 중국보다도 더 높았다.

세계의 십여 개 지리 영역 중에서 가장 도시화가 덜 된 사하라 이남 아프리카도 빠르게 도시화가 진행되고 있다. 라고스와 킨샤사 같은 거대 도시들이 급성장하고 있으며, 그보다 작은 도시와 소도시들도 자라나는 중이고, 이런 도시에 새로 정착한 수백만 명 시민들은 거대한 비공식 경제를 움직이고 있다. 다카르에서 더반까지 이르는 이 도시들은 금융가와 빗장 공동체, 쇼핑몰과 서비스 부문을 갖춘 세계화의 접점들이다. 수도는 단순히 정부 청사가 있는 곳을 넘어서, 독재자들과 진보주의자, 보수주의자와 근대화론자들의 치열한 전투가 벌어지는 장이다. 폴 콜리어Paul Collier는 대부분 젊고 용감한 아프리카 지식인들의 그룹을 주목했다. 이들은 자신의 경력과 때로는 안녕을 걸고, 아프리카가 반드시 거쳐야 할 싸움—부패와의 전쟁—을 치르고 있다.[17]

아프리카 국가들은 '투명성' 순위에서 우울할 정도로 밑바닥을 기고 있지만, 이는 비단 그들뿐만이 아니다. 2010년 나이지리아의 '부패 지수'(0.1이 가장 낮고, 10.0은 도달 불가능할 정도로 완벽한 상태다)는 2.4를 기록하여 러시아(2.1)보다 높았다. 아프리카의 통치자와 지도자들은 수천 수백억 달러의 거금을 해외 계좌에 숨겨놓고 있는데, 이들의 이런 행위는 몇몇 기관에서 매년 발표하는 부패 지수에 큰 영향을 끼친다. 그러나 일상에서 평범한 사람들에게 해를 입히는 것은 은행 계좌를 개설할 때, 운전면허를 딸 때, 심지어는 '검문소'를 지나 길을 갈 때 행해지는 '사소한' 부패들이다. 이런 식의 일상화된 부패는 신뢰를 약화시키고 진취성을 짓밟는다. 공직자들뿐만 아니라 이런 '사소한' 부패에 대한 저항이 공개적으로 이루어지면서, 부패에 연루된 이들이 감수해야 할 위험도 높아지고 있다.

아프리카와 세계의 관계는 점점 더 강화·확대되고 있으며, 중국과의 무역 증대로 냉전 시기에 퇴락했던 기반 시설들이 복구는 물론 추가되고 있다. 식민 시대에 건설된 수출 지향적 육상 운송 체계의 교훈을 잊지 않은 현대 아프리카의 경제 기획자들은, 중국 측 파트너와의 협상을 통해 지역 경제를 자극하고 시장과의 연결을 활성화할 국내 교통망을 확보·개선하고자 노력하고 있다.

아프리카가 지난 수천 년간 겪은 불행도 그 문화의 역동성과 세계에서 차지하는 중요성을 반감시키지는 못했다. 수십만 년 동안 아프리카는 인류를 기르고 단련시켰으며 전 세계로 내보내어 이 행성을 영구히 바꾸어 놓았다. 아프리카의 시대, 아프리카의 차례는 다시금 돌아올 것이다.

에필로그: 지금, 그 어느 때보다도

지리학의 도움으로 우리는 세계를 휩쓸고 있는 변화의 물결을 타고 항해할 수 있다. 여기서 얻을 수 있는 교훈은 무엇일까? 여기 그 한 가지가 있다. 우리 행성은 작을 뿐 아니라 비교적 젊고 지질적으로 활발하다. 얇고 울퉁불퉁한 지각은 화산 및 지진 활동대에 의해 갈라져 있다. 토바, 티라, 크라카토아, 탕산 등, 인류사는 그 결과물들로 가득하다. 그중 1976년 탕산에서 일어난 쌍둥이 지진과 2004년 수마트라 인근의 해저 지진으로 일어난 쓰나미는 약 1백 만 명의 목숨을 앗아갔다. 여러분은 태평양을 둘러싼 '불의 고리'(158쪽 참조)에 핵발전소를 설계하고 건설한 이들이 이런 자연의 경고에 귀를 기울였을 것이라 여길지 모른다. 물론 그랬다 하더라도 2011년 3월 일본 도호쿠 지방에 일어난 대지진은 상당한 사상자를 냈을 것이다. 그러나 취약한 일본의 자연·인문 지리를 염두에 두고 설계에 좀 더 만전을 기했다면, 지진해일로 손상되고 침수된 원자로가 광범위한 방사능 오염을 일으키는 사태는 상당 부분 방지할 수 있었을 것이다.

하지만 교훈은 한 가지 더 있다. 멀리 떨어진 외딴 장소라도 세상 모든 곳, 모든 사람에게 영향을 끼칠 힘을 가질 수 있다는 것이다. 미국에서는 9.11 테러 공격이 탈레반 지배하의 아프가니스탄에서 계획되었다는 사실이 충분히 인식되는 데 다소 시간이 걸렸다. 1991년만 해도 러시아에서 체첸은 캅카스 어딘가에 있는 변경의 한 '공화국' 이름에 불과했다. 그로부터 몇 년 뒤 체첸 테러리스트들은 모스크바와 그 너머까지 공포와 혼란의 씨앗을 뿌리게 된다. 동아프리카 앞바다에 떠 있던 어선들을 뒤집어엎고 그 선원들을 익사시킨 파도는 인도양 너머 수천 킬로미터 떨어진 수마트라에서 발생한 지진해일이었다. 2011년 말 해양학자들은 지진이 일어난 일본에서 하와이 해변과 미국 북서부 태평양 연안까지 떠밀려 간 쓰레기 더미 수백만 톤의 이동 경로를 추적했다. 라스베이거스의 유명한 홍보 문구와는 반대로, 일본에서 벌어진 일은 일본에만 머물지 않는다. 이는 아프가니스탄도, 체첸도 마찬가지다. ['여기서 벌어진 일은 여기에

지리를 너무 진지하게 받아들인 나머지

"분명히 말씀드리지만 우리는 시험 중 부정행위를 기필코 근절할 것이며, 이번의 단발성 사건은 이러한 우리의 의지를 더더욱 견고하게 했을 뿐입니다." 방글라데시 중등학교 시험 위원회 대변인은 다카의 기자 회견장에서 충격을 받은 기자들에게 이렇게 말했다.

질의응답 중에 대변인은 부정행위를 저지르거나 감독관을 공격한 학생들 수천 명이 퇴학 처리될 것이며, 학생들을 불법적으로 도운 교사 수십 명은 정직 처분을 받을 것임을 시인했다. 어느 대학에서는 한 학생이 시험을 취소시키기 위해 자가 제조한 폭탄을 터뜨렸고, 보도에 의하면 여러 학교에서 "난폭한 싸움"이 벌어졌다.

이러한 행동의 책임이 누구에게 있는가 하는 질문에 그는 이렇게 답변했다. "저는 말 그대로 부모들의 책임이라고 봅니다. 너무나 많은 학부모들이 시험 중 자녀 곁에 앉아 답안 쓰기를 도와주겠다고 고집하고 있기 때문입니다 (……) 그중에서도 지리 시험장에 들어가는 부모들이 최악입니다. 그들은 포악합니다."

— 「방글라데시 데일리뉴스」, 「인터랙션Interaction」 1992년 23:4호에서 재인용.

묻고 가세요What Happens Here, Stays Here'는 2003년 라스베이거스에서 홍보 슬로건으로 내걸어 유명해진 말이다. ―옮긴이]

이런 종류의 사건들은 그때까지 거의 알려지지 않았던 지역들을 갑자기 부각시키며 우리 의식에 충격을 주고, 왜 진작 우리가 이런 일을 알지 (혹은 예견하지) 못했는지를 자문하게 만든다. 확실히 지리학자들은 다른 분야의 학자들보다 지도 인식이 뚜렷하며, 우리 중에는 언제나 이런 지역에서 연구를 수행해온 전문가들이 있다. 하지만 지리학자들도 사실 확인을 한다. 구 유고슬라비아가 붕괴하고 크라이나, 슬라보니아, 보이보디나 같은 지명들이 뉴스에 등장했을 때 우리 중 많은 이들은 지도첩을 펼쳐 봐야 했다. 그러나 지리학은 이런 논의에 맥락을 보태 기여할 수 있다. 미국이 1980년대 시아파 이란과의 전쟁에서 이라크를 지원했음을 생각하면, 수니 소수파가 지배하는 이라크에 미국이 개입하기 시작했을 때 이것이 잠재적으로 통치 불가능한, 그러나 시아파가 지배하는 국가로 이어지리라는 전망은 지리적-전략적으로 엄청난 모순처럼 보였을 것이다. 수니 삼각 지대나 '그린 존' 같은 장소들은 우리의 인지 지도를 개선시켜 주었지만, 더 큰 그림은 이 전쟁의 잠재적인 최대 승자―테러리스트를 지원하는 이란―와 관련이 있었다. 시아 소수파가 지배하는 시리아의 급변하는 상황과 관련해 재차 결의안이 논의 중인 2012년 초에도 이 부분은 달라진 것이 없어 보인다.

이로써 우리는 지리학의 또 다른 유익한 충고와 만나게 된다. 비록 세계가 직면한 도전들이 국가를 초월하고 세계화의 힘이 속속들이 침투했어도, 지난 반세기 동안 그 무엇도 국제 문제에서 국가가 차지하는 역할과 중요성을 감소시키지 못했다. 이란은 페르시아의 과거는 떨쳤을지 몰라도 그 제국주의적 강박은 떨치지 못했으며, 이제 그것은 테러 계획에 대한 지원, 평화와 전쟁을 위한 핵 보유 능력을 창출하려는 의지, 이스라엘에 대한 뿌리 깊은 적대감을 통해 표출되고 있다. 이런 쟁점들과 맞서기 위해 모든 당사국들은 이란의 국가 기구와 상대해야 한다. 이란은 국제 무대에서 동맹 세력을 갖고 있으며 그중 최근에 가장 실질적인 세력은 러시아와 중국이다. 이란은 영토나 인구 면으로는 큰 나라가 아닐지 모르지만 영향력은 이를 능가한다.

2차 대전 이후 정치 지리학자들은 자국의 자원을 이용해서 타국의 행동에 영향을 끼칠 수 있는 능력을 기준으로 국력을 측정하길 선호했고 실제로 규모가 중요한 시절이 있었다. 오늘날에는 앨라배마보다 영토가 좁고 텍사스보다 인구가 적은, 이를테면 북한과 같은 나라가 핵무기와 미사일을 통해 멀거나 가까운 이웃을 위협할 수 있다. 깡패 국가, 제 기능을 못하는 국가, 실패한 국가—이들 모두는 세계를 이루는 정치적 모자이크의 일부다. 이들이 가하는 위협은 점점 커지고 있지만, 이들 국가에 외부 개입이 행해질 가능성은 그 어느 때보다도 낮다.

불과 얼마 전까지, 안정되고 대의 정부를 갖추고 국제 사회의 일원으로서 튼튼히 연결된 국가가 쇠퇴하는 것처럼 보이던 시절이 있었다. 유럽의 통일 노력과 소련·유고슬라비아의 붕괴로, 개별 국가의 주도권이 연합, 연방, 연맹, 자기 주변에 영향권을 구축한 '핵심' 국가들, 기타 가상적 구조체로 넘어 간다는 '신세계 질서'의 개념이 등장했다. 하지만 그런 일은 일어나지 않았고, 반대로 세계 정치-지리 모자이크 내의 주권 국가 수는 계속 늘어나기만 했다. 이제 유엔 회원국은 2백 개에 근접하고 있다. 1945년 창립 조약에 서명했을 당시의 네 배에 가까운 수다. 이 중에서 모종의 다국적 연합에 가입한 뒤 유엔 회원 자격을 포기한 국가는 하나도 없다. 27개 유럽연합 회원국 모두가 유엔에 의석을 가지고 있음을 주목하

자. 아무도 유럽 내 집단에 가입함과 동시에 이 의석을 자진해서 양보하지 않았다.

지리적 교양을 갖추기 위해 이 2백 개 국가들 하나하나의 특징을 다 알아야 할까? 그렇지는 않다. 하지만 34쪽에서 키신저가 목격한 것 같은 무안한 순간을 피하기 위해, 236쪽에 표시된 지역 배치를 보고 주요 국가들에 대한 인지 지도를 만들어놓으면 유용할 것이다. 우선—'주변부'를 어떤 의미로 적용하든 간에—주변부에 속하는 국가의 수가 2차 대전이 끝난 시점에 비해 현저히 늘어났다. 티모르레스테, 스와질란드, 감비아, 도미니카, 투발루, 기타 역사와 지리의 공모로 탄생한 수십 개의 소국과 초소형 국가들은 인지 지도에 끼워 넣기에 너무 어수선할 것이다. 하지만 1장에서 인용한 것처럼 대통령 집무실에서 빚어진 남부끄러운 실수의 주제가 된 모리셔스와 모리타니 같은 나라들은 어떤가? 우선 모리셔스라는 섬나라는 아프리카와 근접해 있는 덕분에 이 영역에서 가장 소득이 높은 비산유국으로 자주 언급되곤 한다. 한편 모리타니는 아프리카 이슬람 전선의 서쪽 끝과 가깝고 분쟁이 잦은 지역에 놓여 있다. 이 말은, 이들은 세계의 주요 세력과 어깨를 나란히 하는 나라들은 아니라는 것이다.

지도를 지침으로 삼는 한 가지 방법은 충분한 시간을 들여 살펴보는 것이다. 나는 학생들에게, 한 페이지짜리 지도는 한 페이지짜리 글에 소요되는 것과 동등한 시간을 들여 '읽으라'고 자주 주문하곤 한다. 이는 몇 가지 흥미로운 질문으로 이어진다. 브라질이 주도하는 남아메리카를 보자. 여기서 이 지역 신흥 강국과 국경을 맞대지 않은 나라는 두 개뿐이다. 그리고 아르헨티나가 이 대륙의 2인자로 보인다면, 뭐, 여러 면에서 과연 그렇다. 중앙아메리카에서 멕시코는 이 영역의 다른 모든 나라와 섬들을 다 합친 것보다 더 큰 가공할 이웃이다. 멕시코의 문제들은 미국으로 새어

들어오고 그 반대 방향으로도 마찬가지다. (멕시코의 한 전직 대통령은 이렇게 말했다. "불쌍한 멕시코, 신과는 너무 멀고 미국과는 너무 가깝다.")

남아시아는 확실히 인지 지도에 깊이 새겨질 만하다. 인도는 세계에서 가장 인구가 많은 나라로 향하고 있는 중일 뿐 아니라, 이미 세계에서 가장 큰 민주 국가다. 하지만 힌두교가 다수인 인도는 어떤 이웃들에 둘러싸여 있는가! 서쪽으로는 핵무기로 무장한 이슬람 국가 파키스탄이, 동쪽으로는 역시 무슬림이 지배하는 인구 대국 방글라데시가 버티고 있으며 두 나라의 인구를 합치면 미국보다도 많다. 북쪽으로는 기능 부전 국가 네팔과 국경 분쟁 중인 중국이, 남쪽으로는 내전에 찌든 스리랑카가 있다. 그러나 인도의 지리에서 정말로 중요한 부분은 별로 크지 않은 영토다. 곧 중국과 맞먹게 될 인구를 가진 인도의 영토는 중국의 겨우 3분의 1, 미국으로 치면 미시시피 동부 지역 정도의 크기에 불과하다. 미시시피 강과 대서양 사이에 13억 명이 모여 산다고 생각해보자! 이 사실은 얼마나 많은 측면에서 인도를 취약하게 만들고 있는가?

가장 흥미로운 지도 중 하나는 동남아시아다. 불교 국가 타이가 한때이 지역의 주도국이었지만 현재는—1만 7천 개의 섬들에 걸쳐 있는—무슬림 인도네시아가 주도 국가의 자리를 차지하고 있다. 또 방콕 부근에서 싱가포르까지 길게 뻗은 말레이 반도에 일어나고 있는 일을 살펴보자. 여기서는 네 나라가 자리다툼을 하고 있다. 그리고 그중 가장 덜 친숙한 나라, 과거 버마라고 불렸던 미얀마에 대한 뉴스를 보자. 2012년 초 이 나라에서는 수십 년간의 처참한 군사 독재 이후 새로운 시대가 열리고 있는 듯 보인다.

아시아의 반대쪽 측면에 붙은 터키의 시대 역시 오고 있다. 이 나라의 빠르게 성장하는 다각화된 경제는 오스만 제국 시대 이후로 잠들어 있던 지역적 야심에 불을 지피고 있다. 터키 역시 언제나 그 주변의 이웃을 돌아보게 만드는 나라다. 터키는 아랍 세계와 남캅카스와 유럽을 잇는 접점에 놓여 있으며, 남쪽으로는 쿠르드족과, 동쪽으로는 아르메니아와, 서쪽으로는 그리스와 문제가 있다. 그러나 터키의 주요 종교는 수니파 이슬람으로, 이는 터키가 무슬림 세계의 정치적·경제적 본보기가 될 기회를 창출하고 있다.

이 지도에서 중앙아시아가 복잡하게 보일지 모르지만 유럽에 비하면 양호한 편이다. 중앙아시아에서는 독일도 프랑스도 출현하지 않았지만, 2010년대 들어 이 지역에 대한 러시아의 관심이 되살아나고 있다는 조짐이 있다. 일부분 이는 모스크바가 남캅카스에서의 곤경과 유럽에서의 냉대를 벌충하려는 움직임으로 보인다. 국내 문제가 발목을 잡지만 않는다면 2012년 중반에는 푸틴 정부가 정권을 잡고, 소련 해체 이후 결성되었다가 실패한 독립국가연합을 재구성하는 러시아의 대대적 과업에 착수할 준비를 갖출 것이다. 다만 이번의 비전은 한층 더 거대할 것이다. 푸틴은 카자흐스탄에서 벨라루스, 키르기스스탄에서 우크라이나(그렇다, 우크라이나)까지 한데 아울러, 기능 부전에 빠진 유럽연합에 맞설 견제 세력을 구상 중인 것으로 알려졌다. 모스크바에서 이는 소련이 아프가니스탄에 개입했다가 실패한 불쾌한 기억을 불러일으키겠지만, 현재의 러시아는 1980년대의 소련보다 경제적으로 훨씬 더 나은 위치에 있으며 옛 중앙아시아 공화국들에 대한 러시아의 영향력도 커지는 중이다. 그렇긴 해도 이들은 만만찮은 이웃이다. 아프가니스탄 인에게 물어보라. 어깨 너머로 인도가 어른거리는 상황에서 파키스탄과 이란, 혹은 투르크메니스탄과 타지키스탄 사이에 끼고 싶겠는가? 게다가 여기에는 그리 사소하지 않은 질문이 있다. 아프가니스탄이 중국과 국경을 맞대고 있었던가?

지정학적 세계에 대한 인지 지도를 보완하는 일은 분명 유용하다. 그리고 확실히 이는, 학생들이 162쪽의 지구 '달력'을 익히면서 만나게 되는 지리학이나, 원소 주기율표를 외우면서 배우는 화학보다 더 난해하지 않다. 미국의 학생과 일반 대중들은 과거의 대통령과 역사적 사건 연표에 대한 대량의 정보를 머릿속에 넣어야 한다. 그렇다면 현재와 미래에 대한 더 길고 광범위한 지리적 안목은 어떠한가? '국가' 경제들이 서로 긴밀히 얽혀 있는 이때에, 우리는 여기에 관련된 국가들에 대한 기본 인식을 좀 더 넓혀야 하지 않을까? 투자자들이 그리스의 유로존 가입을 지지하고 경직된 복지 제도로 이름 높은 사회를 구제 금융으로 구할 수 있다고 판단했을 때, 그들은 그리스의 조기 은퇴, 조세 회피, 재정 방만, 부패(그리스는 유럽에서 가장 부패한 국가 축에 든다) 경향에 대해 정말로 알지 못했단 말인가?

'오래된 습관은 고치기 힘들다'는 격언은 확실히 국가에도 적용되며 그리스는 그 한 가지 예일 뿐이다. 이는 국가의 문화에 개입해 이를 바꾸려는 노력은—그것이 대규모 공조로 뒷받침된 국제적 노력이라도—결국 실패로 돌아가는 경향이 있다는 사실을 강조하고 있다. 2010년 아이티에 파괴적 지진이 발생하여 이 나라의 1천만 인구 중 무려 50만 명이 죽고 다쳤을 때, 국제 공동체는 유엔 특사였던 빌 클린턴Bill Clinton의 말대로 "보다 나은 미래를 건설하는 데" 쓰일 수십억 달러의 원조를 쏟아 부었다. 그러나 수만 명의 구조 인력들이 희망했던 새 출발은 이루어지지 않았다. 지진이 일어나고 1년 뒤, 재건 작업에 쓰인 돈은 들어간 기금의 15퍼센트에 불과했고 건물 잔해는 채 5퍼센트도 치워지지 않은 채로 방치되어 있었다. 또 새로운 주거지가 입주 준비를 마쳤는데도 1백만 명 이상의 아이티인들이 여전히 임시 대피소와 천막에서 살아가고 있었으며,

구조 작업 전체에 혼돈과 부패가 만연해 있었다. 구조 요원들은 허약하고 어떻게 손쓸 도리가 없는 제도적 여건, 의지와 규율의 결여, 손쉬워 보이는 진전마저도 힘을 합쳐 이루어내지 못하는 아이티인들의 무능에 대해 불만을 토로했다.

아이티처럼 조그만 나라에 대규모 국제 공조를 퍼부어도 그 목표가 실현될 조짐이 안 보인다면, 이라크나 아프가니스탄에서는 어떨까? 몇 조 단위의 달러와 수십만 명의 인력을 투자하더라도, 문화·자연 지리는 가공할 적수다. 미국이 이라크를 만족스럽게 재건하고 아프가니스탄에 평화를 가져오지 못한 것은 초강대국으로서 미국의 역량이 약화된 신호라는 말이 최근 자주 들리지만, 이는 터무니없는 소리다. 군사력으로 밀어붙이면 전술적 상황은 단기간 개선될지 모르지만, 아프가니스탄을 현 상태에서 구해내는 동시에 이라크의 역사적 원심력을 효과적으로 통제하려면 수백만에 달하는 병력·인력과 수천조 달러가 소요될 것이다. 2차 대전 이후 미국이 일본과 독일에서 재건에 성공했던 경험을 이라크·아프가니스탄 전쟁과 비교하는 이들은 중대한 지리적 차이를 잊고 있다.

서독과 일본은 민족·종교적 차이와 갈등으로 쪼개져 있지 않았으며, 미국과 연합군과 기타 인력들은 서로 교전 중인 분파들을 떼어 놓는 한편 적대적 환경에서 국가를 건설하기 위해 테러리스트들과 협상해야 하는 상황에 놓여 있지 않았다. 이라크와 아프가니스탄, (다른 맥락에서) 아이티와 르완다는 초강대국 헤게모니의 시대가 끝났음을 입증하고 있다. 영국, 소련, 미국이 배웠듯이, 실패한 국가에서도 습관과 풍습과 오래된 관습은 억누를 수 없으며 이를 시도했을 때는 감당할 수 없는 대가를 치러야 한다. 변화가 일어난다면 이는 내부에서 비롯되어야 한다. 이미 남한, 중국, 남아프리카공화국이 그러했고, 현재 아랍 세계의 일부 국가와 미얀마에서도 그런 조짐이 보이는 듯하다.

　미국이 몇몇 아랍 국가들을 변화시키기 위한 점진적 운동에 관여하리란 것은 의심의 여지가 없지만, 이라크 모델보다는 리비아 모델이 더 우세해질 가능성이 높다. (두 번째) 부시 행정부는 낯설고 준비가 안 된 환경에 강박적으로 민주주의를 이식시키려 했지만, 이제 미국은 기회가 떠오르는 나라에서 좀 더 민의를 반영하는 정부를 덜 공격적으로 지원하는 방식을 추구하고 있다. 서로 이질적인 지역과 문화들로 구성된 리비아가 안정을 실현하고 2011년 혁명의 결과로 국민이 승인한 행정부를 지탱하는 데 필요한 제도를 건설할 수 있을지는 좀 더 두고 봐야겠지만 말이다. 미국이 아직 이라크와 아프가니스탄에 붙잡혀 있는 상황에서 리비아에 내전이 터지자 미국이 제3의 전쟁을 수행할 능력이 있는지에 대한 의문이 한목소리로 제기되었다. 오바마 행정부는[아프가니스탄에서-옮긴이] 이제부터의 국가 건설은 후방에 집중되어야 한다며 이러한 비판에 화답했고, 미국은 카다피 파벌에 대한 나토의 공군 작전에서 중요하지만 그리 눈에 띄지 않는 역할을 담당했다.

　지금으로부터 십여 년 전, 안정과 안전을 보장하는 미국의 역할, 중국이 세계 무대로 떠오르면서 초강대국 간의 경쟁이 빚어지리란 예상, 브라질과 인도 등 '지역' 열강의 부상이라는 관점에서 우리가 9.11 테러 이후의 세계를 전망했을 때만 해도 '신세계 질서'는 목전에 닥친 듯이 보였다. 이 책 초판의 에필로그는 이렇게 전망하며 끝을 맺었다. "2차 대전 이후에 미국은 전 지구적으로 없어서는 안 될 존재였다. 중국의 변모와 러시아의 재구성은 (……) 미국의 안정적 영향력하에서 비로소 가능했다. 현재 떠오르고 있는 도전에 대응하는 미국의 역량은 이 위험한 세계의 미래를 결정지을 것이다."[1] 그로부터 채 십 년도 안 된 지금은 초강대국의 쇠퇴가 자주 입에 오르내리고 있다. 이는 미국이 과도한 군사 자원 소모와 경제 운용 실패로 인해 역량의 한계를 보이고 있기 때문만은 아니다. 빠르게 성장하며 막대한 외환을 보유하고 전 세계로 영향력을 확대 중인 중국 역시 재정 및 국가 운영의 한계에 직면하고 있다. 재정적 한계는 2011년 11월 베이징이 유럽에서 영향력을 사들일 기회를 포기해야 했을 때 드러난 바 있고, 국가 운영의 한계는 티베트와 신장에 대한 중국의 압제가 외세의 침략을 받은 남아시아·동남아시아와 비슷한 반응을 불러일으키면서 드러나고 있다.

급속히 변화하는 세계의 정치 지리가 그 추이에 촉각을 곤두세우는 이들에게 도전을 제기하고 있지만, 환경 쟁점들도 벅차긴 마찬가지다. 지난 수십 년간 환경 문제는 미국의 국가적 우선순위에서 낮은 위치에 머물러 있었다. 1990년대에 과학자들이 지구 온난화 추세에 대한 최초의 경고를 발했을 때만 해도, 재러드 다이아몬드가 『문명의 붕괴*Collapse*』에서 설득력 있게 요약했듯이 그 방향성의 지속 여부에 대한 판단을 유보할 만한 이유가 있었다. 하지만 논란의 여지가 없는 증거들이 쌓이기 시작하자 추잡한 논쟁이 과학을 정치화하고 대중을 혼란스럽게 만들었다. 또 과학적 합의가 설득력을 얻어야 할 시기에 기후 변화는 2008년부터 시작된 경제 침체로 목전에 닥친 또 다른 위기에 밀려나 버렸다.

이런 것이 지리에 대한 빈약한 교양과 무슨 관계가 있을까? 여기서 전개된 사건들을 살펴보면, 미국이 베트남에 개입한 이유와 목표에 대해 미국 대중이 충분한 정보를 전달받지 못했다는 로버트 맥나마라의 불평과 비슷한 반향을 어렵지 않게 들을 수 있다. 지구 온난화 논쟁이 일어났을 때 지리 교육은 이미 오래전부터 부진한 상태였고, 사실을 말하자면 과학자들 자신도 이 복잡한 쟁점을 이해하는 데 필요한 기초 지식을 일반 대중에게 전달하는 임무를 적절히 다하지 못했다. 이 과정에서 온난화 완화 정책에 대한 대중의 관심과 지원을 확보할 크나큰 기회는 사라져 버렸다. 앞에서도 지적했듯이, 이 행성의 인간 거주자들이 기후 변화를 '멈추기' 위해 할 수 있는 일은 없다. 그럼에도 대기 중으로 쏟아지는 막대한 양의 오염 물질들은 현재와 미래의 인류 보건을 위협하고 있는 만큼 반드시 대처해야 한다. 이 전선에서 취해질 국제적 행동은 기후뿐만 아니라 보건 측면으로도 긍정적인 결과를 낳을 것이다. 그러나 대중의 인식과 지원으로 협력을 강화할 수 있는 이 시기, 이러한 공동 지출은 세계 경제의 침체로 인해 감당하기 힘든 사치가 되어버렸다.

날이 갈수록 분명해지고 있듯이, 오늘날 지구가 겪고 있는 기후 변화는 급격한 환경 변동을 수반하며 이는 국가 안보와 전 세계의 안정에까지 영향을 미치는 심각한 사회·정치적 결과를 초래할 수 있다. 이는 질서를 어지럽히고, 도시들을 위협하고, 수백만 명을 거주지에서 내몰고, 무역 항로를 바꾸고, 물과 식량 공급에 영향을 끼칠 수 있다. 기후 변화 문제의 이런 측면들에 대한 연구는, 이를테면 탐보라(혹은 토라) 화산 폭발이나 신드리아스기가 시작됐을 때의 빙하 급습에 버금가는 환경적 비상사태를 대비해 모든 당사국들의 군사·안보 책임을 조율할 국제적 위기 대응 메커니즘의 창출을 촉구하고 있다.

이제 국가와 개인의 안전은 대중의 최우선 관심사가 되었으며, 이는 반드시 9.11 테러 공격의 여파 때문만은 아니다. 나는 지난 수십 년간—특히 텔레비전에 출연한 덕분에 내가 무슨 일을 하는 사람인지 설명할 필요가 없었던 7년간—비행기 등에서 여행자들과 만나 나눈 대화들을 비공식적으로 기록해왔다. 1960년대와 1970년대에는 동행한 여행객에게 내가 지리학자라고 밝히면 대화가 흔히 잡학 테스트로 흘러가곤 했다. "어 그래요? 그럼 와가두구가 어디죠? 부탄의 수도는 어딘가요?" 대중적 이미지 속의 지리학자는 걸어 다니는 지명 사전, 잡지식의 샘이 되어야 했다. 그리고 1970년대 말부터 1980년대 초까지는, 아마도 카터 행정부 시기에 발생한 에너지 위기의 영향으로 원자재에 대한 질문이 많아졌다. 우리는 어디서 좀 더 많은 석유를 얻을 수 있을까요? 왜 미국은 미국에 대한 석유 수출을 제한하는 무슬림 국가에 곡물을 판매하나요? 그러나 그런 질문의 초점은 이미 2001년 이전에 안전 문제로 바뀌어 있었다. 아마 점점 늘고 있던 무차별적인 항공기 납치와 테러 사건들이 그 한 요인이었겠지만, 사람들이 지구상에서 살기에 가장 안전한 곳이 어디인지를 물어 보았다는 사실도 언급할 가치가 있다. 사람들은 비단 폭력뿐만 아니라 지진, 토네이도, 허리케인 같은 환경 재해에서 비교적 안전한 곳이 어디인지를 궁금해했다. "혹시 전 세계의 위험 지역을 표시한 지도가 있나요?" 하는 질문이 다양한 맥락에서 이따금씩 튀어나오곤 했다.

이는 내게 고무적인 징후로 보였다. 내가 만난 여행자들은 지리학을 연감으로, 그다음에는 원자재 일람표로 취급했다가, 지금은 매트릭스 속의 인문·자연적 변수들에 대한 분석으로 여기고 있기 때문이다. 9.11 테러 이후 개인의 안전 문제가 관심의 초점에 놓이게 되었지만, 좀 더 최근에는 중국의 세계적 부상이 경제와 안보에 띠는 함의가 주목받고 있다. 1년에 30~40차례씩 여행을 다니면서 얻는 보상 중 하나는, 개인·직업상으로 해외 여러 나라와 지역을 경험했으며 '우리와 그들' 사이 지리 지식의 불균형에 대한 우려를 공유하는 많은 사람들을 만난다는 것이다. 몇 개월 전 내 동승객 중 한 명이 한 말을 빌리면, "고등학교를 졸업한 중국인들은 다 민족주의로 똘똘 뭉친 뛰어난 지정학자들 같아요. 저는 거기 갈 때마다 한바탕 잔소리를 들어요."

경제·문화·정치·환경적 이행을 겪고 있는 이 세계의 피치 못할 불확실성을 고려할 때, 세계의 거시적 상황을 주시하는 이들의 최우선 관심사가 안전이라는 사실은 놀랄 일이 아니다. 중국이 전 세계 다양한 환경에 놓인 수백만 헥타르의 농지를 매입, 임대, 취득하고 있는 것은 급격한 기후 변화 사태가 닥쳤을 때 14억 인구에게 식량을 공급할 능력이 불확실하다는 것을 드러내는 신호다. 인도는 이 나라의 생명줄인 강이 흐르게 해주는 히말라야 산맥의 강설 패턴에 대해 우려하고 있다. 미국인들은 멀리 떨어진 공급선이 갑자기 두절될 수 있는 이 시기, 생태적으로 민감한 환경에서 석유와 천연가스를 개발하고 파이프라인을 건설하는 문제에 대해 논쟁하고 있다. 이란은 핵무기가 확산되자, 그동안 자제해온 지난 65년 역사에 종지부를 찍겠다고 위협하면서, 핵무기 능력을 증강하고 더불어 적국 이스라엘을 제거하겠다는 의도를 천명하고 있다. 국지적 반군 세력은 시리아에서 예멘, 리비아에서 바레인에 이르는 아랍 사회의 근간을 흔들며 정부·종교·군사적 이익 집단들에게 예측 불가능한 결과를 초래하고 있다. 유럽연합은 갈림길에 섰으며 그 원대한 계획은 경제·정치적 궁지에서 초래된 위험에 처해 있다.

이렇게 상호 연관된 상황들을 통해 우리는 앞으로의 세계를 슬쩍 엿볼 수 있다. 현재의 중국처럼 경제적으로 급속히—심한 지역 간 격차를 보이며—성장하는 모든 국가에 나타날 수 있는 부작용이 발목을 잡지만 않는다면, 중국 경제는 2030년 이전에 세계 최대 규모가 될 것이다. 그러나 경제적으로 성공한다 해서 곧 중국의 정치 체제가 내구성을 갖추거나 중국의 사회 규범—특히 '한족화' 정책—이 글로벌화하는 세계에서 가치를 인정받게 되는 것은 아니다. 미국의 쇠퇴에 대한 한탄이 나오고 있지만, 그 절대 우위는 퇴색할지언정 미국은 계속해서 국제적 국가 체제의 주춧돌로 남을 것이다. 미국은 대의 정부, 인권, 다문화의 공존, 개방적 사회 등 여러 영역에서 세계 많은 나라들과 공통 기반을 공유하고 있다. 앞으로의 세계에서도 미국의 리더십은 필수불가결할 것이다. 인도에서 브라질, 유럽에서 인도네시아까지, 미국의 본질적·역사적 동맹들은 세계 무대에서 점점 더 중요해질 것이다. 이는 새로운 세계 질서를, 미국과 미래 비전을 공유하는 국제적 동맹국들 사이의 자발적 관계 강화를 중심에 놓은 전 지구적 계획을 수립할 기회를 제시한다. 이러한 기획, 즉 확실히 검증된 기초 위에 건설된 지리적 대계야말로 그 무엇보다 우선되어야 한다. 바로 여기에, 그 어느 때보다도 지금, 세계의 존망이 걸려 있다.

주

서문

1   McNamara, R. S., 1995, *In Retrospect: The Tragedy and Lessons of Vietnam*, New York: Times Books.

2   de Blij, H. J., P.O. Muller, J. Nijman, 2012, *Geography: Realms, Regions, and Concepts* (15th ed.), Hoboken: John Wiley & Sons.

1장

1   Solis, P., 2004, "AAG Member Profile: E. 'Fritz' Nelson", *AAG Newsletter*, 39/1: 9.

2   Gould P. R., 1993, *The Slow Plague: A Geography of the AIDS Pandemic*, Cambridge: Blackwell.

3   Berry, B. J. L., 1999, "Deja vu, Mr. Krugman", *Urban Geography*, 20/ I: 1.

4   Diamond, J., 1997, *Guns, Germs, and Steel,* New York: Norton. (재러드 다이아몬드 지음, 김진준 옮김, 『총, 균, 쇠』, 문학사상사, 2013)

5   Diamond, J., 2005. *Collapse: How Societies Choose to Fail or Succeed,* New York: Viking. (재러드 다이아몬드 지음, 강주헌 옮김, 『문명의 붕괴』, 김영사, 2005)

6   6 Sachs, J. D., 2000, *The Geography of Economic Development,* Newport, URI: United States Naval War College Jerome E. Levy Occasional Paper in Economic Geography and World Order.

7   Martin, G., 2005, *All Possible Worlds: A History of Geographical Ideas,* New York: Oxford University Press.

8   Kissinger, H., 1999, *Years of Renewal,* New York: Simon & Schuster.

9   Banchero, S., 2011, "Don't Know Much About Geography", *Wall Street Journal,* July 20.

10   Hu, W., 2011, "Geography Report Card Finds Students Lagging", *New York Times,* July 20.

11   Grosvenor, G. M, 1988, "Why Americans Don't Know About Geography and Why It's Hurting Us", Washington, D.C.: National Press Club.

12   Wilford, J. H., 2001, "A Science Writer's View of Geography", New York: Opening Session, Association of American Geographers.

13   Bremer, P. L., 2011, "Iraq's Tenuous Post-American Future", *Wall Street Journal*, December 28.

2장

1   Wilford, J. N., 1981, *The Mapmakers,* New York: Knopf.

2   Hall, S. S., 1993, *Mapping the Next Millennium,* New York: Random House.

3   Davis, C. S., 2004, *Middle East for Dummies,* Hoboken: John Wiley & Sons.

4   Monmonier, M., 1991, *How to Lie With Maps,* Chicago: University of Chicago Press.

5   Monmonier, M., 1997, *Cartographies of Danger,* Chicago: University of Chicago Press.

6   Gewin, V., 2004, "Mapping Opportunities", *Nature,* 247: 376.

3장

1   Cohen, J. E., 2003, "Human Population: The Next Half Century", *Science,* 302: 14, 1172.

2   Huntington, D. P., 1996, *The Clash of Civilizations and the Remaking of the World Order,* New York: Simon & Schuster. (새뮤얼 헌팅턴 지음, 이희재 옮김, 『문명의 충돌』, 김영사, 1997)

3   Veregin, H. (ed.), 2005, *Goode's World Atlas,* Skokie: RandMcNally.

4   Friedman, T., 1996, "Your Mission, Should You Accept It", *New York Times,* October 27

4장

1   Krugman, P., 2009, "Betraying the Planet" Column, *New York Times,* June 29.

2   Botkin, D., 2009, "Taking Steps to Fight Global Warming" Letter, *New York Times,* July 3.

3   Berry, B. J. L., 1999, "Deja vu, Mr. Krugman", *Urban Geography,* 20/ I: 1.

4   Wegener, A., 1915, *The Origins of Continents and Oceans,* New york: Dover (reprint of the 1915 original, trans. by John Biram, 1966).

5   Kasting, J. F., 2004, "When Methane Made Climate", *Scientific American* 291/1: 78.

6   Kerr, R. A., 2003, "Has an Impact Done it Again?", *Science,* 302: 21.

7   Murck, N. W. and B. J. Skinner, 1999, *Geology Today,* New York: John Wiley & Sons.

8   Begun, D. R., 2003, "Planet of the Apes", *Scientific American,* 289:2.

9   Oppenheimer, S., 2003, *The Real Eve: Modern Man's Journey Out of Africa,* New York: Carroll and Graf.

5장

1   Deutsch, D., 2011, *The Beginning of Infinity,* New York: Viking.

2   Grove, J. M., 2004, *The Little Ice Age* (2nd ed.), London: Methuen.

3   Fagan B., 2000, *The Little Ice Age,* New York: Basic Books.

4   Hansen, J., 2004, "Defusing the Global Warming Time Bomb", *Scientific American,* March, 68-77.

5   Fagan B., 2000, *The Little Ice Age,* New York: Basic Books.

6   Alley, R. B., 2002, *Abrupt Climate Change,* Washington, D.C.: National Academy Press.

7   Huntington, E., 1942, *Principles of Human Geography,* New York: Wiley.

8   Diamond, J., 1997, *Guns, Germs, and Steel,* New York: Norton.

6장

1   McCune, S., 1956, *Korea's Heritage: A Regional and Social Geography,* Routledge, VY: Charles Tuttle.

2   McNamara, R. S., 1995, *In Retrospect: The Tragedy and Lessons of Vietnam,* New York: Times Books

3   de Blij, H. J., 1971, *Geography: Regions and Concepts,* New York: Wiley.

4   Huntington, D. P., 1996, *The Clash of Civilizations and the Remaking of the World Order,* New York: Simon & Schuster.

5   Cutter, S. L., D. B. Richardson, T. J. Wilbanks, (eds.), 2003, *The Geographic Dimensions of Terrorism,* New York: Routledge.

6   Annan, K., 2004, "Courage to Fulfill Our Responsibilities", *Economist,* 12/4: 21.

7   Harvey, D., 2004, *The New Imperialism,* Oxford: Oxford University Press. (데이비드 하비 지음, 최병두 옮김, 『신제국주의』, 한울, 2005)

8   Wright, R., 1986, "Islamic Jihad", *Encyclopaedia Britannica Book of the Year,* Edinburgh: En-

cyclopaedia Britannica, Inc.

9   Harris, S., 2004, *The End of Faith: Religion, Terror, and the Future of Reason,* New York: Norton.

10   Huntington, D. P., 1996, *The Clash of Civilizations and the Remaking of the World Order,* New York: Simon & Schuster. (새뮤얼 헌팅턴 지음, 이희재 옮김, 『문명의 충돌』, 김영사, 1997)

11   Kepel, G., 2002, *Jihad: The Trial of Political Islam,* Cambridge: Harvard University Press, Belknap.

12   Kinzer, S., 1996, *Overthrow: America's Century of Regime Change from Hawaii to Iraq,* New York: Times Books.

13   Graham, R., and J. Nussbaum, 2004, *Intelligence Matters,* New York: Random House.

14   de Blij, H. J., 2003, "Seeking Common Ground on Iraq", *New York Times,* October 11.

7장

1   Moss, Walter, 2008, *An Age of Progress? Clashing Twentieth-Century Global Forces,* London: Anthem Press.

2   Rother, L., 2002a, "Argentine Judge Indicts Four Iranian Officials in 1994 Bombing of Jewish Center", *New York Times,* March 10.

3   Rother, L., 2002b, "South America Under Watch for signs of Terrorists", *New York Times,* December 15.

4   de Blij, H. J., 1996, "Tracking the Maps of Aggression", *New York Times,* October 28

5   Mueller, J. E., 2009, *Overblown: How Politicians and the Terrorism Industry Inflate National Security Threats, and Why Believe Them,* New York: Free Press.

6   Reardon, S., 2011, "Geographers Had Predicted Osama's Possible Whereabouts", *Science,* May 2.

8장

1   Mackinder, H. J., 1904, "The Geographical Pivot of History", *Geographical Journal* 23: 421–437.

2   Spykman, N. J., 1944, *The Geography of the Peace,* New York: Harcourt, Brace & Co.

3   Qiang, S., 1999, *China Can Say No,* Beijing: National Press.

4   10 Vogel, E., 2011, *Deng Xiaoping and the Transformation of China*, Cambridge: Harvard University Press. (에즈라 보걸 지음, 심규호, 유소영 옮김, 『덩샤오핑 평전』, 민음사, 2014)

5   Patten, C., 1998, *East and West: The Last Governor of Hong Kong on Power, Freedom, and the Future*, London: Macmillan.

6   Harvey, D., 2004, *The New Imperialism*, Oxford: Oxford University Press.

7   Terrill, R., 2003, *The New Chinese Empire: What it Means for the United States*, New York: Basic Books.

8   Jacques, M., 2009, *When China Rules the World*, New York: Penguin.

9장

1   Hitchcock, W. I., 2002, *The Struggle for Europe*, New York: Doubleday.

2   National Geographic, 2005, *Atlas of the World* (8th ed.), Washington, D.C.: National Geographic Society.

3   Rifkin, J., 2004, *The European Dream*, New York: Tarcher/Penguin.

4   Rachman, G., 2004, "Outgrowing the Union", *Economist*, Survey of the European Union, 9/25: 3.

5   Kagan, R., 2004, *Of Paradise and Power*, New York: Vintage.

10장

1   Daivs, S., 2002, *The Russian Far East: The Last Frontier*, New York: Routledege.

2   Lincoln, B., 1994, *The Conquest of a Continent: Siberia and the Russians*, New York: Random House.

3   Remnick, D., 1993, *Lenin's Tomb: The Last Days of the Soviet Empire*, New York: Random House.

4   Shaw, D. J. B. (ed.), 1999, *Russia in the Modern World: A New Geography*, Malden: Blackwell.

5   Tishkov, V., 2004, *Chechnya: Life in a War Torn Society*, Berkeley: University of California Press.

6   Demko, G. J. *et al.*, (eds.), 1998, *Population Under Duress: The Geodemography of Post Soviet Russia*, Boulder: Westview Press.

7   Thornton, J., and C. E. Ziegler (eds.), 2002, *Russia's Far East: A Region at Risk*, Seattle: Univer-

sity of Washington Press.

8   Trenin, D., 2002, *The End of Eurasia: Russia on the Border Between Geopolitics and Globaliza-tion*, Washington: Carnegie Endowment for International Peace.

9   Myers, S. L., 2004, "Putin Gambles on Raw Power", *New York Times*, September 19.

11장

1   Wilson, E. O., 1995, *Naturalist*, Washington, DC.: Island Press. (에드워드 오스본 윌슨 지음, 이병훈 옮김, 『자연주의자』, 사이언스북스, 1996)

2   Oppenheimer, S., 2003, *The Real Eve: Modern Man's Journey Out of Africa*, New York: Carroll and Graf.

3   Diamond, J., 1997, *Guns, Germs, and Steel*, New York: Norton. (제레드 다이아몬드 지음, 김진준 옮김, 『총, 균, 쇠』, 문학사상사, 2013)

4   Altman, L. K., 2002, "By 2010, AIDS May Leave 20 Million Orphans", *New York Times*, July 10.

5   Best, A. C. G., and H. J. de Blij, 1977, *African Survey*, New York: Wiley; Aryeetey-Attoh, S., (ed.), 1997, *Geography of Subsaharan Africa*, Upper Saddle River: Prentice-Hall.

6   Curtine, P., 1969, *The Atlantic Slave Trade*, Madison: University of Wisconsin Press.

7   Eltis, D. and Richardson, D., 2010, *Atlas of the Transatlantic Slave Trade*, New Haven: Yale University Press.

8   Newman, J., 1995, *Peopling of Africa: A Geographical Interpretation*, New Haven: Yale University Press.

9   de Blij, H. J., 2004, "Africa's Unequaled Geographic Misfortunes", *Pennsylvania Geographer*, 42/1: 3-28.

10   Murdock, G. P., 1959, *Africa: Its Peoples and Their Culture History*, New York: McGrawHill.

11   Reader, J., 1998, *Africa: Biography of a Continent*, New York: Knopf.

12   Newman, J., 1995, *Peopling of Africa: A Geographical Interpretation*, New Haven: Yale University Press.

13   Stock, R., 2004, *Africa South of the Sahara: A Geographical Interpretation* (2nd ed.), New York: Guilford Press.

14   Carmody, P., 2011, *The New Scramble for Africa*, Cambridge: Polity.

15   Kaplan, R., 2000, *The Coming Anarchy*, New York: Random House. (로버트 카플란 지음, 장병걸 옮김, 『무정부 시대가 오는가』, 들녘, 2001)

16   Gould P. R., 1993, *The Slow Plague: A Geography of the AIDS Pandemic,* Cambridge: Black-well.

17   Collier, P., 2007, *The Bottom Billion: Why the Poorest Countries are Failing and What Can Be Done About It,* New York: Oxford University Press.

에필로그

1   de Blij, H. J. (ed.), 2005, *Atlas of North America,* New York: Oxford University Press.

2   Diamond. J., 2005, *Collapse: How Societies Choose to Fail or Succeed,* New York: Viking. (재러드 다이아몬드 지음, 강주헌 옮김, 『문명의 붕괴』, 김영사, 2005)

참고문헌

9/11 Commission, 2004. *Final report of the National Commission on Terrorist Attacks Upon the United States.* New York: Norton.

Alley, R. B., 2002. *Abrupt Climate Change.* Washington, D.C.: National Academy Press.

Altman, L. K., 2002. "By 2010, AIDS May Leave 20 Million Orphans." *New York Times,* July 10.

Annan, K., 2004. "Courage to Fulfill Our Responsibilities." *Economist,* 12/4: 21.

Ardrey, R., 1966. *The Territorial Imperative.* New York: Atheneum Press.

Aryeetey-Attoh, S., Ed, 1997. *Geography of Subsaharan Africa.* Upper Saddle River: Prentice-Hall.

Baker, J. H., 1996. *Russia and the Post-Soviet Scene: A Geographical Perspective.* Hoboken: John Wiley & Sons.

Banchero, S., 2011. "Don't Know Much About Geography." *Wall Street Journal,* July 20.

Begun, D. R., 2003. "Planet of the Apes." *Scientific American,* 289:2.

Berry, B. J. L., 1999. "Deja vu, Mr. Krugman." *Urban Geography* 20/ I: 1.

Best, A. C. G., and H. J. de Blij, 1977. *African Survey.* New York: Wiley.

Botkin, D., 2009. "Taking Steps to Fight Global Warming." Letter, *New York Times,* July 3.

Bremer, P. L., 2011. "Iraq's Tenuous Post-American Future." *Wall Street Journal,* December 28.

Carmody, P., 2011. *The New Scramble for Africa.* Cambridge: Polity.

Charlemagne, 2003. "Europe's Population Implosion." *Economist,* 7/19: 42.

Clarke, R. A., 2004. *Against All Enemies.* New York: Free Press, 40. (리처드 A.클라크 지음, 황해선 옮김, 『모든 적들에 맞서: 이라크 전쟁의 숨겨진 진실』, 휴먼앤북스, 2004)

Cohen, J. E., 2003. "Human Population: The Next Half Century." *Science,* 302: 14, 1172.

Collier, P., 2007. *The Bottom Billion: Why the Poorest Countries are Failing and What Can Be Done About It.* New York: Oxford University Press.

Curtine, P., 1969. *The Atlantic Slave Trade.* Madison: University of Wisconsin Press.

Cutter, S. L., D. B. Richardson, T. J. Wilbanks, Eds., 2003. *The Geographic Dimensions of Terrorism.* New York: Routledge.

Davis, C. S., 2004. *Middle East for Dummies.* Hoboken: John Wiley & Sons.

Daivs, S., 2002. *The Russian Far East: The Last Frontier.* New York: Routledege.

de Blij, H. J., 1971. *Geography: Regions and Concepts.* New York: Wiley.

de Blij, H. J., 1991. "Africa's Geomosaic Under Stress." *Journal of Geography,* 90: 1.

de Blij, H. J., 1996. "Tracking the Maps of Aggression." *New York Times,* October 28.

de Blij, H. J., 2003. "Seeking Common Ground on Iraq." *New York Times,* October 11.

de Blij, H. J., and P.O. Muller, 2006. Geography: *Realms Region and Concepts,* 12th ed. Hoboken: John Wiley & Sons. (하름 드 블레이, P.O. 뮬러 지음, 이종호 옮김, 『개념과 지역 중심으로 풀어 쓴 세계지리』, 시그마프레스, 2009)

de Blij, H. J., 2004. "Africa's Unequaled Geographic Misfortunes." *Pennsylvania Geographer* 42/1: 3-28.

de Blij, H. J., Ed., 2005. *Atlas of North America.* New York: Oxford University Press.

de Blij, H. J., P.O. Muller, J. Nijman, 2012. *Geography: Realms, Regions, and Concepts.* 15th ed. Hoboken: John Wiley & Sons.

Demko, G. J. et al., Eds., 1998. *Population Under Duress: The Geodemography of Post Soviet Russia.* Boulder: Westview Press.

Deutsch, D., 2011. *The Beginning of Infinity.* New York: Viking.

Diamond, J., 1997. *Guns, Germs, and Steel.* New York: Norton. (제러드 다이아몬드 지음, 김진준 옮김, 『총, 균, 쇠』, 문학사상사, 2013)

Diamond. J., 2005. *Collapse: How Societies Choose to Fail or Succeed.* New York: Viking. (제레드 다이아몬드 지음, 강주헌 옮김, 『문명의 붕괴』, 김영사, 2005)

Economist, 2003, "Can Oil Ever Help the Poor?" 12/4: 42.

Economist, 2004a, "The Ultra-Liberal Socialist Constitution," 9/18: 59.

Economist, 2004b, "Why Europe Must Say Yes to Turkey," 9/18: 14.

Economist, 2004c, "The Impossibility of Saying No," 9/18: 30.

Eltis, D., and Richardson, D., 2010. *Atlas of the Transatlantic Slave Trade.* New Haven: Yale University Press.

Fagan B., 2000. *The Little Ice Age.* New York: Basic Books. (브라이언 M. 페이건 지음, 윤성옥 옮김, 『기후는 역사를 어떻게 만들었는가』, 중심, 2002)

Friedman, T., 1996. "Your Mission, Should You Accept It." *New York Times,* October 27.

Gewin, V., 2004. "Mapping Opportunities." *Nature*, 247: 376.

Gould P. R., *The Slow Plague: A Geography of the AIDS Pandemic.* Cambridge: Blackwell.

Graham, R., and J. Nussbaum, 2004. *Intelligence Matters.* New York: Random House.

Grosvenor, G. M, 1988. "Why Americans Don't Know About Geography and Why It's Hurting Us." Washington, D.C.: National Press Club.

Grosvenor, G. M, 1995. "Geography in the Public Eye." Washington Post, July 28.

Grove, J. M., 2004. *The Little Ice Age,* 2nd ed. London: Methuen.

Hall, S. S., 1993. *Mapping the Next Millennium.* New York: Random House.

Hansen, J., 2004. "Defusing the Global Warming Time Bomb." *Scientific American,* March, 68-77.

Harris, S., 2004. *The End of Faith: Religion, Terror, and the Future of Reason.* New York: Norton. (샘 해리스 지음, 김원옥 옮김, 『종교의 종말』, 한언출판사, 2005)

Harvey, D., 2004. *The New Imperialism.* Oxford: Oxford University Press. (데이비드 하비 지음, 최병두 옮김, 『신제국주의』, 한울, 2005)

Harvey, R., 2003. *Global Disorder: America and the Threat of World Conflict.* New York: Carroll & Graf.

Hertslet, E., 1909. *The Map of Africa by Treaty.* London: His Majesty's Stationery Office.

Hitchcock, W. I., 2002. *The Struggle for Europe.* New York: Doubleday.

Horgan. J., 1996. *The End of Science: Facing the Limits of Knowledge in the Twilight of the Scientific Age.* Reading: Addison-Wesley. (존 E. 호건 지음, 『과학의 종말』, 까치글방, 1997)

Hu, W., 2011. "Geography Report Card Finds Students Lagging." *New York Times,* July 20.

Huntington, E., 1942. *Principles of Human Geography.* New York: Wiley.

Huntington, E., 1945. *Mainsprings of Civilization.* New Haven: Yale University Press.

Huntington, D. P., 1996. *The Clash of Civilizations and the Remaking of the World Order.* New York: Simon & Schuster. (사무엘 헌팅턴 지음, 이희재 옮김, 『문명의 충돌』, 김영사, 1997)

Jacques, M., 2009. *When China Rules the World.* New York: Penguin. (마틴 자크 지음, 안세민 옮김, 『중국이 세계를 지배하면』, 부키, 2010)

Kagan, R., 2004. *Of Paradise and Power.* New York: Vintage. (로버트 케이건 지음, 홍수원 옮김, 『미국 VS 유럽: 갈등에 관한 보고서』, 세종연구원, 2003)

Kaiser, R. J., 1994. *The Geography of Nationalism in Russian and the U.S.S.R.* Princeton: Princeton University Press.

Kaplan, R., 2000. *The Coming Anarchy.* New York: Random House. (로버트 카플란 지음, 장병걸 옮김, 『무정부 시대가 오는가』, 들녘, 2001)

Kasting, J. F., 2004. "When Methane Made Climate." *Scientific American,* 291/1: 78.

Kepel, G., 2002. *Jihad: The Trial of Political Islam.* Cambridge: Harvard University Press/ Belknap.

Kepel, G., 2004. *The War for Muslim Minds and the West.* Cambridge: Harvard University Press/Belknap.

Kerr, R. A., 2003. "Has an Impact Done it Again?" *Science,* 302: 21.

Kinzer, S., 1996. *Overthrow: America's Century of Regime Change from Hawaii to Iraq.* New York: Times Books.

Kissinger, H., 1999. *Years of Renewal.* New York: Simon & Schuster.

Krugman, P., 2009. "Betraying the Planet." Column, *New York Times.* June 29.

Langwiesche, W., 2004. *The Outlaw Sea.* New York: North Point Press.

Lincoln, B., 1994. The Conquest of a Continent: Siberia and the Russians. New York: Random House.

Mackinder, H. J., 1904. "The Geographical Pivot of History". *Geographical Journal,* 23: 421-437.

Martin, G., 2005. *All Possible Worlds: A History of Geographical Ideas.* New York: Oxford University Press.

McCune, S., 1956. *Korea's Heritage: A Regional and Social Geography.* Routledge, VY: Charles Tuttle.

McNamara, R. S., 1995. *In Retrospect: The Tragedy and Lessons of Vietnam.* New York: Times Books.

Monmonier, M., 1991. *How to Lie With Maps.* Chicago: University of Chicago Press.

Monmonier, M., 1997. *Cartographies of Danger.* Chicago: University of Chicago Press.

Moss, Walter, 2008. *An Age of Progress? Clashing Twentieth-Century Global Forces.* London: Anthem Press.

Muehrcke, P. C., and J. O. Muehrcke, 1997. *Map Use: Reading-Analysis-Interpretation,* 4th ed. Madison: JP Publishers.

Mueller, J. E., 2009. *Overblown: How Politicians and the Terrorism Industry Inflate National*

Security Threats, and Why Believe Them. New York: Free Press.

Murck, N. W. and B. J. Skinner, 1999. *Geology Today.* New York: John Wiley & Sons.

Murdock, G. P., 1959. *Africa: Its Peoples and Their Culture History.* New York: Mc-GrawHill

Myers, S. L., 2004. "Putin Gambles on Raw Power." *New York Times,* September 19.

National Geographic, 2005. *Atlas of the World,* 8th ed. Washington, D.C.: National Geographic Society.

Newman, J., 1995. *Peopling of Africa: A Geographical Interpretation.* New Haven: Yale University Press.

Onishi, N., 2001. "Rising Muslim Power in Africa Causes Unrest in Nigeria and Elsewhere." *New York Times,* November 1.

Oppenheimer, S., 2003. *The Real Eve: Modern Man's Journey Out of Africa.* New York: Carroll and Graf.

Oxford University Press, 2004. *Atlas of the World,* 12th ed. New York: Oxford University Press.

Patten, C., 1998. *East and West: The Last Governor of Hong Kong on Power, Freedom, and the Future.* London: Macmillan.

Qiang, S., 1999. *China Can Say No.* Beijing: National Press.

Rachman, G., 2004. "Outgrowing the Union." *Economist,* Survey of the European Union, 9/25: 3.

Reader, J., 1998. *Africa: Biography of a Continent.* New York: Knopf. (존 리더 지음, 남경태 옮김, 『아프리카 대륙의 일대기』, 휴머니스트, 2013)

Reardon, S., 2011. "Geographers Had Predicted Osama's Possible Whereabouts," *Science,* May 2.

Remnick, D., 1993. *Lenin's Tomb: The Last Days of the Soviet Empire.* New York: Random House.

Rifkin, J., 2004. *The European Dream.* New York: Tarcher/Penguin. (제러미 리프킨 지음, 이원기 옮김, 『유러피언 드림』, 민음사, 2005)

Robinson, A. H., and B. Petchenik, 1976. *The Nature of Maps: Essays Toward Understanding Maps and Mapping.* Chicago: University of Chicago Press.

Rother, L., 2002a. "Argentine Judge Indicts Four Iranian Officials in 1994 Bombing of Jewish Center." *New York Times,* March 10.

Rother, L., 2002b. "South America Under Watch for signs of Terrorists." *New York Times,* December 15.

Sachs, J. D., 2000. *The Geography of Economic Development.* Newport, RI: United States Naval War College Jerome E. Levy Occasional Paper in Economic Geography and World Order.

Schmitt, E., and T. Shanker, 2004. "Estimates by U.S. See More Rebels with More Funds." *New York Times,* October 22.

Shaw, D. J. B., Ed., 1999. *Russia in the Modern World: A New Geography.* Malden: Blackwell.

Solis, P., 2004. "AAG Member Profile: E. 'Fritz' Nelson." *AAG Newsletter,* 39/1: 9.

Spykman, N. J., 1944. *The Geography of the Peace.* New York: Harcourt, Brace & Co.

Stanley, W. R., 2001. "Russia's Kaliningrad: Report on the Transformation of a Former German Landscape." Pennsylvania Geographer, 39: 1.

Stock, R., 2004. *Africa South of the Sahara: A Geographical Interpretation,* 2nd ed., New York: Guilford Press.

Terrill, R., 2003. *The New Chinese Empire: What it Means for the United States.* New York: Basic Books. (로스 테릴 지음, 이춘근 옮김, 『새로운 제국 중국』, 나남출판, 2005)

Thornton, J., and C. E. Ziegler, Eds., 2002. *Russia's Far East: A Region at Risk.* Seattle: University of Washington Press.

Tishkov, V. 2004. *Chechnya: Life in a War Torn Society.* Berkeley: University of California Press.

Trenin, D., 2002. *The End of Eurasia: Russia on the Border Between Geopolitics and Globalization.* Washington: Carnegie Endowment for International Peace.

Van Natta Jr., D., and L. Bergman, 2005. "Militant Imams Under Scrutiny Across Europe." *New York Times,* October 25.

Veregin, H., Ed., 2005. *Goode's World Atlas.* Skokie: RandMcNally.

Vogel, E., 2011. *Deng Xiaoping and the Transformation of China.* Cambridge: Harvard University Press. (에즈라 보걸 지음, 심규호, 유소영 옮김, 『덩샤오핑 평전』, 민음사, 2014)

Wegener, A., 1915. *The Origins of Continents and Oceans.* New york: Dover (reprint of the 1915 original, trans. by John Biram, 1966).

Weinberger, C. W., 1989. "Bring Back Geography." *Forbes Magazine,* December 25.

Wilford, J. H., 2001. "A Science Writer's View of Geography." New York: Opening Session, Association of American Geographers.

Wilford., J. N., 1981. *The Mapmakers.* New York: Knopf.

Wilson, E. O., 1995. *Naturalist.* Washington, D.C.: Island Press. (에드워드 오스본 윌슨 지음, 이병훈 옮김, 『자연주의자』, 사이언스북스, 1996)

Wright, R., 1986. "Islamic Jihad." *Encyclopaedia Britannica Book of the Year.* Edinburgh: Encyclopaedia Britannica, Inc.

찾아보기

왜
지금
지리학인가